Jack Ewing

Wachstum über alles

Der VW-Skandal

Die Personen. Die Technik. Die Hintergründe.

Aus dem Amerikanischen von
Gabriele Gockel, Bernhard Jendricke und
Sonja Schumacher

Die amerikanische Originalausgabe erschien 2017
unter dem Titel »Faster, Higher, Farther. The Volkswagen Scandal«
bei W. W. Norton & Company, New York, London.

Besuchen Sie uns im Internet:
www.droemer.de

© 2017 Jack Ewing
© 2017 der deutschsprachigen Ausgabe Droemer Verlag
Ein Imprint der Verlagsgruppe
Droemer Knaur GmbH & Co. KG, München
Alle Rechte vorbehalten. Das Werk darf – auch teilweise – nur mit
Genehmigung des Verlags wiedergegeben werden.
Die Übersetzer gehören dem Kollektiv Druck-Reif an.
Vielen Dank an Gerlinde Schermer-Rauwolf für die Unterstützung.
Covergestaltung: ZERO Werbeagentur, München
Coverabbildung: FinePic®, München
Satz: Adobe InDesign im Verlag
Druck und Bindung: CPI books GmbH, Leck
ISBN 978-3-426-27704-1

2 4 5 3 1

*Für meinen Vater,
dessen lebenslanger Einsatz für die Umwelt
jede Seite dieses Buchs geprägt hat.*

Inhalt

Vorwort zur deutschen Ausgabe		9
1	Unterwegs	17
2	Der Enkel	21
3	Wiedergeburt	39
4	Der Nachkomme	50
5	Vorstandsvorsitzender	57
6	Mit allen erforderlichen Mitteln	78
7	Gesetzeshüter	98
8	Geht nicht, gibt's nicht	117
9	Arbeitsbeziehungen	139
10	Der Betrug	153
11	Die Porsches und die Piëchs	176
12	Sauberer Diesel	195
13	Gesetzeshüter II	213
14	On the road	221
15	Enthüllung	234
16	Piëchs Abgang	247
17	Geständnis	254
18	Das Imperium	266
19	Nachwirkungen	278

20 Recht und Gerechtigkeit	295
21 Die Strafe	327
22 Schneller, höher, weiter	340
Epilog	349
Der Aufbau eines Imperiums	359
Die Familien Porsche und Piëch und Volkswagen	361
Danksagung	363
Bildnachweis	365
Anmerkungen	367

Vorwort zur deutschen Ausgabe

Die Geschichte des VW-Abgasskandals wird man in Deutschland anders lesen als im Rest der Welt. In den Vereinigten Staaten, in Großbritannien, Kanada, Südkorea und den übrigen Ländern, in denen Volkswagen Dieselfahrzeuge mit illegaler Software verkauft hat, ist man aufgebracht über die von VW zur Schau gestellte Arroganz, und die betroffenen Fahrzeugbesitzer, die einen vermeintlich »sauberen Diesel« erworben hatten, fühlen sich betrogen.

In Deutschland stellt sich die Situation vielschichtig dar. Gewiss sind hier zahlreiche Menschen über Volkswagen aus denselben Gründen verärgert wie die Betroffenen andernorts. Doch der Skandal tangiert Deutschland in besonderer Weise. Dies liegt nicht nur daran, dass Volkswagen einer der größten Arbeitgeber im Land ist; das berühmte VW-Emblem gehört zu den deutschen Markenzeichen mit dem größten Wiedererkennungswert weltweit. Nicht zu vergessen: Nach dem Zweiten Weltkrieg spielte Volkswagen eine entscheidende Rolle bei der Wiedereingliederung Deutschlands in die Weltwirtschaft. Zumindest bis zur Aufdeckung des Abgasbetrugs galt der VW-Konzern als eines der herausragenden Symbole höchster Ingenieurskunst, für die Deutschland berühmt ist und die das Fundament des Erfolgs von Deutschland als Exportnation bildet. Eine Krise von Volkswagen ist eine Krise für die gesamte deutsche Wirtschaft.

In den kommenden Monaten und Jahren wird sich herausstellen, ob der Imageschaden von Volkswagen auch auf andere deutsche Marken wie Mercedes und BMW und womöglich sogar noch auf weitere deutsche Erzeugnisse übergreift. Deutsche Produkte gehören kaum zu den billigsten auf den Märkten, auf denen sie konkurrieren. Exportgüter wie die Werkzeugmaschinen von Trumpf, die landwirtschaftlichen Geräte von Claas oder die Schreibutensilien von Faber-Castell profitieren ebenfalls vom Label »Made in Germany«. Ihr Erfolg hängt auch von der Bereitschaft der Kunden ab, für sie allein deswegen mehr zu zahlen, weil sie aus Deutschland stammen. Ein guter Ruf ist nur schwer zu gewinnen, aber sehr leicht zu verlieren. Und nicht nur der Ruf von Volkswagen hat Schaden gelitten. Das Unternehmen Bosch, dem die Mittäterschaft bei der Entwicklung der illegalen Software vorgeworfen wurde, stimmte in den USA einem außergerichtlichen Vergleich zu, der mit einer Bußgeldzahlung in Höhe von 327,5 Millionen Dollar verbunden war. Und auch das Ansehen der Deutschen Bank, ebenfalls ein weltweit bekanntes Symbol der deutschen Wirtschaftsmacht, ist seit jüngster Zeit angeschlagen. Wird der Makel von Volkswagen auf andere deutsche Unternehmen abfärben?

Der Fall Volkswagen sollte Anlass zum Nachdenken geben, wie es zu diesem Skandal überhaupt kommen konnte. Die deutsche Ingenieurskunst (die ich in meinem letzten Buch, *Germany's Economic Renaissance: Lessons for America*, behandelt habe) ist einer spezifischen Tradition und einer Fülle von Praktiken zu verdanken, die zu übernehmen nur wenigen anderen Ländern gelang. Sicherlich spielt dabei die lange deutsche Geschichte der Handwerkskunst und des Anpassungsvermögens des Mittelstands eine Rolle. Deutschlands wirtschaftliche Stärke ist jedoch auch das Ergebnis wohlüberlegter Maßnahmen und Einrichtungen, beispielsweise die hervorragende Qualität des Studiengangs Maschinenbau an den deutschen Universitäten, das duale System der Berufsausbildung und die finanzielle Förderung der im Ausland operierenden deutschen Unternehmen.

Vorwort zur deutschen Ausgabe

Dies alles gehört zur positiven Seite der deutschen Ingenieurskultur. Bleibt zu fragen, ob sie nicht auch Schattenseiten aufweist. Ist Volkswagen ein Sonderfall oder erwuchs der Skandal aus einem Umfeld, das man als typisch deutsch bezeichnen könnte? Die Dominanz der Ingenieure auf der Führungsebene von Volkswagen verhalf dem Unternehmen zu hervorragenden Produkten. Rückblickend lässt sich aber feststellen, dass Volkswagen dem Risikomanagement und der Compliance zu wenig Beachtung geschenkt hat. Zumindest beweist der VW-Skandal, dass technologische Kompetenz allein keine Garantie für den langfristigen Erfolg eines Unternehmens darstellt.

Der Fall Volkswagen sollte auch als warnendes Beispiel dafür dienen, wohin der Einfluss deutscher Autobauer in Berlin und Brüssel führen kann. In Deutschland halten sich sogar die Spitzen von Bündnis 90/Die Grünen mit Kritik an der Automobilindustrie zurück. Die Reaktion der Bundesregierung auf den Skandal war äußerst verhalten, um nicht zu sagen nachsichtig. Nach der Aufdeckung des VW-Abgasbetrugs ließ das Bundesverkehrsministerium die Emissionswerte der Fahrzeuge sämtlicher Autobauer weitgehend nachprüfen, was durchaus sinnvoll war, aber die Frage nach der Verantwortung für das Fehlverhalten von VW ausblendete. Auch der VW-Untersuchungsausschuss des Bundestags förderte wertvolle Informationen zutage, kann jedoch nur in begrenztem Maße Reformen einfordern. Die Landesregierung von Niedersachsen, die mit 20 Prozent an Volkswagen beteiligt ist und starkes Interesse am Erhalt der Arbeitsplätze hat, reagierte auffallend defensiv. Es ist kaum anzunehmen, dass der Staat beabsichtigt, in der Unternehmensführung von VW auf große Veränderungen zu drängen.

Volkswagen zeigt, dass die Politik der deutschen Wirtschaft keinen Gefallen erweist, wenn sie den Autobauern alles zugesteht, was diese einfordern. Die weite Verbreitung von Dieselfahrzeugen in Europa ist teilweise der auf Drängen von Volkswagen und anderen Herstellern beschlossenen Entscheidung der Politik zu verdanken, Dieselkraftstoff so niedrig zu besteuern, dass er an der Tankstelle stets billiger zu haben ist als Benzin. Aufgrund dieser staatlichen Maßnahme gibt es nirgendwo sonst auf der Welt so viele Diesel-Pkws wie in der Europäischen Union. (Von den elf Millionen VWs mit illegaler Software sind 8,5 Millionen in Europa zugelassen.)

Zudem offenbart der Skandal, dass aufgrund riesiger Schlupflöcher – die der massiven Lobbyarbeit der Autoindustrie geschuldet sind – die europäischen Abgasgrenzwerte so gut wie bedeutungslos geworden sind. Die EU-Kommission eröffnete jüngst ein Verfahren gegen Deutschland, weil die Bundesrepublik den Emissionsbetrug nicht konsequent genug verfolgt und bestraft und somit gegen EU-Verträge verstoßen hat – was für die Bundesregierung besonders peinlich ist, wenn man bedenkt, wie energisch sie darauf pochte, dass sich sämtliche Mitgliedsländer streng an die in der Eurozone geltenden Regeln zu halten haben.

Gewisse politische Maßnahmen, ursprünglich gedacht, den deutschen Autobauern einen Vorteil zu verschaffen, sind mittlerweile zu einer Last geworden. Der Marktanteil von Dieselfahrzeugen in Europa sinkt, seitdem der VW-Skandal die eklatante Diskrepanz zwischen den in Testlabors ermittelten Abgaswerten und denen im normalen Fahrbetrieb auf der Straße verdeutlicht hat. Der Bevölkerung in den städtischen Ballungsräumen wird zunehmend bewusst, welche Gefahren von den hohen, vor allem von Pkws produzierten Stickoxid-Emissionen ausgehen. Ende 2016 verhängte die Verwaltung von Paris innerstädtische Fahrverbote für Pkws, nachdem die Belastung durch Stickoxide einen Wert erreicht hatte, der die Gesundheit der Menschen unmittelbar gefährdete. Es bildet sich allmählich eine ablehnende Haltung gegen Diesel heraus, die die deutschen Autobauer härter treffen könnte als ihre Konkurrenten.

Die Dominanz der deutschen Automobilindustrie in Europa – auf die allein die Hälfte aller in Europa verkauften Fahrzeuge entfällt (Opel und Ford inbegriffen) – ist in hohem Maße ihrer Führungsrolle bei der Dieseltechnologie geschuldet.[1] Doch wenn der Dieselmotor seine Attraktivität einbüßt, geraten die deutschen Autobauer in Bedrängnis. Sie haben weit weniger in die Entwicklung von Hybrid- und Elektrofahrzeugen investiert als Toyota oder selbst Renault und hinken nun der Konkurrenz hinterher. So groß und mächtig Daimler, BMW und Volkswagen mit ihrem jeweiligen weltweit gespannten Fabrikationsnetz auch sein mögen – zusammengenommen sind sie auf dem Aktienmarkt nicht einmal halb so viel wert wie etwa Google, ein Unternehmen, das seine enormen finanziellen Ressourcen zur Entwicklung des autonomen Fahrens nutzt. Die staatliche Förderung des Diesel hat die Autobauer vielleicht letztlich zur Selbstgefälligkeit verleitet.

Der VW-Skandal kam zu einem für sämtliche Autobauer gefährlichen Zeitpunkt ans Licht. Denn zusätzlich zur Bedrohung durch Google stellen Unternehmen aus dem Silicon Valley wie etwa Uber generell infrage, ob der private Besitz eines Autos heute noch sinnvoll ist. Die Gefahr besteht nicht so sehr darin, dass traditionelle Autobauer untergehen könnten, sondern dass sie zu bloßen Zulieferern von Hardware werden, während Technologiekonzerne die gewinnträchtigsten Segmente der Industrie an sich reißen. Man muss sich nur daran erinnern, wie Nokia, einst das weltweit führende Unternehmen auf dem Mobilfunksektor und eine der profitabelsten und angesehensten Firmen Europas, von Apple und dem iPhone einfach vom Markt gefegt wurde.

Natürlich würde es die Bedrohung aus dem Silicon Valley auch ohne den VW-Abgasskandal geben. Doch er macht Volkswagen in besonderer Weise verwundbar. Die für Bußgelder und außergerichtliche Vergleiche aufgewendeten Mittel wären für Forschung und Entwicklung sinnvoller investiert gewesen. Ein geschwächter VW-Konzern ist auch für BMW und Daimler unvorteilhaft. Alle Automobilproduzenten sind von Zulieferern wie Bosch, Continental oder ZF Friedrichshafen abhängig, was technische Innovationen und Fahrzeugkomponenten betrifft. Die Zulieferer werden eine entscheidende Rolle dabei spielen, wenn sich die Autobauer verstärkt der Konstruktion selbst steuernder und batteriebetriebener Fahrzeuge zuwenden. Sollte Volkswagen, einer der größten Kunden dieser Zulieferer, in Not geraten, werden sie weniger Mittel für die Entwicklung neuer Produkte zur Verfügung haben.

Die deutsche Öffentlichkeit könnte versucht sein, Außenstehenden die Schuld an dem VW-Skandal zu geben – vor allem der Regierung der Vereinigten Staaten und ihrem Rechtssystem. Manche Leser werden vielleicht sogar argwöhnen, die USA würden gezielt einen ausländischen Konkurrenten von Ford und General Motors schwächen wollen. Zweifellos sind die amerikanischen Gesetze zur Produkthaftung besonders rigide, wie an dem Vergleich in den USA zu sehen ist, der Volkswagen 16 Milliarden Dollar gekostet hat, während das Unternehmen in Europa den Besitzern von VW-Fahrzeugen keinerlei Entschädigung zu leisten hat (dies der Stand bei Fertigstellung des Buchs; mehr dazu in den Kapiteln 20 und 21). Doch es wäre ein tragischer Fehlschluss, würde die deutsche oder die europäische Öffentlichkeit den Skandal als das Ergebnis der Verfolgungswut übereifriger amerikanischer Beamter und einer maßlos strengen amerikanischen Justiz abtun.

Der VW-Skandal sollte in Deutschland besser zum Anlass genommen werden, darüber nachzudenken, wie sich derart katastrophale, Arbeitsplätze vernichtende Entwicklungen künftig verhindern lassen. Nötig wäre auch, die Gesetze zu überprüfen, die das Verhalten von Unternehmen regeln. Im Unterschied zu den Vereinigten Staaten besteht nach deutscher Gesetzeslage keine Möglichkeit, ein Unternehmen strafrechtlich zu belangen – das ist nur bei natürlichen Personen möglich. Der Fall Volkswagen verdeutlicht, wie schwierig es sein

Vorwort zur deutschen Ausgabe

kann, jemanden persönlich zur Verantwortung zu ziehen, und wie dringend nötig es wäre, auch Unternehmen stärker in die Haftung zu nehmen. Ein weiteres diskussionswürdiges, wenngleich hoch sensibles Thema ist das System der Mitbestimmung. Die Vorgänge bei Volkswagen haben gezeigt, wie Topmanager dieses System derart zu manipulieren verstehen, dass ihr Handeln keinerlei Kontrolle mehr unterliegt. Und der VW-Skandal veranschaulicht, dass der Wert des Labels »Made in Germany« nicht allein von der Qualität der deutschen Produkte, sondern auch weitgehend von der Integrität der deutschen Unternehmen abhängt.

1
Unterwegs

Sie boten einen seltsamen Anblick, die Studenten der West Virginia University, die im Frühjahr 2013 kalifornische Fernstraßen hinunterbretterten. Aus dem Heck ihres Kombi, eines VW Jetta, ragte ein Gewirr aus Schläuchen und Röhren, zusammengehalten von Klemmen und Kabelbindern. Flexible Schläuche fingen Abgase aus dem Auspuff auf und beförderten sie in einen mysteriösen grauen Kasten, der auf einer Sperrholzplatte im Laderaum des Fahrzeugs stand. Aus dem Kasten traten Drähte und Kabel. Auf der Sperrholzplatte war neben dem Kasten ein tragbarer Generator von Honda angeschraubt, der stank und einen Höllenlärm machte. Die Studenten, Hemanth Kappanna aus Indien und Marc Besch aus der Schweiz, hielten den Krach und den Qualm aus. Es ging nicht anders. Der Generator lieferte die Energie für das ganze Chaos.

Die Leute machten Augen. Ein neugieriger Polizist stellte Fragen. Die improvisierte Ausrüstung fiel immer wieder aus. Der Generator war für die Beanspruchung nicht geschaffen und musste ersetzt werden, was an den bescheidenen Mitteln – 70 000 Dollar – zehrte, mit denen Kappanna, Besch und ihr Kommilitone Arvin Thiruvengadam ihre Forschungsarbeit finanzierten. Nach einer dieser Generatorpannen verbrachten Besch und Thiruvengadam den Großteil der Nacht auf dem Parkplatz einer Baumarktkette, wo sie an der Maschine herumbastelten. Doch die Arbeit der Studenten war wichtig – viel wichtiger, als sie damals ahnen konnten. Sie prüften den Schadstoffausstoß des Jetta. Insbesondere ging es ihnen um Stickoxide, Gase mit allerhand furchterregenden Auswirkungen auf die menschliche Gesundheit und die Umwelt. Stickoxide verursachen bei Kindern Asthma und lösen bei Asthmaleidenden Anfälle aus. Sie führen zu chronischer Bronchitis, Krebs und Herz-Kreislauf-Erkrankungen. Werden in Städten hohe Stickoxidwerte gemessen, steigt regelmäßig die Zahl der Infarktpatienten in den Notaufnahmen. Mitglieder der Stickoxidfamilie sind Bestandteil des sauren Regens und entfalten als Treibhausgase pro Kilogramm eine noch weitaus heftigere Wirkung als Kohlendioxid. Stickoxide reagieren überdies mit Sonnenlicht und produzieren dabei einen Smog, der sich über Stadtgebiete wie Los Angeles legt, wo die Studenten viel Zeit verbrachten. Wegen seiner Autokultur, seiner Kessellage und reichlich Sonne ist Los Angeles das perfekte Sammelbecken für Smog. Und es ist weitgehend den Stickoxiden zu verdanken, dass Los Angeles unter allen Städten der Vereinigten Staaten die schlechteste Luft hat.

Die Studenten hatten einen VW Jetta für ihren Test ausgewählt, weil er eines der wenigen Fahrzeuge war, das in den Vereinigten Staaten mit Dieselmotor angeboten wurde. Außerdem prüften sie einen VW Passat und einen BMW SUV mit Dieselmotor; die Aufsicht führte dabei Dan Carder, Leiter des Center for Alternative Fuels, Engines, and Emissions (CAFEE – Zentrum für alternative Treibstoffe, Motoren und Emissionen) – bekannt für seine Kompetenz bei der Messung und Analyse dessen, was aus dem Auspuff kommt. Dieselmotoren nutzen ihren Treibstoff effizienter als Benziner und produzieren daher weniger Kohlendioxid. Aber sie erzeugen weitaus mehr Stickoxide. Das kommt daher, weil Diesel bei höheren Temperaturen verbrennt als Benzin. Die Hitze macht aus dem Dieselmotor eine regelrechte Stickoxidfabrik, in der Stickstoff und Sauerstoff aus der Atmosphäre zu heimtückischen Stickoxidmolekülen zusammengeschweißt werden.

Volkswagen behauptete, der Jetta und der Passat seien »saubere Diesel«. Sie waren mit einer Vorrichtung ausgestattet, die angeblich Stickoxide aus den Abgasen filtert. Die deutschen

Autobauer hatten Millionen Dollar investiert, um den Amerikanern einzureden, Dieselfahrzeuge seien eine umweltfreundliche Alternative zur Hybridtechnologie von Toyota. Davon merkten die Studenten allerdings wenig, als sie in der Umgebung von Los Angeles und San Francisco und sogar bis hinauf nach Seattle unterwegs waren. Einer von ihnen saß am Steuer, während der andere mit einem Laptop auf den Knien die Daten kontrollierte. Das Bild, das sich ergab, hätte sogar einen Experten rätseln lassen. Die Technik zur Messung von Emissionen auf der Straße gab es seit den 1990er-Jahren, sie wurde aber für Pkws kaum eingesetzt. Regierungsbehörden prüften die Autos lieber im Labor, wo die Variablen mit Einfluss auf den Emissionsausstoß wie Atmosphärendruck und Lufttemperatur sehr viel leichter zu kontrollieren sind. Was die Studenten da machten, war nicht gerade revolutionär, aber unerwartet.

Die Jetta- und Passat-Emissionen waren in Ordnung, solange das Team aus West Virginia sie auf dem Rollenprüfstand einer Werkstatt des California Air Resources Board testete, der im Bundesstaat zuständigen Behörde für Luftreinhaltung. Als die Studenten ihre Messgeräte jedoch draußen im Straßenverkehr einsetzten, produzierte der Jetta plötzlich exorbitante Mengen an Stickoxiden. Der Jetta stieß sogar deutlich mehr aus als ein moderner Diesel-Lkw. Ein wenig besser schnitt der Passat ab, lag aber ebenfalls weit über den zulässigen Grenzwerten. Der BMW schlug sich gut, außer bei einigen steilen Straßenabschnitten.

Kappanna verstand das nicht. Er rechnete damit, dass sich die VW-Emissionen irgendwann in der Nähe des gesetzlichen Grenzwerts einpendeln würden. Das geschah aber nicht. »Mann«, dachte Kappanna, »der Test läuft nicht gut.« Die Studenten meinten, es handle sich um ein mysteriöses technisches Problem. Abgaskontrollsysteme sind komplizierte Chemielabore, die darauf angelegt sind, all die Gifte zu neutralisieren, die Nebenprodukt der modernen Mobilität sind, also nicht nur

Stickoxide, sondern auch andere Schadstoffe wie Formaldehyd und Ruß. Die Ingenieure, die den Fahrzeugcomputer entwerfen und programmieren, müssen Dutzende Variablen berücksichtigen. Da kann leicht einmal ein verstopftes Ventil oder ein Softwarefehler das System aus dem Gleichgewicht bringen.

An Heimtücke seitens VW hätten Kappanna und seine Kollegen nicht im Traum gedacht. Wie die meisten, die mit der Automobilindustrie zu tun haben, hegten sie größte Hochachtung vor deutscher Ingenieurskunst. Schließlich war es der Deutsche Carl Benz gewesen, der 1886 das Patent für das erste Automobil eingereicht hatte, das als fahrtüchtig angesehen wurde.[1] Seither haben deutsche Erfinder wie Ferdinand Porsche in der Automobiltechnik eine Vorreiterrolle gespielt. BMW, Mercedes-Benz und die VW-Tochter Audi beherrschen das Hochpreissegment des Automobilmarkts. Verbraucher waren bereit, für ein Fahrzeug nur deshalb mehr zu bezahlen, weil es aus Deutschland kam. Die deutsche Wirtschaft drehte sich weitgehend um die Automobilproduktion. Allem Anschein nach war auf diesem Gebiet niemand besser. Die Vorstellung, der »saubere Diesel« könnte sich als große Lüge erweisen, die von einer Handvoll Akademikern mit knappen Fördermitteln aufgedeckt würde – das hätten sich die drei nicht in einer Million Jahre träumen lassen.

2
Der Enkel

Es begann als Propagandaübung. Spätestens seit den 1920er-Jahren war in deutschen Ingenieurs- und Politikkreisen darüber debattiert worden, wie man ein Auto bauen könnte, das für die Massen erschwinglich wäre – einen Wagen für das Volk oder kurz einen *Volkswagen*.[1] Dieses Vorhaben war zum Teil dem Nationalstolz geschuldet: Carl Benz hatte das Automobil zwar erfunden, aber zum Verdruss der Deutschen war es der Amerikaner Henry Ford, der diese neue Form des Transports erschwinglich gemacht hatte. 1938 besaßen in Deutschland nur zwei Prozent der Bevölkerung ein Auto.[2] In den Vereinigten Staaten hingegen waren es, teilweise dank Ford, 20 Prozent.

Hitler griff die Idee eines Wagens für das Volk bald schon nach der Machtergreifung 1933 auf und machte aus ihr ein Prestigeprojekt der Nazis.[3] Dieses Auto, verkündete er, würde nicht mehr als 1000 Reichsmark kosten – ein Preis, der wohl wegen seines guten Klangs gewählt wurde und nicht weil er bezahlbar war.[4] Aber es ging auch gar nicht um die praktische Umsetzung. Der Volkswagen sollte die Verbesserung der Lebensverhältnisse verkörpern, die, wie die Nazis behaupteten, unmittelbar bevorstand. Und es gab noch ein weiteres Motiv. Das Auto half, die Autobahnen zu rechtfertigen, mit denen Hitler Deutschland überzog, und ihren tatsächlichen militärischen Zweck zu tarnen. Auf den mit einem Mittelstreifen versehenen, nur für Kraftwagen zugelassenen Reichsautobahnen sollten die Wehrmachtskonvois rasch an die deutschen Grenzen herangeführt werden.

Der Führer wollte einen Wagen für das Volk, die etablierten Automobilproduzenten wie Daimler-Benz oder Adam Opel, der zu General Motors gehörte, wollten dies jedoch keineswegs.[5] Zwar legten sie ein Lippenbekenntnis zu Hitlers Lieblingsprojekt ab, waren aber beunruhigt von der Vorstellung eines neuen, vom Staat geförderten Konkurrenten. Der Reichsverband der Automobilindustrie, dem die Leitung des Projekts oblag, konnte sich nicht offen dagegenstellen. Aber er unternahm alles in seiner Macht Stehende, um dem für die Konstruktion des neuen Autos vorgesehenen Mann Schwierigkeiten zu bereiten: dem von Hitler favorisierten Ingenieur Ferdinand Porsche. Porsche leitete ein unabhängiges Konstruktionsbüro, das jedoch unter finanziellen Problemen litt. Der Reichsverband stellte ihm für die Ausführung des Projekts ein mageres Budget von 200 000 Reichsmark zur Verfügung. Davon wurden lediglich 25 000 Reichsmark im Voraus überwiesen.

Doch die Bosse der deutschen Autoindustrie unterschätzten Porsches Entschlossenheit und seine unbeirrbare Leidenschaft für alles Technische. Porsche stammte aus dem Sudetenland, das vor dem Ersten Weltkrieg zu Österreich und danach zur Tschechoslowakei gehörte, und war in der noch jungen Autoindustrie bereits eine prominente Figur.[6] Um die Jahrhundertwende hatte er einen batteriebetriebenen Wagen konstruiert und während des Ersten Weltkriegs in den Škoda-Automobilwerken in der heutigen Tschechischen Republik die Motorisierung der österreichischen Artillerie beaufsichtigt. (Viele Jahre später, nach dem Fall der Berliner Mauer, kaufte Volkswagen Škoda auf.) In der Zwischenkriegszeit, in der er hauptsächlich als unabhängiger Auftragnehmer tätig war, entwarf und baute Porsche eine Reihe innovativer Rennwagen für Unternehmen wie Daimler-Benz und Auto-Union – einen Hersteller, der später Teil von Audi wurde. Obwohl Porsche keinen Universitätsabschluss besaß und weitgehend Autodidakt war, stand sein Ruf als Ingenieur so hoch, dass Josef Stalin ihn mit dem Angebot, Leiter des Fahrzeugbaus zu werden, in die Sowjetunion locken wollte.

Hitler lud Porsche im März 1934 nach Berlin ein, um mit ihm über das Projekt zu diskutieren.[7] Sie trafen sich im Kaiserhof, einem Luxushotel nahe der Reichskanzlei, in dem Hitler vor der Machtübernahme kurz gewohnt hatte. Der Ingenieur hinterließ beim Führer einen guten Eindruck, und ein Vierteljahr später wurde ihm offiziell das Projekt übertragen. Auch wenn die Aufgabe gewaltig war, musste Porsche nicht bei null beginnen. Er konnte in großem Umfang auf Konstruktionen zurückgreifen, die sein Büro für frühere Kunden ausgearbeitet hatte, die aber nie über das Stadium des Prototyps hinausgelangt waren. Das Konstruktionsbüro Porsche in Stuttgart hatte ein Testfahrzeug namens Porsche Typ 32 für einen deutschen Motorradhersteller entworfen, der in Betracht zog, in das Automobilgeschäft einzusteigen, sich dann aber dagegen entschied. Die Karosseriekonstruktion des Typ 32 hatte große Ähnlichkeit mit der des späteren Volkswagens und wies teils identische technische Merkmale auf wie etwa den luftgekühlten Heckmotor, der einen Kühler überflüssig machte und Gewicht sparte.[8]

Porsche war sich bewusst, dass ihn die etablierten Autohersteller ausmanövrieren wollten, und bemühte sich deshalb, seine Beziehung zu Hitler zu festigen. Am 29. Dezember 1935 fuhr er mit einem Prototyp von Stuttgart nach München. Begleitet wurde er von seinem Sohn Ferdinand, besser bekannt als Ferry, und seinem Schwiegersohn Anton Piëch, der zu diesem Zeitpunkt bereits Mitglied der NSDAP war. In München trafen sich die drei mit Hitler und berichteten über die Fortschritte bei der Entwicklung.[9] Hitler war erfreut. Durch seinen direkten Draht zu Hitler schützte sich Porsche vor den anderen Automobilherstellern, die nach wie vor zu verhindern versuchten, dass der Volkswagen jemals in die Produktion ging. Die Konkurrenten bestanden zum Beispiel darauf, dass der Wagen erst dann gefertigt werden dürfe, wenn er 50 000 Kilometer Testfahrt überstanden habe – weit mehr, als jedes andere Fahrzeug zu dieser Zeit absolvierte.[10] Porsches Verteidiger behaupteten später beharrlich, er habe für die Nazis niemals Sympathien gehegt. Aber er war mehr als gewillt, seine Verbindung zu Hitler zu nutzen, um seine technischen Ambitionen zu realisieren.

Die Feindseligkeit der etablierten Autobauer wurde schließlich ihnen selbst zum Bumerang.[11] Als ihre mangelnde Begeisterung nicht mehr zu übersehen war, übernahm 1937 die Deutsche Arbeitsfront die Kontrolle über das Volkswagen-Projekt. Die Arbeitsfront war eine Unterorganisation der NSDAP, in der nach Hitlers Machtergreifung die zerschlagenen Gewerkschaften und Berufsverbände zwangsweise zusammengeführt wurden. Diese Organisation hatte auch das Vermögen der Gewerkschaften konfisziert, aus dem nun der Bau einer Fabrik für die Herstellung des Volkswagens finanziert wurde. Später sollte der Raub des Gewerkschaftsvermögens bedeutende Folgen haben. Nach dem Krieg wurde den Beschäftigten von Volkswagen als Ausgleich für ihren Verzicht auf Entschädigungsforderungen eine Beteiligung an der Firmenleitung zugesprochen, die selbst gemäß deutschen Verhältnissen außergewöhnlich war.[12] Die Vertreter der Arbeiterschaft im Aufsichtsrat von Volkswagen konnten zum Beispiel gegen die Stilllegung von Produktionsstätten ihr Veto einlegen. Die Nazis hatten unwillentlich die Grundlagen für eines der größten Experimente in der Kooperation zwischen Beschäftigten und Management gelegt.

Während die Konstruktion des Wagens Fortschritte machte, wurde darüber nachgedacht, wie man ihn in Massenfertigung herstellen konnte. Zu diesem Zeitpunkt war Porsche bereits über 60. Fotos aus dieser Zeit zeigen ihn als einen mürrisch dreinblickenden, ein wenig korpulenten Mann mit dickem Schnauzbart und zurückgekämmtem schütteren Haar. Wenn etwas nicht so lief wie erwartet, neigte er zu heftigen Wutausbrüchen.[13] Porsche war 1937 nach Amerika gereist und hatte die Ford-Werke besucht.[14] Dort warb er einige Ford-Manager mit deutschen Wurzeln ab. Er plante den Bau einer Fabrik nach dem Vorbild von Fords Methode der Massenfertigung. Der dafür vorgesehene Standort lag in der Nähe von Fallersleben, einer Stadt an der Bahnstrecke zwischen Hannover und Berlin.[15] Neben dieser guten Anbindung ans Eisenbahnnetz verlief unweit von Fallersleben der Mittellandkanal, der es ermöglichte, die für das Kraftwerk der Fabrik benötigte Kohle per Lastkahn herbeizuschaffen. Ansonsten lag die Fabrik isoliert und relativ weit entfernt von jedem größeren Ballungszentrum. Die Lage der Stadt, die auf der anderen Seite des Kanals entstand, trug wohl zu dem provinziellen, engstirnigen Blick bei, der sich Jahrzehnte später für Volkswagen als schädlich erweisen sollte. Im Unterschied zu BMW in München und Daimler in Stuttgart lag Volkswagen am Arsch der Welt.

Hitler persönlich hielt bei der Grundsteinlegung des Volkswagenwerks am 26. Mai 1938 die Ansprache.[16] 70 000 Menschen wohnten der Zeremonie bei. Das Auto, verkündete Hitler, würde KdF-Wagen heißen, kurz für Kraft-durch-Freude-Wagen. Porsches Konstruktion ähnelte bereits sehr dem Fahrzeug, das später als Käfer weltbekannt werden sollte. Angesichts seiner Form war dieser Spitzname fast unvermeidlich. Da der luftgekühlte Heckmotor keinen Kühlergrill benötigte, konnte Porsche dem Kdf-Wagen eine gerundete Schnauze geben, betont durch ein ähnlich geformtes Dach und markante Kotflügel, die den Luftwiderstand minimieren sollten. Zusammen mit den vorstehenden runden Scheinwerfern vermittelte der Wagen den Eindruck eines Zwischendings aus Maschine und Käfer.

Doch dieses Design war vermutlich kein echter Originalentwurf. Später wurde Porsche vorgeworfen, er habe Elemente eines Prototyps kopiert, den sein Chefkonstrukteur Hans Ledwinka für den tschechischen Autohersteller Tatra entworfen hatte. Das von Ledwinka konstruierte Fahrzeug hatte tatsächlich eine ähnliche Karosserieform wie Porsches Wagen und ebenfalls einen luftgekühlten Heckmotor. Ledwinka reichte Klage ein; das Gerichtsverfahren gegen Porsche wurde jedoch zwangsweise eingestellt, als deutsche Truppen im März 1939 in die Tschechoslowakei einmarschierten.[17] Der Preis für den KdF-Wagen wurde auf 990 Reichsmark festgesetzt. Hinzu kamen die Kosten für Versicherung und Auslieferung, die sich auf weitere 250 Reichsmark summierten. Deutsche Bürger konnten sich mit fünf Reichsmark pro Woche an einem Sparsystem beteiligen, wodurch sie theoretisch nach fünfeinhalb Jahren in den Besitz eines Wagens gelangen würden. Zur damaligen Zeit kosteten die preiswertesten Automobile auf dem Markt rund 1700 Reichsmark. Der Volkswagen sollte dem Durchschnittsdeutschen den Zugang zur modernen Mobilität in derselben Weise ermöglichen wie der 76 Reichsmark teure Volksempfänger ihm die Welt des Rundfunks erschloss.

Aber schon damals erkannten Beobachter, dass der Kdf-Wagen mehr Propaganda als Wirklichkeit war, und zu Recht bezweifelten sie, dass Deutschland das Fahrzeug in den versprochenen Stückzahlen und zu dem angekündigten Preis – der ohnehin die finanziellen Mittel der meisten Deutschen überstieg – liefern könnte. Otto D. Tolischus, ein Korrespondent der *New York Times* und berühmt für seine Reportagen aus dem Vorkriegsdeutschland, merkte 1938 skeptisch an, der Preis für den Volkswagen steige ständig und der Weg zur Massenmobilität in Deutschland sei noch »lang und steil«.[18] Es war auch Tolischus, der den Wagen erstmals als »Käfer« bezeichnete – ein Spitzname, der hängen blieb.[19]

Hitlers Leidenschaft für den Volkswagen war bombastisch und grenzte ans Wahnhafte. Das Werk werde 1,5 Millionen Fahrzeuge produzieren, wenn es 1946 seine volle Kapazität erreicht habe, versprach der Führer. Mehr als Ford produzierte. Das Werk wäre nicht nur die größte Autofabrik der Welt, sondern die größte Fabrik überhaupt.[20] Die Fixierung von Volkswagen auf Größe um ihrer selbst willen sollte den Krieg überdauern.

Als Hitler das Werk am 7. Juni 1939 erneut besuchte, hatte es bereits Ausmaße angenommen, die zumindest teilweise seinen Ambitionen entgegenkamen. Die Fabrikgebäude säumten über eine Strecke von mehr als einen Kilometer den Mittellandkanal. Die Ziegelfassade wurde auf der Kanalseite von hohen, engen rechteckigen Fenstern sowie von regelmäßigen Vorsprüngen und Treppenhäusern untergliedert. Es war, als würden die Gebäude strammstehen. Die Werkshallen hatten hohe Dächer, getragen von Stahl- oder Betonsäulen. Reihenweise angebrachte Oberlichter ließen das Tageslicht herein.

Doch in jenem September, noch bevor die Massenfertigung des Volkswagens beginnen konnte, marschierte Deutschland in Polen ein, und das Volkswagenwerk erhielt Anweisung, sich auf die militärische Produktion zu konzentrieren. Im Verhältnis zu den hochtönenden Versprechen der Nazis erwies sich der Ausstoß an Kdf-Wagen als lächerlich gering. Bis Kriegsende produzierte das Werk lediglich 640 Fahrzeuge für den zivilen Gebrauch, die allesamt an Mitglieder der herrschenden Elite gingen. Die 336 000 Deutschen hingegen, die in der Hoffnung auf einen eigenen Wagen folgsam jede Woche fünf Reichsmark eingezahlt hatten, bekamen nichts für ihr Geld.[21]

Statt Volkswagen zu produzieren, diente das Werk als Reparaturbetrieb für die Junkers Ju 88, einen zweimotorigen Sturzkampfbomber, der während der Schlacht um England in Portsmouth und auf der Isle of Wright verheerende Schäden anrichtete.[22] Das Werk produzierte auch allerlei Militärgüter, darunter Feldöfen, Landminen, Teile der V1-Rakete und Panzerfäuste, die bei den letzten verzweifelten Versuchen der Nazis, den Vormarsch der Alliierten zu stoppen, massenhaft zum Einsatz kamen.[23] Zu Tausenden wurden Zivilisten, darunter auch Frauen, Kinder und Alte, in den letzten Kriegsmonaten mit Panzerfäusten ausgestattet.

Natürlich stellte das Volkswagenwerk auch Fahrzeuge her, bis Kriegsende rund 66 000 Stück, was dennoch nur ein Bruchteil der geplanten Produktionszahlen war. Das wichtigste Fahrzeug war der sogenannte Kübelwagen, ebenfalls von Ferdinand Porsche entworfen und basierend auf den Bestandteilen, die für den KdF-Wagen entwickelt worden waren. Der Kübelwagen war im Grunde genommen ein militarisierter Käfer, das Gegenstück der Wehrmacht zum amerikanischen Jeep. (In den 1970er-Jahren verkaufte Volkswagen in den USA kurzzeitig ein Fahrzeug namens Das Ding, das herausnehmbare Türen sowie eine umklappbare Windschutzscheibe hatte und eindeutig dem Kübelwagen nachempfunden war.) Es gab sogar eine amphibische Version, den Typ 166 Schwimmwagen.[24]

Unabhängig davon konstruierten Ferdinand Porsche und sein Sohn Ferry eine frühe Version des Panzerkampfwagens Tiger, der vom Rüstungskonzern Krupp produziert werden sollte. Der Panzer erwies sich als grandioser Fehlschlag.[25] Hitler wollte, dass Porsche ein Ungetüm entwarf, das die russischen Panzer auf dieselbe Weise deklassierte, wie die von Porsche konstruierten Rennwagen vor dem Krieg auf den Rennstrecken triumphiert hatten. Mit einem dem Volkswagen entsprechenden Panzer hätte Deutschland besser dagestanden. Der technisch überambitionierte Porsche-Tiger war für die schlammigen Schlachtfelder an der Ostfront jedoch zu unausgereift. Den ganzen Krieg hindurch versuchte Deutschland, Panzer zu bauen, die so effektiv, robust und einfach zu warten waren wie jene, über die die Rote Armee verfügte. »Es war ein Aberwitz«, schrieb der Historiker William Manchester über die von Ferdinand und Ferry Porsche entwickelten Panzer. »Sie gehörten in einen Spielzeugladen, aber nicht in eine Waffenschmiede.«

Gut möglich, dass Ferdinand und Ferry Porsche unwillentlich mehr zum alliierten Kriegserfolg beitrugen als zur Erreichung der deutschen Kriegsziele. Sie verschwendeten wertvolle

Rohstoffe für Rüstungsprojekte, die sich auf dem Schlachtfeld als untauglich erwiesen. Wie sich in den folgenden Jahrzehnten zeigen sollte, pflegte die Familie Porsche eine Schwäche für elegant konstruierte mechanische Wunderwerke, die für die reale Welt zu kostspielig oder zu heikel waren. Ein von Porsche entworfener Panzer erwies sich jedoch tatsächlich als nützlich: Jahre später wurde ein erhaltenes Exemplar des von den Porsches entworfenen Leopard-Panzers eingesetzt, um in der Stuttgarter Porsche-Fabrik verworfene Prototypen für neue Modelle platt zu fahren, damit sie nicht der Konkurrenz in die Hände fielen.[26]

Im Sommer 1942 besuchten Mitglieder der Familie Porsche die Stadt des KdF-Wagens.[27] Mit von der Partie war auch einer der Enkel – Ferdinand Piëch, Sohn von Louise Porsche, Ferdinand Porsches Tochter, und Anton Piëch, der im Volkswagenwerk zum Spitzenmanager aufgestiegen war. Es wurde schnell deutlich, dass der kleine, zu dieser Zeit erst fünfjährige Ferdinand nicht nur den Vornamen seines Großvaters geerbt hatte, sondern auch dessen Faszination für Maschinen. Der Enkel hatte auch schon in Porsches Ingenieursbüro herumspielen dürfen, das nach Österreich zurückverlegt worden war und wo die Angestellten von Ferdinand Porsche sen. an langen Reihen von Zeichentischen technische Projekte bearbeiteten. Ferdinand Piëch erinnerte sich später, dass er unter den Erwachsenen einen Aufruhr veranstaltet hatte, als er damit prahlte, dass Deutschland bald über Raketen verfügen würde, die hoch hinaus in die Luft schießen könnten.[28] Er hatte zufällig streng geheime Gespräche über die V2 mitgehört, die Mittelstreckenrakete, die die Deutschen später gegen England einsetzten.

In der Stadt des KdF-Wagens durfte sich der junge Ferdinand damit vergnügen, auf der Lokomotive des kleinen Güterzugs mitzufahren, der, beladen mit Treibstoff und Rohstoffen, zwischen den Fabrikgebäuden pendelte. In der Obhut der Lokomotivführer half er beim Kohleschaufeln und sah die Junkers-Bomber, die aufgereiht auf ihre Reparatur warteten. Ein seltsamer Spielplatz für einen Jungen, der noch nicht einmal im schulpflichtigen Alter war. Die Wehrmacht rüstete sich für den Angriff auf Stalingrad, der im Jahr darauf für Deutschland desaströs enden sollte und einen Wendepunkt im Krieg darstellte. Britische und amerikanische Langstreckenbomber hatten begonnen, deutsche Städte anzugreifen. Die Fabrik des KdF-Wagens wurde erst 1944 bombardiert, aber sie war ein natürliches Ziel.[29] Außerdem nutzte das Werk in großem Umfang Sklavenarbeiter, darunter russische Kriegsgefangene, Frauen aus besetzten Ländern wie Polen und jüdische Häftlinge aus Auschwitz und anderen Konzentrationslagern.[30] 1944 bestanden zwei Drittel der Arbeiterschaft im Volkswagenwerk, rund 20 000 Menschen, aus Zwangsarbeitern.

Die Porsches, die die meiste Zeit in der alpenländischen Idylle von Zell am See lebten, waren keine gewöhnliche Familie.[31] Die Kinder lernten die Grundlagen des Autofahrens bereits im Alter von fünf Jahren, wenn sie den Schaltknüppel des familieneigenen KdF-Wagens vom Beifahrersitz aus bedienen durften. (Die Porsches besaßen natürlich eines der wenigen produzierten Exemplare.) Die Gänge zu schalten war in jenen Tagen sogar für einen Erwachsenen eine knifflige Angelegenheit, ganz zu schweigen für ein Kind. Der KdF-Wagen hatte kein synchronisiertes Getriebe; beim Gangwechsel musste man erst die Kupplung betätigen, dann den Schalthebel in Leerlaufposition stellen, die Kupplung loslassen und schließlich kurz Gas geben. Dies diente dazu, die Antriebswelle und das Getriebe auf dieselbe Umdrehungszahl zu bringen, sodass sie reibungslos ineinandergreifen konnten. Dann betätigte der Fahrer erneut die Kupplung und legte den Gang ein. Im Haus der Piëchs wurde erwartet, dass die Kinder den richtigen Zeitpunkt zum Betätigen des Schaltknüppels erkannten, während der Erwachsene am Steuer Kupplung und Gaspedal bediente. Wählte das Kind den falschen Moment für den Gangwechsel, gab das

Getriebe ein gequältes Knirschen von sich. In diesem Fall durfte das Kind eine ganze Zeit lang nicht mehr schalten.

Piëch, ein hübscher Bursche mit durchdringendem Blick, war vermutlich zu jung, um wahrzunehmen, dass viele Volkswagen-Arbeiter unterernährte Gefangene und de facto Sklaven waren. Jedenfalls berichtete Piëch Jahrzehnte später nur von der Faszination, die die Fabrik und das, was in ihr geschah, auf ihn ausübte. Während eines langen Spaziergangs mit seiner Mutter im Sommer jenes Jahres fragte sie ihn, was er als Erwachsener einmal werden wolle. »Ich sagte«, schrieb Ferdinand Piëch später, »ich möchte einmal in diesem Werk hier arbeiten, aber nicht wie mein Vater und mein Großvater vor so einem großen Schreibtisch mit Papier, sondern *richtig*, da unten, wo die Arbeiter die Flugzeuge reparieren oder auf der Eisenbahn fahren, also richtig mit den Händen arbeiten.«[32] Ein Samen war bereits gelegt worden, eine Sehnsucht, die Ferdinand Piëch noch Jahrzehnte später bewegen sollte und für die Geschichte von Volkswagen schwere Folgen haben würde.

Piëch entschuldigte später die Rolle seines Großvaters in der Kriegsmaschinerie der Nazis, indem er sagte, Ferdinand Porsche sei politisch schrecklich naiv gewesen, als würde das irgendwie mit einschließen, dass er gegenüber dem Leid der Zwangsarbeiter blind gewesen sei oder die Brutalität des Regimes nicht wahrgenommen habe.[33] Wie dem auch sei – Porsche hatte gezeigt, dass er politisch klug genug war, um zu wissen, wie er seine Beziehung zu Hitler nutzen konnte, wenn sie ihm dienlich war. Einem Erwachsenen musste klar sein, unter welchen Bedingungen die Arbeiter schufteten. Selbst diejenigen, die noch am besten behandelt wurden wie etwa die polnischen Frauen, bekamen kaum Nahrung und Kleidung, und man verweigerte ihnen im Krankheitsfall die medizinische Behandlung.[34] Am schlechtesten erging es den Insassen der Konzentrationslager, in der Hauptsache Juden. Sie wurden von der Unternehmensleitung angefordert, um den drastischen Mangel an Arbeitskräften auszugleichen und das Werk bei voller Leistung am Laufen zu halten. Die KZ-Insassen wurden von den SS-Wachen geschlagen, erhielten kaum Essen und mussten bei winterlichen Temperaturen in ihrer dünnen KZ-Kluft arbeiten. Todesfälle waren an der Tagesordnung. Auch wenn bei Volkswagen bessere Bedingungen herrschten als in Auschwitz, woher viele der jüdischen Zwangsarbeiter kamen, waren die Zustände erbärmlich.

Der vielleicht grausamste Aspekt des Volkswagenwerks zu Kriegszeiten war die Behandlung neugeborener Kinder. Sara Frenkel, eine polnische Jüdin, die unter falschem Namen lebte und als Kinderschwester im Volkswagenwerk arbeitete, schilderte, wie die Kinder von Zwangsarbeiterinnen diesen bald nach der Geburt weggenommen und in ein »Kinderheim« im Dorf Rühen nordöstlich der Fabrik gebracht wurden. »Da lagen die Kinderchen im Dreck, und in den Zimmern stank es nach Urin und Kot. Überall waren Läuse und Wanzen. Das Essen war schlecht, und es gab nicht genug Wasser«, erinnerte sich Sara Frenkel später.[35] Historiker beziffern die Zahl der Kinder, die dort aufgrund von Krankheit und Unterversorgung zu Tode kamen, auf 365. Der SS-Arzt Hans Körbel, der das »Kinderheim« leitete, wurde von einem britischen Militärgericht der Kriegsverbrechen schuldig gesprochen und 1947 hingerichtet.

Hans Mommsen, Autor einer umfangreichen Studie über Volkswagen während des Zweiten Weltkriegs, kam zu dem Schluss, Porsche habe wie ein »Schlafwandler«[36] über die im Werk begangenen Verbrechen hinweggesehen. Er war derart auf die technischen Fragen und Produktionsziele konzentriert, dass er vorsätzlich die menschlichen Opfer ignoriert habe.

Volkswagen war keineswegs das einzige deutsche Unternehmen, das Zwangsarbeiter ausbeutete. Viele Firmen, die heute zu den größten in Deutschland gehören, darunter Daimler, BMW und Siemens, machten sich ähnlicher Praktiken schuldig. Doch Volkswagen nutzte eine ungewöhnlich hohe Zahl von Sklavenarbeitern und war führend in deren Ausbeutung.[37] Als bei Kriegsausbruch ein Mangel an herkömmlichen Arbeitern aufkam, suchte Volkswagen dies durch ausländische Kräfte auszugleichen, von denen die meisten unter Zwang arbeiteten. Zu Spitzenzeiten während des Kriegs bestanden 80 Prozent der Arbeiterschaft im Volkswagenwerk aus Ausländern, während die Durchschnittsrate in der deutschen Industrie bei 30 Prozent lag. Später zahlte das Unternehmen Entschädigungen an die überlebenden Sklavenarbeiter, beharrte dabei aber auf dem Standpunkt, die Schuld habe beim Nazi-Regime gelegen und nicht beim Unternehmen. Mitglieder der Familien Porsche und Piëch kritisierten zudem, wie Mommsen Ferdinand Porsche porträtiert hatte, und beschuldigten den Historiker, er wolle ihnen die Taten des Großvaters ankreiden.[38]

Der erste große Angriff der Alliierten auf das Volkswagenwerk erfolgte am 8. April 1944.[39] Bomber der Achten US-Luftwaffe warfen 146 Tonnen Spreng- und Brandbomben ab, wodurch 13 Menschen zu Tode kamen, darunter vier Zwangsarbeiter.[40] Die schwersten Schäden trugen die Gebäude mit der Firmenverwaltung davon. Zwei weitere Luftangriffe erfolgten im Juni kurz nach der Invasion in der Normandie als Teil der Operation Crossbow, eines gemeinsamen Unternehmens von Briten und Amerikanern. Ziel war es, die Produktionsstätten der V1-Raketen zu zerstören, mit denen Deutschland Großbritannien terrorisierte. Einige Zwangsarbeiter wurden von deutschen Wachen aufgrund von »Plünderungen« erschossen – vermutlich hatten sie versucht, das Chaos zu nutzen, um Lebensmittel zu stehlen. Ein vierter Großangriff durch 85 B-24-Bomber fand am 5. August statt. Dabei wurden die meisten Fabrikgebäude beschädigt.

Auch wenn die Bomben Löcher in die Ziegelmauern der Fabrik rissen und Dächer zum Einsturz brachten, beeinträchtigte dies den Betrieb nur vorübergehend. Ein Großteil der Maschinenanlagen und der Produktion war bereits ab 1943 in Sicherheit gebracht worden, entweder in den Kellergeschossen des Werks selbst oder an anderen Orten.[41] Zum Beispiel wurde eine Eisenmine in Tiercelet im Nordosten Frankreichs in eine Fabrik für Fliegerbomben umgewandelt, die zuvor im Volkswagenwerk hergestellt worden waren. Im Werk selbst wurden weiterhin die Jeep-ähnlichen Kübelwagen produziert; die Fertigung endete erst wenige Tage vor dem 10. April 1945, als die amerikanischen Truppen die Vororte der Stadt erreichten.[42]

An jenem Tag schrieb Jean Baudet, ein Arbeiter aus Frankreich, in sein Tagebuch, die am Volkswagenwerk vorbeiführende Straße sei überfüllt mit Reihen zerlumpter, unbewaffneter deutscher Soldaten, darunter viele Verwundete. Aus der Ferne hörte er Artilleriefeuer und das Knattern von Maschinengewehren. Amerikanische Jagdflugzeuge rasten auf Baumwipfelhöhe über die Menschen hinweg. Doch das Werksgelände selbst blieb von Kampfhandlungen verschont. Der bewaffnete Werksschutz suchte das Weite, und niemand leistete Gegenwehr, als die ersten amerikanischen Panzer auf das Gelände rollten. Am 12. April sah Baudet durch das Fabrikfenster einen Panzer mit einem weißen Stern darauf. »Die Amerikaner!«, rief jemand.[43] Selbst die deutschen Zivilisten schienen erleichtert, schrieb Baudet.

Zu diesem Zeitpunkt war Ferdinand Porsche schon lange abgereist.[44] Im Januar hatte er sich deprimiert und demoralisiert auf das Familienanwesen in Zell am See zurückgezogen. Sein Schwiegersohn Anton Piëch folgte ihm wenige Tage vor dem Eintreffen der Amerikaner. Er beschloss, sich seiner Pflicht als Kommandeur des örtlichen Volkssturms zu entziehen, der armselig ausgebildeten, mit Panzerfäusten bewaffneten Bürgerwehr, die in einem letzten verzweifelten Versuch das Vaterland verteidigen sollte.

Sogar noch nach dem Einmarsch der Amerikaner versuchten Piëch und Porsche, die Fabrik von Österreich aus zu leiten. Sie sahen sich selbst als Hüter von Volkswagen, wenn nicht sogar als dessen eigentliche Eigentümer. Piëch nahm eine beträchtliche Summe Bargeld aus den Tresoren der Firma – rund zehn Millionen Reichsmark – an sich, als er vor dem alliierten Vorrücken nach Zell am See floh.[45] In den Monaten nach der deutschen Kapitulation schickte Piëch den britischen Verwaltern des Werks Rechnungen über Entwicklungsarbeiten für die Volkswagen-Limousine und andere Projekte, darunter auch ein Elektrofahrzeug, die Ferdinand und Ferry Porsche geleistet hatten und angeblich weiterhin leisteten. Piëch und die Porsches ließen sogar eine Baracke in Wolfsburg demontieren und deren hölzerne Bauteile nach Zell am See transportieren, wo sie wiedererrichtet wurde.[46] Als nach dem Krieg die Verwalter von Volkswagen versuchten, von Porsche die Kosten für die Materialien einzufordern, weigerte sich Porsche mit der Behauptung, die Aktion sei Teil eines zur Kriegszeit ausgearbeiteten Plans gewesen, den Firmensitz von Volkswagen zu verlegen. Die Wiedererrichtung des Gebäudes habe die Firma mehr gekostet, als die Materialen wert gewesen seien. Diese etwas bizarren Versuche, die administrative Kontrolle über Volkswagen wiederzugewinnen, fanden ihr Ende, als Ferdinand Porsche, Ferry Porsche und Anton Piëch verhaftet wurden. Die Briten beglichen die Rechnungen nicht, die sie erhalten hatten. Doch das Verhalten der Familie Porsche zeigte ihre Entschlossenheit, ein Anrecht auf die Firma wiederzuerlangen, die, zumindest aus ihrer Sicht, Ferdinand Porsche aufgebaut hatte.

Das Werk ging noch vor der deutschen Kapitulation einen Monat später wieder in Betrieb und diente der US-Armee zur Reparatur ihrer Fahrzeuge. Innerhalb von nur wenigen Wochen konnte es auch auf vorhandene Lagerbestände zur Fertigung des Kübelwagens zurückgreifen, der von da an für alliierte Zwecke gebaut wurde. Bis Juni, als die britischen Truppen das Werk übernahmen, da es in ihrer Besatzungszone lag, wurden 133 Fahrzeuge produziert.

Die Briten erkannten rasch, dass ihnen das Volkswagenwerk helfen konnte, zwei Probleme zu lösen: die Notwendigkeit, den Deutschen in der Region ein Auskommen zu verschaffen und den Bedarf der britischen Armee an Transportmitteln zu decken. Die Briten verhinderten, dass die Maschinenanlagen demontiert und als Reparation in eines der Siegerländer verfrachtet wurden; dieses Schicksal ereilte die Opel-Werke, deren Anlagen die Sowjetunion requirierte.[47] Die Fabrikgebäude aus rotem Ziegel wurden eilig repariert. Durch die Bombardierungen beschädigte Materialien fanden Wiederverwendung, sofern sie substanziell noch intakt waren. Noch heute kann man an Stahlträgern in den Werkshallen Schrapnellnarben erkennen.

Die Briten gaben der jungen Stadt einen neuen Namen – Wolfsburg –, nach einem nahe gelegenen Schloss, um Anklänge an die Vergangenheit auszulöschen. Im Dezember 1945 erfolgte die Wiederaufnahme der Produktion, diesmal mit dem Volkswagen als Hauptprodukt. Bis März 1946 wurden davon 1000 Stück produziert und den Besatzungsmächten zur Verfügung gestellt. Als die Spannungen mit der Sowjetunion zunahmen, sahen die Briten, dass ihnen das Volkswagenwerk die Möglichkeit bot, als Gegenmittel zu den Verlockungen des Kommunismus gut bezahlte Arbeitsplätze zu schaffen und die Demokratie in Deutschland zu fördern. Die Sowjetzone und die künftige Grenze zur Deutschen Demokratischen Republik lagen keine 20 Kilometer von der Fabrik entfernt. Die britischen Verwalter, manche davon mit Erfahrung in der Automobilindustrie, kümmerten sich um die Versorgung mit Rohstoffen und die Zuteilung von Krediten. Sehr schnell baute das Werk ein Service- und Händlernetz auf und begann im August 1947 mit dem Export von Fahrzeugen ins europäische Ausland. Volkswagens internationale Expansion hatte begonnen.

Wie andere deutsche Industrielle wurde Ferdinand Porsche nach dem Krieg interniert.[48] Im August 1945 lebte er zwei Monate in einem Lager in Bad Nauheim nördlich von Frankfurt,

Der Enkel

bekannt auch als »Mülleimer«. Zu Porsches Mithäftlingen gehörten u.a. der Architekt Albert Speer, ehemals Hitlers Minister für Bewaffnung und Munition, sowie Wernher von Braun, der Hitlers Raketenprogramm geleitet hatte und später eine entscheidende Rolle beim Raumfahrtprogramm der USA spielte. Nachdem alliierte Ermittler Porsche zum Volkswagenwerk befragt hatten, wurde er am 13. September 1945 aus der Haft entlassen, worauf er nach Österreich zurückkehrte.[49] Aber seine Freiheit währte nur kurz. Zwei Monate später wurden Ferdinand Porsche, Ferry Porsche und Anton Piëch von der französischen Regierung in den badischen Kurort Baden-Baden eingeladen, um über die Möglichkeit zu diskutieren, dass sie die Leitung einer französischen Automobilfabrik übernahmen. Nachdem man ihnen zu Ehren ein Diner veranstaltet hatte, wurden die drei unerwarteterweise wegen ihrer Rolle bei der Deportation französischer Arbeiter ins Volkswagenwerk während des Kriegs verhaftet. Ferry kam im März 1946 wieder frei, aber Ferdinand und Piëch wurden nach Paris gebracht, wo man sie im Dienstbotentrakt einer Villa beherbergte, die Louis Renault gehörte; dort sollten sie einen neuen Renault-Pkw entwerfen. Die Franzosen, selbst mit internen Zwistigkeiten belastet, konnten sich nicht entscheiden, ob sie Porsches Kenntnisse nutzen oder ihn wegen Kriegsverbrechen anklagen sollten. Im Februar 1947, als französische Dienststellen, die eine Anklage forderten, die Oberhand gewannen, wurden Porsche und Piëch südlich von Paris in Polizeiarrest genommen und später in Dijon inhaftiert. Porsche jedoch kam die Zeugenaussage von Peugeot-Managern zugute, die bestätigten, dass er die Deportation von Arbeitern des Unternehmens nach Deutschland verhindert und den französischen Autobauer vor der Einmischung durch die Nazis bewahrt habe.[50] Im August 1947, nach 20-monatiger Haft, kamen Porsche und Piëch auf freien Fuß. Sie wurden nie wegen Kriegsverbrechen angeklagt.

Ferdinand Porsches Einfluss auf Volkswagen schwand nach

dem Krieg, aber er hatte bereits zwei entscheidende Beiträge zu dessen künftiger Entwicklung beigesteuert. Er hatte das Auto entworfen, das zur Grundlage seines Erfolgs nach dem Krieg wurde. Und er hatte einen Gutteil seiner Leidenschaft für das Technische und das Gefühl, eine Mission zu verfolgen, an seinen Enkel Ferdinand Piëch weitergegeben.

3
Wiedergeburt

In den ersten Jahren nach dem Eintreffen amerikanischer Panzer auf dem Werksgelände war das Überleben von Volkswagen als Unternehmen keineswegs gesichert. Bei VW fehlte es an nahezu allem, was für die Produktion eines Automobils benötigt wurde. Stahl unterlag der Rationierung, ebenso wie viele andere Materialien. Die kriegsbedingte Abhängigkeit von Zwangsarbeitern, die nach der Befreiung die Fabrik plünderten, Anlagen mutwillig zerstörten und sich danach in alle Winde zerstreuten, hatte zur Folge, dass dem Unternehmen ein fester Stamm erfahrener Arbeitskräfte fehlte. Für die deutschen Arbeiter, die verfügbar waren, gab es nicht genügend Wohnraum. Viele schliefen in den Baracken, die zuvor für die Zwangsarbeiter genutzt worden waren. Lebensmittel waren so knapp, dass unterernährte Arbeiter zuweilen am Fließband zusammenbrachen. Massen von deutschsprachigen Flüchtlingen, die aus dem von den Sowjets kontrollierten Osteuropa geflohen oder vertrieben worden waren, strömten auf der Suche nach Arbeit nach Wolfsburg. Aber oft blieben sie nicht lange, sondern zogen auf der Suche nach besseren Bedingungen weiter.

Trotz dieser Schwierigkeiten hatte das Volkswagenwerk eine Reihe von Wettbewerbsvorteilen. Seine Fabrikanlagen hatten weniger Schäden erlitten als die von Konkurrenten wie Opel oder Daimler; außerdem verfügten sie über ein eigenes kohlebetriebenes Kraftwerk und blieben so von den vielen Stromausfällen verschont, die überall in Europa den Firmen zu schaffen machten. Weil der Bestand an Maschinen die Bombardierungen und Konfiszierung weitgehend unbeschadet überstanden hatte, konnte das Unternehmen Teile fertigen, die bei Zulieferern nicht erhältlich waren. Das Presswerk von VW, gigantische Anlagen zur Formung von Blechen zu Karosserieteilen und anderen Komponenten, war eines der größten Europas.

Volkswagen hatte auch das Glück, dass die britischen Besatzer einen ideenreichen und energischen Major namens Ivan Hirst zum kommissarischen Leiter der Fabrik ernannten.[1] Hirst entstammte einem britischen Familienunternehmen, das Armbanduhren produzierte, der Firma Hirst Bros & Co. Nachdem der Absatz auch aufgrund der Billigkonkurrenz aus Deutschland eingebrochen war, musste das Unternehmen jedoch 1927 verkauft werden. Vor der Machtergreifung der Nazis hatte Hirst eine Zeit lang als Austauschstudent in Berlin gelebt. Er bewunderte den deutschen Arbeitsethos und sprach ein wenig Deutsch. Während des Kriegs gehörte er dem Twenty-Second Advanced Base Workshop an, einer Einheit des Königlichen Ingenieurskorps der britischen Armee, das unmittelbar hinter der Front operierte und beschädigte Panzer und andere Motorfahrzeuge reparierte. Durch diese Tätigkeit erwarb sich Hirst sowohl Fertigkeiten im Krisenmanagement als auch technische Kenntnisse, die sich für Volkswagen als nützlich erweisen sollten.

Der intellektuell wirkende Hirst mit seinem dunklen buschigen Schnurrbart und der runden, schwarz geränderten Brille traf im August 1945 in Wolfsburg ein. Im Grunde genommen war er der erste Generaldirektor von VW nach dem Krieg. Die Energie, mit der er ans Werk ging, rührte teilweise aus dem britischen Interesse her, Volkswagen und andere deutsche Unternehmen wiederzubeleben, um dadurch die Besatzungskosten zu senken. Doch Hirst, der zu dieser Zeit erst 29 war, schien sich wirklich mit dem Werk und dessen Arbeitern identifiziert zu haben. Dank seines Geschicks bei der Beschaffung von Bauteilen und Rohstoffen war das Unternehmen in der Lage, innerhalb eines Jahres bis zum Oktober 1946 10 000 Volkswagen zu produzieren, und lieferte damit weit mehr Zivilfahrzeuge, als die Nazis je zustande gebracht hatten. Auf Hirsts Initiative hin baute Volkswagen eine Service- und Händlerorganisation auf und exportierte erstmals in ein Nachbarland – fünf Fahrzeuge an einen Händler in den Niederlanden im Oktober 1947.[2] Hirst drängte auch darauf, die Qualität der Fahrzeuge zu verbessern und den Arbeitern beizubringen, selbst die Initiative zu ergreifen, anstatt passiv auf Anweisungen zu warten, wie man es ihnen unter den Nazis eingebläut hatte.[3] Zudem setzte Hirst einen aus zwölf Personen bestehenden Arbeiterrat ein, gemäß dem Ziel der Alliierten, im besetzten Deutschland demokratische Institutionen zu fördern.[4] Dies waren entscheidende Schritte in der Entwicklung von Volkswagen von einem Prestigeobjekt der Nazis hin zu einem internationalen, kundenorientierten Autobauer. Die Entscheidung, den Arbeitern Mitbestimmung einzuräumen, schuf einen Präzedenzfall und hatte zugleich langfristige Folgen.

Auf Hirsts Empfehlung wurde Heinrich Nordhoff zum ersten deutschen Generaldirektor nach dem Krieg ernannt. Nordhoff hatte während des Kriegs eines der Hauptwerke von Opel geleitet. Der weltmännisch auftretende Techniker, der zweireihige Anzüge mit einem weißen Taschentuch in der Brusttasche trug, wusste, wie Fabriken funktionierten, und war ein fähiger Manager. Er leitete Volkswagen zwei Jahrzehnte lang in einer Zeit außerordentlichen Wachstums. Eine der Hauptdurchgangsstraßen in Wolfsburg ist nach ihm benannt. Doch Nordhoff zeigte später wenig Dankbarkeit gegenüber Hirst, ohne den Volkswagen vermutlich als Unternehmen nicht überlebt hätte. Als er im November 1947 in die Firma eintrat, behauptete Nordhoff später, sei Volkswagen nichts anderes als eine Ruine gewesen, und er habe das Unternehmen völlig neu aufbauen müssen.[5] Vielleicht war das sein persönlicher Eindruck. Doch als Nordhoff am 1. Januar 1948 sein Amt antrat, stand die westdeutsche Wirtschaft gerade vor ihrem großen Aufschwung. Durch die Einführung der Deutschen Mark ein Jahr später, die die wertlose Reichsmark ersetzte, erhielten die Deutschen eine Währung, der sie vertrauen konnten. Sie setzte in den westlichen Besatzungszonen den Unternehmergeist frei und führte zu einer dramatischen Verbesserung der Wirtschaftslage. Schon bald nach der Währungsreform verdoppelte sich fast die Produktion von Volkswagen auf 2500 Stück pro Monat.[6]

Hirst verließ Volkswagen 1948, blieb aber in Deutschland auf anderen Posten für die britische Regierung tätig. 1955, als Großbritannien die Besatzung Deutschlands für beendet erklärte und seine dort stationierten Truppen reduzierte, war Hirst mit einem Mal arbeitslos. Er kehrte daraufhin nach Wolfsburg zurück in der Hoffnung, dort eine Arbeitsstelle zu finden. Nordhoff erteilte ihm jedoch eine Abfuhr.[7] Erst Jahrzehnte später würdigten Historiker Hirsts Leistung, der Volkswagen durch die gefährliche Zeit unmittelbar nach der deutschen Kapitulation sicher geleitet hatte. In den Jahren vor seinem Tod im März 2000 war er bei Veranstaltungen von Volkswagen in Wolfsburg häufig Ehrengast.[8]

Im Oktober 1949, als die Briten die Verwaltung von Volkswagen an die deutsche Regierung übertrugen, hatte Volkswagen 10 000 Beschäftigte. Die 4000 Fahrzeuge, die das Unternehmen monatlich fertigte, stellten die Hälfte der gesamten Automobilproduktion des Landes dar. Volkswagen war der deutsche Hauptlieferant von Fahrzeugen für die britische Besatzungsmacht und hatte gleichsam eine Monopolstellung beim deutschen Postdienst und bei der Deutschen Reichsbahn inne. 1949 wurden 15 Prozent der in Wolfsburg produzierten Fahrzeuge ins Ausland verkauft.

In vielerlei Hinsicht waren Volkswagen und die wirtschaftliche Erholung in Deutschland – das Wirtschaftswunder – zwei Seiten ein und derselben Medaille. Während Deutschland sich bemühte, wieder einen Platz unter den demokratischen Nationen zu gewinnen, diente Volkswagen als der automobile Botschafter des guten Willens. Die Zeit, fremde Länder gewaltsam zu erobern, war vorbei – Volkswagen eroberte das Ausland mit seinem Charme. Die Fahrzeuge waren praktisch, verlässlich und für die aufstrebende Mittelschicht Europas erschwinglich. Hitlers Rolle bei der Entstehung dieses Autos wurde zu einer bloßen Fußnote, wenn man sich überhaupt an sie erinnerte. Stattdessen trat Volkswagen als Symbol des neuen demokratischen Deutschland in Erscheinung. Beim Bemühen der deutschen Unternehmen, dem befleckten Label »Made in Germany« den alten Glanz wiederzugeben, bildete Volkswagen die Vorhut. Der Standort des Werks, nur einen Katzensprung vom Eisernen Vorhang entfernt, der Europa teilte, unterstrich Volkswagens symbolischen Wert in dem im Kalten Krieg ausgetragenen Wettstreit zwischen der kapitalistischen freien Marktwirtschaft und dem Sowjetkommunismus.

Tatsächlich aber verlief die Trennlinie zwischen den beiden Wirtschaftssystemen nicht so rigoros, wie es schien. Volkswagen blieb bis 1960 ein staatseigenes Unternehmen. Auch Nordhoff war kein Vorzeigedemokrat. Während einer Sitzung der obersten Unternehmensleitung im Jahr 1951 schlug er vor, Volkswagen solle gewisse Kandidaten für den örtlichen Stadtrat unterstützen, um eine breite Ebene der Zustimmung zu schaffen.[9] Bei einer anderen Sitzung empfahl er, das Unternehmen solle darauf pochen, dass sämtliche Zeitungen und Zeitschriften, die über Volkswagen oder seine Fahrzeuge schrieben, ihre Artikel vor der Veröffentlichung zur Prüfung und Genehmigung vorzulegen hätten.[10]

Der KdF-Wagen, inzwischen bekannt als Volkswagen, wurde weiterhin in Stückzahlen produziert, die Fords Model T weit übertrafen und selbst die höchsten Erwartungen seiner Planer vor dem Krieg überstiegen. Konzipiert von einem totalitären Regime, das auf militärische Eroberungen aus war, wurde der Wagen des Volkes seinem Namen erst gerecht, als Frieden herrschte, Deutschland eine Demokratie und Verbündeter des Westens war und das Unternehmen Zugang zum Weltmarkt hatte. Ferdinand Porsche starb 1951 im Alter von 75 Jahren. Er hatte noch erleben können, wie der Volkswagen zum alltäglichen Bild auf deutschen Straßen gehörte.

Die Verbindung zwischen der Familie Porsche und Volkswagen blieb auch nach dem Krieg bestehen. Trotz der gegen ihn erhobenen Anschuldigungen gelang es Porsche und seiner Familie, die Lizenz für das Volkswagen-Design in der Hand zu behalten. Doch ihr Rechtsanspruch, basierend auf Vorkriegsverträgen, war moralisch zweifelhaft. Der Volkswagen war von Hitler in Auftrag gegeben worden – finanziert mit Geld, das man der Arbeiterschaft entwendet hatte – und wurde ursprünglich in einem Werk gebaut, in dem Zwangsarbeiter schufteten. Nach Ansicht der Familie Porsche ging es jedoch darum, das Lebenswerk des Patriarchen vor der Konfiszierung durch die Alliierten zu schützen. Das Konstruktionsbüro Porsche unter der Leitung von Ferry Porsche leistete weiterhin Entwicklungsarbeit für Volkswagen. Aus geschäftlicher Perspektive gingen die Porsches aus dem Krieg in einer so guten Position hervor, dass sie sich die Grundlage für ein Vermögen schaffen konnten, das sie zu einer der reichsten Familien Europas machen sollte.

Nordhoff schuf dafür den Präzedenzfall.[11] 1948 handelte der Generaldirektor von Volkswagen einen Vertrag aus, der vorsah, dass das Konstruktionsbüro Porsche Lizenzgebühren in Höhe von einem Prozent der ersten aus den Verkäufen erzielten 500 000 DM erhielt und danach eine Mark pro verkauftes Fahrzeug. Die Aufsichtsbehörde der britischen Besatzungsmacht lehnte dies jedoch mit der Begründung ab, dass es fraglich sei, ob Ferdinand Porsche tatsächlich die Patentrechte für den VW innehabe.[12] Außerdem habe ein jüdischer früherer Teilhaber von Porsche Anspruch auf Restitution erhoben.[13]

Gemeint war der Kaufmann und Rennwagenpilot Adolf Rosenberger, der 1931 dem Konstruktionsbüro von Ferdinand Porsche finanzielle Starthilfe geleistet hatte. Als jedoch die Streitfrage um die Rechte an den Patenten vor einem Stuttgarter Gericht verhandelt wurde, argumentierte die Leitung von Volkswagen zugunsten der Familie Porsche.[14] Die Millionen, die Anton Piëch in der Endphase des Kriegs nach Zell am See beiseitegeschafft hatte, wurden gegen die Forderungen aufgerechnet, die das Konstruktionsbüro Porsche eingereicht hatte. Fest steht jedenfalls, dass sich die Führungsriege des Unternehmens in tiefer Schuld gegenüber Ferdinand Porsche sah.[15]

Als die Briten 1949 die Kontrolle über deutsche Vermögensverhältnisse aus der Hand gaben, begann Volkswagen an die Familien Porsche und Piëch Geld zu überweisen. Auch das Konstruktionsbüro Porsche erhielt einen Vertrag und einen monatlichen Vorschuss für die Weiterführung der Entwicklungsarbeit für Volkswagen, das noch über keine eigene Abteilung für Forschung und Entwicklung verfügte. Außerdem wurde der Familie das Exklusivrecht für den Verkauf von Volkswagen-Fahrzeugen in Österreich zugesprochen. Diese Konzession mag zur damaligen Zeit als nicht besonders wichtig erachtet worden sein. Doch nach dem Tod ihres Mannes Anton übernahm Louise Piëch, die entschlossene und ideenreiche Tochter von Ferdinand Porsche und Mutter von Ferdinand Piëch, die Leitung des Vertriebsunternehmens. Sie baute es zum größten Volkswagen-Händlernetz Europas aus.

Während die Porsches ihren Anspruch auf die Erfindungen von Ferdinand Porsche verteidigten, wiesen sie jeden Versuch Adolf Rosenbergers, des ehemaligen Finanziers von Porsche, entschieden zurück, einen Anteil an dem Eigentum wiederzuerlangen, das ihm unter den Nazis quasi enteignet worden war. 1949 kehrte Rosenberger nach Deutschland zurück, um eine Entschädigung für seine Teilhaberschaft am Konstruktionsbüro sowie die Begleichung ausstehender Schulden zu fordern, die seinen Angaben zufolge Porsche bei ihm hatte, als Rosenberger 1935 aus Deutschland fliehen musste. Ferry Porsche weigerte sich, dies anzuerkennen. Daraufhin reichte Rosenberger Klage ein, doch seine Chancen auf Restitution schwanden, als die Alliierten ihre Kontrolle über Deutschland lockerten. Angesichts der ihm wenig gewogenen deutschen Gerichte und der Belastung durch einen sich verschlechternden Gesundheitszustand verzichtete Rosenberger, der nach seiner Flucht in die USA seinen Namen in Alan Arthur Robert geändert hatte, 1950 auf seine Ansprüche und erhielt dafür im Gegenzug 50 000 DM und ein kostenloses Auto.[16] Er starb 1967 in Los Angeles.

In der Beziehung zwischen Porsche und Volkswagen waren persönliche Bande ebenso wichtig wie vertragliche Vereinbarungen. Ferry Porsche, der die Geschäfte der Familie leitete, nachdem Ferdinand sen. und Anton Piëch von den Alliierten interniert worden waren, gab sich redlich Mühe, gute Beziehungen zum Nachkriegs-Management von Volkswagen aufrechtzuerhalten. Im Oktober 1953, nach einem Abendessen bei den Nordhoffs in Wolfsburg, überschlug sich Ferry geradezu vor Bewunderung dafür, dass Heinrich Nordhoff sein Haus selbst, ohne die Hilfe eines Architekten, entworfen hatte – ein Zeichen, wie Ferry Porsche in seinem Dankesbrief schrieb, für Nordhoffs feinen Sinn für Ästhetik. Porsche leitete von diesem Kompliment zu seinem eigentlichen Anliegen über, Nordhoff möge bitte einen Fahrzeug-Prototyp begutachten, den das Konstruktionsbüro entworfen hatte. Nordhoff solle nach Stuttgart kommen und dort den Prototyp nicht nur selbst einmal fahren, sondern seine Hände über die perfekt geformte Karosserie gleiten lassen, schrieb Porsche.[17] 1959 wurden die Bande zwischen Volkswagen und Porsche noch enger geknüpft, als Nordhoffs 22-jährige Tochter Elisabeth Ernst Piëch heiratete, den Enkel von Ferdinand Porsche und älteren Bruder von Ferdinand Piëch.

Wiedergeburt

Auch die Arbeiterschaft erhielt starke Mitspracherechte im Volkswagen-Management, was nicht zuletzt auf das Unrecht zurückging, das den Gewerkschaften zugefügt worden war, als die Nazis ihr Vermögen beschlagnahmt und für den Bau des Volkswagenwerks verwendet hatten. Als die Briten 1949 die kommissarische Leitung von Volkswagen beendeten, übertrugen sie die Eigentumsrechte an die deutsche Bundesregierung, die ihrerseits die Kontrolle dem Bundesland Niedersachsen überantwortete. 1960 beschloss die marktwirtschaftlich orientierte Regierung, 40 Prozent von VW auf dem Aktienmarkt zu veräußern. Die Belegschaft jedoch, die den Einfluss profitorientierter Investoren fürchtete, versuchte den Verkauf zu verhindern. Es kam schließlich zu einem politischen Kompromiss, der das besondere Zugeständnis gegenüber den VW-Mitarbeitern vorsah und später vom Bundestag abgesegnet wurde. Dem sogenannten Volkswagen-Gesetz zufolge bedurfte die Eröffnung neuer Werke oder die Produktionsverlagerung an andere Standorte stets einer Zweidrittelmehrheit im Aufsichtsrat. Da die Belegschaft die Hälfte der Sitze im Aufsichtsrat innehatte, verlieh ihr dieses Gesetz die Vetomacht. Zusätzlich begrenzte es das Stimmrecht jedes einzelnen Anteilseigners auf maximal 20 Prozent, unabhängig davon, wie viele Anteile die betreffende Person tatsächlich hielt. Gesetzlich festgeschrieben wurde außerdem, dass dem Bundesland Niedersachsen und der Bundesregierung jeweils zwei Sitze in dem 20-köpfigen Aufsichtsrat zustanden, sofern sie zumindest eine einzige Aktie besaßen.

All diese Regelungen waren dazu gedacht, die Macht außenstehender Anteilseigner einzuschränken und zu gewährleisten, dass die Bundes- und Landesregierung so lange Einfluss auf Volkswagen nehmen konnten, wie es ihnen beliebte. Während die Bundesregierung später ihre Beteiligung aufgab, hielt Niedersachsen an seinen Sitzen im Aufsichtsrat fest, die in der Regel vom jeweiligen Ministerpräsidenten und seinem Wirtschaftsminister eingenommen wurden. Da es sich dabei meist um Vertreter der SPD handelte, stellten sie sich fast stets auf die Seite der Belegschaftsvertreter. Die Folge war, dass die Arbeiterschaft von Volkswagen von den 1950er- bis in die 1980er-Jahre vermutlich mehr echten Einfluss auf die Unternehmenspolitik hatte als ihre Kollegen wenige Kilometer entfernt im sogenannten Arbeiterparadies der Deutschen Demokratischen Republik. Außenstehende Anteilseigner von Volkswagen hatten im Grunde keine Mitsprachemöglichkeit.

Inzwischen diente die Technologie von Volkswagen als Grundlage für das Sportwagen-Unternehmen, das Ferry Porsche nach dem Krieg schuf und das zur wichtigsten Quelle des Reichtums der Familie wurde. Der erste Porsche mit hohen Verkaufszahlen, der zweisitzige 356, hatte das modifizierte Fahrgestell und den luftgekühlten Vierzylindermotor eines Käfer, der allerdings auf eine verdoppelte PS-Leistung aufgerüstet wurde. Der 356 und sein bekanntester Nachfolger, der 911, der viele Modellüberarbeitungen erfahren hat und nach wie vor produziert wird, waren bei Liebhabern von Sportwagen ebenso begehrt wie bei Jetsettern.

Die Beliebtheit von Porsche in den USA geht teilweise auf eine Tragödie zurück. 1955 starb James Dean, Schauspieler und Symbol einer rebellischen Jugend, am Steuer seines Porsche 550 Spyder, einer Rennversion des 356, nachdem ihm beim kalifornischen Ort Cholame eine Ford-Limousine die Vorfahrt genommen hatte und die beiden Wagen kollidiert waren. Der Fahrer des Ford hatte vermutlich den niedrigen Porsche übersehen. Deans Tod ließ – es mutet wie ein makabrer Witz an – die Verkaufszahlen steigen. Nach Sportwagenstandards waren die Porsches auch praktisch – weniger reparaturanfällig als ein britischer MG oder Triumph und aufgrund ihrer Volkswagen-Technik auch relativ einfach zu warten. Es ist großenteils James Dean zu verdanken, dass der Porsche als cool galt. Auch die Rocksängerin Janis Joplin fuhr einen solchen Wagen, ein

356-Kabrio, lackiert in psychedelischen Farben. Die Vereinigten Staaten blieben für das folgende halbe Jahrhundert für Porsche der wichtigste Markt.

Es dauerte fast vier Jahrzehnte, bis ein Nachkomme der Porsches wieder in Wolfsburg herrschte. Aber es gab nie eine Zeit, in der die Geschicke der Porsches und der Wolfsburger nicht eng miteinander verknüpft waren.

4
Der Nachkomme

Ferdinand Piëch, der Enkel, der davon geträumt hatte, in der Fabrik zu arbeiten, war bei Kriegsende noch ein Kind. 1952, als sein Vater Anton Piëch mit 58 Jahren an einem Herzinfarkt starb, war er 15. Ferdinand schrieb den frühen Tod des Vaters teilweise den Folgen der Haft zu, insbesondere dem abrupten Wechsel zwischen Häftlingskost und der üppig gedeckten Tafel im Anwesen der Familie.[1] Im Übrigen hatte Piëch in seiner Autobiografie über seinen Vater, der das Volkswagenwerk geleitet hatte, weit weniger zu sagen als über seinen berühmten Großvater. Als rebellischer Teenager war Ferdinand von seiner verwitweten Mutter in ein strenges Internat in den Alpen geschickt worden. Wie er ausführt, hatte er eine Lese-Rechtschreib-Schwäche, weshalb er sich mit Fremdsprachen besonders schwertat. Aber er schaffte das Abitur und erhielt zur Belohnung einen Porsche 356, den er kurze Zeit später auf einem Alpenpass zu Schrott fuhr. Wie sein Großvater liebte Piëch schnelle Autos, die er mit durchgedrücktem Gaspedal rasen ließ.

1959 schrieb sich Piëch an der Eidgenössischen Technischen Hochschule, kurz ETH, Zürich ein.[2] Sie war und ist eine der besten technischen Universitäten der Welt. Dort erhielt Piëch nicht nur eine exzellente Ausbildung in Maschinenbau, sondern sah sich auch zur Auseinandersetzung mit den NS-Verbrechen gezwungen. Die Lehrer in Österreich hatten das Thema umschifft. Später sagte Piëch, er habe das Wort »Auschwitz« zum ersten Mal beim obligatorischen Geschichtsseminar an der ETH gehört.

Die Verbindungen seiner Familie mit Hitler schienen Piëch nicht sonderlich zu belasten, und er verurteilte weder seinen Vater noch seinen Großvater. Falls er politische Überzeugungen hatte, sprach er in der Öffentlichkeit nicht darüber. Aber er war immerhin bereit, die Nazi-Verbrechen einzugestehen.

Während seiner Jahre an der ETH widmete sich Piëch bereits der Fortpflanzung, eine weitere Aktivität, die charakteristisch für sein Leben wurde. Zu Beginn seines Studiums heiratete er seine schwangere Freundin Corina.[3] Und als er im Dezember 1962 seinen Abschluss machte, hatte der 25-Jährige bereits drei Töchter. Es sollten noch viele weitere Kinder folgen.

Piëch strebte an, nach seinem Studium im Flugzeugbau zu arbeiten.[4] Aber bei den britischen und amerikanischen Firmen, die damals die Luftfahrtindustrie beherrschten, bekam er keine Stelle. Piëch schrieb dies seiner österreichischen Staatsangehörigkeit zu, aber das scheint zweifelhaft, bedenkt man, wie gern die Alliierten über die Verstrickung von Leuten wie Wernher von Braun mit dem nationalsozialistischen Regime hinwegsahen, wenn sie das benötigte technische Know-how mitbrachten. Obwohl Piëch nie im Flugzeugbau tätig war, weckte seine Beschäftigung mit Luftfahrttechnik seine lebenslange Faszination für Leichtbauweise, die er häufig bei Automobilen anwendete.

Schon früh hatte Piëch seine Neigung zur Fahrzeugtechnik entdeckt. Für seine Diplomarbeit an der ETH nutzte er das vordere und das hintere Ende zweier verschiedener Vorkriegsmodelle des inzwischen aufgelösten Herstellers Austro-Daimler, den sein Großvater einst geleitet hatte. Piëch gelang es, aus den beiden Hälften ein fahrtüchtiges Automobil zu fertigen. Als ein Professor meinte, dabei hätten ihm wohl Porsche-Ingenieure geholfen, war er beleidigt. Sie hätten etwas Besseres zu tun, als den Neffen des Firmengründers bei seiner Abschlussarbeit zu unterstützen, erwiderte er.[5]

Anfangs hatte es Piëch wohl nicht nötig, gleich zu arbeiten.

Obwohl er eine junge Familie zu ernähren hatte, ließ er es langsam angehen und verbrachte die ersten drei Monate nach dem Studium auf der Skipiste.[6] Aber er hatte eine ehrgeizige Mutter, und er hatte den Tatendrang des Großvaters geerbt. Nach dem Ende der Skisaison im Frühjahr 1963 trat Piëch in die Firma seines Onkels Ferry Porsche in Stuttgart-Zuffenhausen ein, die mit wachsendem Erfolg Sportwagen herstellte. So begann seine Karriere in der Automobilbranche.

Piëch übernahm die Leitung des Rennwagenprogramms. Damals stellte VW zwei Drittel des Budgets für diesen Bereich bereit, der dazu diente, durch Teilnahme am 24-Stunden-Rennen von Le Mans und ähnlichen europäischen Rennen das Image beider Marken zu stärken. Es gab nur eine Bedingung: Alle Fahrer, die für Porsche antraten, mussten luftgekühlte Motoren fahren.[7] Das hatte wenig mit Technik und sehr viel mit Marketing zu tun. 1965 hatte VW bereits über eine Million Käfer verkauft. Trotz stetiger Verbesserungen war der VW Käfer im Grunde noch dasselbe KdF-Fahrzeug, das Ferdinand Porsche drei Jahrzehnte zuvor Hitler präsentiert hatte. Die Konstruktion wirkte, nicht zuletzt wegen des luftgekühlten Motors, allmählich anachronistisch. Unter anderem ließ sich der Käfer im Winter notorisch schlecht heizen, weil die zirkulierende Kühlflüssigkeit fehlte, mit der man die Wärme des Motors ins Wageninnere hätte leiten können. Aber solange Porsche-Wagen mit luftgekühltem Motor Rennen gewannen, konnte VW an der Behauptung festhalten, seine Technik sei den wassergekühlten Motoren überlegen, die fast alle anderen Hersteller einsetzten.

Porsche gewann tatsächlich, und zwar teilweise deshalb, weil Piëch bewies, dass er bereit war, große Risiken einzugehen und viel Geld aufzuwenden. Seine Strategie entwickelte er rund um die Leichtbauweise. Der Ansatz war vor allem auf den gefährlichen Gebirgsstrecken erfolgreich, auf denen damals der Großteil der Rennen stattfand. Insbesondere bergauf waren

Der Nachkomme 53

leichtere Fahrzeuge im Vorteil. Um ein paar Kilo einzusparen, waren Porsche-Piloten mit Aluminiumtanks unterwegs, die bei einem Unfall leicht barsten und den Wagen in Flammen aufgehen ließen. Wie Piëch einräumt, starben während seiner Zeit als Leiter des Rennprogramms vier Porsche-Piloten, was aber nichts mit seinen Konstruktionen zu tun hätte. Drei seien in Fahrzeugen anderer Hersteller umgekommen, und ein vierter wegen einer schlecht markierten Bergstrecke, so Piëch.[8] Damals sei eine hohe Todesrate bei den Fahrern eben unvermeidlich gewesen, meinte er. Dennoch bewies Piëch, was er in Kauf zu nehmen bereit war, um zu gewinnen.

Im Familienclan Porsche-Piëch herrschte jedoch Unmut, weil Ferdinand Piëch – wenigstens beim Bau hochmoderner Autos – nicht bereit war, Budgetgrenzen einzuhalten.[9] Schließlich gipfelte der Groll in einer Krise, die ein frühes Beispiel für die Familienfehden lieferte, die immer wieder die Firma erschütterten.

1970 hatten vier der insgesamt acht Enkel von Ferdinand Porsche Führungspositionen bei Porsche inne.[10] Das Unternehmen war damals Marktführer in der Nische der zweisitzigen Sportwagen.[11] Seine Modelle galten nicht nur als schnell und wendig, sondern auch als zuverlässig, einigermaßen bequem und alltagstauglich. Die Produktion des 356 war 1966 nach knapp 78 000 verkauften Fahrzeugen eingestellt worden. Ersetzt wurde er durch den 911, der einige Eigenheiten des 356 beibehielt wie den luftgekühlten Heckmotor und eine abgerundete Motorhaube zwischen vorstehenden Scheinwerfern. Aber der 911 war leistungsstärker und wies sicherheitstechnische Verbesserungen auf wie den Überrollbügel des Targadachs. Einige Varianten hatten sogar ein Automatikgetriebe, zuvor ein Tabu für Sportwagenpuristen. Der 911 wurde für die kommenden Jahrzehnte zum Inbegriff der Marke. Ferry Porsche war Geschäftsführer, Ferdinand Piëch leitete die Entwicklung. Sein Cousin Ferdinand Alexander Porsche war Designdirektor, und Peter Porsche, ein weiterer Cousin, Produktionsleiter. Ein vierter Cousin, Ernst Piëch, arbeitete in der Salzburger Geschäftsleitung von Porsche. Obwohl inzwischen in aller Welt berühmt, war Porsche 1964 noch eine relativ kleine Firma mit rund 2400 Beschäftigten, die etwas mehr als 10 000 Fahrzeuge produzierte.[12]

Nach Ferdinand Piëchs Darstellung begann der Familienzwist mit einem Streit um die Motortechnik zwischen ihm und Peter Porsche und eskalierte bald zu existenziellen Debatten um die Rolle der Familie innerhalb der Firma. Im Herbst 1970 versammelte Ferry Porsche den ganzen Clan zur Gruppentherapie im Schüttgut, dem Familienanwesen in Zell am See.[13] Statt der erhofften Harmonie kam es unter Aufsicht eines Therapeuten zu noch heftigeren Auseinandersetzungen. Das Ende vom Lied war, dass kein Familienmitglied mehr in der Firma arbeiten sollte, deren Leitung nunmehr in die Hände externer Manager gelegt wurde. Ferry spielte weiterhin als Chef des Aufsichtsrats eine wichtige Rolle. Ferdinand Piëch aber verließ im Folgejahr nach neunjähriger Tätigkeit das Familienunternehmen.

Damals stand lediglich ein relativ kleiner Sportwagenbauer auf dem Spiel. In den Jahrzehnten, die folgten, wuchsen Wohlstand und Einfluss der Familie exponentiell. Besser wurde das Verhältnis dadurch nicht. Ferdinand Piëch stand oft im Mittelpunkt der Streitereien, wenn er sie nicht sogar anstiftete. Jedenfalls trug er wenig zum Frieden bei, als er 1972 eine Affäre mit Marlene Porsche begann, der Frau seines Cousins Gerd.[14] Ferdinand Piëch und Marlene lebten zwölf Jahre lang zusammen – ein Zeitraum, in dem er mit einer anderen Frau zwei weitere Kinder in die Welt setzte. Bei Familientreffen stand auf ihren Platzkarten an der Tafel »Frau P.« und »Herr Piëch«. Diese Fakten wurden nicht etwa von einem Enthüllungsreporter aufgedeckt, sondern Piëch berichtete sie selbst verträumt distanziert in seiner Autobiografie. Gelegentlich sprach er verblüffend offen über sein Verhalten, für das er keine Entschuldigungen lieferte.

Das war also der künftige Vorstandschef von VW mit 35 Jahren. Piëch hatte sich als brillanter und wagemutiger – vielleicht allzu wagemutiger – Ingenieur erwiesen. Machtkämpfe scheute er nicht. Und in seinen privaten Beziehungen fühlte er sich nicht an gesellschaftliche Normen gebunden.

Nach seinem erzwungenen Ausscheiden aus dem Familienbetrieb brauchte Piëch Arbeit.[15] Bald fand er eine Stelle bei der VW-Tochter Audi; sie war 1969 aus einer Fusion von zwei Autobauern hervorgegangen, die VW gekauft hatte, der Auto Union in Ingolstadt und den NSU Motorenwerken in Neckarsulm. Audi rang damals um den Aufbau einer eigenen Identität. Piëch erhielt den Posten eines Abteilungsleiters, für ihn ein demütigender Rückschritt gegenüber seinem Status als Entwicklungschef bei Porsche, der Position, die er vor seinem Abschied innehatte. Damals, schrieb Piëch später, sah er sich genötigt, Außenstehenden zu beweisen, dass er seinen Erfolg nicht allein den Familienbeziehungen verdankte. Audi war in Ingolstadt angesiedelt, 525 Autokilometer von Wolfsburg entfernt – weit weg vom schlagenden Herzen des Mutterkonzerns, für den Audi nicht viel mehr als eine Produktionsanlage war. Wahrscheinlich erkannte bei Audi niemand die volle Bedeutung des neuen Mitarbeiters. Ein Enkel von Ferdinand Porsche, der viele Talente und Persönlichkeitsmerkmale des Gründers besaß und vielleicht auch einige von dessen Fehlern, war wieder in ihrer Mitte.

Jahre später machte sich Ferdinand Piëch über Versuche lustig, Züge des berühmten Großvaters in ihn hinein zu psychologisieren, den er als distanziert, häufig abwesend und mit seinen zahlreichen Projekten beschäftigt beschreibt.[16] Aber die beiden hatten viel gemeinsam, darunter furchtlose Entschlossenheit, Faszination für Technik und eine geniale Begabung für Ingenieurskunst. Beide definierten Erfolg im Sinne der technischen

Neuerungen, die sie erreichten. Beide gönnten sich gern ein gutes Leben, zeigten aber wenig Interesse am Geld um seiner selbst willen. Reichtum war eine angenehme Nebenerscheinung, nicht Ziel und Zweck an sich. Beiden wurde vorgeworfen, sie hätten sich zu wenig Gedanken über die Folgen ihres Verhaltens für andere gemacht. Unterm Strich konnte der Enkel mit dem Großvater gleichziehen und ihn letztlich übertreffen, was seinen Einfluss auf die deutsche Automobilindustrie betraf und auf ein Unternehmen namens Volkswagen.

5
Vorstandsvorsitzender

Während Ferdinand Piëch mit dem Porsche-Rennwagenprogramm beschäftigt war und einen Platz für sich in der Automobilindustrie suchte, stieg Volkswagen in die Riege der führenden Automobilkonzerne der Welt auf und wurde zum Symbol für Deutschlands Wiedergeburt.

In den 1950er-Jahren begann VW mit dem Export von Fahrzeugen in außereuropäische Länder wie Brasilien, Australien und Südafrika.[1] Gleichzeitig baute das Unternehmen ein Händler- und Servicenetz auf, das diese Auslandsmärkte versorgte. In die USA ging 1950 eine erste Lieferung von 330 Fahrzeugen. Sechs Jahre später verkaufte VW in den Vereinigten Staaten 43 000 Käfer sowie 6700 VW Busse, die 1950 in Deutschland auf den Markt gekommen waren. Als der Umsatz in den Vereinigten Staaten stieg, erwog VW, den Käfer – oder *Beetle* – in einer ehemaligen Studebaker-Fabrik in New Jersey zu produzieren. Man kam aber zu dem Schluss, das Werk würde keine Gewinne erwirtschaften. Damals waren die Löhne in den Vereinigten Staaten im Vergleich zu den billigen Arbeitskräften in Deutschland zu hoch.

Für Volkswagen und viele andere deutsche Firmen war der Export überlebenswichtig. Amerikanische Autobauer mit ihrem großen Heimatmarkt hatten es nicht nötig zu exportieren. Deutsche Unternehmen hingegen stießen auf ihrem Inlandsmarkt rasch an die Grenzen der Kaufkraft. Wenn sie gegen die amerikanische Konkurrenz in einer Branche bestehen wollten, in der Größe erhebliche Kostenvorteile brachte, mussten deutsche Autobauer Auslandsmärkte erschließen – oder untergehen. Die internationale Reichweite der deutschen Hersteller bildet noch heute die Basis für die deutsche Wirtschaft. Volkswagen war bei dieser Entwicklung wegweisend.

Volkswagen trug auch dazu bei, den Mythos vom Land gewissenhafter Handwerker und Ingenieure aufzubauen. Eine frühe Anzeige der New Yorker Werbeagentur Doyle Dane Bernbach erzählte von Kurt Kroner, Qualitätsprüfer in Wolfsburg, der 1961 die Auslieferung eines Käfer verhinderte, weil ein Chromstreifen am Handschuhfach fleckig war.[2] »Dieser Sinn fürs Detail bedeutet, dass der VW länger hält und insgesamt weniger Wartung benötigt als andere Autos«, hieß es in der Anzeige. Die versteckte Botschaft lautete, ganz gleich was Sie von den Deutschen halten: Autos bauen, das können sie. In den folgenden Jahrzehnten kultivierten VW-Manager dieses Image einer zwanghaften Aufmerksamkeit fürs Detail, ein Image, das geradezu Kultcharakter bekam. Sie würden feststellen, dass es auch zur Belastung werden konnte.

Wenn man bedenkt, dass der Volkswagen ursprünglich von den Nazis bestellt worden war, kann man sich fast nicht vorstellen, dass der Käfer zum Symbol der Gegenkultur wurde. Das war nicht zuletzt den Bemühungen von Doyle Dane Bernbach zu verdanken, der Agentur, die 1959 von Volkswagen engagiert worden war. Bis dahin hatte das Unternehmen in den Vereinigten Staaten nicht geworben. Carl Hahn, bei VW für den US-Markt zuständig, sah sich nach einer Agentur um, nachdem sich die Händler beklagt hatten, die Firma tue nicht genug fürs Marketing. Hahn zog durch die Madison Avenue, wo er von ganzen Teams aus Kundenbetreuern und Werbetextern der etablierten Agenturen umworben wurde. Bei Doyle Dane Bernbach empfing ihn Mitinhaber Bill Bernbach allein in einem fensterlosen Raum. Wie Hahn sich später erinnerte, zeigte ihm Bernbach ein paar Kampagnen seiner Agentur, darunter für die israelische Fluggesellschaft El AL, und skizzierte, wie Volkswagen als Ikone der Einfachheit und Zuverlässigkeit positioniert werden könne. Hahn gefiel Bernbachs unprätentiöses Auftreten, und er engagierte ihn.[3]

Im Land der Straßenkreuzer wie Buick und Oldsmobile musste der Vierzylinder-Volkswagen andere Wege in die Herzen der Käufer finden. Der Erwerb eines Autos ist nie eine rein rationale Entscheidung. Mit der »Think Small«-Kampagne von DDB machte Volkswagen aus der Kompaktheit eine Tugend, etwas, womit man prahlen konnte. Der selbstironische Ton der Anzeigen bedeutete eine völlige Abkehr von der Bearbeitung der Konsumenten, wie sie an der Madison Avenue üblich war, und trug dazu bei, die Werbebranche zu revolutionieren. »Die abgerundeten Kotflügel waren praktisch die allergrößten Schwanzflossen«, schrieb Bob Garfield später in der Zeitschrift *Advertising Age*. »Denn was Volkswagen mit verführerischer, entwaffnender Offenheit verkaufte, war nichts Höherfliegendes als auffällig unauffälliger Konsum. Wer einen Käfer besaß, konnte damit angeben, dass er es nicht nötig hatte anzugeben.«

Die Masche zog. 1964 exportierte Volkswagen 330 000 dieser Fahrzeuge nach Amerika – Umsatzzahlen, die Jahrzehnte später nur mit Mühe erreicht werden konnten.[4] Das Unternehmen eröffnete eine Fabrik in Emden, wo die Käfer direkt vom Band auf Frachtschiffe mit Ziel USA verladen wurden. Volkswagen besaß sogar ein eigens angefertigtes Frachtschiff, die *Johann Schulte,* die 1750 Fahrzeuge auf die Märkte in Übersee befördern konnte. In den 1960er-Jahren war der Volkswagen in den Vereinigten Staaten das meistverkaufte im Ausland produzierte Auto. Als die Proteste gegen den Vietnamkrieg wuchsen, machte sich Volkswagen die Bewegung des Konsumverzichts und die Kritik am militärisch-industriellen Komplex zunutze, mit dem die Autobauer von Detroit identifiziert wurden. (Robert McNamara war Präsident der Ford Motor Company gewesen, bevor er in der Vietnam-Ära Verteidigungsminister wurde.) VW Käfer und Busse, häufig mit Peace-Zeichen und psychedelischen Farben bemalt, säumten 1969 das Gelände des

Woodstock-Festivals. Anders als andere Autos besaß der Käfer eine Persönlichkeit. Schwer vorstellbar, dass ein anderes Modell, mit menschenähnlichen Eigenschaften ausgestattet, die Hauptrolle in einem Film übernehmen würde wie in *Der tolle Käfer,* einer Walt-Disney-Produktion aus dem Jahr 1969. Die Verwandlung des Volkswagens aus einem NS-Propagandaprojekt in ein Phänomen der Gegenkultur war eines der spektakulärsten Beispiele für Rebranding in der Geschichte des Marketings.

Die Deutschen hegten weniger sentimentale Gefühle für ihren Käfer. In den Vereinigten Staaten zielte der *Beetle* auf ein einzelnes Marktsegment. In Deutschland war der Käfer das Fahrzeug der Mittelklasse, auf das 1964 ein Drittel aller Neuzulassungen entfielen. Die Elektropop-Band Kraftwerk zeigte einen Käfer (neben einem Mercedes) auf dem Cover ihres Albums *Autobahn* von 1974. Aber der leiernde Text –»Wir fahr'n fahr'n fahr'n auf der Autobahn …« – klang eher wie ein Kommentar zur industrialisierten Eintönigkeit und Seelenlosigkeit des Konsumismus. Als Volkswagen Jahrzehnte später versuchte, die nostalgischen Gefühle für den Käfer für den New Beetle einzuspannen, der an die Umrisse des Originaldesigns von Ferdinand Porsche erinnerte, aber mit moderner Technik ausgestattet war, verkaufte sich das Modell in den Vereinigten Staaten weitaus besser als in Deutschland.

Am 17. Februar 1972, wenige Monate bevor Ferdinand Piëch seine Arbeit bei Audi aufnahm, erreichte Volkswagen einen historischen Meilenstein. Die Produktion des Käfer erreichte 15 007 034 Stück und überholte damit Fords Model T als meistproduziertes Auto.[5] Damit erfüllte sich vielleicht letzten Endes Ferdinand Porsches ursprüngliche Vision. Aber der Spielraum für diese Vision wurde enger. 1972 sanken die Verkaufszahlen um 14 Prozent auf 1,5 Millionen Fahrzeuge. 1,2 Millionen davon waren Käfer, was illustrierte, wie abhängig das Unternehmen von einer einzigen Modellreihe war.

Die Verkaufszahlen in den Vereinigten Staaten erreichten 1970 mit 570 000 – was einem Drittel der Gesamtproduktion entsprach – ihren Höhepunkt. 1972 lagen sie nur noch bei 486 000. Der Käfer schwächelte, und es gab nichts, was ihn ersetzen konnte. Inzwischen waren 34 Jahre verstrichen, seit eine NS-Werbekampagne dazu animiert hatte, eine Anzahlung für einen Kraft-durch-Freude-Wagen zu leisten. (1961 bot die Bundesregierung jedem, der eine Anzahlung auf einen KdF-Wagen geleistet, aber kein Fahrzeug erhalten hatte, 600 DM für einen VW Käfer oder 100 DM in bar.)[6] Zwar war der Käfer immer wieder verbessert worden, etwa durch einen stärkeren Motor oder Annehmlichkeiten wie ein Automatikgetriebe, aber an der Konstruktion hatte sich im Grunde nicht viel geändert. Doyle Dane Bernbach taten ihr Bestes, um die Marotten des Käfer als Tugenden hinzustellen. Eine Zeitungsanzeige von 1970 zeigte ein Raumschiff, das auf dem Mond landete, mit der Überschrift: »It's ugly, but it gets you there.« (Es ist hässlich, aber es bringt dich ans Ziel.) Sonst gab es keinen Text, nur das VW-Logo. Andere Anzeigen behaupteten, Volkswagen habe die äußere Form deshalb unverändert gelassen, um mehr Geld für technische Verbesserungen ausgeben zu können.

In Wirklichkeit hatte sich bei Volkswagen eine selbstgefällige Haltung breitgemacht. Heinrich Nordhoff, der bis 1967 Vorstandsvorsitzender gewesen und 1968 gestorben war, hatte dem Käfer ursprünglich nicht viel zugetraut, versäumte es aber dann, die Entwicklung eines Nachfolgemodells voranzutreiben. Nach der Einführung des VW Busses 1950, der sich einen eigenen Platz in der Gegenkultur der 1960er-Jahre erobert hatte, gab es erst 1961 wieder ein völlig neues Modell, den VW 1500, eine konventionell wirkende Limousine. Der 411, ein Mittelklassewagen, der als Kombi und mit Fließheck angeboten wurde, kam 1968 auf den Markt. Beide Modelle hatten luftgekühlte Motoren und Hinterradantrieb, eine bereits überholte

Technologie, ungeachtet der Versuche seitens Volkswagen, diese Tatsache mithilfe des Porsche-Rennwagenprogramms zu überspielen. Den beiden neuen Modellen war kein großer Erfolg beschieden. Folglich war Volkswagen verwundbar, als der Stern des Käfer zu sinken begann.

Die Konstruktion der möglichen Käfer-Nachfolger lag in den Händen von Porsche. Porsche-Ingenieure konstruierten nicht nur Sportwagen, sondern betätigten sich praktisch auch als Forschungs- und Entwicklungsabteilung für Volkswagen. Obwohl die Familien Porsche und Piëch weder große VW-Aktienpakete besaßen noch im Topmanagement des Unternehmens vertreten waren, blieb es die Quelle ihres wachsenden Reichtums und bildete einen wichtigen Teil ihrer Identität. Umgekehrt billigten Generationen von VW-Managern den Nachkommen von Ferdinand Porsche, ungeachtet seiner engen Verbindungen mit Hitler, eine Art moralischen Anspruch auf das Unternehmen zu.[7]

Offiziell hieß der Sportwagenbauer in Stuttgart-Zuffenhausen Dr. Ing. h. c. F. Porsche Aktiengesellschaft. (Die Familie war darauf bedacht, den akademischen Titel des Patriarchen hervorzuheben, auch wenn er nur ehrenhalber verliehen worden war. Eine Lehre als Installateur war sein höchster Bildungsabschluss.) Es handelte sich nach wie vor um dasselbe Unternehmen in denselben Gebäuden, das Ferdinand Porsche vor dem Krieg als Ingenieurs- und Konstruktionsbüro gegründet und in dem er den Käfer konstruiert hatte. Hauptaktionäre waren Louise Piëch und Ferry Porsche. Bei Porsches Versuchen, in den 1960er- und 1970er-Jahren ein Nachfolgemodell für den Käfer zu entwerfen, kam nicht viel heraus.[8] (Es entbehrt nicht einer gewissen Ironie, dass die Karosserie des Golf, der 1974 herauskam, nicht von Porsche entworfen wurde, sondern von dem Italiener Giorgetto Giugiaro.) Aber auf anderen Gebieten lief die Zusammenarbeit gut. Ein Ergebnis war der 914, ein eigenwilliger Zweisitzer, der auf Erstkäufer eines Sportwagens zielte und 1970 auf den Markt kam. Praktisch war der 914 der erste von Porsche konstruierte Volkswagen seit dem Käfer. Andere Prototypen für Pkws fanden keinen Anklang. Der 914 wurde in Deutschland als VW-Porsche vermarktet, in den Vereinigten Staaten einfach als Porsche. Der Motor saß ungefähr in der Mitte zwischen Vorder- und Hinterachse direkt hinter dem Innenraum. Damit verbesserten sich die Gewichtsverteilung und das Fahrverhalten. Der 914 versprach Geschwindigkeit und Spaß, das Targadach ließ sich im Sommer abnehmen, und er war bezahlbar. Mit Grundausstattung kostete er 12 000 DM, damals weniger als 4000 Dollar. 1975 wurde der 914 durch den 924 abgelöst, dessen wassergekühlter Motor vorne saß, sodass der Kofferraum im Heck relativ groß ausfiel – jedenfalls für Sportwagenverhältnisse. Da die Produktionskapazitäten bei Porsche in Stuttgart begrenzt waren, wurde der 924 im nur 50 Kilometer entfernten Audi-Werk in Neckarsulm gefertigt. Im Grunde war der Wagen eher ein Audi als ein Porsche. Aber falls die Käufer den Unterschied überhaupt wahrnahmen, spielte er für sie keine Rolle. Der 924 war ein Erfolg. Als die Produktion 1988 eingestellt wurde, waren mehr als 150 000 Fahrzeuge vom Band gelaufen.

Durch ihre Zusammenarbeit lernten Volkswagen und Porsche eine wichtige Lektion in puncto Marketing. Die Partnerschaft bewies, dass Modelle viele Komponenten gemeinsam haben und dennoch eine je eigene Markenidentität bewahren können. Das galt sogar, als es ein offenes Geheimnis war, dass der mit dem Porsche-Logo verkaufte Wagen in einem Audi-Werk produziert wurde. Für die Kunden war wichtig, dass der Wagen wie ein Porsche aussah und sich wie ein Porsche fuhr. Dieses Prinzip sollte später eine wichtige Komponente beim Wachstum von Volkswagen – und ein profitables Geschäftsmodell für Porsche – werden.

Bei Audi mühte sich Ferdinand Piëch unterdessen zu beweisen, dass er nicht nur Ferdinand Porsches Enkel, sondern auch aus eigener Kraft ein beachtlicher Ingenieur und Manager war. Anfang der 1970er-Jahre hatte Audi noch nicht das Hochpreisimage, das seine Modelle später gewannen, und kämpfte darum, innerhalb des VW-Konzerns eine eigene Identität aufzubauen. Zwischen dem Mutterkonzern in Wolfsburg und der Tochter in Ingoldstadt herrschten Spannungen. Piëch urteilte abschätzig über Wolfsburg, und in seiner Autobiografie weist nichts darauf hin, dass er sich mit dem Mutterkonzern identifiziert oder sich Gedanken darüber gemacht hätte, wie Volkswagen seine Abhängigkeit vom Käfer überwinden sollte.[9] Piëch empfand den Mutterkonzern als autoritär – ein Vorwurf, den er später selbst auf sich zog – und hierarchisch mit einer Tendenz, Innovationen zu unterdrücken.

Wie es der Zufall wollte, bestand eine der ersten Aufgaben Piëchs darin, ein Problem in den Vereinigten Staaten zu lösen. Der Audi 100, das Flaggschiff des Autobauers, scheiterte an den US-amerikanischen Abgasuntersuchungen; das neue Modell durfte dort nicht verkauft werden. Piëch bemerkte in seiner Autobiografie sogar, dass die Limousine die US-Standards aus technischen Gründen nicht erfüllen konnte. Das war ein frühes Beispiel für die Schwierigkeiten, die Volkswagen mit den Diskrepanzen zwischen europäischen und US-amerikanischen Emissionsvorschriften hatte. Der amerikanische Clean Air Act (Gesetz zur Reinhaltung der Luft) von 1970 verlangte von der Automobilindustrie, den Ausstoß von Kohlenmonoxid und Kohlenwasserstoffen wie dem krebsauslösenden Benzol bis zum Modelljahr 1975 um 90 Prozent zu senken.[10] Die Europäische Wirtschaftsgemeinschaft (EWG), die Vorläuferorganisation der EU, hatte vor 1980 keine einheitlichen Luftqualitätsnormen formuliert.[11] Die europäischen Schadstoffgrenzen waren generell nicht so streng wie die der Vereinigten Staaten, und innerhalb der EWG wurde die Umsetzung sehr unterschiedlich gehandhabt.

Piëch reiste in die USA und handelte eine Vereinbarung mit

den dortigen Behörden aus, die das Emissionsproblem löste.[12] Der Audi 100 sollte eine befristete Genehmigung erhalten, und das Unternehmen verpflichtete sich im Gegenzug, die Motoren innerhalb von sechs Monaten mit Einspritzdüsen auszustatten. Die verbesserte Effizienz der Einspritzer, die den Kraftstoff direkt in den Zylinder beförderten, statt ihn zuvor im Vergaser mit Luft zu mischen, würde die nötigen Emissionssenkungen bringen.

Zur Belohnung für die erfolgreich ausgeführte Aufgabe wurde Piëch bei Audi Anfang 1973 zum Testleiter befördert, womit er Kandidat für den Posten des Entwicklungsleiters wurde, sollte diese Stelle frei werden. Unverhofft kam es noch im selben Jahr dazu, als Piëchs Chef Ludwig Kraus lieber kündigte, als den Chef der VW-Abteilung Forschung und Entwicklung, Ernst Fiala, als Vorgesetzten zu akzeptieren.

Zu seinem Leidwesen wurde Piëch zunächst zugunsten seines Rivalen Franz Behles übergangen. Piëch dachte darüber nach, Audi ebenfalls zu verlassen, handelte aber dann einen Deal mit der VW-Unternehmensführung aus. Piëch würde bleiben, und falls sich Behles im Lauf des nächsten Jahres nicht bewährte, sollte Piëch Leiter der Entwicklungsabteilung werden. Genau das geschah. Behles wurde die Verantwortung dafür zugeschoben, dass es seiner Abteilung nicht gelang, eine praktikable Version des Wankelmotors zu entwickeln. Durch die Rotationskolben des Wankelmotors wird die Verbrennungsenergie, anders als bei Hubkolbenmotoren, direkt in eine Drehbewegung umgesetzt, was eine hohe Beschleunigung ermöglicht. Aber die Kraftstoffeffizienz ist sehr viel schlechter. Wie Piëch wohl wusste, stand Behles vor einer unlösbaren Aufgabe. Bis heute ist es niemandem gelungen, einen Rotationskolbenmotor zu entwickeln, der so wirtschaftlich und praktisch ist, dass er einen maßgeblichen Anteil am Massenmarkt gewinnen könnte. Aber im Hause Volkswagen drohte bei Versagen die Entlassung oder Herabstufung. Behles wurde kaltgestellt.¹³ Piëch, der als Alternative einen weitaus leistungsfähigeren Fünfzylindermotor vorschlug, wurde Entwicklungschef bei Audi.

Das war ein frühes Beispiel für Piëchs dreistes Vorgehen in der Unternehmenspolitik. Dank der Freiheit, die privater Reichtum verleiht, konnte er in seiner Karriere Manöver wagen, die Leuten mit Hypothekenschulden wohl zu riskant wären. Er vertraute voll und ganz auf seine Fähigkeiten als Ingenieur und scheute sich nicht, sie im Kampf gegen Rivalen ins Spiel zu bringen. Mentoren erwähnt Piëch in seiner Autobiografie kaum. Stattdessen schreibt er oft über Konkurrenten oder Menschen, die ihm im Wege standen. Er erweckt den Eindruck eines Mannes, der sich dank seiner Technikbegabung und seines Erfolgs bei internen Machtkämpfen – und nicht etwa durch den Aufbau von Freundschaften und Netzwerken – an die Spitze hochgearbeitet hat.

Als Entwicklungsleiter bei Audi erwarb sich Piëch das bleibende Verdienst, den Allradantrieb für Pkws eingeführt zu haben. In den 1970er-Jahren rang Audi darum, sich von Produkten seines Mutterkonzerns für den Massenmarkt abzusetzen und mit BMW und Mercedes um die gut betuchten Kunden zu konkurrieren. Damals galt der Allradantrieb als Domäne der Geländefahrzeuge. Zusätzliche Getriebekomponenten und Antriebswellen für zwei weitere Räder erhöhten das Gewicht; es wurde also ein stärkerer Motor benötigt, um dieselbe Leistung zu erzielen wie bei einem Fahrzeug mit Front- oder Hinterradantrieb. Daher schien es nicht sinnvoll, einen nur für die Straße bestimmten Wagen mit Allradantrieb auszustatten.

Piëch zufolge stammte die Idee, der Allradantrieb könne Fahrverhalten und Traktion verbessern, von dem Audi-Versuchsleiter Jörg Bensinger. Bensinger war aufgefallen, wie gut sich der Prototyp eines für die Bundeswehr entwickelten Allrad-Geländewagens bei Schnee und Eis schlug. Es war typisch für Piëch, dass er die Entwicklung des ersten Allrad-Audi

Vorstandsvorsitzender 67

Modells insgeheim vorantrieb, um jede Einmischung von Wolfsburger Seite zu verhindern. Piëch stellte den Prototyp bei einem Treffen des VW-Topmanagements im österreichischen Gebirgsdorf Turrach vor. Ohne vorherige Ankündigung, dass es sich um ein Allradfahrzeug handelte, fuhren Piëch und sein Team vor den Augen der staunenden Würdenträger mit einem Audi 80 einen schneebedeckten Skihang hinauf.[14] Piëch taufte die Technologie »quattro« mit kleinem q. Das Modell kam 1980 auf den Markt. Mit diesen und anderen technischen Neuerungen wie dem Einsatz von Aluminium in der Karosserie zur Gewichtsreduzierung oder einem Unterbodenschutz aus Zink profilierten sich Audi-Ingenieure als technische Pioniere und konnten schließlich BMW und Mercedes-Benz auf dem europäischen Markt abhängen. Dass Audi, zuvor Hersteller biederer Mittelklassewagen für das Bürgertum, ein Image als Hersteller sportlicher, innovativer Luxusfahrzeuge aufbaute, sollte für die Zukunft des Mutterkonzerns eine große Rolle spielen. Das exklusive Premiumsegment lieferte Gewinnspannen, die im Gedränge des Massenmarkts, auf dem sich Volkswagen-Modelle tummelten, einfach nicht möglich waren. Im Lauf der Zeit steuerte Audi weit mehr als erwartet zum Gewinn des Mutterkonzerns bei und schützte damit Volkswagen vor den Verlusten, mit denen Konkurrenten wie Fiat, Opel und Ford zu kämpfen hatten. Und das war weitgehend Ferdinand Piëch zu verdanken.

Inzwischen war Piëch in den Vierzigern und kahlköpfig, wirkte aber fit und sah trotz seiner abstehenden Ohren gut aus. Zudem war er reich und mächtig. 1984 hatte er neun Kinder: fünf mit seiner ersten Frau Corina; zwei mit Marlene Porsche und zwei weitere mit einer Frau, die er in seiner Autobiografie nicht namentlich nennen möchte.[15] Die Beziehung mit Marlene endete, nachdem sie eine 25-jährige Gouvernante eingestellt hatte. Piëch testete zunächst, ob die Bewerberin imstande war, einen Allradwagen die steile Straße zur Berghütte der Familie hinaufzufahren. Sie bestand. Kurz nachdem die gelernte Kindergärtnerin Ursula Plasser ihre Arbeit aufnahm, begannen sie und Piëch eine Affäre. Sie heirateten 1984. Ursula Piëch, mit der Ferdinand Piëch weitere drei Kinder hatte, was die Gesamtzahl auf zwölf erhöhte, war die fröhliche Kontrastfigur zu ihrem mürrischen Ehemann; auch für dessen Hobbys wie Skifahren und Segeln auf dem Mittelmeer war sie zu haben, nur seine Begeisterung für schnelle japanische Motorräder teilte sie nicht. Ursula Piëch, genannt Uschi, ließ sich ganz auf die automobilzentrierte Welt ihres Mannes ein und sollte nicht nur in Ferdinands Leben, sondern auch bei Volkswagen eine bedeutende Rolle übernehmen.

Bei Audi arbeitete Piëch unterdessen an einer technischen Innovation, die für Volkswagen weitreichende Konsequenzen haben sollte. Sie gehörte zu den Initiativen, die Piëch später mit größtem Stolz erfüllten: die Konstruktion von Dieselmotoren für Pkws. Ende des 19. Jahrhunderts von dem Deutschen Rudolf Diesel erfunden, kam der Dieselmotor vor allem bei Lkws und Schiffen zum Einsatz, wo er sich durch Kraftstoffeffizienz und lange Lebensdauer bewährte. Für kleinere Fahrzeuge schien er jedoch eher ungeeignet.

Bei jedem gängigen Kfz-Motor wird eine Menge Energie verschwendet, weil der Kraftstoff nicht vollständig verbrennt. In einem Dieselmotor wird der Treibstoff – aus Erdöl gewonnen, aber in einem anderen Verfahren als Benzin – in den Zylindern mit Luft komprimiert, bis es durch Druck und Hitze zur Selbstzündung kommt. In einem Benzinmotor hingegen sorgt ein Funke dafür, dass sich der Treibstoff entzündet. Dieselmotoren haben einen besseren Wirkungsgrad, weil das dichte, hochkomprimierte Treibstoff-Luft-Gemisch gründlicher verbrennt als in einem Benziner. Die Folge ist, dass ein Dieselfahrzeug mit einem Liter Treibstoff weiter fährt als ein Auto mit Benzinmotor. Dieselmotoren hatten, wenigstens bis Volkswagen und andere Autobauer sie in den 1970er-Jahren zähmten, den Nachteil, dass sie stanken und lauter waren als Benziner; auch boten sie wegen ihrer Vibrationen wenig Fahrkomfort. Außerdem erzeugt die Dieselverbrennung mehr Drehmoment und belastet die beweglichen Teile des Motors stärker. Die Komponenten des Dieselmotors müssen robuster sein, um das auszuhalten, und das heißt, sie sind schwerer. All diese Probleme mussten gelöst werden, um den Dieselmotor für den Pkw tauglich zu machen.

Der Anstoß für die Entwicklung von Pkw-Dieselmotoren kam durch die erste Ölkrise im Jahr 1973. Arabische Ölstaaten verhängten als Vergeltung für die Unterstützung Israels durch die USA ein Embargo. Der Ölpreis vervierfachte sich, der Benzinpreis stieg um durchschnittlich 40 Prozent, und Rationierungsmaßnahmen führten zu langen Schlangen an den Tankstellen. Autobauer mussten mehr Wert auf Kraftstoffeffizienz legen. Der Dieselmotor bot eine Möglichkeit, ein sparsameres Auto zu bauen, ohne dafür die Leistung zu verringern, wenn sich die Technik für den Einsatz im Pkw anpassen ließ. 1976 brachte Volkswagen eine Dieselvariante des Golf heraus, des neuen wassergekühlten Modells mit Heckklappe, das VW zwei Jahre zuvor als Nachfolger des Käfer eingeführt hatte. Doch obwohl der Golf Diesel seine Fans hatte, fanden ihn viele Käufer zu laut und zu unruhig, und für die wohlhabende Schicht, die Audi ansprechen wollte, war er zweifellos nicht elegant genug.

Dass Piëch als Mitarbeiter von Audi hinter dem Rücken seiner Vorgesetzten bei Volkswagen am Diesel arbeitete, war typisch für ihn. Er fürchtete, dass sie ihm Knüppel zwischen die Beine warfen, wenn sie es erfuhren. Tatsächlich wurde das Projekt dann von einem VW-Vorstand bei einem Besuch in Ingolstadt entdeckt, und Piëch musste – wie befürchtet – die Kontrolle an Wolfsburg abgeben. Unbeirrt verfolgte er aber die Entwicklung eines Diesels für Audi separat weiter. Natürlich war es vom Kostenstandpunkt wenig sinnvoll, wenn zwei

Ingenieurteams innerhalb desselben Unternehmens unabhängig voneinander auf dasselbe Ziel hinarbeiteten. Piëch räumte ein, dass er solche Doppelarbeit unterband, als er später nach Wolfsburg wechselte. Als er noch in Ingolstadt arbeitete, war ihm aber der Diesel zu wichtig, um die Kontrolle abzugeben.

Schon damals, als die Vorschriften weit weniger streng waren, bereiteten Piëch die Dieselemissionen Sorge.[16] Sie stellten einen weiteren Nachteil des Dieselmotors dar. Er stieß fiese Schadstoffe aus, insbesondere Stickstoffoxide, die Smog begünstigten und Gesundheitsprobleme verursachen oder verschärfen konnten. Außerdem erzeugte Diesel feine Rußpartikel, die tief in die menschliche Lunge eindringen und Krebs auslösen können. Aber durch eine Kombination technischer Innovationen wurde es möglich, diese alarmierenden Probleme zwar nicht auszuschalten, wohl aber abzumildern. Eine maßgebliche Rolle spielte dabei die neu entwickelte Direkteinspritzung, mit der sich Zeitpunkt und Menge des in die Zylinder eingeführten Kraftstoffs genau regeln ließen. Gleichzeitig verbesserte ein Turbolader die Luftzufuhr in den Zylinder. Kombiniert mit einer elektronischen Motorsteuerung, die auf Fortschritte der Computertechnik zurückgriff, konnten Direkteinspritzung und Turbolader das brennbare Gemisch aus Luft und Kraftstoff auf die jeweilige Anforderung zuschneiden, die an den Motor gestellt wurde. Ob der Wagen im Leerlauf tuckerte, bergauf fuhr oder auf der Autobahn beschleunigte – der Treibstoff-Luft-Cocktail wurde optimal zusammengestellt und verbrannt. Der verbesserte Motor brummte zwar noch ein wenig, aber er stieß nicht mehr die schwarzen Abgaswolken aus, wie man sie sonst von Dieselfahrzeugen kannte.

Volkswagen nannte das Ergebnis TDI oder Turbocharged Direct Injection. An seiner Perfektionierung wurde elf Jahre lang gearbeitet. Audi stellte sein erstes TDI-Modell, einen Audi 100, im September 1989, wenige Wochen vor dem Fall der Berliner Mauer, auf der Frankfurter Automobilmesse vor.[17] Piëch war stolz auf die Innovation, die einen Bordcomputer zur Motorsteuerung nutzte.[18] Der Fünfzylindermotor des Audi 100 brauche zwei Liter weniger Treibstoff auf 100 Kilometer als die Konkurrenz, prahlte er. Gleichzeitig beschleunigte der Wagen schneller und lief sauberer. Piëch zufolge lagen die Emissionen um 30 Prozent niedriger. (Allerdings ließ er unerwähnt, wie sich diese Emissionen zusammensetzten.) Aus seiner Sicht hatte der TDI das Image des Diesel weltweit revolutioniert, und Audi erzielte mit der Markteinführung einen großen Vorsprung. Piëch, der die Entwicklung des TDI vorangetrieben hatte, konnte sich etwas darauf zugutehalten. Für ihn war es ein beruflicher Meilenstein, der sein persönliches Interesse an der Dieseltechnologie untermauerte. Auf seinem weiteren Karriereweg sollte er sich als resoluter Verfechter des Dieselmotors erweisen.

Volkswagen war nicht der einzige Autobauer, der TDI-Fahrzeuge produzierte. Mercedes, BMW, Fiat, Peugeot und andere verfolgten ähnliche Ideen und waren teilweise Audi und Volkswagen um Jahre voraus. Mercedes-Benz verkaufte bereits Ende der 1970er-Jahre eine Dieselimousine mit Turbolader. Aber vom technischen Standpunkt war der TDI eine besonders elegante Kombination aus Elektronik, Einspritz- und Turbotechnik, die sich preisgünstig auch für Mittelklassewagen produzieren ließ. Die intelligente Technik und die hervorragende Kraftstoffeffizienz fanden Fans bei den Autofahrern. In den Vereinigten Staaten gab es sogar einen TDI-Club für VW-Diesel-Begeisterte.[19] Vielleicht mehr als jedem anderen Autobauer gelang es Volkswagen, aus seiner Dieseltechnik ein allseits bekanntes Markenzeichen zu machen. VW-Dieselfahrzeuge wurden mit einem TDI-Logo aus Metall an der Heckklappe geliefert.

Zweifellos trug der TDI dazu bei, dass sich Piëch bei Volkswagen einen Namen machte und als künftiger Audi-Chef gehandelt wurde. Er bekam den Posten am 1. Januar 1988, nachdem er wieder einmal sein Geschick für Firmenintrigen und seine Risikobereitschaft demonstriert hatte. Erzürnt über das Vorhaben, den Vertrag des damaligen Audi-Chefs Wolfgang Habbel zu verlängern, drohte Piëch zu kündigen. Er meinte, für die Position besser geeignet zu sein, und wollte nicht warten. Nach eigenen Angaben hatte Piëch ein gespanntes Verhältnis zu seinen Kollegen und zu Carl Hahn, der seit 1982 Vorstandsvorsitzender bei VW war. Piëch aber überlegte, dass Volkswagen nicht riskieren würde, jemanden mit seinen technischen Fähigkeiten an die Konkurrenz zu verlieren, und er behielt recht. Der Audi-Aufsichtsrat verlängerte Habbels Vertrag nicht und besetzte den Posten mit Piëch.

Auf seinem Erfolgskurs konnte Piëch auch auf die Unterstützung des Betriebsrats zählen, der in den kommenden Jahren zur wichtigen Säule seiner Macht wurde. Wie in der betrieblichen Mitbestimmung verankert, wurde die Hälfte der Sitze im Audi-Aufsichtsrat mit Arbeitnehmervertretern besetzt. (Der Vorsitzende war, als Vertreter der Aktionäre, das Zünglein an der Waage.) Wegen seiner Geschichte als selbstständiges Unternehmen hatte Audi nach wie vor einen eigenen Aufsichtsrat, der formell die Vorstandsmitglieder berief, obwohl natürlich Wolfsburg starken Einfluss auf die Entscheidungen ausübte. Piëch schickte seine Kündigungsdrohung nicht nur an Hahn, sondern auch an Fritz Böhm, den Betriebsratsvorsitzenden. Böhm, der seit 1950 für Audi arbeitete, war ein mächtiger Mann. Als Sozialist war er vor Hitlers Machtergreifung an Straßenschlachten mit den Nazis beteiligt. Als Soldat war er an die Ostfront geschickt worden, in russische Kriegsgefangenschaft geraten und hatte in einer sowjetischen Automobilfabrik gearbeitet. Niemand legte sich gern mit ihm an. Der Betriebsrat hatte über seine Sitze im Aufsichtsrat quasi ein Vetorecht gegenüber Entscheidungen des Vorstands. Piëch, mit seinem feinen Gefühl für Machtverhältnisse, lernte früh, die Beschäftigten auf seine Seite zu ziehen. (Bei einer Feierstunde zu Böhms 90. Geburtstag im Jahr 2014 würdigte Piëch dessen Verdienste.)[20] Mit Böhms Unterstützung wurde Piëch zum Audi-Chef befördert.

In dieser Position rückte Piëch zum Topkandidaten für den Posten des Vorstandsvorsitzenden von VW auf, sobald Hahns Vertrag fünf Jahre später auslief. Seine Kollegen sahen Piëchs Beförderung mit gemischten Gefühlen. Hahn bemerkte, Piëchs Aufstieg an die Spitze von VW sei jetzt nicht mehr zu verhindern – was nicht gerade von begeistertem Einsatz für seinen ehrgeizigen Untergebenen sprach.[21] Piëch scheute nach eigener Einschätzung keinen Konflikt und kannte keine Skrupel, wenn es darum ging, Leute, die keine Leistung brachten, zu entlassen oder zu degradieren. Als 1985 bei der Rallye Korsika die Bremsscheibe eines dort gestarteten Audi-Wagens versagte, setzte Piëch kurzerhand den Teammanager ab. Der Mann fand eine andere Aufgabe im Unternehmen, notierte Piëch trocken – man darf annehmen, dass dies einer Verbannung nach Sibirien gleichkam.[22]

Als Piëch Audi-Chef wurde, drängte er zunächst den Finanzleiter in den Ruhestand und übernahm selbst die Budgetplanung. Er hielt den Mann für zu devot gegenüber Wolfsburg.[23] Er selbst hingegen hegte den Ehrgeiz, den Mutterkonzern zu überstrahlen. Ungeachtet des quattro, des TDI und anderer Innovationen gab es da noch viel zu tun. Noch warf Audi nicht die hohen Gewinne ab, die in Zukunft winken sollten. Die Gewinnmarge lag bei mageren 2 Prozent; die Firma hatte zu viele Beschäftigte, und bei der Fertigungseffizienz war sie hinter die Japaner zurückgefallen. Piëch berief umgehend eine Vorstandssitzung ein und stellte klar, für Leistungsschwäche gebe es kein Pardon. Auch gelang es ihm, Arbeitsplätze abzubauen, was schwierig, aber angesichts der bedrängten Lage nicht unmöglich war. Um zu überleben, musste Audi die Kosten auf das Niveau von Konkurrenten wie Toyota bringen – ein Unternehmen, das bei der Fertigungseffizienz Maßstäbe setzte. Insgesamt wurden 4000 Beschäftigte entlassen. Piëch hatte keine Bedenken, schlechte Manager zu feuern, behauptete aber später, er werde niemals die weinenden Angehörigen der Audi-Arbeiter vergessen, die sich vor seiner Tür versammelten.[24] Wie ehrlich diese ungewohnt sentimentale Anwandlung war, ist fraglich. Richtig ist allerdings, dass Piëch künftig Massenentlassungen tunlichst vermied. Seine gnadenlose Haltung gegenüber seinen Managern rechtfertigte er mit dem Argument, es gelte, Arbeitsplätze zu erhalten. Es sei besser, eine inkompetente Führungskraft zu entlassen, als die Jobs unschuldiger Fließbandarbeiter zu gefährden.

Sämtliche Probleme, die Audi plagten, waren auch beim Mutterkonzern virulent, und teils noch ausgeprägter. Akut wurden sie früher als erwartet. Anfang der 1990er-Jahre verkaufte VW längst Fahrzeuge mit vorne montiertem, wassergekühltem Motor wie jeder andere große Automobilkonzern auch. Seit dem Niedergang des Käfer bemühte sich VW darum, ein annähernd ebenso originelles und beliebtes Auto zu bauen. Der erste wassergekühlte Pkw, der für VW auf Erfolgskurs blieb, war der 1973 eingeführte Passat. Kurze Zeit später kam der sportlichere Scirocco auf den Markt, dann der kompakte Golf, der dasselbe Marktsegment für sparsame, praktische Autos besetzte wie der Käfer. In Wolfsburg rollte am 1. Juli 1974 der letzte Käfer vom Band. (Varianten des ursprünglichen luftgekühlten Käfer, den Ferdinand Porsche konstruiert hatte, wurden noch über Jahrzehnte in anderen Werken produziert. Der letzte – Nummer 21 529 464 – wurde am 30. Juli 2003 im mexikanischen Puebla gefertigt.)[25] In Europa verkauften sich die neuen Modelle gut, und die Verkaufszahlen des Golf stellten schließlich den Käfer in den Schatten. Aber in den Vereinigten Staaten verlor Volkswagen an Boden, weil Toyota, Nissan, Honda und andere asiatische Marken den Markt für kraftstoffeffiziente, zuverlässige Autos eroberten. Sogar in Europa stagnierte das Wachstum. 1969 verkaufte Volkswagen erstmals mehr als zwei Millionen Fahrzeuge. Erst 1990 konnte die Firma die Drei-Millionen-Marke durchbrechen. Die Produktion erreichte 1992 mit 3,2 Millionen einen Höhepunkt, aber der Zuwachs täuschte. In der Euphorie, die auf die deutsche Wiedervereinigung folgte, fertigte Volkswagen weit mehr Fahrzeuge, als der Markt aufnehmen konnte. Es stellte sich heraus, dass Ostdeutschland und die osteuropäischen Länder Jahrzehnte brauchen würden, um auf Westniveau zu kommen, und dass VW auf Halde produziert hatte. Hahn verstand etwas vom Verkauf; er hatte Volkswagen in China etabliert und die Öffnung Osteuropas genutzt, um den tschechischen Autobauer Škoda zu übernehmen. Beide Strategien sollten sich später auszahlen. Aber zugleich hatte VW unter Hahn hinsichtlich der Produktivität den Anschluss verloren – ein Gebiet, auf dem die Japaner Pionierarbeit leisteten.[26] Wegen hoher Arbeitskosten und ineffizienter Fabriken verdiente das Unternehmen an den verkauften Autos praktisch nichts. In den Vereinigten Staaten bahnte sich für Volkswagen die Katastrophe an. Angesichts der weltweiten Rezession fielen die Verkaufszahlen auf knapp über 100 000, den niedrigsten Wert seit Jahrzehnten. Unter den Versäumnissen, die Piëch Hahn ankreidete, war eines im Licht späterer Ereignisse bedeutsam. Bei Volkswagen fehlte ein Frühwarnsystem, das die Unternehmensführung auf ernsthafte Probleme aufmerksam machte, bevor es zu spät war, um sie zu beheben.[27] Dasselbe sagte man später Volkswagen unter Piëch nach. (Hahn meinte, er sei zum Sündenbock für die Effizienzlücke bei Volkswagen gemacht worden, die er wiederum dem Betriebsrat und der IG Metall zuschrieb, weil sie den Abbau von Arbeitsplätzen verhindert hätten.)[28]

1992 lag der Gesamtgewinn des Konzerns knapp über der Rentabilitätsgrenze, und Branchenkenner war klar, dass das kommende Jahr für VW Verluste bringen würde. Manche sprachen sogar vom drohenden Bankrott.

Nun war Piëchs Stunde gekommen. Bei Audi hatte er Härte und die Bereitschaft zur Kostensenkung unter Beweis gestellt. Zudem war er Ingenieur mit einer Leidenschaft für Autos und Fertigung, die bereits entfacht worden war, als er im Kindesalter mit der Lokomotive im Volkswagenwerk an den Bombern der Luftwaffe vorbeigefahren war, die dort repariert wurden. Die wenig aufregende VW-Modellpalette brauchte die technische Exzellenz, mit der Piëch Audi aufgemöbelt hatte. Sogar die Arbeitnehmer erkannten, dass man um Piëch, trotz seiner Vorgeschichte mit dem Stellenabbau bei Audi, nicht herumkam.

Ohne Unterstützung der Arbeiternehmer konnte bei Volkswagen niemand Vorstandsvorsitzender werden. Der Konzern war seit 1960 börsennotiert. Aber das Bundesland Niedersachsen hielt einen Großteil der Aktien und besetzte zwei Plätze im Aufsichtsrat. Die Politiker stimmten praktisch immer mit den Arbeitnehmern, nicht nur weil das Land von Sozialdemokraten regiert wurde, sondern auch weil kein Politiker es sich leisten konnte, beim größten Arbeitgeber des Landes gegen die Interessen der Beschäftigten zu stimmen. Arbeitnehmervertreter und Politiker stellten die Mehrheit im Aufsichtsrat.

Andere Mitglieder des Aufsichtsrats versuchten, weitere Kandidaten, auch von außerhalb des Unternehmens, ins Spiel zu bringen. Aber am Ende waren nur noch Piëch und der Franzose Daniel Goeudevert, Verkaufsleiter bei VW, im Rennen. Vertreter der Arbeitnehmer und der Landesregierung trafen sich in Kassel, 150 Kilometer südwestlich von Wolfsburg. Beide Kandidaten stellten sich vor. Wie Piëch berichtet, rief ihn der IG-Metall-Vorsitzende Franz Steinkühler um neun Uhr abends in seinem Hotelzimmer in Kassel an und erklärte ihm, seine Chancen stünden schlecht.[29] Schließlich habe Piëch bei Audi Entlassungen durchgesetzt. Piëch nahm die enttäuschende Nachricht mit gewohnter Gelassenheit entgegen und beschloss, sich anderswo nach einer Tätigkeit umzusehen. Dann ging er ins Bett. Gegen zwei Uhr nachts wurde er von Steinkühler geweckt. Die Arbeitnehmervertreter hätten sich einstimmig für Piëch ausgesprochen. Die Entscheidung des Aufsichtsrats mehrere Wochen später war eine reine Formsache.

Piëch trat sein Amt am 1. Januar 1993 an. Ihm war bewusst, dass viele im Unternehmen ihn misstrauisch, wenn nicht feindselig beäugten. »Es war wohl überhaupt nur möglich bei einem Unternehmen, das schon schwer in Schieflage geraten war – da lässt man eher einen ran wie mich. In normalen, ruhigen Zeiten hätte ich wohl nie eine Chance bekommen.«[30]

6
Mit allen erforderlichen Mitteln

Es bestand kein Zweifel, dass bei Volkswagen dringende Veränderungen anstanden, als Piëch am 1. Januar 1993 nach Wolfsburg zog. Sein Büro mit Blick auf das weitläufige Werksgelände lag in der Chefetage des 13-stöckigen VW-Hochhauses, auf dem wie ein Hut das VW-Logo sitzt. In Erwartung eines Wachstums, das sich nie einstellte, hatte Carl Hahn, Piëchs allzu optimistischer Vorgänger, die Belegschaft auf über 274 000 Beschäftigte aufgebläht, davon 120 000 in Deutschland – viel zu viele, um das Unternehmen in der Gewinnzone zu halten.[1]

In den Vereinigten Staaten hatten die Japaner mit ihren sparsameren und zuverlässigeren Fahrzeugen Volkswagen praktisch vom Markt verdrängt. Als Piëch den Chefsessel übernahm, war Volkswagen auf einen demütigenden 15. Platz unter den Importeuren in die Vereinigten Staaten abgerutscht, den weltgrößten Automobilmarkt, den kein Hersteller ignorieren durfte. Überdies bezahlte Volkswagen erheblich mehr für Komponenten als die Konkurrenz, weil Aufträge oft nicht ausgeschrieben, sondern an feste Zulieferer vergeben wurden. Das gesamte Zuliefersystem war funktionsgestört.

Toyota und andere japanische Wettbewerber hatten mit »Just in time«-Lieferketten, die Komponenten kurz vor der Montage ans Werk brachten, Pionierarbeit geleistet. Damit reduzierte sich die benötigte Lagerfläche. Auch verkürzte sich der Zeitraum zwischen der Bezahlung der gelieferten Teile und dem Verkauf des fertigen Wagens. Folglich war weniger Geld in der Produktion gebunden. Bei Volkswagen hingegen waren die Parkplätze rund um das Werk mit unfertigen Fahrzeugen belegt, die auf eine wichtige Komponente warteten – eine Verschwendung von Kapital und Fläche.

Das Ausmaß der Probleme wurde 1993, Piëchs erstem Jahr im Amt, offenkundig. Während weltweit die Konjunktur einbrach, sackte der Umsatz um 10 Prozent auf 76,6 Milliarden DM ab, und das Unternehmen schrieb Verluste von 1,9 Milliarden DM. Es war von Insolvenz die Rede. Die Krise war für eine ehrgeizige Führungskraft wie Piëch jedoch eine Chance. Jeder kluge Manager übernimmt lieber ein notleidendes Unternehmen als ein gesundes. Bei einer Firma, die vor dem Wendepunkt steht, kann man sich Lorbeeren verdienen – vorausgesetzt die Lage ist nicht hoffnungslos, was bei Volkswagen nicht der Fall war. Wenn alles wunderbar funktioniert, gibt es weniger Spielraum für Verbesserungen, während man Prügel bezieht, sobald die Geschäfte nicht mehr so gut laufen.

Als Ingenieur war Piëch weit besser gerüstet, das Effizienzdefizit bei Volkswagen abzubauen, als sein verkaufsorientierter Vorgänger. Piëch, der die Japaner schon lange bewunderte, schickte sich nun an, ihre Fertigungsmethoden zu kopieren, ganz ähnlich wie sich sein Großvater in den 1930er-Jahren bei der Planung des Volkswagenwerks an Ford orientiert hatte.

Neue Fabriken in Zwickau-Mosel und in Martorell bei Barcelona boten ein Versuchsfeld, auf dem Piëch Fertigungsmethoden im japanischen Stil erproben konnte. Unter Piëch wurde bei Volkswagen das *Kaizen*-System von Toyota kopiert, bei dem Montageteams gebildet und alle Arbeiter ermuntert wurden, kontinuierlich nach Möglichkeiten zu suchen, wie die Qualität verbessert sowie Zeit und Geld eingespart werden konnten. Zum Beispiel beklagten sich die Arbeiterinnen einer VW-Polsterei, es sei schwierig, Bezüge über die Kopfstützen zu ziehen. Arbeiterinnen und Vorgesetzte besprachen das Problem, jemand fand eine unbenutzte Maschine, mit der man die Schaumpolster pressen und die Bezüge leichter und schneller überziehen konnte. Mit solchen kleinen Verbesserungen ließen sich im Lauf der Zeit enorme Effizienzgewinne erzielen. Die optimierten Fertigungstechniken wurden eingeführt, sobald Volkswagen neue Modelle oder eine neue Generation für vorhandene Modellreihen einführte; die Umstellung erfolgte also schrittweise, weil es in der Regel vier bis sieben Jahre dauert, ein neues Fahrzeug zu konstruieren und in die Produktion zu bringen. Das Unternehmen veranstaltete in allen Fabriken Workshops, bei denen die Arbeiter in ihren grauen VW-Overalls die neue Fertigungsphilosophie lernten.

Ein ähnlicher Wandel fand auch im Stuttgarter Porsche-Werk statt. Wie andere Hersteller begehrter, teurer Sportwagen befand sich Porsche nicht immer in der Gewinnzone. Denn der Verkauf von Luxusgütern kann jäh einbrechen, wenn Kunden wegen eines Konjunkturrückgangs oder eines Börsenkrachs ihre Kaufentscheidung aufschieben. Das war die Situation vor dem Fall der Berliner Mauer im Jahr 1989. Bis sich in den 1990er-Jahren die Märkte in Osteuropa, Russland und China allmählich öffneten, war Porsche von Europa und den Vereinigten Staaten abhängig. Und angesichts der Rezession zu Beginn der 1990er-Jahre stürzte der Umsatz so stark ab, dass Porsche in drei aufeinanderfolgenden Jahren rote Zahlen schrieb und kurz vor der Pleite stand.

Auch bei Porsche erkannte man, dass die japanischen Autobauer sehr viel effizienter arbeiteten. Es schien ratsam, ihre Methoden zu kopieren, wollte man überleben. Unter Wendelin Wiedeking, einem forschen Fertigungsexperten, den die Familien Porsche und Piëch 1992 auf den Chefsessel holten, warb Porsche Manager und Ingenieure von Toyota ab, die im Stuttgarter Werk die Geheimnisse von *Kaizen* lehrten.[2] Während dieser Zeit ergänzte Porsche seine Produktlinie durch den Boxster, einen Zweisitzer mit Mittelmotor, der für sein Fahrverhalten höchstes Lob erntete und die Abhängigkeit des Unternehmens vom 911 minderte. Mit einem Einstiegspreis von 76 500 DM war er deutlich billiger als der 911 und für Zahnärzte,

Steuerberater und andere potenzielle Porschefahrer eher erschwinglich. Die Produktionseffizienz, der Boxster und der Abbau von 1850 Stellen, rund 20 Prozent der Belegschaft, brachten Porsche 1996 wieder in die Gewinnzone.[3]
Eine weitere Säule für Piëchs Effizienzkampagne war der vermehrte Einsatz identischer Komponenten in unterschiedlichen Modellen. Das Zauberwort lautete »Plattformstrategie«. Elemente vom Motor bis zur Sitzverstellung wurden in so vielen Fahrzeugen wie irgend möglich verwendet. Davon bekamen die Kunden oft nichts mit. Der Elektromotor, der den Seitenspiegel eines Golf einstellte, wurde auch in das Audi-Flaggschiff eingebaut und in allen Modellen dazwischen. Falls die Kunden es überhaupt wussten, war es ihnen egal.
Die Plattformstrategie brachte enorme Einsparungen. Statt ein Dutzend verschiedener Motoren für die Rückspiegeleinstellung zu konstruieren, benötigte man nur ein Modell. Statt für ein Dutzend Motoren bei den Zulieferern einen Preis auszuhandeln, einen Vertrag aufzusetzen und so weiter, war nur ein Bestellvorgang abzuwickeln. (In der Praxis bezog Volkswagen Bauteile oft von mehreren Zulieferern, um den Wettbewerb zu fördern.) Dank der Plattformstrategie entstanden maximale Größenvorteile. Das heißt, die Stückkosten sinken, wenn das Gesamtproduktionsvolumen steigt. Eine Million Elektromotoren kosten demnach pro Stück weniger als 100 000. So wie ein Kasten Mineralwasser im Verhältnis günstiger angeboten wird als die einzelne Flasche. Auch ist der Materialfluss vom Zulieferer ans Montageband unkomplizierter und billiger, weil weniger Bauteile zu verwalten sind.
Die Plattformstrategie bot enorme Vorteile, barg aber auch ein beachtliches Risiko. Ein Problem, das bei einer Komponente auftauchte, konnte sich wie ein Virus im ganzen Unternehmen ausbreiten. Jedes Fahrzeug, das die defekte Komponente nutzte, wäre infiziert. Wenn beispielsweise ein Motor in elf Millionen Fahrzeuge eingebaut wurde und sich dieser Motor

dann als fehlerhaft erwies, konnte das verheerende Folgen für Ruf und Finanzen von Volkswagen haben.

Piëch hatte die Plattformstrategie nicht erfunden, aber er forcierte ihren Einsatz bei VW. Noch bevor die 1990er-Jahre zu Ende gingen, verwendete das Unternehmen dieselbe Plattform für den Golf, den Audi A3, den in Tschechien gefertigten Škoda Octavia und den Audi TT Coupé.[4] Es war offensichtlich dasselbe Prinzip, das Ferry Porsche nach dem Krieg beherzigte, als er die Karosserie und den Motor des zweckmäßigen KdF-Wagens als Basis für einen sexy Sportwagen nutzte, den Porsche 356. Der Kreis schloss sich 1997, als Volkswagen den New Beetle auf derselben Plattform wie den Golf fertigte. Mit einem wassergekühlten Frontmotor mochte der New Beetle technisch konventionell sein, seine Karosserie verwies aber auf den ursprünglichen KdF-Wagen, um an die Käfer-Nostalgie anzuknüpfen.

Piëch begann auch, die solide, aber langweilige VW-Modellpalette aufzumöbeln. Vielleicht war dies die wichtigste Aufgabe überhaupt, und Piëch war dafür gut gerüstet. In der Automobilindustrie gilt der Grundsatz, dass weder Kostensenkungen noch cleveres Marketing oder finanzielle Taschenspielertricks Probleme lösen, solange die Produkte langweilig sind. Piëch stattete nach und nach die VW-Modelle für den Massenmarkt mit allerhand publikumswirksamer Technik aus, wie er sie auch bei Audi eingeführt hatte. Bezweckt wurde damit, Volkswagen im umkämpften europäischen Massenmarkt der Mittelklassewagen von der Konkurrenz abzuheben, darunter Fiat, Renault, Peugeot, Citroën, Ford und Opel.

Bald nahm der kastenartige Golf schnittigere Konturen an, was teilweise dem Einsatz von Lasertechnik bei der Fertigung des Dachs zu verdanken war. Unter Piëchs wachsamem Blick wurde handwerklich exakter gearbeitet.[5] Piëch hatte einen Fetisch – seine Worte –, und das war die Vermessung des Spalts zwischen den Außenteilen des Fahrzeugs, zum Beispiel des

Abstands zwischen Tür und Karosserie. Piëchs zwanghafte Beschäftigung mit dem sogenannten Spaltmaß hatte ihre innere Logik. Ein schmales Spaltmaß sieht besser aus und macht handwerklich einen gediegenen Eindruck. Die Verringerung des Spaltmaßes um einige Millimeter zwang zudem den gesamten Betrieb zur Konzentration auf Qualität. Um dafür zu sorgen, dass die Motorhaube möglichst nahtlos an die Kotflügel anschloss, musste alles perfekt passen – die Scharniere zur Befestigung der Motorhaube an der Karosserie, der Kühlergrill, der Kühler und so weiter. Im gesamten Fahrzeug gab es keinen Spielraum für Fehler mehr. Um für die nötige Präzision zu sorgen, mussten alle im Betrieb ihre Arbeit besser koordinieren, angefangen mit den Konstrukteuren über die Zulieferer bis zum Aufsichtspersonal an der Fertigungsstraße. Die Fokussierung auf Spaltmaße war andererseits ein bisschen verrückt und typisch Piëch. Aber sie erwies sich als kluger Schachzug, der Disziplin in den Fertigungsprozess brachte.

Unter Piëch nahm die Idee des Wagens für das Volk eine neue Bedeutung an. Jetzt hieß sie Merkmale und Leistung der Luxusklasse in Fahrzeugen für den Massenmarkt anzubieten. Die GTI-Version des Golf zum Beispiel bot hohe Leistung und sportliches Fahrverhalten für nur 25 000 DM; Automobilzeitschriften sprachen vom BMW für den armen Mann.

Wie stets arbeitete Piëch daran, die Grenzen des technisch Möglichen zu verschieben. Eingedenk der Erfahrung, wie schwer Ölkrisen der Automobilindustrie in der Vergangenheit zugesetzt hatten, führte Volkswagen einen neuen Kleinwagen ein, den Lupo, der 1998 auf den Markt kam. Die TDI-Variante fuhr mit drei Litern Diesel 100 Kilometer, der Lupo war somit das erste 3-Liter-Auto für den Massenmarkt.

Es dauerte nicht lange, und die Kampagne für mehr Fertigungseffizienz zahlte sich aus.[6] 1997, Piëchs fünftem Jahr im Amt, war die Produktionszeit eines Passat von 32 auf 22 Stunden gefallen. Auch die Gewinne erholten sich. Volkswagen überschritt 1994 die Gewinnschwelle, und 1997 fuhr das Unternehmen wieder Profite von über eine Milliarde DM ein. Auch der Umsatz in den Vereinigten Staaten kam in Fahrt und wuchs 1998 um 55 Prozent, was vor allem dem New Beetle zu verdanken war. In Kanada, den Vereinigten Staaten und Mexiko setzte Volkswagen 382 000 Fahrzeuge ab, das beste Ergebnis seit 1974.

Bei der Generalüberholung von Fertigungsstraßen und Produkten konnte Piëch seine Stärken beweisen. Aber er musste sich auch mit der Volkswagen-Belegschaft auseinandersetzen, was politisches Geschick und Gewandtheit erforderte – Eigenschaften, mit denen er sich sonst nicht hervortat. Selbst der diplomatische, kompromissbereite Carl Hahn hatte mit den Gewerkschaften zu kämpfen, die Volkswagen als Vollbeschäftigungsprogramm ansahen und Lohnerhöhungen bei Arbeitszeitverkürzungen forderten.[7] Ende der 1980er-Jahre brachte der typische Volkswagen-Arbeiter bei einer 36-Stunden-Woche monatlich 4100 DM nach Hause.[8] Selbst nach einem Einstellungsstopp und der Einführung der Altersteilzeit hatte das Unternehmen nach eigenen Angaben immer noch 30 000 Beschäftigte zu viel.[9] Die Belegschaft zu reduzieren war bei Volkswagen jedoch besonders schwierig. Piëch, einer der mächtigsten Männer in der Automobilbranche weltweit, unterstand dem VW-Aufsichtsrat, der durch eine Koalition aus Arbeitnehmervertretern und Politikern des Landes Niedersachsen kontrolliert wurde. Massenentlassung wie im bayerischen Audi-Werk würden sie bestimmt nicht absegnen.

Piëchs Lösung für dieses Dilemma war innovativ und, das muss man einräumen, human. Er machte Peter Hartz, der aus der Stahlindustrie kam, zum Personalchef. Hartz war Sohn eines Metallarbeiters, hatte zu Anfang seiner Karriere der IG Metall angehört, und er war Sozialdemokrat. Der Mann mit dem markanten Kinn, dem grauen Borstenschnitt und der randlosen Brille handelte mit den Beschäftigten eine Viertagewoche aus, in der statt 36 nur 28,8 Stunden gearbeitet wurden. Der Monatslohn wurde entsprechend auf 3280 DM gekürzt. Betriebsrat und Gewerkschaft ließen sich auch darauf ein, bei der Übernahme anderer Schichten und Aufgaben flexibler zu reagieren, was für Piëchs Vorhaben, die Fertigung nach japanischem Vorbild zu gestalten, unverzichtbar war. Der Plan senkte die Kosten, ohne Arbeitnehmer auf die Straße zu setzen.

Die neuen Wege, die Hartz beschritt, förderten seinen Ruf weit über Wolfsburg hinaus. In den 1990er-Jahren herrschte große Unsicherheit in der Frage, ob Deutschland in einer Welt wettbewerbsfähig bleiben konnte, die freier war als noch wenige Jahre zuvor. Der Fall der Berliner Mauer hatte den Handel mit Osteuropa und der ehemaligen Sowjetunion erleichtert, was Chancen für deutsche Exporteure bot. Aber der Aufstieg Chinas mit seinen niedrigen Arbeitskosten warf das Problem auf, ob Deutschland und andere reiche Länder hier noch konkurrieren konnten. Hartz hatte gezeigt, dass es Möglichkeiten gab, die menschlichen Kosten der Globalisierung zu mildern.

Vielleicht war bei der Einführung der Viertagewoche Mitgefühl im Spiel, erinnerte Piëch sich doch noch gut an weinende Angehörige entlassener Arbeiter bei Audi. Aber die Lösung reflektierte auch die politische Realität.

Bei Volkswagen gilt es als heiliges Recht der Arbeiter, bei wichtigen Entscheidungen mit am Tisch zu sitzen. Die Partnerschaft zwischen Unternehmensführung und Belegschaft gilt nicht als Handicap, sondern als wichtiges Element in der Volkswagen-Erfolgsgeschichte und als Vorbild für die Welt. In der offiziellen Firmengeschichte wird einem Wechsel an der Spitze des Betriebsrats fast ebenso viel Bedeutung beigemessen wie einer Neubesetzung des Chefsessels. Manager und Betriebsrat mochten über die Vorgehensweise streiten, aber sobald ein Konsens erzielt war, marschierten alle unter derselben stolzen Fahne – so hieß es. Welche andere Firma konnte solchen Zusammenhalt zwischen Managern und Arbeitern aufweisen?

Gesetz und Tradition billigen deutschen Arbeitnehmern in allen Firmen weit mehr Einfluss zu, als es in den Vereinigten Staaten der Fall ist. Ein kooperatives Verhältnis zwischen Arbeitern und Management war eine zentrale Säule des rheinischen Kapitalismus, also der sozialen Marktwirtschaft, die nach dem Krieg als Gegenentwurf zum ostdeutschen Sozialismus aufgebaut wurde. Seit 1976 gewährleistet das Mitbestimmungsgesetz die Aufnahme von Arbeitnehmervertretern in den Aufsichtsrat eines Unternehmens. Es regelt ein Mitspracherecht der Beschäftigten bei den Arbeitsbedingungen, das Recht, einen Betriebsrat zu wählen, der konsultiert werden muss, bevor ein Werk zum Beispiel Wochenendschichten einführen oder Arbeitsplätze abbauen kann. In Aktiengesellschaften erhalten Arbeitnehmervertreter die Hälfte der Sitze im Aufsichtsrat, der die Unternehmensleitung kontrolliert. Der Vorsitzende des Aufsichtsrats, der die Aktionäre vertritt, ist in jeder AG das Zünglein an der Waage – nur nicht bei Volkswagen.

VW-Mitarbeiter haben sogar noch größeren Einfluss, weil das Land Niedersachsen zwei Vertreter in den Aufsichtsrat schickt – in der Regel den Ministerpräsidenten und den Wirtschaftsminister –, und sie haben praktisch immer mit der Belegschaft gestimmt. Sie sorgten dafür, dass die Arbeiter und nicht die Aktionäre bei Entscheidungen – etwa über die Ernennung eines neuen Vorstandsvorsitzenden – die Fäden in der Hand hielten. Auch Arbeitsplatzabbau war ohne Zustimmung der Arbeiter nicht denkbar.

Einer der wenigen, die es wagten, das System zu kritisieren, war Carl Hahn. Er machte das Mitbestimmungsgesetz dafür verantwortlich, dass Deutschland nicht mehr wettbewerbsfähig war und deutsche Firmen in Branchen wie Pharmazie und Elektronik, in denen sie einst den Markt beherrschten, das Nachsehen hatten. »Andernfalls führt die Mitbestimmung in unseren Unternehmen mehr noch als bisher zu einer Zerstörung von Arbeitsplätzen, seltener hingegen zu Fortschritten für diejenigen, die man in den Gewerkschaftszentralen zu schützen und zu fördern vorgibt«, schrieb Hahn in seinen Memoiren.[10] Wie die Ereignisse zeigen sollten, erkannte er damals schon die Korruptionsanfälligkeit des Systems.

Ferdinand Piëch kritisierte den Einfluss der Arbeiterschaft nicht, sondern nutzte ihn zu seinem Vorteil. Piëch und die Beschäftigten waren in gewisser Hinsicht natürliche Verbündete. Den Arbeitern ging es vor allem darum, in Lohn und Brot zu bleiben und Arbeitsplätze für ihre Kinder zu sichern. Piëch verfolgte das Ziel, die Grenzen der Ingenieurskunst auszuweiten und aus Volkswagen eine globale Supermacht zu machen. Für derlei Ambitionen benötigte er eine große Belegschaft.

Alle modernen Fertigungsunternehmen sind einem Spannungsverhältnis zwischen technischem Fortschritt und Beschäftigung ausgesetzt. Weil Automatisierung und andere Effizienzverbesserungen den Arbeitskräftebedarf senken, können Firmen nur dann Entlassungen vermeiden, wenn sie wachsen. Bei Volkswagen war der Wachstumszwang noch ausgeprägter, weil das Unternehmen in puncto Arbeitsproduktivität ohnehin schon hinter Rivalen wie Toyota hinterherhinkte. Um ihre Arbeitsplätze zu sichern, brauchten die Volkswagen-Mitarbeiter jemanden, der sich auf den Aufbau eines Imperiums verstand, und in Piëch hatten sie einen solchen Mann gefunden.

Vielleicht fühlte sich Piëch den Arbeitern tatsächlich verbunden. Bei vielen waren wie bei ihm schon Vater und Großvater bei Volkswagen tätig gewesen. Jedenfalls erlaubte das Bündnis mit den Beschäftigten Piëch, den Konzern nach Gutsherrenart zu führen. Anders als die Aktionäre hatte der Betriebsrat wenig Interesse an den Details der Unternehmensstrategie. Die Arbeitnehmervertreter ließen Piëch gerne den Ton angeben, solange die Arbeitsplätze der Belegschaft sicher waren. »Als Kooperationsprozess in strategischen Fragen der Unternehmenspolitik wurde die Mitbestimmung von beiden

Seiten nicht betrachtet«, schrieb Werner Widuckel, ehemaliger Leiter des VW-Weltkonzernbetriebsrats. »Mitbestimmung war in erster Linie Verteilungspolitik.«[11]

Die Aktionärsvertreter im VW-Aufsichtsrat hatten eine zwiespältige Haltung zu Piëch. Er kam an die Macht, weil die Arbeiter hinter ihm standen, und ohne deren anhaltende Unterstützung würde er sich wohl auch nicht im Sattel halten können. Für den Rest seiner Laufbahn stellte die Belegschaft eine wichtige Quelle seiner Macht dar. Vermögensverwaltern und anderen außenstehenden Anteilseignern begegnete er herablassend, die Wirtschaftspresse verabscheute er, und mit der restlichen Porsche-Familie lag er im Streit. Aber er vermied es, sich mit den Arbeitern anzulegen. Langfristig lief Piëch mit seiner Beschwichtigungsstrategie gegenüber der Belegschaft Gefahr, in dieselbe Falle zu tappen wie seine Vorgänger und das Unternehmen mit einem Personalüberhang aufzublähen.

Piëchs Aversion gegen Massenentlassungen erstreckte sich nicht auf das Verwaltungshochhaus in Wolfsburg, in dem die Führungskräfte untergebracht waren. Anders als Hahn, der es vermied, sich Feinde zu machen, kannte Piëch keine Skrupel, sich von Leuten zu trennen, die er für inkompetent hielt. Vor Ende 1994, keine zwei Jahre nach seiner Amtsübernahme, hatte Piëch fast den gesamten Vorstand – insgesamt neun Personen – ausgetauscht. Es überrascht nicht, dass Piëch Hahns Team durch eigene Leute ersetzen wollte. Aber sein schroffes Vorgehen hatte nach den Jahren mit Hahn an der Spitze Schockwirkung. Als Hahn 1982 zum VW-Chef aufrückte, war es eines seiner Hauptanliegen, den übertrieben militaristischen Führungsstil zu lockern, den Heinz Nordhoff nach dem Krieg eingeführt hatte. Hahn drängte auf eine offenere Debatte im Vorstand, dessen Mitglieder es gewohnt waren, in aller Stille Vereinbarungen über größere Entscheidungen auszuarbeiten, sodass die offiziellen Besprechungen weitgehend Formsache waren. Unter Piëch schlug das Pendel in die andere Richtung aus.

Zu den gefeuerten Managern zählte Piëchs eigener handverlesener Nachfolger bei Audi Franz-Josef Kortüm, der nach nur 13 Monaten im Amt gehen musste. Kortüm wurden hohe Verluste bei Audi angekreidet, was wenig überzeugend wirkte. In der Automobilbranche mit ihren behäbigen Entwicklungszyklen schien es nicht nachvollziehbar, wie Kortüm in so kurzer Zeit Piëchs Lehen hätte heruntewirtschaften können. Jedenfalls hielt Piëch Audi nach seinem Wechsel von Ingolstadt nach Wolfsburg an der kurzen Leine, und für Fehlentscheidungen trug er zweifellos eine Mitverantwortung. Auch die Presse kommentierte die veränderte Atmosphäre. »In der Führungsetage von Audi herrscht ein Klima der Angst und des Misstrauens«, schrieb der *Spiegel*. »Kaum ein Vorstand traut sich, sachliche Kritik an einer Piëch-Entscheidung zu üben.«[12]

Auch David J. Herman, damals Europachef der General-Motors-Tochter Opel, fiel der Umschwung auf. Einmal im Monat kamen traditionell die Vorstandsvorsitzenden der deutschen Autobauer zusammen, um über gemeinsame Interessen zu sprechen. Obwohl die Automobilkonzerne konkurrierten, herrschte bei den Treffen eine freundliche Atmosphäre. Zu den anderen Teilnehmern zählten Bernd Pischetsrieder, der gut aufgelegte, Havanna rauchende BMW-Chef, und Helmut Werner, der extrovertierte Mercedes-Boss. Im Gegensatz zu dem umgänglichen Hahn, erinnerte sich Herman später, verhielt sich Piëch kühl und reserviert.[13] Herman zufolge machte sich Piëch bei den Sitzungen in aller Stille Notizen, die er mit blauer Tinte in übergroßen Buchstaben in ein großes Heft schrieb, das er in seinem Aluminiumkoffer mit sich führte. (Die großen Buchstaben hingen anscheinend mit seiner Lese-Rechtschreib-Schwäche zusammen.)

Piëchs frostiges Benehmen war ein böses Vorzeichen. Damals konkurrierten in Deutschland vor allem Volkswagen und Opel um die Käufer von Mittelklassewagen. Deutschland war nicht nur der größte Automobilmarkt Europas, sondern der

Schlüssel für eine marktbeherrschende Stellung auf dem Kontinent. BMW und Mercedes-Benz zielten auf das Premiumsegment, während Opel und Volkswagen nicht nur in Deutschland, sondern in ganz Europa um dieselbe Kundenschicht buhlten. Volkswagen sollte letztlich GM weltweit überholen, aber 1992 war der amerikanische Autobauer mehr als doppelt so groß und produzierte 7,7 Millionen Fahrzeuge pro Jahr, während Volkswagen auf 3,5 Millionen kam. In Deutschland verkaufte Marktführer Volkswagen 372 000 Autos pro Jahr, Konkurrent Opel 289 000. Piëch signalisierte bald, dass er mehr wollte, als nur den Markt zu dominieren. Er strebte die totale Vorherrschaft an, und er war bereit, zu diesem Zweck neue Taktiken anzuwenden, ganz gleich welche Folgen das haben mochte.

Ende 1992, noch bevor er offiziell Vorstandsvorsitzender wurde, begann Piëch, heimlich José Ignacio López de Arriortúa zu umwerben, den gefeierten Chefeinkäufer von General Motors. López, der aus dem spanischen Baskenland stammte, war in der Branche berühmt für seine Kenntnis der unübersichtlichen Zuliefernetze und für das Geschick, mit dem er Zuliefererpreise drückte. Er gehörte zu den Ersten, die sahen, dass Zulieferer für Fortschritte in der Automobiltechnik sorgen konnten, und er belohnte innovative Ideen. Volkswagen brauchte dringend eine Kostensenkung bei den Komponenten, und López genoss den Ruf, er habe General Motors Anfang der 1990er-Jahre vor dem finanziellen Zusammenbruch gerettet. Seine Managementmethoden waren teilweise exzentrisch, was aber nur die Aura der Genialität beförderte, die ihn umgab. López und seine Gefolgsleute trugen ihre Armbanduhr am rechten Handgelenk und schworen, sie erst wieder links zu tragen, wenn General Motors wieder schwarze Zahlen schrieb.[14] Er verlangte von seinen Leuten, sich von einer »Kriegerdiät« zu ernähren, die aus Obst, Vollkorngetreide und wenig Fleisch bestand; abgesehen von einem gelegentlichen Glas Wein war auch Alkohol verpönt. Selbst Piëch, der für seine hohen Ansprüche bekannt war, staunte über López' Fähigkeit, Menschen bis an die Grenzen ihres Durchhaltevermögens zu fordern.[15] Im November 1992 trafen sich Piëch und López heimlich in einem Zimmer des Sheraton Hotels am Frankfurter Flughafen. Erfreut stellte Piëch fest, dass López Ingenieurswesen studiert hatte.[16] Die beiden verstanden sich.

Piëch umgarnte López mehrere Monate lang und versprach ihm sogar, den Bau eines Volkswagenwerks in López' geliebter baskischer Heimat zu erwägen – ein Schritt, zu dem General Motors nicht mehr bereit war.[17] (Manche meinen, er habe definitiv den Bau einer Fabrik in Aussicht gestellt. Piëch selbst äußerte sich zu seinen Angeboten an López nur vage.) Als die Presse das Gerücht aufgriff, López wolle zu Volkswagen überlaufen, dementierte der Chefeinkäufer.[18] In Wirklichkeit handelte er heimlich Vertragsdetails mit Volkswagen aus. Als López am 16. März 1993 seine Entscheidung bekannt gab, zu Volkswagen zu wechseln, war man bei General Motors empört.

Die besten Führungskräfte der Konkurrenz abzuwerben ist keine neue Strategie. Aber der Abschied von López, der sieben Mitglieder seines GM-Teams mitnahm, wuchs sich bald zu einem Skandal aus. General Motors warf López vor, er habe 20 Kisten mit vertraulichen Unterlagen mitgenommen, als er ging. In der Schadensersatzklage, die General Motors später gegen Volkswagen sowie gegen Piëch, López und andere Führungskräfte vor einem US-Gericht in Michigan einreichte, enthielten die Unterlagen wichtige Handelsgeheimnisse wie etwa Listen von GM-Vereinbarungen mit Zulieferern in aller Welt, Preise, Vertragsklauseln und Lieferpläne.[19] Laut General Motors waren unter den Dokumenten auch Pläne für eine hochmoderne Fabrik sowie die GM-Modellstrategie für das nächste Jahrzehnt. Unter anderem konnte VW den Unterlagen entnehmen, wie viel General Motors für Komponenten bezahlte, und ebenso gute oder bessere Preise verlangen. Der Klageschrift zufolge hatten López und sein Team einen Monat damit zugebracht, die Dokumente in Volkswagen-Computer einzuspeisen, und sie anschließend geschreddert, was General Motors als kriminelle Verschwörung wertete. Piëch wurde zudem vorgeworfen, er habe López angestiftet, die Dokumente zu stehlen, und Volkswagen geriet in den Verdacht der Zeugenbeeinflussung, weil das Unternehmen Teile eines Berichts unterdrückt haben soll, den KPMG Peat Marwick im Auftrag von VW zu dem Vorfall erstellte hatte. Piëch stritt alle Vorwürfe ab und behauptete, er habe López niemals ermuntert, Dokumente mitzunehmen.[20] Laut Piëch hätten die Kisten lediglich Bücher, Zeitschriften, Broschüren, Seminarunterlagen und Ähnliches enthalten.

In dem von General Motors angestrengten Verfahren musste sich VW nach einem Gesetz zur Abwehr organisierter Kriminalität (Racketeer Influenced and Corrupt Organizations Act; RICO) verantworten. Die Einwände von VW-Anwälten gegen den Vorwurf der organisierten Kriminalität, den sie für abstrus hielten, wurden vom zuständigen Richter abgewiesen. Die Hinweise auf Industriespionage reichten aus, um Ermittlungen der deutschen Staatsanwaltschaft und des US-Justizministeriums einzuleiten.

Piëch trug wenig zur Entschärfung der Situation bei, als er von »Krieg« – gegen General Motors – sprach und erklärte, Volkswagen werde sich »mit allen Mitteln« verteidigen. Opel-Chef Herman fand es merkwürdig, dass Piëch die Formulierung nicht relativierte. Er sagte nicht etwa, »mit allen ethischen Mitteln« oder »mit allen legalen Mitteln«, sondern nur »mit allen Mitteln«. Auf einer Pressekonferenz am 28. Juli 1993 spähte Piëch hinter den Mikrofonen hervor und baute die militärische Metapher noch ein wenig aus. »Immer wenn es um Krieg geht, sind am Ende weniger vorhanden«, erklärte er kühl, während er den Blick bedächtig über die versammelten Reporter schweifen ließ, »es gibt immer Gewinner und Verlierer. Und ich habe die Absicht, mit unseren Partnern, die VW in der ganzen Welt hat ...«, es folgte eine kleine Pause, »der Sieger zu sein.«

Piëch beharrte später, das Wort »Krieg« habe erstmals ein Reporter der *New York Times* ins Spiel gebracht, den er nur zitiert habe.[21] Aber wenigstens für nichtdeutsche Beobachter vermittelte er bei der Pressekonferenz den unguten Eindruck eines kaltblütigen Deutschen, der, ganz gleich wie viele Opfer auf der Strecke bleiben, zum Sieg entschlossen ist.

Herman verfolgte die Pressekonferenz im Fernsehen. Sie bestätigte seine Einschätzung, dass für Volkswagen unter Piëch die Zeit des relativ freundlichen Wettbewerbs mit Opel, den man seit Kriegsende gepflegt hatte, vorbei war. Er meinte, Piëch wolle Opel vom Markt verdrängen. »VW schickte sich an, Opel zu zerstören«, sagte Herman.[22]

Die gerichtliche Auseinandersetzung zwischen General Motors und Volkswagen zog sich über Jahre hin. Es gab absurde Momente. General Motors scheute keine Mühe, Piëch, der Reisen in die Vereinigten Staaten vermied, die Gerichtsunterlagen zuzustellen. Herman zufolge erfuhr das Unternehmen, dass Piëch sich in einer Berghütte in British Columbia aufhalten würde. General Motors entsandte einen als Wanderer getarnten Mann in die Hütte, dem es gelang, zu Piëch in den Fahrstuhl zu steigen und ihm die Unterlagen aus seinem Rucksack zu geben. General Motors verlangte Schadensersatz in Höhe von vier Milliarden Dollar von VW, wie die *New York Times* damals berichtete.[23] Aber General Motors verging die Lust, den Prozess weiterzuführen, als Umfragen zeigten, dass er dem Image von Opel bei deutschen Kunden schadete, die vielfach mit Volkswagen sympathisierten. Im Januar 1997 einigten sich die Kontrahenten auf einen Vergleich. Er sah vor, dass Volkswagen 100 Millionen an General Motors zahlen und Komponenten im Wert von einer Milliarde Dollar von der General-Motors-Tochter Delphi kaufen sollte. (VW war bereits

Delphi-Kunde.) Volkswagen gab kein Fehlverhalten zu, räumte aber »die Möglichkeit« ein, einige von General Motors übergelaufene Mitarbeiter könnten »rechtswidrige Handlungen« begangen haben.[24] López schied bei Volkswagen aus. Der Vergleich war einer der umfangreichsten, die je in einem Fall von Wirtschaftsspionage geschlossen wurden. Dennoch diente er vor allem dazu, beiden Unternehmen, erschöpft von dem endlosen Rechtsstreit, zu ermöglichen, das Gesicht zu wahren.

Die Staatsanwaltschaft in Darmstadt, unweit vom Opel-Firmensitz Rüsselsheim, leitete ein Strafverfahren gegen López ein. Ebenso die Behörden in den Vereinigten Staaten. Weder hier noch dort deckten die Ermittlungen schwere Straftaten auf. Die Staatsanwaltschaft stellte das Verfahren gegen López gegen eine Zahlung von 400 000 DM für gemeinnützige Zwecke ein. Dem Fachmagazin *Automotive News Europe* zufolge kamen die Ermittler zu der Einschätzung, der Fall sei »zu umständlich, zu kompliziert und es sei nicht länger im öffentlichen Interesse, ihn zu verfolgen«.[25]

In Detroit erhob im Mai 2000 eine Grand Jury in sechs Punkten Anklage gegen López; er wurde des Betrugs und des Transports von Diebesgut ins Ausland beschuldigt. Aber inzwischen war López nach Spanien zurückgekehrt, ein Land, das seine Auslieferung an die Vereinigten Staaten verweigerte. Das oberste spanische Gericht befand im Juni 2001, die Vorwürfe – auf die teils eine Höchststrafe von zehn Jahren Haft stand – seien nicht schwer genug, um eine Auslieferung zu rechtfertigen. Das Gericht erkannte zudem an, López sei einem Strafverfahren psychisch nicht gewachsen. 1998 hatte López bei Bilbao einen schweren Autounfall, nach dem er drei Monate lang im Koma lag. Als er 2001 in Madrid vor Gericht erschien, hatte der damals 60-jährige López rund 60 Kilogramm zugenommen, wie Emma Daly beobachtete, die für die *New York Times* über das Verfahren berichtete.[26] López, der während der Verhandlung mit den Richtern scherzte, wurde von den Ärzten bescheinigt, er leide an Gedächtnislücken und Persönlichkeitsveränderungen; die Kontrolle über seine Finanzen hatte er seiner Frau übergeben. Ein vom US-Justizministerium bestellter Psychologe hielt López für verhandlungsfähig, aber die spanischen Richter entschieden sich, ihn im Land zu behalten.

So endete die López-Affäre. López sollte nie wieder eine Führungsposition in einem Automobilkonzern übernehmen, arbeitete aber freiberuflich als Berater und verfolgte seinen – nie realisierten – Traum, im Baskenland eine Automobilfabrik zu eröffnen. Noch Jahre später nutzten Hochschulen die Affäre als Fallstudie für Unternehmensethik.[27] Für Volkswagen hätte der Fall wenigstens eine Warnung sein sollen, welche Kosten allzu aggressive Geschäftsmethoden fordern können. Damals hätte man prüfen müssen, welche Kontrollmechanismen existierten, die das Unternehmen vor dem Fehlverhalten seiner Manager schützen konnten. Und für das Topmanagement hätte sich die Gelegenheit geboten, klare Richtlinien darüber herauszugeben, welche ethischen Grenzen Volkswagen-Mitarbeiter beachten müssen, wenn sie die Ziele des Unternehmens verfolgen.

Obwohl es dringend geboten schien, Unternehmensstandards einzuführen, blieb Volkswagen untätig. In den 1990er-Jahren wurde die Automobilindustrie in puncto Sicherheit und Emissionen von staatlicher Seite zunehmend reguliert. In den Vereinigten Staaten wurde der Clean Air Act 1990 überarbeitet und erheblich verschärft. Die Europäische Gemeinschaft führte 1992 die Euro-1-Abgasnorm ein. Sie setzte dem Ausstoß von Stickoxiden und anderen Emissionen systematischer als bisher Grenzen. Unter dem prüfenden Blick der Behörden beschlossen viele Automobilkonzerne, ihre internen Compliance-Systeme zu stärken. Aber wie Volkswagen-Manager später zugaben, hinkte das Unternehmen bei der Einführung von Prüfungen und Kontrollen dem Rest der Branche hinterher.

In seiner Autobiografie zeigt Piëch keine Anzeichen von Reue über sein Verhalten in der López-Affäre.[28] Er sehe nicht, so schreibt er, was Volkswagen oder López falsch gemacht hätten. Während der Vergleich mit General Motors das Ausscheiden von López bei Volkswagen vorsah, machte einer seiner Gefolgsleute, Francisco Javier Garcia Sanz, eine steile Karriere. Garcia Sanz war López im März 1993 von General Motors nach Wolfsburg gefolgt und rückte im VW-Vorstand 2001 zum Chefeinkäufer auf.

Piëch ging mit unverminderter, wenn nicht sogar wachsender Macht aus dem López-Skandal hervor. Die Leute, auf die es ankam – die Landespolitiker, die Arbeitnehmervertreter und die Aktionäre im Aufsichtsrat –, fanden sich mit Piëchs rauen Sitten ab, solange er für Wachstum sorgte. Wenn es bei der Kontroverse einen Verlierer gab, dann war das Opel. Einst auf Augenhöhe mit Volkswagen, und mit einer viel längeren Tradition in Deutschland, verlor die General-Motors-Tochter Geld, und ihr Marktanteil in Europa schrumpfte. Nach Angaben des Europäischen Automobilherstellerverbands ACEA hatte Volkswagen, einschließlich Audi, Škoda und SEAT (eine spanische Marke, die VW 1986 erworben hatte), im Jahr 1992 in Westeuropa einen Marktanteil von 17,5 Prozent. General Motors, einschließlich seiner Töchter Opel und Saab, kam auf einen Anteil von 12,5 Prozent.[29] Im Jahr 2000 entfielen auf Volkswagen bereits 18,7 Prozent und auf General Motors 10,8 Prozent. Der Aderlass setzte sich fort, bis die Volkswagen-Marken 24,6 Prozent des Markts in Europa erobert hatten, während General Motors nur noch einen Anteil von 7,1 Prozent verbuchen konnte.

Ob López mit dem Niedergang von Opel sehr viel zu tun hatte, ist ungewiss. Jedenfalls beging General Motors in Europa zahlreiche Fehler. Die Fluktuation der GM-Manager war zu hoch, und den Führungskräften, die General Motors aus Detroit nach Europa schickte, fehlte oft das technische Know-how, um mit den respekteinflößenden Deutschen konkurrieren zu können. General Motors schenkte den spezifischen Bedürfnissen europäischer Autofahrer, und vor allem den anspruchsvollen deutschen Kunden, zu wenig Beachtung. Mit dem Opel-Betriebsrat herrschte ständiger Zwist. Eines der größten Versäumnisse war, dass Opel der wachsenden Nachfrage nach Diesel-Pkws nicht gerecht wurde. Teilweise wegen der Lobbyarbeit von Volkswagen und anderen deutschen Herstellern wurde Diesel in Deutschland und anderen europäischen Ländern de facto subventioniert. Umsatzsteuer und Energiesteuer fallen niedriger aus, sodass Diesel an der Zapfsäule deutlich günstiger ist als Benzin – ein schlagkräftiges Verkaufsargument. Unvorbereitet auf den Nachfrageschub musste Opel Dieselmotoren von Isuzu beziehen. Und Opel musste gegen einen der besten Automobilingenieure aller Zeiten antreten – einen Pionier, der den Diesel für Pkws salonfähig gemacht hatte: Ferdinand Piëch. »Zu sagen, er sei der Mann des Jahrhunderts im Hinblick auf Ingenieurskunst und Stil und den Aufbau des größten Automobilimperiums, wäre eine grobe Untertreibung«, erklärte Herman.

Aber Herman meinte auch, dass Piëchs Verhalten neue, skrupellosere Wettbewerbsmethoden einführte. Das Signal, das Piëch mit seiner Strategie in der López-Affäre aussandte, war für die Manager, Vertriebsmitarbeiter und Ingenieure, die für ihn arbeiteten, nicht zu übersehen. »Wenn man die Ursprünge der Unternehmensethik zurückverfolgen will«, so Herman viele Jahre später, »muss man, glaube ich, in diese Zeit zurückgehen.«[30] Marktbeherrschung war das eine und einzige Ziel – mit allen erforderlichen Mitteln.

7
Gesetzeshüter

Anfang der 1990er-Jahre, etwa zur selben Zeit als Volkswagen unter Ferdinand Piëch mit seinen spritsparenden Dieselfahrzeugen Europa eroberte, arbeiteten Ingenieure in den Vereinigten Staaten und in Europa intensiv an einem damit zusammenhängenden, aber umgekehrten Problem: Wie nachprüfen, dass die steigende Zahl von Dieselfahrzeugen auf der Straße auch wirklich sauber waren? 1990 billigten beide Häuser des amerikanischen Kongresses mit großer Mehrheit sowohl bei Republikanern als auch Demokraten eine weitgehende Verschärfung des Gesetzes zur Luftreinhaltung. Es war ein ehrgeiziger Versuch, die Luftqualität in den USA radikal zu verbessern, vor allem in den Städten, in denen Pkws und Lkws die Hauptverursacher der Luftverschmutzung waren. Für den Kongress war es leicht zu sagen, dass Autos weniger schädliche Emissionen produzieren sollten, weitaus schwieriger war es jedoch, festzustellen, ob sich die Autobauer auch an die Auflage hielten.

Was aus dem Auspuff eines Autos herausströmt, kann enorm variieren und hängt von vielen Faktoren ab – von der Geschwindigkeit des Wagens, der Außentemperatur, davon, ob der Motor warm oder kalt ist, ob die Klimaanlage eingeschaltet ist, ob das Auto mit mäßiger oder dauerhaft mit hoher Geschwindigkeit gefahren wird. Das Problem für die Regulierungsbehörde bestand darin, die Emissionen auf einheitliche Weise zu messen, damit ein fairer Vergleich zwischen den Dutzenden von Marken und Modellen auf dem Markt möglich war.

Die übliche Methode bestand darin, die Autos auf einem Rollenprüfstand zu testen. Das war in vielerlei Hinsicht sinnvoll. Es wurden zahlreiche Geräte benötigt, um die Emissionen des Motors zu erfassen und ihre chemischen Bestandteile zu analysieren. Daher war es deutlich einfacher, das Fahrzeug in ein Labor zu bringen, als in dem Fahrzeug ein Labor einzurichten. Die Tests im Labor hatten auch den Vorteil, dass bei allen Autos dieselben Bedingungen herrschten. Auf dem Rollenprüfstand wurden sie durch einen entsprechend ausgebildeten Fahrer jeweils demselben simulierten Fahrverhalten ausgesetzt, ohne dass Variablen wie die Geländebeschaffenheit oder das Wetter eine Rolle spielten. Der Mangel all dieser fein abgestimmten Parameter lag jedoch darin, dass ein Labortest eine künstliche Situation abbildete. Zwar ließ sich damit sehr gut ermitteln, wie viel Schadstoffe ein Auto unter kontrollierten Bedingungen ausstieß, aber das sagte nur wenig über seine realen Werte im Straßenverkehr aus. Ein weiterer Nachteil war, dass der Verlauf der Tests per Definition vorhersehbar war. Die Geschwindigkeiten, bei denen die Fahrzeuge getestet wurden, die Temperatur innerhalb des Labors, sogar die Luftfeuchtigkeit – all das war allgemein bekannt. Es war ein Test, dessen Resultate die Autobauer bereits kannten.

Zu jenen, die Zweifel an der Testmethode hatten, gehörte ein junger Ingenieur im Compliance-Bereich der amerikanischen Umweltbehörde EPA namens Leo Breton. »Nachdem ich mir die Tests von mehreren Jahren angeschaut hatte«, sagte Breton, »kam ich ins Grübeln – ich war ja noch nicht lange dort –, ob das auch nur im Geringsten etwas mit den tatsächlichen Emissionen der Autos zu tun hatte.«[1]

Breton, der an der University of Maryland ein Maschinenbaustudium mit dem Master abgeschlossen hatte, trat 1991 eine Stelle beim Sitz der EPA in Washington an. Dort bestand seine Aufgabe darin, die privaten Vertragsfirmen zu überwachen, die einen Großteil der Tests durchführten. Washington war nicht das Zentrum der Autoprüfverfahren der Umweltbehörde. Die meisten der kostspieligen Gerätschaften hierzu befanden sich in Ann Arbor in Michigan, unweit von Detroit und den Firmensitzen der amerikanischen Autobauer. Nach Bretons Ansicht gingen die Prüfer in Ann Arbor übertrieben freundlich mit den Herstellern um, anstatt bei den Kontrollen Strenge walten zu lassen. Die Prüfer hatten anscheinend kein Interesse, der Industrie zu schaden, von der ihre Arbeitsplätze abhingen, wo doch eine strenge Überwachung der Autofirmen vonnöten war. Aber die Verordnungen zur Luftreinhaltung einzuhalten ist eine teure Angelegenheit. Die Autobauer hatten allen Grund zu betrügen, und das taten sie schon lange.

Breton selbst war an der Aufdeckung eines der ersten Betrugsfälle beteiligt. 1993 hatten Prüfer der EPA festgestellt, dass Fahrzeuge der Cadillac-Sparte von General Motors bei eingeschalteter Klimaanlage fast dreimal so viel Kohlenmonoxid ausstießen wie im ausgeschalteten Zustand.[2] Wie sich herausstellte, hatte GM wegen Beschwerden von Kunden über den Cadillac-Motor des Baujahrs 1991, der leicht abstarb, einen Computerchip eingebaut, der das Verhältnis zwischen Kraftstoff und Luft in den Zylindern erhöhte, sobald die Klimaanlage lief. Mithilfe des Chips ließ sich das Problem des absterbenden Motors zwar beheben, es funktionierte aber nur, wenn dabei das Abgaskontrollsystem abgeschaltet wurde. Das Ergebnis war ein höherer Ausstoß von Kohlenmonoxid.

Juristisch gesehen handelte es sich bei dem Computerchip um eine Abschalteinrichtung – einen Mechanismus zur Effektivitätsminderung des Abgaskontrollsystems, der aber nur einsetzte, wenn kein offizieller Prüfer zugegen war. GM war bekannt, dass die Prüfer beim Abgastest die Klimaanlage ausgeschaltet ließen. Da der Chip so programmiert war, dass es nur dann zu erhöhten Emissionen kam, wenn die Heizung oder die Klimaanlage lief, vertraute GM darauf, dass die Vorrichtung gegen das Absterben des Motors mit ihrem Nebeneffekt, dem erhöhten Ausstoß von Kohlenmonoxid, in den Labors der EPA nicht entdeckt würde.

Zumindest hoffte das GM. Tatsächlich hatte die EPA ihre Praxis, die Autos nur bei ausgeschalteter Klimaanlage zu testen, damals bereits selbst in Zweifel gezogen. 1993 beschloss die Behörde zu untersuchen, in welchem Umfang sich eine Änderung des Testverfahrens auf die Ergebnisse auswirken würde. Die Beamten wählten für dieses Experiment zufällig einen Cadillac aus und stellten schnell fest, dass etwas nicht stimmte. Bei laufender Klimaanlage stießen die Autos bis zu 10 Gramm Kohlenmonoxid pro Meile aus, während der gesetzliche Grenzwert bei 3,4 Gramm pro Meile lag. Eine folgende Untersuchung des Justizministeriums kam zu dem Ergebnis, dass 470 000 Cadillacs der Baujahre 1991 bis 1995, darunter die Modelle Seville und Deville, Abschalteinrichtungen verbaut hatten. Nach den Berechnungen des Justizministeriums hatten die Cadillacs zusätzliche 100 000 Tonnen Kohlenmonoxid in die Atmosphäre geblasen. Kohlenmonoxid ist extrem giftig. Es kann Herz- und Kreislaufbeschwerden, Kopfschmerzen und Sehstörungen verursachen sowie die Arbeits- und Lernfähigkeit beeinträchtigen. In hohen Konzentrationen ist es tödlich. »Diese sogenannten Abschalteinrichtungen sind nicht einfach nur Verstöße auf dem Papier«, erklärte die amerikanische Generalstaatsanwältin Janet Reno, »sondern führen zu einer wirklichen Erhöhung von Emissionen, die den Menschen schaden.«[3] GM akzeptierte ein Bußgeld in Höhe von 45 Millionen Dollar, die Kostenübernahme für den Rückruf der betroffenen Fahrzeuge und deren Mängelbehebung sowie für Maßnahmen zum Ausgleich der Emissionen, wie zum Beispiel den Kauf von Schulbussen mit weniger Abgasen als ältere Modelle. Zu jener Zeit war diese Strafe die höchste, die je einem Autobauer aufgrund eines Verstoßes gegen das Gesetz zur Luftreinhaltung auferlegt worden war.

Der Fall Cadillac verdeutlichte die Problematik eines Tests von Autos allein unter Laborbedingungen. Er veranschaulichte auch, wie die zunehmende Computerisierung der Motorsteuerung den Autobauern Betrugsmöglichkeiten eröffnete. Besorgt über die vielfältigen Mittel, die für eine raffinierte Täuschung zur Verfügung standen, begann Breton zu überlegen: Wie wäre es, wenn man das Labor in das Fahrzeug verlegen und so herausfinden könnte, was die Fahrzeuge auf der Straße wirklich an Schadstoffen produzierten? Das war es schließlich, worauf es für die Umwelt und die Menschen ankam, die die Abgase einatmeten. Ein derartiger Test wäre weniger vorhersehbar und würde Täuschungen erschweren.

Doch die EPA wollte von einem solchen Projekt nichts wissen. Damals herrschte die Meinung, Labortests seien präzise, und wenn nicht, wären sie zumindest ein einheitlicher Maßstab, mit dem sich unterschiedliche Fahrzeuge vergleichen und die Fortschritte der Autobauer bei der Einhaltung immer strengerer Regelungen zur Luftreinhaltung messen ließen. Die EPA betrieb ein kostspieliges Prüfzentrum in Ann Arbor und hatte kein Interesse, Forschungen zu unterstützen, die möglicherweise die Glaubwürdigkeit ihrer Einrichtungen untergruben. »Herauszufinden, was in der wirklichen Welt vor sich ging, hätte allen nur die Tour vermasselt«, sagte Breton.[4] Die EPA habe zwar nichts dagegen gehabt, als er ankündigte, eine Methode zum Test von Fahrzeugen auf der Straße entwickeln zu wollen, aber sie stellte ihm dafür keine Mittel zur Verfügung. Für wissenschaftliche Projekte sei kein Geld vorhanden, hieß es.[5]

Breton räumt ein, dass er innerhalb der Behörde ein wenig als Querulant galt, obwohl er sich selbst nicht so sah. »Ich halte mich nicht für eine Nervensäge. Nach außen hin bleibe ich immer gelassen, aber ich mache gern mein eigenes Ding, ohne groß um etwas zu bitten, bis mir jemand Steine in den Weg legt. Dann ziehe ich andere Saiten auf.«

Trotz allem begann Breton eine eigene Prüfvorrichtung zu konstruieren. Dazu funktionierte er bestehende Apparaturen aus dem EPA-Labor in Alexandria in Virginia um und ersann

Mittel und Wege, sich die Dinge, die er benötigte, zu erbetteln. Snap-On, eine Firma in Wisconsin, zu deren Produkten auch Geräte zur Automobildiagnostik gehören, lieh Breton einen sogenannten Fünf-Gas-Analysator, einen der teuersten Apparate, die er für sein Vorhaben brauchte. Obwohl Bretons Vorgesetzte sein Tun misstrauisch beäugten, unterstützten ihn die Mitarbeiter des Labors in Alexandria. »Die Leute in dem Labor halfen mir bereitwillig bei Dingen, die üblicherweise nicht getan wurden, weil es aufregende Zeiten waren und wir Neuland erforschten«, sagte Breton. Oft arbeitete er auch nachts und an Wochenenden an dem Projekt, ohne zusätzliche Entlohnung.

Manche der Teile, die Breton benötigte, gab es nicht, also musste er sie selbst erfinden. Zum Beispiel entwickelte er eine Methode zur Korrektur der normalen Schwankungen in der Abgasmenge aus dem Auspuff, die es erschweren, konsistente Messungen des Schadstoffniveaus vorzunehmen. Er schrieb die Software, die die Daten aus den Sensoren verarbeitete und kontinuierliche Messungen der Emissionen eines Autos lieferte. Und er ersann eine Methode, wie sich sein System mit dem fahrzeugeigenen Diagnosesystem verbinden ließ.

Bretons Prototyp sah aus wie Flickwerk, funktionierte aber tadellos.[6] Am Auspuff wurde ein Schlauch mit einem Sensor angeschlossen, der die Daten sammelte. Ein von einer schwarzen Schaumstoffhülle geschütztes Kabel führte vom Sensor durch das offene Heckfester des Wagens in den 5-Gas-Analysator, einen roten Metallkasten von der Größe eines großen Werkzeugkoffers mit einem Monitor an der Seite. Der Analysator war auf dem Rücksitz befestigt und verbunden mit einem Laptop, der die Daten verarbeitete und die Messergebnisse anzeigte. Eine grüne rechteckige Box am rechten unteren Rand des Bildschirms meldete den Umfang des Stickoxidausstoßes.

Bretons System bestätigte seinen Wert, als er es zur Nachprüfung der beanstandeten Cadillacs von GM anwandte. Im

Labor erwies sich die von GM vorgeschlagene Mängelbehebung als erfolgreich, im normalen Straßenbetrieb jedoch war nur eine geringe und unzureichende Verbesserung zu erkennen. »Sie mussten nachbessern, damit die Sache auch im Alltag funktionierte«, sagte Breton.

Er verfeinerte das System fortlaufend und gab ihm schließlich den Namen ROVER, abgekürzt für Real-time On-road Vehicle Emissions Reporter – Echtzeitmesser für Fahrzeuge im Straßenbetrieb. Seiner Vorrichtung fügte er ein GPS-Gerät hinzu, um exakt aufzeichnen zu können, wo das Fahrzeug getestet wurde und welche Auswirkungen die Topografie auf die Daten hatte. Dank Bretons Apparatur spürte man 1997 in den Econoline Diesel-Vans von Ford ein Bauteil auf, das bei Schnellstraßentempo die Schadstofffilter abschaltete. Durch diese Abschalteinrichtung verbesserte sich zwar der Kraftstoffverbrauch, bewirkte aber einen höheren Ausstoß von Stickoxiden. Ford zahlte 7,8 Millionen Dollar Strafe und rief die betroffenen Vans zurück.[7]

Im selben Jahr fielen einem Techniker in Ann Arbor seltsame Messwerte beim Labortest des Motors eines schweren Lkw auf. Nach einer gewissen Laufzeit verdoppelte sich plötzlich der Stickoxidausstoß. Breton hörte zufällig, wie ein Kollege mit einem Mitarbeiter in Ann Arbor am Telefon über die seltsame Verhaltensweise des Motors sprach. »Als er aufgelegt hatte, diskutierten wir darüber«, erinnerte sich Breton. »Ich sagte so etwas wie ›Besorgen wir uns doch einen solchen Motor und testen wir ihn mit ROVER‹.«[8] Das Labor in Virginia mietete schließlich einen dieser Lkws, engagierte einen geeigneten Fahrer (Breton selbst besaß keine Lkw-Fahrerlaubnis) und maß die Schadstoffwerte des Fahrzeugs sowohl im Labor als auch auf der Straße, dort mittels ROVER. Die Daten von ROVER belegten zweifelsfrei, dass sich der Stickoxidausstoß verdoppelte, wenn der Fahrer das manuell zu betätigende Getriebe vom sechsten in den siebten Gang schaltete, wie es normalerweise bei der Beschleunigung auf Schnellstraßentempo der Fall ist. Breton vermutete, dass der Motor darauf programmiert worden war, den Zündzeitpunkt anzupassen, sobald der siebte Gang eingelegt wurde.

Der Einspritzzeitpunkt, der mittels einer Motorsoftware präzise kalibriert werden kann, ist eine Wissenschaft für sich. Ziel ist, den Treibstoff im richtigen Moment einzuspritzen, um aus ihm so viel Energie wie möglich zu gewinnen und gleichzeitig die Abgase zu minimieren. Oft aber ist es unmöglich, sowohl den Kraftstoffverbrauch – ein entscheidendes Verkaufsargument in der Lkw-Industrie – als auch die Emissionen gleichzeitig zu optimieren. Stickoxide nehmen bei den sehr hohen Temperaturen, die in Dieselmotoren entstehen, stark zu. Beim Betrieb eines Dieselmotors werden die Zylinder so heiß, dass sie Stickstoff und Sauerstoff aus der Atmosphäre zu Stickoxidmolekülen verschmelzen, mit all ihren schrecklichen Nebenwirkungen. (Man kann sie gar nicht oft genug aufzählen: Asthma, chronische Bronchitis, Krebs, Risiko eines Herzinfarkts und Auswirkungen auf die Umwelt wie die Bildung von Smog, saurem Regen und Beschleunigung des Klimawandels.) Den Einspritzzeitpunkt so zu legen, dass eine maximale Energieausbeute erzielt wird, hat häufig den Nebeneffekt, dass die Verbrennungstemperaturen in den Zylindern steigen und die Produktion von Stickoxiden zunimmt.

Bretons Verdacht zu beweisen war jedoch schwierig, weil die Motorsoftware keine Daten zum Zündzeitpunkt lieferte. Er löste dieses Problem, indem er einen Schaltkreis umfunktionierte, den er für ein privates Projekt entwickelt hatte, für etwas, das er als »sehr ausgeklügelten elektronischen Fahrradtrainer« bezeichnet. Zu seiner eigenen Überraschung funktionierte das, und er konnte zeigen, dass die Motoren tatsächlich dahingehend programmiert waren, den Treibstoff um den Bruchteil einer Sekunde früher zu zünden, wenn das Fahrzeug in einem höheren Gang lief.

Ein Kollege von Breton informierte die Kontrollbehörde der EPA und verlangte von allen großen Lkw- und Motorherstellern Auskunft, ob sie Motorsteuerungsmethoden verwendeten, die zu erhöhten Emissionen beim Schnellstraßenbetrieb führten. Die Techniker in Virginia unterließen es zunächst, die leitenden Beamten der EPA über ihr Tun zu informieren, aus Sorge, dass sich industriefreundliche Kräfte innerhalb der EPA einmischen könnten. Nach amerikanischen Vorschriften ist es den Fahrzeugherstellern unter bestimmten Bedingungen erlaubt, den Schadstoffausstoß kurzzeitig zu erhöhen – zum Beispiel, um den Motor vor einer Beschädigung zu schützen. Doch die Hersteller sind verpflichtet, der Umweltbehörde die geplante Verwendung jeder sogenannten Hilfseinrichtung zur Motorsteuerung zu melden und bei ihr die Genehmigung für deren Einbau einzuholen. Unterlassen sie es, gilt das Teil als eine Abschalteinrichtung.

Die großen Hersteller von Lkw-Motoren gaben zu, derartige »Emissionsstrategien« anzuwenden. Die Lkw-Produzenten waren noch nie wegen des Verdachts gesetzwidriger Handlungen ins Fadenkreuz größerer Ermittlungen geraten und erkannten, wie Breton meint, wahrscheinlich gar nicht, welch schweren Verstoß sie begangen hatten. Breton vermutete, dass sie einfach am Zündzeitpunkt herumgetüftelt hatten, ohne die Behörden zu informieren. Cummings Engine Co. Inc. zum Beispiel variierte den Zeitpunkt der Einspritzung in den Zylinder je nachdem, ob der Wagen auf einer Schnellstraße fuhr oder in einem Testverfahren geprüft wurde.

Cummings bestritt jegliches illegale Handeln, stimmte aber 1998 gemeinsam mit anderen Herstellern einem in der Branche beispiellosen Vergleich zu.[9] Insgesamt kostete er die Unternehmen eine Milliarde Dollar.[10] Darin enthalten war eine Strafzahlung von 83,4 Millionen Dollar, zur damaligen Zeit das höchste je verhängte Bußgeld für einen Verstoß gegen das Gesetz zur Luftreinhaltung. Allein auf Cummings und Caterpillar Inc.

entfielen davon jeweils 25 Millionen Dollar. Die übrigen Unternehmen – Detroit Diesel Corp., Mack Trucks Inc. und ihr Partner Renault Vehicles Industriels, Navistar International Transportation Corp. und Volvo Truck Corp. – kamen mit geringeren Beträgen davon. Zusätzlich willigten die Firmen ein, eine Gesamtsumme von 110 Millionen Dollar für die Forschung und Entwicklung von Technologien zur Senkung der Stickoxidemissionen bereitzustellen. Und sie versprachen, sauberere Motoren auf den Markt zu bringen, ältere Motoren umzurüsten und einige der beanstandeten Fahrzeuge zurückzurufen. Die EPA schätzte die Gesamtkosten für diese zusätzlichen Maßnahmen auf 850 Millionen Dollar.

Die Höhe dieses Vergleichs war eine Warnung an die gesamte Kraftfahrzeugindustrie. Von da an war klar, dass Autobauer, die mit Abschalteinrichtungen erwischt wurden, drastische finanzielle Konsequenzen riskierten.

Die drei Fälle demonstrierten auch, wie wichtig es war, die Fahrzeugemissionen im Straßenbetrieb zu überprüfen. Niemand forderte, die Labortests abzuschaffen. Kontrollierte Bedingungen wurden nach wie vor benötigt, um zu prüfen, ob die Fahrzeuge den Normen entsprachen. Aber erst Tests im Straßenbetrieb ermöglichten eine Realitätsprüfung. Für seine Arbeiten erhielt Breton zahlreiche Preise und Belobigungen von der EPA. Später erteilte die EPA dem japanischen Hersteller von Messgeräten Horiba die Lizenz für einige von Bretons Patenten. Auf deren Grundlage entwickelte Horiba das sogenannte tragbare Emissions-Messsystem, kurz PEMS, und brachte es auf den Markt. Stichproben von Diesel-Lkws mithilfe des PEMS-Geräts wurden sowohl in den USA als auch in Europa Teil der üblichen Testpraxis. Bretons Patente brachten der EPA Tantiemen ein, und gemäß den gesetzlichen Vorschriften über die Erfindungen von Beschäftigten im Staatsdienst bekam auch er einen Teil davon ab.

Breton sagte jedoch, man habe ihn bestraft, weil er bei den

Ermittlungen gegen die Lkw-Hersteller den normalen Dienstweg ausgeschlagen hatte.[11] Seine Karriere kam zum Stillstand, und nach 1995 wurde er nicht mehr befördert, trotz seiner Erfindungen, die der Staatskasse bares Geld eintrugen, ganz zu schweigen von seinen detektivischen Arbeiten zum Schadstoffausstoß, durch deren Hilfe die Regierung Bußgelder in zweistelliger Millionenhöhe kassieren konnte.[12]

Breton war nicht allein mit der Überzeugung, die EPA sei mehr daran interessiert, Vorschriften auszuarbeiten, als sie tatsächlich durchzusetzen. Eine von Mitarbeitern des Wirtschaftsausschusses des US-Repräsentantenhauses durchgeführte Untersuchung ergab, dass die Umweltbehörde eine zu große Nähe zur Autobranche pflege und die Warnungen von Experten ignoriere, die schon seit den frühen 1990er-Jahren darauf hinwiesen, dass die moderne Motorentechnologie es den Autobauern leicht mache, die Regeln zur Luftreinhaltung zu umgehen. In dem Bericht hieß es, die EPA sei »eine Bürokratie, die zu langsam und zu arrogant ist, um die tief greifenden Veränderungen zu verstehen, die in der Technologie der Schadstoffbegrenzung stattfinden«.[13] Tom Bliley, republikanischer Kongressabgeordneter aus Virginia, warf der Umweltbehörde vor, »eine bloße Show« abzuziehen. Es ist bemerkenswert, dass die gesetzwidrigen Handlungen der Lkw-Hersteller während der Präsidentschaft Bill Clintons stattfanden, dessen Vizepräsident Al Gore später eine erfolgreiche zweite Karriere als entschiedener Umweltschützer machte.

Obwohl Lkw-Tests im Straßenverkehr schließlich zum Standardverfahren wurden, regte sich bei den staatlichen Behörden wenig Interesse, dies auch bei Pkws einzuführen. Aus behördlicher Sicht schien es dafür keinen hinreichenden Grund zu geben. Fast sämtliche Pkws, die in den USA verkauft wurden, fuhren mit Benzin. In Benzinmotoren wird der Kraftstoff bei geringeren Temperaturen als in Dieselmotoren verbrannt, wodurch weniger Stickoxide entstehen. Ende der 1990er-Jahre war die Entwicklung von Katalysatoren so weit fortgeschritten, dass man mit ihrer Hilfe Kohlenmonoxid, Kohlenwasserstoffe und andere Schadstoffe neutralisieren konnte. Vielen Menschen in den Regulierungsbehörden erschien das Problem der Emissionen von Benzinmotoren als weitgehend gelöst. Pkws mit Dieselmotoren waren in den USA einfach zu selten, als dass sich jemand mit ihnen beschäftigt hätte. Außerdem hielten viele Ingenieure unbeirrt an ihrer Überzeugung fest, wonach Labortests die überlegene Methode seien. 2001 beschloss die EPA, die Emissionsprüfungen ganz nach Ann Arbor zu verlegen. Das Testlabor in Alexandria, wo Leo Breton seinen ROVER gebaut hatte, wurde geschlossen.[14]

In Europa gab es viel mehr Grund, Diesel-Pkws genauer unter die Lupe zu nehmen. Dieselfahrzeuge wurden immer beliebter, großenteils deshalb, weil Volkswagen es verstanden hatte, Computertechnologie und Benzineinspritzung so erfolgreich miteinander zu koppeln, dass Dieselautos nicht mehr »nagelten« und schwarze Rauchwolken ausstießen. 2002 lag der Anteil von Diesel-Pkws bei Neuzulassungen in Westeuropa bei 40 Prozent, doppelt so hoch wie noch ein Jahrzehnt zuvor.[15] In Europa, wo der Preis für Benzin ohne Weiteres viermal so hoch sein konnte wie in den USA, war der niedrigere Kraftstoffverbrauch von Dieselfahrzeugen ein starkes Verkaufsargument. Mit derselben Menge Kraftstoff verfügte ein Diesel über rund 15 Prozent mehr Reichweite als ein Benziner. Darüber hinaus hatten die Pkw- und Lkw-Hersteller viele europäische Regierungen davon überzeugen können, dass Dieselfahrzeuge umweltfreundlicher und deshalb steuerlich günstiger zu veranlagen seien. Tatsache war, dass Dieselfahrzeuge weniger Kohlendioxid produzierten, die Hauptursache für die globale Erwärmung. Doch die schädliche Wirkung von Stickoxiden spielte die Industrie herunter.

Umweltschutzgruppen in Europa wurden allmählich skeptisch, was die angeblichen Vorzüge der Dieselfahrzeuge und die Behauptung anging, sie seien sauber. Der rechtliche Vergleich mit den Lkw-Herstellern in den USA hatte Aktivisten darauf aufmerksam gemacht, dass die inzwischen zum standardmäßigen Bestandteil von Fahrzeugmotoren gehörende Computertechnologie auch erkennen konnte, ob der Wagen auf einem Rollenprüfstand in einem Testlabor stand – zum Beispiel dadurch, dass sich die Räder drehen, ohne dass sich das Lenkrad bewegt. 1998, bald nachdem die amerikanischen Lkw-Hersteller überführt worden waren, veröffentlichte die European Federation for Transport and Environment einen Aufsatz mit dem Titel »Cycle Beating and the EU Test Cycle for Cars«.[16] Darin beklagte der Autor Per Kågeson, die Emissionstests der Europäischen Union seien nicht sehr anspruchsvoll oder realistisch: Während des simulierten Fahrzyklus würden die Autos innerhalb 30 Sekunden von null auf 50 Stundenkilometer beschleunigt. Das ist eine äußerst niedrige Beschleunigungsrate, die selbst dem trödeligsten Fahrer den Nerv rauben würde, wenn man bedenkt, dass sogar ein VW Käfer von 1971 – alles andere als ein Rennwagen – in zehn Sekunden von null auf 50 km/h beschleunigen konnte. Noch bedeutsamer sei, führte Kågeson aus, dass die offiziellen Tests aufgrund ihres stets gleichbleibenden und vorhersehbaren Ablaufs den Autobauern Tür und Tor zum Tricksen öffneten. »Die Automobilhersteller verfügen über moderne elektronische Vorrichtungen, die den Motor jeder Art von Testzyklus anpassen können«, schrieb Kågeson. »Der Computer des Fahrzeugs lässt sich sogar dahingehend programmieren, dass er erkennt, ob das Fahrzeug einen spezifischen Testzyklus durchläuft, und dementsprechend die Verbrennung anpasst.« Die bei Tests üblichen Fahrmuster sollten zumindest teilweise nach dem Zufallsprinzip ausgewählt werden, forderte Kågeson, um dem Computer Manipulationen zu erschweren. Es sollte fast zwei Jahrzehnte dauern, bevor jemand diesen Ratschlag beherzigte.

Der Vergleich zwischen den Lkw-Herstellern und der EPA

im Jahr 1998 hatte noch eine weitere Folge, die zur damaligen Zeit nicht wichtig schien, später aber sehr bedeutsam wurde. Die Lkw-Bauer wurden nämlich zu dem Nachweis verpflichtet, dass ihre neuen Motoren, wenn sie auf den Markt kamen, stets den neuesten Vorschriften entsprachen – auf der Straße ebenso wie im Labor. Deshalb sahen sich die Hersteller nach einem Dienstleister um, der die dafür nötigen Tests durchführen konnte.

Es standen nicht viele Kandidaten zur Verfügung. Emissionsforschung gilt in der Autobranche als nicht besonders sexy. Menschen, die Kraftfahrzeugtechnik zu ihrem Beruf machen, pflegen oft eine besondere Vorliebe für Geschwindigkeit und Pferdestärken. Solche Neigungen lassen sich in der Emissionsforschung nicht ausleben. Im Gegenteil, die Vorrichtungen zur Abgasreduzierung mindern meist die Leistung des Wagens, erhöhen sein Gewicht und zwingen die Hersteller zu Kompromissen bei der Einstellung des Motors. Die Abgasreduzierung ist der langweilige Nachbar, der auf deiner Party auftaucht und dir sagt, du sollst die Musik leiser stellen.

Eine der wenigen Einrichtungen, die sich auf diese unglamouröse Wissenschaft spezialisiert hatten, war die West Virginia University (WVU) im Städtchen Morgantown an der Grenze zu Pennsylvania. Die WVU galt als angesehener, aber nicht besonders prestigeträchtiger Außenposten der akademischen Welt. West Virginia ist geprägt von Hügeln und Felsen, weder für die Landwirtschaft noch für die Industrie besonders attraktiv und deshalb einer der ärmsten Bundesstaaten der USA. Zwar weist Morgantown gewisse Züge einer flippigen Universitätsstadt auf, wirkt aber ansonsten so, als läge ihre Blütezeit bereits 100 Jahre zurück. Gut möglich, dass man dort in einem Restaurant speist, das regionale Craft-Biere führt, und auf dem Heimweg einem Obdachlosen begegnet, der unter der Markise des nicht mehr betriebenen Kinos im Stadtzentrum schläft. Der berühmteste Sohn der Stadt ist der Schauspieler und

Komiker Don Knotts, bekannt vor allem für seine Rolle als Barney Fife, den hypernervösen stellvertretenden Sheriff in der ab 1960 ausgestrahlten Sitcom *The Andy Griffith Show*. Die West Virginia University, das Flaggschiff unter den öffentlichen Einrichtungen des Bundesstaats, konnte bei ihrer Finanzierung nicht groß mit Geldern aus Steuermitteln rechnen und musste sich deshalb nach anderen Quellen umsehen. Dasselbe galt für das Center for Alternative Fuels, Engines and Emissions, kurz CAFEE, das zur Fakultät für Ingenieurswesen und Mineralstoffe gehörte, angesiedelt etwas nördlich vom Stadtzentrum auf einem Hügel oberhalb des Flusses Monongahela.

Das Center war 1989 eröffnet worden, als das amerikanische Energieministerium die Verwendung von Erdgas für Lkws, Busse und andere schwere Fahrzeuge förderte. Das Ministerium wollte erforschen lassen, welche Emissionen der alternative Treibstoff produzierte – ob er tatsächlich sauberer war. Die WVU, die bereits über eine Einrichtung zur Erforschung der Verbrennung in Motoren verfügte, erhielt einen Vertrag über die Entwicklung eines transportablen Testlabors für die Emissionsmessung, mit dem man an beliebigen Orten ganze Fahrzeugflotten überprüfen konnte. Da es für Stadtverwaltungen unpraktisch war, ihre Busse oder Mülltransporter in ein staatliches Labor zu bringen, musste das Labor zu ihnen kommen.

Die Ingenieure bauten bereits vorhandene Testvorrichtungen um und setzten sie auf Räder, um landauf, landab die Emissionen der auf Erdgas umgerüsteten Mülltransporter und städtischen Busse zu analysieren. Die von den Studenten und Professoren eigenhändig konstruierten Apparaturen waren nicht besonders kompakt. Vor allem nicht die Plattform mit dem Rollenprüfstand, bekannt als Dynamometer, der selbst für Emissionsmessungen bei Schwerlastfahrzeugen groß genug dimensioniert war. Der Dynamometer wurde mit einem zwölf Meter langen Tieflader transportiert. Auf einem zweiten Lkw befand sich das mobile Labor, während ein dritter in seinem

Anhänger Werkzeuge und sonstiges Hilfsmaterial mit sich führte. Dan Carder, damals Student, der mit der Teilnahme an dem Projekt seine Studiengebühren finanzierte, verglich diesen Konvoi gern mit einem Wanderzirkus. »Das Einzige, was uns fehlte, waren ein Zelt und die Elefanten«, scherzte er.[17] Die Crew der WVU bereiste mit ihrem mobilen Labor das ganze Land zwischen Ost- und Westküste und kam dabei bis nach Alaska und sogar nach Mexiko-Stadt.

Das mobile Testverfahren verschaffte der WVU innerhalb der Industrie großes Renommee und machte sie zu einem starken Kandidaten, als die Lkw-Hersteller nach Möglichkeiten suchten, die nach dem Abgasbetrug von ihnen zugesagten Bedingungen zu erfüllen. Die Motorenhersteller hatten sich gegenüber der EPA verpflichtet, sauberere Motoren zu produzieren; um dies zu belegen, brauchten sie eine unabhängige Prüfinstanz. Einige der in der WVU ausgebildeten Ingenieure waren zu Cummins gegangen, einem der Lkw-Hersteller, und wussten um die Leistungen der Universität. Da CAFEE sowohl für die Behörden als auch für Hersteller tätig gewesen war, stand es im Ruf, objektiv zu sein. So erhielt CAFEE 1999 einen Vertrag über eine Million Dollar für die Durchführung der Tests. Das war zwar nur ein Taschengeld im Verhältnis zu der einen Milliarde Dollar, die der Vergleich von 1998 die Lkw-Hersteller gekostet hatte, aber nach den Maßstäben der Emissionsingenieure an der WVU geradezu ein warmer Regen.

Mit dem Geld war jedoch eine technologische Herausforderung verbunden. Die Tricksereien der Lkw-Hersteller hatten deutlich gemacht, dass Emissionstests im Labor durch Tests im normalen Straßenverkehr ergänzt werden mussten. Doch dafür gab es kein bewährtes Verfahren, was Lkws betraf. Dan Carder, der inzwischen an der WVU seinen Abschluss gemacht hatte und bei CAFEE eine Vollzeitstelle angetreten hatte, wusste von Leo Bretons Arbeiten und sah in ihm den »Großvater« der Emissionsprüfung im Straßenbetrieb. Doch die

Technologie musste umgebaut werden, wollte man die Art Daten liefern, die die EPA von den Lkw-Herstellern erwartete.

Die Ingenieure der WVU hatten Zweifel an den Tests im Straßenbetrieb, weil dabei zu viele Variablen wie Wetter und Geländebeschaffenheit ins Spiel kamen, die die Daten möglicherweise verfälschten. Für Professor Greg Thompson, der eng mit dem Team von CAFEE zusammenarbeitete, »war dies exakter, als einfach ein Okay zu geben«.[18] Doch die Vereinbarung der Lkw-Bauer mit den Behörden schrieb Straßentests zwingend vor. Also machten sich Thompson, Carder und andere Mitarbeiter der Universität daran, das beste System zu entwickeln, das mit der verfügbaren Technik überhaupt möglich war.

Sie hatten viel Erfahrung mit der Erfindung von Dingen und dem Improvisieren. Ihr Labor befand sich in einem Gebäude aus Schlackenbeton auf dem Campus, das ursprünglich der landwirtschaftlichen Fakultät als Labor gedient hatte. Es war kein idealer Ort für ein Emissionslabor, und es bedurfte einer Menge Kreativität, um es funktionstüchtig zu machen. In einem dachbodenartigen Raum über einer Kammer, in der Motoren getestet wurden, hatte Carder einen Großteil der Röhren verschweißt, die zum Sammeln und Analysieren der Abgase benötigt wurden – nachdem er sich erst einmal selbst das Schweißen beigebracht hatte. Er und andere Mitglieder des Teams waren notgedrungen Mechaniker, Ingenieur und Wissenschaftler in einer Person. Zur Durchführung der stationären Tests von Lkw-Motoren mussten sie lernen, wie man die Motoren aus den Fahrzeugen ausbaute, auf der Prüfvorrichtung in der Kammer installierte und zum Schluss wieder einbaute. Carder, der über das unbeschwerte Naturell eines Südstaatlers verfügt, war wie geschaffen für diese Aufgabe. Er stammt aus Parkersburg, einer kleinen Stadt am Ohio rund 200 km westlich von Morgantown, und ist ein leidenschaftlicher Tüftler. Als er in seiner Kindheit einmal zum Geburtstag ein Fahrrad geschenkt bekam, hatte er es zerlegt, noch bevor die Geburtstagsparty vorüber war.[19] Mit 16 setzte er einen Mercury Cougar Baujahr 1967 instand – keinen gewöhnlichen Cougar, sondern einen mit dem als 428 Super Cobra bekannten Motor, der für Dragsterrennen verwendet wird.[20]

Thompson hingegen war mehr der Wissenschaftler, wenngleich einer der geradlinigen, zupackenden Art mit Sinn für trockenen Humor. So witzelte Thompson, er habe 80 Prozent seiner Zeit mit Lehrveranstaltungen verbracht und die übrigen 50 Prozent mit der Leitung des Labors. Er sorgte dafür, dass die Arbeiten Carders und der Studenten in veröffentlichungsreife Artikel übersetzt wurden und dadurch dem Projekt mehr Glaubwürdigkeit verliehen. Dank seines Doktortitels in Maschinenbau, verliehen von der WVU, verfügte Thompson über die Qualifikation, die nötig war, damit seine Schriften bei wissenschaftlichen Fachzeitschriften Beachtung fanden. Während Thompson Kurse in Fächern wie Thermodynamik oder Maschinendesign gab, war Carder mehr an der Praxis interessiert. Oft klagte Thompson mit gespielter Frustration, wie schwierig es sei, Carder lange genug vom Labor fernzuhalten, damit er endlich seine Dissertation zu Ende brachte und ebenfalls den Doktortitel erlangte.

Carder und Thompson bastelten ein System für den Straßentest zusammen, für das sie die damals verfügbaren, begrenzten Gerätschaften zur Sammlung und Analyse von Emissionen im Straßenbetrieb nutzten.[21] Carder bezeichnete das als die »Brotkasten-Methode«, bei der sie mit Sensoren und anderer Komponenten von Herstellern wie National Instruments und Horiba über die serpentinenreichen Landstraßen West Virginias rasten, um die Haltbarkeit der Apparate zu prüfen. Manche Teile der benötigten Vorrichtungen zum Einfangen der Abgase improvisierten sie mithilfe handelsüblicher Klemmen und Schläuche. Nach einem Jahr des Experimentierens hatten sie ein mobiles Emissionsmesssystem, kurz MEMS genannt, vor sich.

Im Lauf der folgenden sieben Jahre testete das Team aus

West Virginia unter der Aufsicht der EPA 170 Diesel-Lkw-Motoren. Carder und Thompson prüften dabei nicht nur Sattelschlepper, sondern auch Schul- und Stadtbusse, Lieferwagen, Mülltransporter und Betonmischmaschinen. Sie führten die Tests bei Temperaturen von über 30 °C und in Schneestürmen mit unter -5 °C durch. Sie verglichen die Leistung neuer Motoren mit der von älteren. Nach Abschluss der Untersuchungen im Jahr 2005 zeigte sich, dass die Lkw-Hersteller tatsächlich den Ausstoß von Stickoxiden deutlich gesenkt und die gesetzlichen Grenzwerte eingehalten hatten. Carder und Thompson betrachteten sich selbst aber nicht als leidenschaftliche Umweltschützer. »Wir haben nur versucht, die Technologie weiterzuentwickeln«, erklärte Thompson. »Wir haben keine Kampfhunde mitgebracht.« Aber ihre Arbeit hatte dazu beigetragen, die Luft sauberer zu machen. Carder, Thompson, ihre Mitarbeiter und ihr wechselndes Studententeam hatten auch die Wissenschaft der Emissionsmessung im Straßenbetrieb vorangebracht.

Kaum jemand außerhalb der Industrie kannte ihre Arbeiten, die sie in Publikationen wie dem *Journal of the Air and Waste Management Association* oder dem *Journal of Commercial Vehicles* veröffentlichten. Selbst viele Leute in der Autoindustrie wussten nichts von den Forschungen, die an der WVU mit ihren Zweckbauten aus Ziegel inmitten gepflegter Rasenflächen auf den Hügeln West Virginias stattfanden. Sie hatten keine Ahnung, dass es möglich geworden war, Schadstoffemissionen unter alltäglichen Fahrbedingungen exakt zu messen. Zu diesen Ahnungslosen gehörten, wie sich später herausstellte, auch die Ingenieure in Wolfsburg.

8
Geht nicht, gibt's nicht

Jemand mit den Ambitionen eines Ferdinand Piëch sollte sich nicht damit zufriedengeben, erschwingliche Autos für die Massen zu produzieren. Als 1997 Rolls-Royce Motor Cars, das britische Unternehmen mit den Marken Rolls-Royce und Bentley, zum Verkauf stand, hätte es daher nicht sonderlich überraschen dürfen – obwohl es bei vielen in der Branche der Fall war –, dass sich Volkswagen am Bieterverfahren beteiligte. Auf der einen Seite war der Gedanke absurd. Es würde eine Ehe sein zwischen einem Autobauer, dessen Produkte sich dadurch auszeichneten, dass sie sich nahezu jeder leisten konnte – die also dem *Volk* zugänglich waren –, und einem Hersteller, dessen Produkte gerade durch ihre Unerreichbarkeit hervorstachen. Damals ergab die Fusion zwischen Volkswagen und Rolls-Bentley wohl nur für Piëch einen Sinn. Nach einem Ringkampf mit BMW, die ebenfalls an den britischen Luxusmarken interessiert waren, wurde ein Kompromiss geschlossen, dem zufolge Volkswagen die Bentley-Sparte erhielt und BMW Rolls-Royce.

Während der Rest der Autobranche noch über die Logik dieses Deals rätselte, unternahm Piëch bereits weitere Schritte. Zunächst, im Juli 1998, kaufte Volkswagen Bugatti, eher ein Mythos als ein Autohersteller. Bugatti hatte zwischen den beiden Weltkriegen einige legendäre Rennwagen und Luxuslimousinen auf den Markt gebracht. Doch nach 1945 produzierte das Unternehmen nur noch sporadisch und in kleiner Stückzahl. Als Volkswagen es erwarb, war es bankrott. Doch im September 1998 sorgte Piëch erneut für Aufsehen. Volkswagen kaufte Lamborghini, den Inbegriff des italienischen Machismo in der Sportwagensparte der Superklasse. Die Unternehmen Bentley, Bugatti und Lamborghini hatten vieles gemeinsam, aber nichts mit Volkswagen. Alle drei produzierten glamouröse sowie regelmäßig unprofitable Modelle und waren in der visionären Absicht gegründet worden, die Grenzen der Luxusausstattung und Höchstleistung auszutarieren. Der Gewinn war zweitrangig. Eine Denkweise, die entfernt an Ferdinand Porsche erinnerte.

Bentley, gegründet 1919 von Walter Owen Bentley, der sich im Ersten Weltkrieg einen Namen mit Flugzeugtriebwerken für die britischen Streitkräfte gemacht hatte, baute Autos, bei denen sich der Luxus eines Rolls-Royce mit der Männlichkeit eines Rennwagenfahrers verband. Bentley kam nur einmal in die schwarzen Zahlen – 1929 –, bevor Rolls-Royce es 1931 als bankrottes Unternehmen erwarb.[1] Der Gründer von Bugatti, Ettore Bugatti, hatte Kunst studiert, bevor er sich als Autodidakt die Grundlagen der Fahrzeugtechnik aneignete. Seine Modelle waren elegant, schnell und erstaunlich unpraktisch. Bugattis Type 41 Royale – das erste Exemplar wurde 1926 verkauft – konnte mit der für jene Zeit verblüffenden Höchstgeschwindigkeit von 165 Stundenkilometer aufwarten. Der Motor, entworfen nach dem Vorbild eines Triebwerks, hatte einen Hubraum von fast 13 Litern, also sechsmal mehr als eine moderne Passat-Limousine. Damals gab es noch keine Verbrauchsratings, aber der Royale, der im Elsass produziert wurde, brachte es wahrscheinlich auf eine enorme Literzahl. Das Fahrzeug spiegelte Bugattis Kunstausbildung wider und war ein schönes Auto mit beidseitig skulpturalen Kotflügeln aus einem Stück, die oberhalb der Vorderräder begannen, sich in der Mitte verjüngten, stromlinienförmig unter den Türen entlangliefen und sich dann kurz vor dem Kofferraum wieder verbreiterten, um die Hinterräder abzuschirmen. Mit einem Preis von 160 000 Reichsmark war der Royale auch das teuerste Auto der damaligen Zeit – am Vorabend der großen Weltwirtschaftskrise nicht gerade das ideale Modell für den Markt. Es wurden lediglich sechs Exemplare gebaut, von denen nur drei einen Käufer fanden. Ettore Bugatti, der derselben Generation von Pionieren der Autoindustrie angehörte wie Ferdinand Porsche, starb 1947. In den folgenden Jahrzehnten gab es gelegentlich Versuche, dem Namen zur Wiederauferstehung zu verhelfen, doch nur wenige Hundert Modelle verließen die Fabrikhallen. Die Marke Bugatti lebte vorwiegend als Etikett für eine eklektische Produktreihe mit Luxusanspruch von Schirmen und Lederwaren bis zu Motorbooten weiter.

Ferruccio Lamborghini war der Einzige in diesem Träumer-Trio, der ein Talent zum Geldverdienen besaß, wenn auch nicht mit dem Verkauf von Sportwagen. Er machte in der Traktorbranche ein Vermögen, bevor er 1963 beschloss, seine Vision eines perfekten *Gran Turismo*, kurz GT, zu verwirklichen. Die Lamborghinis kamen diesem Ideal sehr nahe. Unverhohlen als Symbole starker Manneskraft präsentiert – mit einem wütenden Stier als Markenzeichen –, waren es im Grunde Rennwagen, gerade so weit gebändigt, dass sie für den Straßenverkehr zugelassen wurden. Der Miura, der Anfang 1966 gebaut wurde, war kaum einen Meter hoch, um den Luftwiderstand auf ein Minimum zu reduzieren, und erreichte eine Höchstgeschwindigkeit von 278 Stundenkilometern. Jedes Modell, das die Fabrik in Sant'Agata Bolognese in Norditalien verließ, fand einen Käufer. Doch zwischen 1966 und 1969 wurden nur 150 Stück produziert. Überschüttet mit Auszeichnungen, aber immer mehr Geld verlierend, verkaufte Ferruccio Lamborghini sein Unternehmen an einen Schweizer Geschäftsmann, der sich als der Erste einer Reihe glückloser Eigentümer erwies, zu denen auch einmal der US-Autohersteller Chrysler gehörte.

Theoretisch hätte durch den sogenannten Halo-Effekt ein wenig vom Prestige der drei Marken auf Volkswagen ausstrahlen, das Image der proletarischen Hauptlinie aufpolieren und eine Erhöhung der Verkaufspreise ermöglichen können. Die vermeintlichen Vorteile dieser Strategie waren jedoch schwer zu quantifizieren. Bei Auto-Salons in Detroit und Genf trugen die exotischen Marken zweifellos dazu bei, Besucher an den Stand der Volkswagen Group zu locken. Doch die Menschen, die solche Messen nicht besuchten, wussten vermutlich nicht einmal, dass Bentley, Bugatti und Lamborghini im Besitz von VW waren. Zudem wurden deren Produkte in getrennten Ausstellungsräumen präsentiert. Manche Manager von Volkswagen erklärten, die Neuzugänge böten auch eine Grundlage, um kostspielige neue Technologien zu testen, etwa die Verwendung leichter Kohlenstofffasern statt Blech für die Karosserie. Diese könnten dann später auch bei weniger teuren Autos zum Einsatz kommen. Darüber hinaus würde die Chance, bei der Entwicklung exotischer Autos mitzuwirken, womöglich dazu beitragen, dass Volkswagen Spitzeningenieure und -designer für sich gewinnen könne. Was auch immer hinter dem Geschäftsgebaren stand, es war nicht zu übersehen, dass Piëchs Faszination von den drei Autoherstellern eine große Rolle bei den Neuerwerbungen spielte. Er kaufte sie, so schien es, weil er es konnte.

Piëch rechtfertigte sein Vorgehen nicht. Er gab sogar zu, dass sein Interesse an Bugatti zum Teil von seinem jüngsten Sohn Gregor angeregt worden war.[2] Bei einem Urlaub auf Mallorca hatte Piëch dem Jungen das Modell eines Rolls-Royce in der Vitrine eines Souvenirladens gezeigt. Kurz zuvor hatten Zeitungen berichtet, dass Rolls und Bentley zum Verkauf standen. Aber Gregor deutete auf ein anderes Modell, das ihm besser gefiel als der Rolls: das Modell eines alten Bugatti. Piëch kaufte es ihm. Es war verlockend, diese Anekdote als Metapher für den Erwerb von Bugatti, Bentley und Lamborghini zu deuten. Sie waren zu haben. Piëch hatte das Geld, sie zu kaufen, und so tat er es. Bei anderen Unternehmen hätte es vielleicht Einwände vonseiten des Aufsichtsrats oder großer Anteilseigner gegen Neuerwerbungen gegeben, die kostspielig und deren Vorteile zweifelhaft waren. Aber Piëch wurde von niemandem aufgehalten. Die Käufe zeigten, dass er bei Volkswagen über absolute Macht verfügte.

Für Bentley, Bugatti und Lamborghini waren die Vorteile der Zugehörigkeit zu Volkswagen schon klarer. Das Unternehmen bot ihnen die durchgängige Finanzierung neuer Modelle, einen großen Pool von Ingenieuren, aus dem sie für den arbeitsintensiven Prozess der Entwicklung eines neuen Modells schöpfen konnten, sowie die Beschaffungsmöglichkeiten eines Riesenkonzerns. Trotz ihrer Exklusivität bauten die Luxusmarken heimlich Volkswagen-Komponenten an Stellen ein, wo die Kunden sie nicht sahen.

Volkswagen signalisierte bald, dass der Erwerb der drei Marken nicht nur Spielerei war; vielmehr sei man ernsthaft daran interessiert, sie wiederzubeleben. Das Unternehmen investierte 1,1 Milliarden DM, um Bentleys Produktionsstätte in Crewe, einer Stadt ungefähr in der Mitte zwischen Manchester und Birmingham, aufzurüsten und neue Produkte zu entwickeln.[3] Das erste Modell, das nach der Übernahme entstand, war eine neue Version des Arnage, der 2002 auf den Markt kam. Ausgestattet mit einem 456 PS starken V-8-Motor kam er in 5,5 Sekunden von 0 auf 100 Stundenkilometer. Für eine ausgewachsene Limousine mit einem Gewicht von etwa 2,3 Tonnen war das äußerst schnell. Der Continental GT, ein zweitüriges Coupé, hatte einen Zwölf-Zylinder-Motor mit einer Höchstgeschwindigkeit von 320 km/h. Das Modell, das für 110 000 britische Pfund zu haben war, war im Luxussegment ein Schnäppchen und galt bei Mitgliedern der reichen jungen Schickeria wie Paris Hilton als Hit.[4] Während Bentley vor der Übernahme durch Volkswagen keine 1000 Fahrzeuge pro Jahr verkauft hatte, war deren Zahl im Jahr 2007 auf über 10 000 gestiegen, mit einem gemeldeten Gewinn von 155 Millionen Euro.

Als Sparte der Volkswagen-Tochter Audi lieferte Lamborghini ein Beispiel dafür, wie sehr eine Exklusivmarke von den Ressourcen der Muttergesellschaft profitieren kann. Das Chassis des Lamborghini Gallardo wurde in einer Audi-Fabrik in Neckarsulm produziert und dann in Sant'Agata Bolognese fertiggestellt. Der Grundpreis in den Vereinigten Staaten belief sich auf etwa 180 000 Dollar – für einen Sportwagen der Superklasse ebenfalls ein Schnäppchenpreis. Bis 2007 stiegen die Verkaufszahlen von ein paar Hundert Autos auf 2400 pro Jahr, und das Unternehmen vermeldete einen Gewinn von 47 Millionen Euro.

Da Bugatti bei der Übernahme durch Volkswagen keine Autos produzierte, hatte die Marke abgesehen von Liebhaberkreisen auf dem Automobilmarkt kaum einen Wert. Aber das spielte für Piëch ohnehin keine Rolle. Sein Ziel war es, Bugatti in die höchsten Sphären des Automobilmarkts zu katapultieren, genauso wie es Ettore Bugatti zwischen den beiden Weltkriegen versucht hatte.[5] Volkswagen ging sogar so weit, das Schloss Molsheim im Elsass zu kaufen, wo Ettore einst seinen Betrieb angesiedelt und in einer großartigen Villa residiert hatte (Letzteres gehört zu dem Lebensstil, mit dem sich die chronisch prekäre Finanzlage seines Unternehmens erklären ließ). Molsheim erfuhr eine Wiederbelebung als der Betrieb, wo Bugattis von Hand zusammengebaut wurden, diente aber zugleich auch als Kundencenter und Schaufenster für die Marke. Welche Bedeutung Piëch Bugatti beimaß, zeigt sich darin, dass er einen der favorisierten Ingenieure seines inneren Zirkels zum Chef der Firma machte: Karl-Heinz Neumann, versehen mit dem Spitznamen »Yogi« nach der Comicfigur Yogi der Bär.[6] Der Spitzname beruhte auf Neumanns Führungsstil und seiner Art, frühere Hindernisse zu überwinden, um Projekte zum Abschluss zu bringen. Doch dieses Projekt barg unzählige Probleme, und erst 2005 produzierte Bugatti den ersten Wagen seit der Übernahme durch Volkswagen, den Veyron. Ganz im Geiste Ettore Bugattis war er sagenhaft teuer und in lächerlicher Weise übermotorisiert. Der 16-Zylinder-Motor hatte 1001 PS und war damit, wie VW herausstrich, die stärkste jemals in einen Serien-Pkw eingebaute Maschine. Der Veyron kam in 2,5 Sekunden von 0 auf 100, seine Höchstgeschwindigkeit lag bei etwa 400 Stundenkilometer. Michelin produzierte spezielle Reifen für den Veyron, weil keine auf dem Markt verfügbaren Modelle der Geschwindigkeit standhielten, ohne zu platzen.[7] Der Preis der Karosse belief sich auf über 1,3 Millionen Euro, doch sie verkaufte sich besser als Bugattis Type 41 Royale – 2007 wurden 81 Exemplare ausgeliefert.[8] Dennoch – und auch hier folgte das Unternehmen dem Vorbild Ettores – fuhr er Verluste ein.

Die Luxusmarken erfüllten aber zumindest einen Zweck. Sie demonstrierten dem Rest der Branche ein für alle Mal, dass VW eine neue Identität jenseits des umkämpften Massenmarkts mit seinen geringen Profiten anstrebte. Bentley, Lamborghini und Bugatti waren der Beweis, dass das Unternehmen, das eins der praktischsten Autos der Geschichte, den Käfer, gebaut hatte, auch über das technische Know-how sowie den Ehrgeiz verfügte, eins der überspanntesten Fahrzeuge zu produzieren, das jemals auf den Weg gebracht wurde. Aber das war noch nicht alles.

Piëch erklärte, die Luxuskarossen ermöglichten Volkswagen, reicher werdende Kunden bei der Stange zu halten. Seiner Ansicht nach musste sich VW gegen BMW und Mercedes behaupten, die sich mittlerweile auch an die unteren Käuferschichten wandten und auf VWs Terrain wilderten. So brachte BMW 2001 eine moderne Version der Marke Mini auf den Markt, die die Firma im Zusammenhang mit einer ansonsten unter keinem guten Stern stehenden Übernahme des britischen Autoherstellers Rover erworben hatte. Der Mini war genauso erschwinglich wie ein Golf, aber modischer und freizeitmäßiger und besaß ein spritziges Fahrverhalten, das BMW mit dem eines Gokart verglich. Der Mini schuf eine neue Kategorie – den hippen Kleinwagen im oberen Preissegment. Er war ein Hit und eine Bedrohung für VW.

Piëch beschloss, mit einem Modell zu kontern, das in die

Domäne von BMW und Mercedes eindringen würde und dennoch die typischen Kennzeichen eines VW besaß. Ein Passat-Fahrer, der in die Luxusklasse wechseln wollte, sollte dies tun können, ohne der Marke Volkswagen den Rücken zu kehren.[9] So lautete zumindest die Theorie. Heraus kam der Phaeton, der wie Bentley, Lamborghini und Bugatti alle Superlative schlagen und im Gegensatz zu den anderen exotischen Modellen immer noch ein Volkswagen sein sollte. Piëch stellte sich einen Rivalen für die Spitzenmodelle von Mercedes und BMW vor, die S-Klasse beziehungsweise die 7er-Serie. Der Phaeton würde jedoch besser sein und Bauteile enthalten wie ein Luftfederungssystem, einen nahezu vibrationsfreien Zwölf-Zylinder-Motor und eine zugfreie Klimaanlage, die den Innenraum kühlte, ohne unangenehme Luftströme zu erzeugen. (Später war der Phaeton auch mit einem Zehn-Zylinder-Dieselmotor erhältlich.)

Darüber hinaus sollte der Phaeton nicht in einem eintönigen Industriegebiet gebaut werden, sondern eine eigene Vorzeigefabrik in Dresden erhalten, mitten in der Innenstadt in einem hochmodernen Gebäude mit Glaswänden, Parkett und einem Gourmet-Restaurant mit 65 Plätzen. VW taufte die Produktionsstätte Gläserne Manufaktur, und die Kunden konnten zuschauen, wie Arbeiter in weißen Overalls ihr Auto zusammenschraubten, bevor sie es abholten. Es war Autoproduktion als Aktionskunst. »Die gesamte Fertigung des Phaeton wird zu einem öffentlichen Schauspiel«, ließ VW verlautbaren.[10]

Piëch vertraute die Entwicklung des Phaeton einem seiner engsten Protégés, Martin Winterkorn, an, der bei Audi Chef der Qualitätskontrolle gewesen und für seine Detailgenauigkeit und seine Neigung bekannt war, laut zu brüllen, wenn ihm etwas missfiel. Nach einer Entwicklungszeit von fünf Jahren begann 2001 die Phaeton-Produktion. Die Kritiker waren beeindruckt. Ein Autor der Zeitschrift *Car and Driver* empfand den 12-Zylinder-Motor als so leise, dass er sich nicht sicher war, ob die Zündung funktionierte. »Erst als ich sehe, dass sich die Tachonadel bei 640 Umdrehungen pro Minute bewegt, wird mir klar, dass der Motor läuft«, schrieb er.[11] Doch trotz der guten Presse wurde rasch deutlich, dass Leute, die sich ein Auto für über 100 000 Euro leisten konnten, wahrscheinlich keinen auch noch so ausgefeilten VW nehmen würden, wenn sie zum selben Preis einen Mercedes, BMW oder Audi bekommen konnten. Allenfalls zog der Phaeton Käufer vom Audi A8 ab, der zu einem erheblichen Teil mit denselben Elementen ausgestattet war wie der Phaeton.

Die Verkaufszahlen waren von Anfang an enttäuschend. Sie erreichten kaum die Hälfte des Jahresziels von 20 000 Fahrzeugen und waren damit so gering, dass die enormen Entwicklungskosten nicht einmal annähernd berechtigt schienen. Die Gläserne Manufaktur allein kostete 187 Millionen Euro (2001). Aber auch für die Besitzer erwies sich der Phaeton als kostspielig. Die 12-Zylinder-Maschine war förmlich in den Motorraum hineingequetscht, sodass er für relativ einfache Reparaturen komplett ausgebaut werden musste.[12] Laut *Spiegel Online* kostete es 5000 Euro, allein den Anlasser auszutauschen. Hohe Wartungskosten waren auch der Grund dafür, dass der Phaeton auf dem Gebrauchtwagenmarkt rasch an Wert verlor und oft bei einem Kilometerstand von unter 100 000 schon für weniger als 20 000 Euro zu haben war. Jahre später bezeichnete ein ehemaliger leitender Angestellter, der eng mit Piëch zusammengearbeitet hatte (und darauf bestand, dass sein Name nicht genannt werde), das ganze Phaeton-Projekt als »schwachsinnig«. Manchmal verläuft zwischen Genialität und Größenwahn nur eine dünne Linie, und in den Augen vieler hatte Piëch sie mit dem Phaeton überschritten.

Piëchs Einkäufe hatten den Grundstein dafür gelegt, dass VW in der Lage war, Autos herzustellen, die die Grenzen der Fahrzeugtechnik erweiterten. Aber die technischen Leistungen der Autos für den Massenmarkt hatten sich ebenfalls enorm verbessert. Ende der 1990er-Jahre bestanden kaum Zweifel, dass Piëch Volkswagen aus der Krise geführt hatte.[13] Die Umsätze hatten sich bis 1999 beinahe auf 75 Milliarden verdoppelt. Aber das Unternehmen war immer noch nicht besonders profitabel – zum Teil, weil Piëch Geld in Forschung und Entwicklung sowie in neue Fertigungsstätten steckte. 1999 meldete VW einen Nettogewinn von 844 Millionen Euro, was einer Umsatzrendite von wenig mehr als einem Prozent entsprach. Doch es hatte keine Verluste mehr wie im Jahr 1993 gegeben, die Piëch praktisch von seinem Vorgänger geerbt hatte.

Wie so oft bei Piëch hatte die Sache jedoch auch eine dunkle Seite. Er bekam den Ruf, seinen Ingenieuren das Äußerste abzuverlangen. Kurz nachdem er die Führung des Konzerns übernommen hatte, wurde Paul A. Eisenstein, ein erfahrener Auto-Journalist, mit einer Gruppe anderer Reporter nach Wolfsburg eingeladen, um den Prototyp eines neuen VW Sedan zu begutachten. Piëch erklärte ihnen, das neue Modell werde allen Konkurrenten zuvorkommen, und listete die neuen Eigenschaften und technischen Durchbrüche auf, die er damit erzielen wolle. Daraufhin fragte jemand aus der Runde, was passieren würde, wenn das Ingenieurteam nicht liefern könne. Laut Eisenstein erwiderte Piëch: »Dann werde ich ihnen verkünden, dass sie alle gefeuert sind, und ich werde dann ein neues Team zusammenstellen. Und wenn sie mir sagen, dass sie die Zielvorgaben nicht erfüllen können, werde ich sie ebenfalls feuern.«[14]

Andere erzählten ähnliche Anekdoten. Bob Lutz, ehemals Präsident und leitender Geschäftsführer von Chrysler, erinnerte sich an ein Gespräch, das er in den 1990er-Jahren mit Piëch geführt hatte. Es war anlässlich eines vom deutschen Verband der Autoindustrie VDA gesponserten Dinners. Lutz, der Deutsch spricht, erklärte Piëch, wie sehr er die außergewöhnlich schmalen Spaltmaße der Karosserie der jüngsten Golf-Version bewundere. Sie waren nachgearbeitet worden, weil Piëch wie besessen von dem Gedanken war, die Abstände zwischen Karosserieteilen wie Türen, Motorhaube und Kotflügel auf ein Minimum zu reduzieren. »Ich sagte: ›Diese Spaltmaße sind wirklich fantastisch, Herr Piëch. Ich wünschte, wir würden das bei Chrysler auch schaffen.‹«[15] Laut Lutz vertraute ihm Piëch daraufhin sein Rezept an, wie man Spitzenleistungen in der Herstellung erzielen könne. Er habe die Topmanager, die für die Entwicklung der Karosserie und die Formung des Blechs verantwortlich waren, in sein Büro gerufen. Dort habe er ihnen erklärt, er habe genug von den miserablen Spaltmaßen, und ihnen sechs Wochen für die Nachbesserung gegeben. Lutz zufolge machte ihnen Piëch dann klar, dass er alle namentlich kenne und sie rausschmeißen werde, wenn sie keine perfekten Spaltmaße zustande brächten. Schließlich bedankte er sich bei ihnen für ihre Zeit und sagte, sie sollten sich wieder an die Arbeit machen. Als Lutz – der vergeblich versucht hatte, die Spaltmaße bei Chrysler zu verbessern – sagte, er bezweifle, dass diese Methode auch in den Vereinigten Staaten funktionieren würde, habe Piëch ihn einen Weichling genannt.

Lutz bezeichnete Piëch als den »vermutlich genialsten Autobauer in der Geschichte der Kraftfahrzeugindustrie«. Doch er fügte hinzu: »Ich hätte mich nicht darum gerissen, für ihn zu arbeiten.«[16]

Piëch war kein Schreihals. Ein anderer ehemaliger Manager (der mich aus Angst vor Vergeltung bat, anonym zu bleiben) erinnerte sich, dass Piëch einmal von einer besonders komplizierten Motor-Getriebe-Einheit für eins der VW-Modelle träumte. Als einer der Ingenieure einwandte, dies umzusetzen sei nahezu unmöglich, erwiderte Piëch ruhig: »Wenn Sie es nicht realisieren wollen, müssen Sie es auch nicht.« Was er damit sagen wollte, war klar: Der Ingenieur könne jederzeit aus dem Unternehmen austreten. Einen technischen Auftrag, der für Piëch im Bereich des Möglichen lag, nicht umsetzen zu können war keine Option. Bei VW kursierte der Spruch »Geht nicht, gibt's nicht«.

Piëch war ein Meister darin, Untergebene mit ein paar frostigen Worten abzukanzeln. So berichtete ein weiterer Manager von einer Sitzung, in der ein Kollege eine Präsentation durchführte. Piëch langweilte sich und nahm sich einen Apfel aus einer Obstschale, die vor ihm auf dem Tisch stand. Dann begann er, den Apfel mit einem Messer zu schälen. Als er damit fertig war, blickte er auf und sagte: »Warum redet dieser Kerl noch? Kann denn niemand ihm sagen, dass er gefälligst gehen soll?« (Auf die Frage nach solchen Berichten weigerte sich einer der Anwälte von Piëch, Matthias Prinz, einen Kommentar abzugeben, und meinte nur, diese Geschichten passten nicht zu dem Piëch, den er kenne.)[17] Laut mehreren ehemaligen Führungskräften sagte Piëch manchmal bei Besprechungen kein einziges Wort, und auch sein Gesichtsausdruck verriet nicht, was in ihm vorging. Als ihn am Ende einer Sitzung einmal alle erwartungsvoll ansahen, stand er einfach auf und verließ wortlos den Raum. Er liebte es, Menschen zu verunsichern.

Als Ingenieur interessierte sich Piëch leidenschaftlich für Produktdetails und verlangte dies auch von seinen Topmanagern. Seinem strengen Blick entging kaum etwas, und was er sagte, war Gesetz. Der frühere Porsche-Mitarbeiter Ferdinand Dudenhöffer, später Universitätsprofessor und prominenter Experte der Autoindustrie, erinnerte sich daran, dass Piëch einmal beim Besuch des familieneigenen Autohauses in Salzburg sehr darüber verärgert war, dass auf den ausgestellten Fahrzeugen Schnee lag. Seither, so heißt es, darf dort keine Schneeflocke mehr auf einem Golf oder Passat liegen.[18]

Piëch inspizierte auch persönlich die Autos, die bei Autosalons präsentiert werden sollten, und wählte die aus, die er für geeignet hielt. Im November 1999 unterzog er in Wolfsburg die Modelle, die für den internationalen Autosalon in Detroit im folgenden Januar vorbereitet wurden, einer genauen Prüfung.

Er traf in Begleitung einer Entourage ein, zu der auch mehrere Vorstandsmitglieder, einige weniger erfahrene höhere Manager und Ingenieure und Techniker vorwiegend aus den Bereichen Forschung und Entwicklung sowie Produktion gehörten. Autosalons sind sicher wichtige Marketing-Veranstaltungen für Kfz-Hersteller, doch die Beteiligung so vieler hoch bezahlter Führungspersonen an der Vorbereitung war kennzeichnend für Piëchs Detailversessenheit und seine starke persönliche Konzentration auf die Produkte.

Der Verantwortliche für die Präparierung der Autos für Detroit war ein erfahrener Manager namens Walter H. Groth. Zu den ausgewählten Fahrzeugen gehörte die sportliche GTI-Version des Golf, der in den Vereinigten Staaten gut lief. Groth hatte für die Ausstellung ein rotes Modell mit schwarzer Innenausstattung bestellt. Das war ein riskanter Schritt. Wie er sehr wohl wusste, mochte Piëch keine roten Autos mit schwarzer Innenausstattung, da sie seiner Meinung nach aussahen wie Kohlenkästen. Piëch bevorzugte graue Innenausstattungen. Das Problem war aber, dass die Amerikaner einen anderen Geschmack hatten. Ihnen gefielen rote GTIs mit schwarzer Innenausstattung, egal was Piëch davon hielt.

Groth erinnerte sich später, dass Piëch beim Anblick des rot-schwarzen GTI fragte: »Wer hat dieses Fahrzeug bestellt?« Alle zeigten auf Groth. »Ich«, antwortete Groth. »Sie kennen meine Richtlinie, dass rote GTIs keine schwarze Innenausstattung haben können?«, fragte Piëch.[19]

»Die graue Innenausstattung verkauft sich nicht«, erklärte Groth. »Ich habe das Fahrzeug mit schwarzer Innenausstattung bestellt, weil es für den amerikanischen Markt Sinn macht.«

»Nächstes Mal ordern Sie das Fahrzeug gemäß meiner Richtlinie. Ist das klar?«, sagte Piëch. Und zu den anderen gewandt fügte er hinzu: »Und wenn er es noch mal macht, werden Sie dieses Auto nicht bauen!«

Groth zufolge aber lächelte Piëch dabei, und zwar keineswegs zynisch. Groth wurde nicht gefeuert. »Piëch war nicht verärgert«, erinnerte er sich später. »Er zeigt keine Emotionen. Er sieht stets ruhig aus und spricht mit sehr leiser Stimme. Er brüllt nie. Sie können auch Dr. Piëch gegenüber einen Standpunkt vertreten. Allerdings sollten Sie sehr genau wissen, wovon Sie sprechen. Und Sie müssen etwas von Autos und Maschinenbau verstehen.«

Für Groth beruhte Piëchs Macht nicht nur auf seiner Fähigkeit, andere einzuschüchtern, sondern auch auf deren Bereitschaft, sich einschüchtern zu lassen. »Wenn es um Führung geht, bin ich mit Dr. Piëchs Verhalten in vielen Situationen nicht einverstanden«, sagt Groth. »Und ja, bei vielen Menschen weckt er Ängste ... große Ängste. Aber wie man so schön sagt: Es gehören immer zwei dazu, Tango zu tanzen.«[20]

Die meisten leitenden Angestellten waren zweifellos nicht bereit, Piëch die Stirn zu bieten. Im Gegenteil, sein Führungsstil ermutigte seine Manager, sich ihren Untergebenen gegenüber genauso zu verhalten. Auf diese Weise entsteht eine Unternehmenskultur – jene ungeschriebenen Gesetze, die das Verhalten in einer großen Organisation bestimmen. Die Leute an der Spitze geben ein Beispiel, und die, die ihnen unterstehen, folgen ihm. Einer, der dies besonders beflissen tat, war Winterkorn. Er verlangte den Leuten genauso viel ab wie Piëch und war einer seiner Günstlinge, jedoch körperlich imposanter mit seiner breiten Brust und seiner lauten Stimme. Winterkorn galt als jähzorniger Schreier. Arndt Ellinghorst, Ende der 1990er-Jahre Trainee im Management von Volkswagen, war Zeuge, als Techniker Winterkorn das Infotainment-System des Phaeton zeigten, das sich damals noch im Entwicklungsstadium befand.[21]

Winterkorn hielt das Drucktastenfeld irrtümlich für einen Touchscreen und wurde wütend, weil es nicht reagierte. Als die Techniker es ihm erklären wollten, warf er ihnen vor, sie behandelten ihn, als wäre er blöd. Ellinghorst, der später Autoanalyst bei Evercore ISI, einer Anlageberatungsfirma, wurde, sagte, er habe Volkswagen wegen seiner autoritären Unternehmenskultur verlassen, in der von den Mitarbeitern verlangt wurde, einfach nur den Anweisungen zu folgen. »VW war wie Nordkorea ohne Arbeitslager«, sagte Ellinghorst in Anspielung auf eine frühere Beschreibung des Unternehmens im *Spiegel:* »Du musst jedem gehorchen.«[22]

Es gab Außenstehende, die angesichts von Piëchs diktatorischem Führungsstil Fragen stellten. »Bei Piëch besteht die Gefahr, dass sein persönlicher Ehrgeiz ihn dazu bringt zu übertreiben«, hieß es 1998 in der *Business Week*. »Darüber hinaus unterliegen seine Entscheidungen wegen seines eisernen Griffs auf VW nur geringer Kontrolle.«[23] Doch solange Volkswagen wuchs und Arbeitsplätze schuf, war Piëchs Herrschaft nicht ernsthaft bedroht.

Piëch trat 2002 im Alter von 65 Jahren als Boss von Volkswagen ab. Ohne Frage war Volkswagen in den zehn Jahren, seit er die Leitung übernommen hatte, größer und stärker geworden. Die Verkäufe hatten sich auf 87 Milliarden Euro verdoppelt. Die Zahl der produzierten Autos war von 3,5 Millionen auf fünf Millionen gestiegen, die der Mitarbeiter von 274 000 auf 325 000. Im Jahr 2003 arbeitete etwa die Hälfte davon im Ausland, im Vergleich zu 40 Prozent zehn Jahre zuvor. Das Unternehmen hatte seinen Kundenstamm vergrößert und konnte zahlungskräftige Interessenten ebenso für sich gewinnen wie junge Leute, die ihr erstes Auto erwarben. 1992 beruhte der Erfolg von Volkswagen fast ausschließlich auf dem Golf, der sich fast dreimal so gut verkaufte wie der teurere Passat. Bis 2002 zog der Absatz des Passat fast mit dem des Golf gleich. Der Polo, mittlerweile VWs Einstiegsmodell, folgte in geringem Abstand. Die ausgeglichenere Produktpalette trug dazu bei, dass Volkswagen von Nachfragerückgängen verschont blieb.

Auch der Gewinn von 2,6 Milliarden Euro 2002 war eine Verbesserung gegenüber 1992, jenem Rezessionsjahr, in dem das Unternehmen nur knapp die Gewinnzone erreichte (und in dessen Folgejahr es riesige Verluste meldete).[24] Doch die Verkaufsrendite 2002 belief sich lediglich auf 3 Prozent, was ein äußerst magerer Erfolg war. Und das im zweitbesten Jahr der Unternehmensgeschichte. Auch die Produktivität hatte sich in Piëchs Amtszeit verbessert, allerdings nicht grundlegend. Als Piëch in die oberste Etage des Backsteinturms in Wolfsburg einzog, produzierte Volkswagen durchschnittlich 12,8 Autos pro Mitarbeiter. Im Jahr 2002 war das Verhältnis auf 15,4 Autos pro Mitarbeiter gestiegen, ein Produktivitätsanstieg von 20 Prozent. Doch nach den meisten Profit- und Effizienzmaßstäben schnitt VW gegenüber Toyota nach wie vor schlecht ab. Der japanische Autohersteller ging mit einer Verkaufsrendite von 5 Prozent aus dem im März 2003 endenden Geschäftsjahr hervor, wobei die 235 000 Mitarbeiter in Toyotas Autosparte 6,1 Millionen Fahrzeuge produziert hatten.[25] Das lief auf 26 Autos pro Mitarbeiter hinaus, 40 Prozent mehr als Volkswagen. Piëch war mit dem Vorsatz angetreten, die Produktivitäts- und Profitabilitätslücke zu Toyota zu schließen, verfehlte dieses Ziel aber bei Weitem. Man ist fast versucht zu sagen, dass er nach den Maßstäben, die er bei seinen Untergebenen anwandte, hätte gefeuert werden müssen.

Bei Porsche hingegen hatte sich ein spektakulärer Wandel vollzogen, zum großen Teil dank eines Deals mit VW. Bei einem seiner seltenen Fehleinschätzungen hatte Piëch den Boom der SUVs nicht rechtzeitig erkannt, der in den Vereinigten Staaten seinen Anfang nahm und sich nach Europa und in andere Teile der Welt ausweitete. Der Vorstandsvorsitzende von Porsche, Wendelin Wiedeking, witterte auf dem SUV-Markt inzwischen Chancen. Ein Fahrzeug der Luxusklasse mit Vierradantrieb und den Fahreigenschaften und der Ausstattung eines Porsche-Sportwagens würde es dem Unternehmen ermöglichen, seiner wohlhabenden Kundschaft ein weiteres Produkt anzubieten. Besitzer eines 911 würden hier ein Fahrzeug haben, in dem die ganze Familie Platz hatte und das doch ein Porsche war. Außerdem würde ein SUV Porsche helfen, auf Märkte in Schwellenländer wie China vorzudringen, wo es genug neureiche Konsumenten gab, die sich einen Porsche leisten konnten, die Straßen aber häufig für einen tief liegenden 911 nicht geeignet waren.

Im Jahr 2000 einigten sich Porsche und Volkswagen darauf, die neuen SUVs gemeinsam zu entwickeln. Die Version von VW hieß Touareg, während die von Porsche den Namen Cayenne erhielt. Zwischen beiden gab es bedeutende optische Unterschiede. Die Vorderhaube des Cayenne fiel zwischen den hoch liegenden Frontscheinwerfern ab, ein typisches Kennzeichen des Porsche-Designs. Doch beide Fahrzeuge wurden in einer riesigen Fabrik vor den Toren der slowakischen Stadt Bratislava produziert, die Volkswagen nach dem Zusammenbruch des Kommunismus gekauft und erweitert hatte. Das Werk war bekannt wegen einer von einem Unternehmen hergestellten Seilbahn, das auch Skilifte baut. Die Seilbahn transportierte die fertigen Fahrzeuge vom Montageband zu einer Teststrecke auf der anderen Seite einer Autobahn. Die halb montierten Cayenne wurden, bereits lackiert, zu einer makellosen neuen Porsche-Fabrik mit Servicezentrum in Leipzig gebracht, wo Arbeiter in roten Overalls und weißen T-Shirts den Zusammenbau vollendeten und die Autos nach den Wünschen der Kunden ausstatteten. Es war sogar von vergoldeten Schalthebelknäufen die Rede.[26] Die Käufer konnten ihre Autos in der Leipziger Fabrik abholen und sie auf der angrenzenden Rennstrecke testen, die Abschnitten berühmter Formel-1-Strecken nachgebildet war.

Die Zusammenarbeit beim SUV war für Porsche ein guter Deal. Die Vorlaufkosten für die Entwicklung und die Errichtung eines Montagebands machten nur einen Bruchteil dessen aus, was Porsche bei einem Alleingang hätte aufbringen müssen. Und im Verhältnis zu dem geringen Risiko waren die Gewinne immens. Im August 2002 zog Bundeskanzler Gerhard

Schröder die letzte Schraube des ersten Cayenne an, der in Leipzig vom Band rollte. Keine zwei Jahre später entfiel die Hälfte der Jahresproduktion von Porsche mit etwa 80 000 Fahrzeugen auf den Cayenne. Der Gewinn für das am 31. Juli 2004 endende Geschäftsjahr belief sich auf 612 Millionen Euro, mehr als das Doppelte des Profits drei Jahre zuvor. Die zehnprozentige Profitmarge übertraf die von Toyota. Damit war Porsche der gewinnträchtigste Autobauer weltweit. Wiedeking, dessen Vertrag ihm ein Prozent der Gewinne bescherte, wurde einer der bestbezahlten Firmenchefs in Deutschland und einer derjenigen, die am meisten bewundert wurden.

Wiedeking war eine große Persönlichkeit mit einem aufbrausenden Charakter, aber auch einem herzlichen Lachen und einem Hang zum Luxus und ein paar Spleens. Der stattliche Mann mit der großen Brille war beinahe in kindlicher Weise von allem fasziniert, was mit Mechanik zu tun hatte. In seiner Freizeit sammelte er Modelleisenbahnen und antike Traktoren. Bei dem Abendessen, das Porsche alljährlich anlässlich des Genfer Autosalons für Fahrzeugjournalisten veranstaltete, hielt Wiedeking in einem dazu reservierten Restaurant an einem großen runden Tisch Hof und kicherte über seine eigenen Witze.[27] Er blieb bis in die frühen Morgenstunden, trank Cognac und rauchte Zigarren mit Reportern, die genügend Standfestigkeit besaßen, mitzuhalten.

Wiedeking machte eine Menge Leute reich, nicht nur die Familien Porsche und Piëch. Die Porsches hielten zwar alle stimmberechtigten Anteile des Sportwagenunternehmens, doch die Hälfte des Firmenkapitals bestand aus Vorzugsaktien ohne Stimmrecht, die jedoch den Besitzern einen Gewinnanteil garantierten. Die Vorzugsaktien wurden an der deutschen Börse gehandelt und zogen ein breites Spektrum von Investoren an. Unter Wiedeking schossen die Werte sowohl der Vorzugs- als auch der Stammaktien um mehr als 1000 Prozent in die Höhe.

Ob die Touareg-Cayenne-Kooperation für VW ein ebenso

guter Deal war wie für Porsche, war weniger klar. Das Sportwagenunternehmen schien einen unverhältnismäßig hohen Teil der Gewinne abzusahnen, während die Partner aus Wolfsburg das größte Risiko trugen. Aufseiten Ferdinand Piëchs gab es einen unübersehbaren Konflikt zwischen seiner Rolle als Chef von Volkswagen und den Anteilen seiner Familie an Porsche. Im Geschäftsjahr 2005/2006 bezahlte Porsche für Chassis, Karosserien und Motoren der Cayenne 780 Millionen Euro an Volkswagen.[28] Das waren etwa 22 000 Euro pro Fahrzeug oder weniger als die Hälfte des Grundpreises von etwa 50 000 Euro. Die Vereinbarung ließ Porsche viel Raum für eine dicke Gewinnmarge, insbesondere angesichts der Tatsache, dass der Preis eines Cayenne je nach Ausstattung 100 000 Euro schnell überschreiten konnte. Und solange beide Unternehmen profitabel waren, gab es wenig Klagen. Doch bald offenbarten die Ereignisse, wie groß die Angst bei Porsche war, VW könne unter die Kontrolle von Leuten geraten, die wenig Ehrfurcht vor den historischen Bindungen zwischen den beiden Unternehmen hatten.

Die Entscheidung, wer Piëch nach dem Ende seiner Amtszeit nachfolgen würde, stand rechtlich dem VW-Aufsichtsrat zu. Aber Piëch hatte kaum Probleme, seinen Favoriten durchzusetzen: Bernd Pischetsrieder, den ehemaligen Chef von BMW. Pischetsrieder, der einen sauber geschnittenen Kinnbart trug und ein Faible für kubanische Zigarren besaß, war 1999 bei BMW ausgeschieden, nachdem sich der Kauf von Rover für den in München ansässigen Autobauer als große finanzielle Belastung erwiesen hatte. Kurz darauf stellte ihn Piëch, der Pischetsrieder beim Wettbewerb um den Kauf von Rolls-Royce kennengelernt hatte, als Chef der Qualitätskontrolle bei Volkswagen und dem spanischen Werk ein, in dem der SEAT gebaut wurde. Pischetsrieder erfüllte Piëchs Erwartungen, sodass dieser andere von der Kandidatenliste für den Posten des Vorstandsvorsitzenden streichen konnte, darunter auch Winterkorn, der Chef von Audi wurde.

Pischetsrieders Ernennung zum Nachfolger Piëchs bedeutete allerdings nicht, dass Piëchs Herrschaft über Volkswagen zu Ende ging – nicht im Geringsten. Vielmehr wurde er zum Vorsitzenden des VW-Aufsichtsrats gewählt – scheinbar ein Teilzeitjob, der ihm jedoch erlaubte, seinen Nachfolger genau im Auge zu behalten. Nach deutschem Unternehmensrecht kontrolliert der Aufsichtsrat den Firmenchef (offiziell als Vorstandsvorsitzender bezeichnet) und kann ihn auch entlassen. Experten für Unternehmensführung runzeln die Stirn über Firmenchefs, die nach ihrem Ausscheiden aus dem Amt den Posten des Aufsichtsratsvorsitzenden übernehmen. Die Gefahr, dass er in dieser Position sein Erbe zu wahren und erforderliche Veränderungen zu blockieren versuchen wird, ist zu hoch. Und in Piëchs Fall war es womöglich besonders hoch. Wenig sprach dafür, dass er in seiner neuen Rolle passiv bleiben würde. Pischetsrieder durfte Piëch nicht verärgern, wollte er seinen Job behalten.

Es war typisch für den scheidenden Firmenchef, dass er sich mit der Präsentation einer technischen Glanzleistung aus seiner Amtszeit verabschiedete. Nachdem das Unternehmen als erstes serienmäßig ein Auto mit einem Verbrauch von drei Litern pro 100 Kilometer auf den Markt gebracht hatte, verlangte Piëch von seinen Entwicklern den Quantensprung zu einem Modell mit einem Verbrauch von nur einem Liter. Das Ergebnis nach dreijähriger Entwicklung war ein zweisitziger Prototyp mit dem schlichten Namen Ein-Liter-Auto. Mit seiner stromlinienförmigen, leichten Karosserie aus um einen Magnesiumrahmen gewickelten Karbonfasern und einem Plexiglasverdeck über dem Fahrersitz sah das Auto aus wie ein Kampfjet ohne Flügel. Um den Luftwiderstand möglichst gering zu halten, war das Ein-Liter-Auto mit Kameras statt mit Rückspiegeln versehen, und die Räder bestanden aus leichtem Titan. Der 1-Zylinder-Motor war natürlich ein Einspritzer-Diesel. Das Auto spiegelte das neue Image von VW als Pionier umweltfreundlicher Mobilität wider. Es war eine Demonstration dessen, dass sich das technische Können von Volkswagen über Geschwindigkeit und Pferdestärken hinaus auch auf die Effizienz erstreckte.

Am 15. April 2002 fuhr Piëch mit dem Prototyp von Wolfsburg nach Hamburg, um an der jährlichen VW-Hauptversammlung teilzunehmen und der Welt zum ersten Mal zu zeigen, was das Ein-Liter-Auto vollbringen konnte. Um das Gewicht um ein paar Gramm zu verringern, trug Piëch sogar leichte Autoschuhe von Ferrari.[29] Es war ein regnerischer Tag, nicht gerade ideal für maximale Kraftstoffsparsamkeit. Doch als er nach einer Strecke von 237 Kilometern in Hamburg eintraf, hatte er durchschnittlich 0,89 Liter pro 100 Kilometer verbraucht, was weit unter dem angestrebten Ziel lag. Piëch, bis auf die Knochen durchfroren, weil er bei der Fahrt die Heizung nicht eingeschaltet hatte, um Benzin zu sparen, ließ sich im Vier Jahreszeiten, einem der besten Hotels in Hamburg, zufrieden in ein heißes Bad sinken.

Am nächsten Tag fuhr Piëch mit Pischetsrieder in dem Ein-Liter-Auto zum Ort der jährlichen Hauptversammlung, einem Hamburger Kongresszentrum, wo er die Führung übergeben sollte. Pischetsrieder quetschte sich in den Beifahrersitz, der sich hinter dem Fahrer befand wie in einem Kampfjet. Als der Wagen vor dem Kongresszentrum hielt, wo bereits eine Entourage auf ihn wartete, saß Piëch am Steuer. In dem Gebäude standen etwa 3500 Aktionäre – zum großen Teil ältere Leute, die wie zum Kirchgang gekleidet waren – an Buffettischen Schlange, um sich kostenlose Suppe mit Würstchen zu holen, ein obligatorischer Bestandteil deutscher Hauptversammlungen, der als Würstchen-Dividende bezeichnet wird. Laut der Fachzeitschrift *Automobilwoche* herrschte einiger Unmut über Piëchs teure Einkäufe.[30] Und als Pischetsrieder ein pessimistisches Bild vom bevorstehenden Jahr zeichnete und erwähnte, dass die Verkaufszahlen für Deutschland im laufenden Jahr rückläufig waren, ging ein Raunen durch den Saal. Der Wert der VW-Aktie bot da keinen Trost. Mit etwa 40 Euro hatte sich der Preis der VW-Vorzugsaktie, der meistgehandelten an der Börse, seit dem Amtsantritt von Piëch zwar vervierfacht, war aber von einem Hoch von 70 Euro im Jahr 1998 abgestürzt. Es gab Gerüchte, dass der gefallene Aktienwert VW zu einem Übernahmekandidaten machte.

Alles in allem schätzten die Aktionäre aber Piëchs Rolle bei der Abwendung einer Katastrophe im Jahr 1992 und bedachten ihn mit stehenden Ovationen. Wahrscheinlich machte sich keiner von ihnen Gedanken über seinen diktatorischen Führungsstil oder die Tatsache, dass er sich bei seiner Amtsübernahme über die autoritären Manager in Wolfsburg beklagt hatte und das Unternehmen als der autoritärste von allen verließ. Wichtig war allein das Ergebnis. Piëch schrieb später, all die anerkennenden Worte, der anhaltende Applaus und das Lob von Klaus Liesen, dem scheidenden Aufsichtsratsvorsitzenden, hätten ihn kaltgelassen. Die Fahrt in dem Ein-Liter-Auto sei für ihn interessanter gewesen – eine Äußerung, die zeigte, dass ihm Maschinen mehr bedeuteten als Menschen.[31]

Piëch versprach, sich nicht in das Tagesgeschäft von Volkswagen einzumischen, und zeichnete das Bild eines stillen Rückzugs.[32] Er wolle mehr Zeit mit seiner Familie verbringen, mit einer für ihn maßgeschneiderten Jacht aus Aluminium auf hoher See segeln, deren technische Ausstattung es Ursula und ihm ermöglichte, sie eigenhändig zu steuern. Ein Foto aus dem Jahr 2002 in Piëchs Autobiografie zeigt sogar, wie er auf einer Bank in Salzburg über seine Gleitsichtbrille hinweg in die Kamera blickt, bekleidet mit einem zerknitterten Flanellhemd und ebensolcher Hose, in den Händen ein Taschenmesser und ein Ast – wie einer der vielen Rentner, die ihren Lebensabend genießen. Niemand, der Piëch wirklich kannte, glaubte, dass er die folgenden Jahre mit Schnitzen verbringen würde.

9
Arbeitsbeziehungen

Bernd Pischetsrieder unternahm sofort den Versuch, die Volkswagen-Kultur zu verändern. Seine Laufbahn war von BMW geprägt, daher hatte er die Gepflogenheiten bei Volkswagen nicht verinnerlicht. BMW war eher dezentralisiert und weniger autoritär strukturiert als VW. BMW-Führungskräfte galten als Sterbliche, nicht als Götter, und ihre Untergebenen durften die Meinung von Vorgesetzten infrage stellen. Pischetsrieder bemühte sich, die Top-Down-Struktur bei Volkswagen zu lockern, und regte die Mitarbeiter an, mehr Verantwortung und Initiative zu zeigen. Das war nicht leicht. Ein ehemaliger Abteilungsleiter erinnert sich, wie Pischetsrieder kurz nach seinem Amtsantritt zu Besuch kam und sich bei den Mitarbeitern erkundigte, welche Ziele sie sich für ihre Abteilung gesetzt hätten. Die Beschäftigten, die noch nie nach ihrer Meinung gefragt worden waren, verfielen in fassungsloses Schweigen.

Allerdings hatte Pischetsrieder keine freie Hand bei der Neubesetzung des Vorstands. Da Piëch Vorsitzender des Aufsichtsrats war, konnte der Newcomer nicht ohne Weiteres die Getreuen seines Vorgängers durch sein eigenes Team ersetzen. Einige Vorstände hatten auch ihre eigene Machtbasis, so zum Beispiel Personalvorstand Peter Hartz. Die Belegschaft glücklich zu machen erforderte Fingerspitzengefühl, und Hartz, der in den 1990er-Jahren die Viertagewoche ausgehandelt hatte, traute man auf diesem Gebiet viel zu.

Hartz wurde 2002 von Bundeskanzler Schröder zum Leiter einer Kommission ernannt, die ein Reformkonzept für die arbeitsmarktbezogenen Sozialgesetze ausarbeiten sollte. Es war eine tückische Mission. Wie in vielen anderen Ländern Europas konnten auch in Deutschland Unternehmen ihre Mitarbeiter nicht ohne Weiteres entlassen, wenn sie mit deren Leistung unzufrieden waren oder die Geschäfte schlecht liefen. Der Kündigungsschutz führte dazu, dass Firmen zögerten, Mitarbeiter einzustellen, die sie im Falle ungünstiger Entwicklungen nicht wieder loswurden. Wirtschaftswissenschaftler führten die hohe Arbeitslosenquote – 2002 lag sie bei 11 Prozent – teilweise auf die Sozialgesetze zurück, die Neueinstellungen erschwerten und nicht genügend Druck auf Arbeitslose ausübten, sich eine Beschäftigung zu suchen oder sich weiterzubilden. Schröder wollte das ändern. Aber er bekam Gegenwind nicht nur vom linken Flügel der SPD, sondern auch von Bürgern, die um ihren Arbeitsplatz fürchteten, falls der Kündigungsschutz gelockert würde. Vor seiner Zeit als Kanzler war Schröder Ministerpräsident von Niedersachsen und Mitglied im Volkswagen-Aufsichtsrat gewesen. Daher kannte er Hartz persönlich. Schröder sah in Hartz, der aus einer Arbeiterfamilie stammte und erfolgreich mit dem VW-Betriebsrat verhandelt hatte, den idealen Mann für die Aufgabe, einen Kompromiss zu finden.

Das Vertrauen, das Schröder in Hartz setzte, war wohlbegründet. Die von der Hartz-Kommission vorgelegten Vorschläge sahen vor, Einstellungen und Entlassungen zu erleichtern; Unternehmen konnten vermehrt Zeitarbeiter oder Teilzeitkräfte einstellen, für die viele Schutzbestimmungen nicht galten. Das Konzept begrenzte auch die Bezugsdauer von Arbeitslosengeld. Nach maximal zwei Jahren – bei jüngeren Menschen nur sechs Monaten – mussten sich Erwerbslose mit dem Arbeitslosengeld II begnügen, das sich für Alleinstehende auf weniger als 400 Euro monatlich belief.[1] Diese relativ magere Hilfe, anstelle unbegrenzter Zahlung von Arbeitslosengeld basierend auf den letzten Bezügen, schuf einen stärkeren Anreiz, auch schlecht bezahlte Tätigkeiten zu übernehmen. Die Reform, die nach erbittertem Widerstand seitens etlicher Parlamentarier vom Bundestag verabschiedet wurde, war in vieler Hinsicht ein Erfolg. In den folgenden Jahren sank die Arbeitslosenquote deutlich, und die Lockerungen im Kündigungsschutz erleichterten Neueinstellungen. 2016 war die Arbeitslosigkeit in Deutschland auf unter 5 Prozent gesunken und lag damit niedriger als in den Vereinigten Staaten. Aber Hartz, der Personalvorstand blieb, nachdem Piëch die Leitung von VW in Pischetsrieders Hände gelegt hatte, sollte keineswegs als Held in die Geschichte eingehen, der zwei Millionen Menschen zu einem Arbeitsplatz verholfen hatte.

Peter Hartz' Sturz begann in einem Prager Etablissement namens K5 Relax Club. Der Club bezeichnet sich selbst als »eine Oase der Unterhaltung und Entspannung«, wo »jeder findet, was er sucht«. Das kleine Schild an der Fassade lässt nichts von dem opulent-grellen Interieur ahnen, das sich über vier Etagen des unauffälligen Vorkriegsgebäudes in der Prager Innenstadt erstreckt. Das Management des Clubs bestreitet jedoch, dass es sich um ein Bordell handelt. Was zwischen den männlichen Gästen und den in der Bar tätigen Frauen passiert, sei deren Privatsache. Der Club stelle dafür lediglich Räume zur Verfügung. Viele der Separees haben Themenbezeichnungen wie in einem erotischen Freizeitpark. Es gibt ein sogenanntes Weltraumzimmer, in dem sich die Kunden »wie ein Kosmonaut, begleitet von Barbarella, in der endlosen Weite des Raums« fühlen dürfen. Oder das Iglu, in dem ein riesiger ausgestopfter Eisbär über ein Bett wacht, das von künstlichen Eisblöcken umgeben ist. »Erfahren Sie, dass man Körper an Körper niemals friert«, wirbt der Club. Kunden können auch die Dienste einer Brasilianerin in Anspruch nehmen, die als menschliches Buffet nur mit Früchten bedeckt auf einem Tisch liegt. Sie wird gerne für Junggesellenabende gebucht.[2]

Zu den Stammkunden des Clubs gehörte Helmuth Schuster, Personalvorstand beim tschechischen Autobauer Škoda, den Volkswagen unter Carl Hahns Leitung gekauft hatte. Škoda kombinierte selbst entworfene Karosserien mit Motoren und Fahrgestellen von VW und verkaufte die Autos zu einem für Osteuropäer erschwinglichen Preis. Schuster war ein enger Vertrauter von Hartz. Im Juni 2005 wurde in der deutschen Presse gemeldet, Schuster sei gefeuert worden. Die Gründe für sein abruptes Ausscheiden sickerten bald durch. Schuster, ein korpulenter Mittfünfziger, hatte in Indien ein Schmiergeld von 100 000 Euro erhalten, als es um den Standort für ein neues VW-Montagewerk ging. Mit dem Geld kaufte er sich einen Lamborghini, berichtete die Presse.[3] Ein anderer Vorwurf wog noch schwerer, stellte er doch das System der Mitbestimmung und den Mythos der Zusammenarbeit zwischen Belegschaft und Managern bei VW infrage. Der Anklage zufolge, die später gegen Schuster erhoben wurde, hatte er Vertreter von Gewerkschaft und Betriebsrat in Sex-Clubs wie den K5 eingeladen und VW die Kosten dafür in Rechnung gestellt. Die sogenannten »Lustreisen« waren Teil einer Strategie, die die Arbeitnehmervertreter glücklich und gefügig machen sollte.

Bald kam Material ans Licht, das auch Peter Hartz und Betriebsratschef Klaus Volkert belastete. Volkert war nach seiner Wahl zum Vorsitzenden des VW-Betriebsrats 1990 de facto wie ein Vorstandsmitglied behandelt worden. Auf dem Firmengelände hatte er einen Parkplatz in dem für Führungskräfte reservierten Bereich, und er flog erster Klasse.[4] Im Juni 2005 trat Volkert überraschend zurück, ein Schritt, der vom Betriebsrat als geplante Amtsübergabe an seinen Stellvertreter Bernd Osterloh dargestellt wurde. Aber bald stellte sich heraus, dass Volkert von VW Sonderbonuszahlungen von fast zwei Millionen Euro erhalten hatte. Das Unternehmen war auch für Reisen von Volkerts Geliebter aufgekommen – einer Brasilianerin, die regelmäßig zum Stelldichein nach Deutschland flog. Hartz hatte mindestens einen Teil dieser Zahlungen abgesegnet.

Eine zentrale Rolle in dem sich ausweitenden Skandal spielte

Hartz' Stellvertreter Klaus-Joachim Gebauer, der als Betriebsratsbetreuer fungierte. Später sagte Gebauer vor Gericht aus, er habe über eine schwarze Kasse verfügt, aus der er auf Reisen Bordellbesuche und Prostituierte für Gewerkschaftsvertreter bezahlt habe. Wenn die Frauen nicht pünktlich erschienen, soll Volkert Gebauer ungeduldig zugerufen haben: »Wo bleiben die Weiber?« – es wurde der am häufigsten zitierte Satz in der Berichterstattung über den Skandal.[5] Gebauer hatte zudem eine Geliebte, die über einen Zeitraum von 20 Monaten 50 000 Euro von Škoda erhielt, obwohl sie nicht für das Unternehmen arbeitete. Die Medien im In- und Ausland schlachteten den Skandal genüsslich aus. Auf den Umsatz hatte die Affäre jedoch kaum Auswirkungen. Wen scherte es schon, was Volkswagen-Manager in ihrer Freizeit machten, solange sie gute Autos bauten?

Hartz trat im Juli 2005 zurück. In einer Erklärung vermied er ein Schuldeingeständnis, übernahm aber die Verantwortung für die Vorfälle. »Es geht dabei um mehr als um meine Person«, sagte er. »Es geht um die Reputation von Volkswagen, der ich mich besonders verpflichtet fühle.« Hartz beschwor auch die Erinnerung an das Gute, das er erreicht hatte: »Ich habe meine ganze Kraft in den Aufbau und die Sicherung wettbewerbsfähiger Arbeitsplätze unseres Unternehmens investiert.«[6]

Sei es aus Naivität, sei es, um Piëchs Stellung zu untergraben, ordnete Pischetsrieder eine gründliche Untersuchung der Vorfälle an. Volkswagen beauftragte die unabhängige Wirtschaftsprüfungsgesellschaft KPMG mit einer internen Revision und stellte Strafanzeige bei der Staatsanwaltschaft Braunschweig. Im November, ein halbes Jahr nach Bekanntwerden des Skandals, präsentierte Volkswagen den KPMG-Bericht.[7] Die Prüfer hatten festgestellt, dass im Zusammenhang mit dem geplanten Montagewerk in Indien Geld auf Privatkonten von Schuster und Gebauer eingegangen war. Außerdem fanden die Wirtschaftsprüfer heraus, dass die beiden über verdeckte Beteiligungen höchstwahrscheinlich an einem Montagewerk und einem Vertriebsnetz für VW- und Škoda-Fahrzeuge persönlich beteiligt waren, das in Angola eingerichtet werden sollte. Darüber hinaus hatte Gebauer in den zurückliegenden fünf Jahren Eigenbelege in Höhe von 939 000 Euro abgerechnet, und zwar für »Reisen, Schmuck und Barbesuche«. Ferner hieß es in dem Bericht, für weitere 635 000 Euro, die »an eine Bekannte von Volkert« gingen – offenbar seine brasilianische Geliebte –, lasse sich »keine angemessene Leistung erkennen«. Ein Teil der von ihr gestellten Rechnungen seien »durch Hartz zur Zahlung freigegeben« worden. Volkswagen veranschlagte den entstandenen Gesamtschaden auf fünf Millionen Euro.

Die offensichtliche Frage lautete: Was, wenn überhaupt, hatte Piëch davon gewusst? Die Korruption hatte schon vor Jahren unter seiner Leitung begonnen, und es lag auf der Hand, dass Hartz, der mit Piëch im Vorstand gesessen hatte, in die Vorgänge verstrickt war. Es ging um erhebliche Summen. Aber es fanden sich keine Dokumente oder andere Hinweise, die Piëch mit den Zahlungen in Verbindung gebracht hätten. Hartz erklärte, er habe ohne Piëchs Wissen gehandelt.

Piëch lieferte seine Version der Ereignisse bei seiner Vernehmung durch das Landeskriminalamt Niedersachsen am 29. März 2006. Er behauptete, er habe von den hohen Zahlungen an Gebauer für Reisen und Barbesuche nichts gewusst, die an den üblichen Genehmigungsverfahren vorbeigelaufen seien. »Jeder, der so etwas getan hat, sollte rausgeworfen werden«, hieß es in seiner schriftlichen Zeugenaussage, die bisher noch nicht veröffentlicht wurde.[8] Piëch räumte ein, ihm sei zu Ohren gekommen, Volkert habe eine brasilianische Freundin, aber an Gesprächen über das Gehalt, das Volkswagen ihr zahlte, oder die Wohnung, die sie auf Konzernkosten in Braunschweig unterhielt, habe er nicht teilgenommen.

Piëch gestand jedoch, dass er sich mit Finanztransaktionen

bewusst nicht befasst habe. »Ich habe niemals Geld verteilt«, erklärte Piëch den Ermittlern, »sondern in diesen unangenehmen Fällen mich dadurch aus der Schlinge gezogen, dass ich es an jemand anderen delegiert habe.« Die Aussage lässt sich als Eingeständnis deuten, dass Piëch in solchen Fällen ein Auge zugedrückt und die Drecksarbeit anderen überlassen hat.

Auch im Verfahren gegen Volkert und Gebauer im Januar 2008 wurde Piëch als Zeuge gehört. Der inzwischen 70-Jährige fuhr in einem von Ursula gelenkten schwarzen Tiguan-SUV in Braunschweig vor. Piëch räumte ein, er könnte dem Gewerkschaftsmann gesagt haben, er hätte angesichts seiner Verantwortung, die mit einer Tätigkeit im Vorstand vergleichbar sei, eine bessere Bezahlung verdient. Von Zahlungen an Volkert oder Bordellbesuchen wollte er aber nichts gewusst haben. Wenn er von den Korruptionsfällen erfahren hätte, so erklärte Piëch, hätte er vehemente Einwände erhoben. Die Staatsanwaltschaft Braunschweig verfolgte die Sache nicht weiter.

Bis heute wird darüber spekuliert, ob im Hintergrund Strippen gezogen wurden, um Piëch zu schützen. Ohne belastende Dokumente oder andere schlagende Beweise, die ihn mit Korruption in Verbindung brachten, wäre es jedoch schwierig gewesen, ihn einer Straftat zu überführen. Dass Hartz erklärte, Piëch habe von den Missetaten nichts gewusst, hätte wohl gereicht, um in einem Prozess Bedenken zu zerstreuen und einen Freispruch herbeizuführen. Aber selbst wenn Piëch tatsächlich so nichtsahnend war, wie er behauptete, zeigte der Skandal auf, dass es bei Volkswagen an der finanziellen und ethischen Kontrolle haperte. Nach eigenen Angaben des Unternehmens hatte eine kleine Gruppe von Führungskräften fünf Millionen Euro ausgegeben, ohne dass es jemandem auffiel. Nach dem López-Skandal ein Jahrzehnt zuvor war auch der Prostitutionsskandal ein Symptom dafür, dass mit der Unternehmenskultur bei Volkswagen – also den Normen, die Topmanager bei ihrem Verhalten anlegten – etwas grundsätzlich nicht stimmte. Piëch, nach wie vor Vorsitzender des Aufsichtsrats (aus seinem Plan, im Ruhestand segeln zu gehen, war nichts geworden), hatte in der Zeit der Skandale die Geschicke des Unternehmens gelenkt. Ihm die moralische Verantwortung für diese Verfehlungen zuzuschreiben ist durchaus vertretbar.

Pischetsrieder begriff, dass der Skandal teilweise Folge einer gestörten Führungskultur war, und drängte, wie seine Mitarbeiter bestätigten, zu Reformen. Das Unternehmen gab bekannt, man werde Ombudsmänner bestellen, denen Mitarbeiter vertraulich Korruptionsfälle melden könnten. »Wir ziehen weitgehende Konsequenzen«, erklärte Pischetsrieder bei der Publikation des Berichts der Wirtschaftsprüfer. »Volkswagen wird nach innen und nach außen ein transparenteres Unternehmen.«

Piëch wurde strafrechtlich nicht belangt, aber die anderen hatten weniger Glück. Hartz gab vor Gericht zu, er habe von 1995 bis 2004 Volkert Geld zukommen lassen. 2007 wurde er zu zwei Jahren Haft auf Bewährung und einer Geldstrafe von 576 000 Euro verurteilt. Volkert traf es am härtesten, er erhielt eine Gefängnisstrafe von zwei Jahren und neun Monaten. Davon saß er ein Jahr und neun Monate in einer Haftanstalt bei Hannover ab, wo die Häftlinge tagsüber Freigang hatten.[9] Gebauer, der mit der Staatsanwaltschaft kooperierte, kam mit einer Bewährungsstrafe von einem Jahr davon. Schuster, der einstige Personalvorstand bei Škoda, erhielt 15 Monate auf Bewährung und eine Geldstrafe von 15 000 Euro. Alle fanden sie also milde Richter.

Die Demütigung war für Hartz mit seiner Verurteilung noch nicht zu Ende. Auf ihn konzentrierte sich der öffentliche Unmut angesichts der Arbeitsmarktreformen, für die er mitverantwortlich war. Obgleich sie für ein Sinken der Arbeitslosenzahlen gesorgt hatten, sahen viele Betroffene darin eine Beschneidung ihrer Rechte. Der Name Hartz wurde zum Synonym für die auf das Existenzminimum gekürzte Unterstützung, die Arbeitslose nach Auslaufen des Arbeitslosengelds I erhalten.

Der Skandal wurde zu einem kritischen Zeitpunkt der Unternehmensgeschichte publik, was Außenstehende damals aber kaum ahnten. Ein Ingenieursteam hatte mit der Arbeit an einem neuen Motor begonnen, der intern unter dem Kürzel EA 189 lief. EA stand für »Entwicklungsauftrag«, eine schlichte Bezeichnung, die nicht verriet, welche Bedeutung das Projekt eigentlich hatte. Der neue Dieselmotor sollte die gesamte Flotte der VW-Klein- und -Mittelklassewagen antreiben und in Millionen Fahrzeuge eingebaut werden. Der EA 189 würde mit der neuesten Dieseltechnologie arbeiten, der sogenannten Common-Rail-Einspritzung.[10] Dabei wird ein Rohrleitungssystem (Common Rail) mit Kraftstoff auf hohem Druckniveau gefüllt, und dieser Speicher versorgt alle Zylinder. Bei bisherigen Systemen hatte jeder Zylinder seine eigene Kraftstoffzufuhr. Das Common-Rail-System sorgte für eine gleichmäßigere Versorgung der Zylinder mit Diesel, zudem war es billiger.

Die Entwicklung des Motors war doppelt wichtig, weil ihm eine bedeutende Rolle in den Vereinigten Staaten zugedacht war. Die Zweiliter-Vierzylinder-Version sollte – eingebaut in den Modellen Golf, Jetta, New Beetle, Passat und Audi A3 – dazu beitragen, die frohe Botschaft des Diesels unter den Amerikanern zu verbreiten. Volkswagen beherrschte dank seines Vorsprungs in der Dieseltechnologie bereits den europäischen Markt und hatte Rivalen wie die General-Motors-Tochter Opel an den Rand gedrängt, wo man erst spät begriff, wie wichtig der Diesel für Europa werden sollte. »Die Marktanteile änderten sich über die Jahre drastisch, und das hing vor allem mit dem Diesel zusammen«,[11] erinnerte sich der ehemalige Opel-Chef David J. Herman. Jetzt schickte sich Volkswagen an, mit derselben Strategie in den Vereinigten Staaten gegen Toyota an Boden zu gewinnen. Volkswagen würde den EA 189 als Alternative zum Prius, Toyotas bahnbrechendem Hybrid, anpreisen. Der VW-Diesel sollte annähernd dieselbe Kraftstoffeffizienz bieten wie der Prius, aber mit einer sportlicheren Beschleunigung. Der EA 189 war für die Volkswagen-Strategie in den Vereinigten Staaten so wichtig, dass der Konzern eine spezielle Variante, den »US-Motor«, entwickelte.

Die Ingenieure, die den EA 189 konstruierten, arbeiteten in einem weitläufigen Büro- und Laborkomplex westlich vom Hauptgebäude der Fabrik. Das Volkswagenwerk war seit den Tagen, als ausschließlich Käfer vom Band rollten, enorm gewachsen. Auch Wolfsburg, einst von den Nazis unter dem merkwürdigen Namen »Stadt des KdF-Wagens« gegründet, hatte sich verändert. Östlich der Fabrik, jenseits einer künstlichen Lagune, die mit dem Mittellandkanal verbunden ist, hatte Piëch die Autostadt erbauen lassen, die als Auslieferungszentrum, gleichzeitig aber auch als Museum und Freizeitpark fungiert, quasi ein Tempel der Automobiltechnologie, der im Jahr 2000 seine Tore öffnete. Von Wolfsburg aus über eine Fußgängerbrücke, die den Kanal quert, zu erreichen, bietet die Autostadt einen großen Restaurantkomplex und auf mehreren Etagen Ausstellungsstücke aus der Geschichte des Automobils im Allgemeinen und des Volkswagen-Konzerns im Besonderen. Auf dem – von Arbeitern in braunen Overalls liebevoll gepflegten – Gelände stehen Pavillons, die den Marken des VW-Konzerns, von Lamborghini bis Škoda, geweiht sind. Eingebettet in Rasenflächen gibt es Teiche, teilweise bewohnt von Bibern, die ohne jede Scheu vor Menschen im Gras ruhen, wie um die Aussage des Unternehmens zu unterstreichen: Ja, wir sind Autobauer, aber auch Freunde der Natur.

Die Autostadt dient als Auslieferungszentrum, in dem VW-Kunden ihren Neuwagen abholen können. Die Fahrzeuge warten in 20-stöckigen zylinderförmigen Türmen mit transparenter Fassade. Mechanische Arme holen die Autos, wie in einem riesigen Verkaufsautomaten, von ihrem Stellplatz und setzen sie behutsam auf dem Boden ab. Die Autostadt hat mit dem Ritz-Carlton sogar ein eigenes Hotel, zweifellos eines der wenigen Fünfsternehäuser weltweit mit Blick auf ein Automobilwerk. Das Hotelrestaurant schmückt sich mit drei Michelin-Sternen, und die Gäste können unter den hohen Schornsteinen des VW-eigenen Kraftwerks in einem Infinity Pool baden, der an die Lagune grenzt. Weiter östlich befindet sich die neu erbaute Volkswagen Arena, wo der VfL Wolfsburg zu Hause ist.

Derlei Annehmlichkeiten halfen, die Tristesse eines Orts zu mildern, der vom Dorf zu einer Stadt von 120 000 Einwohnern angewachsen war, aber kulturell wenig zu bieten hatte. Nicht zuletzt sollten die Attraktionen hoch qualifizierten Ingenieuren, die auch von BMW und Daimler, angesiedelt in München und Stuttgart, umworben wurden, die Entscheidung für Wolfsburg erleichtern. Längst vergangen waren die Tage, als Volkswagen die Entwicklung neuer Modelle bei Porsche in Auftrag gegeben hatte. Für Projekte wie den EA 189 musste Volkswagen die besten Leute an sich ziehen, die auf dem Arbeitsmarkt zu haben waren.

Im Jahr 2005 waren schon über 10 000 Mitarbeiter auf dem weitläufigen Gelände beschäftigt, auf dem neue Modelle und Motoren entwickelt wurden. Angesiedelt beim Ortsteil Sandkamp, hatte der Komplex einen eigenen Autobahnanschluss und eine eigene ovale Teststrecke. Die Ansammlung von Zweckbauten, die im Lauf der Jahre hinzukamen, verband architektonisch wenig außer der Verwendung von Klinker, wie er auch beim Fabrikgebäude zum Einsatz kam. Die Größe der Entwicklungsabteilung zeigte, wie kompliziert es inzwischen geworden war, Autos zu fertigen. Da Kraftstoffersparnis das Gebot der Stunde war, musste man sich mit Aerodynamik beschäftigen, und höhere Sicherheitsstandards verlangten den Einbau von Airbags und die Konstruktion von Knautschzonen, die bei einem Zusammenstoß die Verletzungsgefahr für Insassen und Fußgänger minderten. Strengere Emissionskontrollen in Europa und den Vereinigten Staaten sorgten dafür, dass Abgase durch Katalysatoren und Partikelfilter gereinigt wurden. Autobauer taten sich schwer mit der Abwägung zwischen Kraftstoffeffizienz, dem Kundenwunsch nach Leistung und Styling und den Anforderungen der Behörden, die auf Luftreinhaltung und Fahrzeugsicherheit pochten.

Wie der Bankensektor oder andere stark regulierte Branchen brauchten Autobauer effiziente Compliance-Abteilungen, die sich um die Einhaltung der Regeln kümmerten, die Ingenieure über die gesetzlichen Anforderungen auf dem Laufenden hielten und dafür sorgten, dass sie vor den rechtlichen und finanziellen Folgen von Betrug verschont blieben. Pischetsrieder erkannte, wie seine Mitarbeiter bestätigten, dass Volkswagen beim Thema interne Kontrollen hinter BMW und Daimler hinterherhinkte. Er versuchte, den Prostitutionsskandal als Chance für die Einführung von Reformen zu nutzen. Aber noch bevor er sein Ziel erreicht hatte, fiel er bei Piëch in Ungnade, der sich offenbar durch Pischetsrieders zunehmende Unabhängigkeit und dessen Bemühungen um eine neue, weniger autoritäre Unternehmenskultur bedroht fühlte.

Bei den VW-Aktionären war Pischetsrieder beliebt, weil er dafür sorgte, dass sich die Rentabilität des Unternehmens verbesserte, und weil er sich anschickte, die Effizienzlücke gegenüber Toyota zu schließen. Unter seiner Führung hatte sich der Aktienpreis fast verdoppelt. Aber Kostensenkungen waren nicht möglich, ohne das von Aufsichtsratschef Piëch aufgebaute Imperium zu erschüttern. Pischetsrieder hatte Piëch bereits bei einem Lieblingsprojekt ins Handwerk gepfuscht, als er den Verkauf des Phaeton in den Vereinigten Staaten mangels Nachfrage einstellte.[12] Gemeinsam mit Wolfgang Bernhard, einem aggressiven Ex-Daimler-Manager, bedrohte Pischetsrieder auch das Revier des Betriebsrats. Er versuchte, die deutsche Belegschaft durch Vorruhestandsregelungen und den Verkauf von Tochterunternehmen um 20 000 Mitarbeiter zu reduzieren.

Bernhard unternahm frecherweise sogar den Versuch, eine unproduktive VW-Fabrik zu schließen – ein direkter Affront gegen die Arbeiter, obwohl sich das Werk in Brüssel befand. Arbeitsplätze in Deutschland wären davon nicht direkt betroffen gewesen, aber der Schritt hätte einen unwillkommenen Präzedenzfall setzen können.

Als sich der Betriebsrat gegen Pischetsrieder stellte und dessen Fünfjahresvertrag 2007 auslief, unternahm Piëch wenig, um seinen handverlesenen Nachfolger zu verteidigen. In einem Interview im März 2006 erklärte Piëch dem *Wall Street Journal*, die Verlängerung von Pischetsrieders Vertrag sei wegen des Widerstands der Belegschaft gegen dessen Politik eine »offene Frage«.[13] Mit dieser unterkühlten Einschätzung und der Verweigerung jeder Unterstützung war Pischetsrieders Schicksal besiegelt. Zum Jahresende schied er, gefolgt von Bernhard, bei VW aus.

Der neue Vorstandsvorsitzende, den der Aufsichtsrat berief, war Audi-Chef Martin Winterkorn – der Mann, der die Entwicklung des Phaeton geleitet hatte. Im Gegensatz zu Pischetsrieder hatte Winterkorn den Ruf, Piëch zu gehorchen. Man konnte sich darauf verlassen, dass er die Wünsche des Aufsichtsratsvorsitzenden energisch durchsetzte.

Am Ende war es also der Reformer Pischetsrieder, der im Zuge der Prostitutionsaffäre seinen Abschied nehmen musste. Piëch hingegen ging gestärkt daraus hervor. Mit Unterstützung der Arbeitnehmer hatte er sich einen Vorstandsvorsitzenden vom Hals geschafft, der sein Erbe infrage stellte, und stattdessen einen treuen Gefolgsmann auf den Chefsessel gehievt.

Aber mit Pischetsrieder verlor Volkswagen einen Mann, dem es hätte gelingen können, die internen Kontrollen zu stärken, höhere ethische Standards einzuführen und eine Atmosphäre zu schaffen, in der Mitarbeiter offen ihre Meinung sagen dürfen. Wäre Pischetsrieder geblieben, hätte die Unternehmensgeschichte eine andere Wendung nehmen können.

Volkswagen setzte allerdings Pischetsrieders Plan um, Ombudsmänner zu bestellen, bei denen Mitarbeiter Probleme melden konnten. Aber wie die Ereignisse in der Folge zeigen sollten, blieben die internen Kontrollen zu schwach, um Fehlverhalten zu verhindern, darunter Verfehlungen mit dem Potenzial, das Unternehmen zu zerstören. Was vor allem zählte, war das Beispiel, das die Führungsriege gab.

10
Der Betrug

So schlüpfrig der Prostitutionsskandal auch war, er hatte keine sichtbaren Folgen für die Ambitionen von VW. Ganz im Gegenteil. Im November 2007, während die Affäre noch vor Gericht verhandelt wurde, publizierte das Magazin *Der Spiegel* einen kurzen Artikel über ein bevorstehendes Treffen des VW-Aufsichtsrats mit einer erstaunlichen Ankündigung. Martin Winterkorn, noch nicht einmal ein Jahr auf dem Posten des Vorstandsvorsitzenden, beabsichtige, dem Aufsichtsrat einen Plan vorzulegen, wie sich der Verkauf von VW-Fahrzeugen aller Modellklassen auf mehr als zehn Millionen Stück pro Jahr steigern ließe.[1] Zu dieser Zeit setzte VW jährlich rund sechs Millionen Autos ab. Jeder Kenner der Autoindustrie, der nur ein bisschen rechnen konnte, würde sofort begreifen, was das bedeutete. Wollte Winterkorn sein Ziel erreichen, müsste VW nicht nur den weltweit zweitgrößten Autobauer General Motors, sondern auch den größten – Toyota – überholen und die Nummer eins auf dem Weltmarkt werden. Nun war es offiziell: Volkswagen wollte die Vorherrschaft.

Eine zentrale Rolle bei diesem Plan fiel dem Diesel zu. Volkswagen hatte bereits einen großen Vorstoß unternommen, Kleinwagen mit Dieselmotoren an den Mann zu bringen. Wenige Monate zuvor wurden auf der Internationalen Automobil-Ausstellung in Frankfurt sechs neue Dieselmodelle präsentiert, darunter ein Jetta und drei neue Versionen des Golf. Diese Autos seien sauber, praktisch und sparsam, behauptete Volkswagen und brüstete sich, die neuen Motoren würden viel weniger Kohlendioxid ausstoßen.[2]

Auch die Vereinigten Staaten spielten eine große Rolle bei

dem Plan. Sie waren weltweit der größte Automarkt. Wenn VW zehn Millionen Fahrzeuge pro Jahr verkaufen und GM und Toyota abhängen wollte, konnten die Wolfsburger die USA nicht außen vor lassen. Jenseits der Geschäftslogik war der US-Markt für VW aber alles andere als erfreulich. In Europa dominierte Volkswagen den Automarkt, auch in China und in Lateinamerika war es eines der führenden Unternehmen. In den USA jedoch stellte VW kaum mehr als eine Nischenmarke dar und spielte in derselben Liga wie der japanische Importeur Subaru.

Hinter den Kulissen gab es Probleme. Es war ein stürmisches Jahr gewesen, in dem Volkswagen sich abgemüht hatte, den E 189 zu konstruieren und zu produzieren – den neuen Dieselmotor, der für die Ambitionen des Unternehmens von entscheidender Bedeutung war. Vor seinem Ausscheiden als Vorstandsvorsitzender im Jahr zuvor hatte Bernd Pischetsrieder geplant, die VW-Dieselmodelle mit einer von Daimler, dem Hersteller von Mercedes-Benz in Stuttgart, übernommenen Emissionstechnologie auszustatten. Wolfgang Bernhard, ein ehemaliger Daimler-Manager und inzwischen Vorstand der Marke Volkswagen, plädierte ebenfalls für die Verwendung dieser als BlueTec bezeichneten Technologie. Deren Kernbestandteil war eine chemische Harnstofflösung, die Stickoxide in den Abgasen in ihre unschädlichen Bestandteile Stickstoff und Sauerstoff aufspaltete.

Die Technologie funktionierte gut, hatte aber eine Reihe von Nachteilen. Die Autos benötigten einen Tank für die Harnstofflösung, der von den Fahrzeugbesitzern oder der Werkstatt regelmäßig nachgefüllt werden musste. Ein Zusatztank hört sich vielleicht nicht nach einer großen Sache an, aber aus der Sicht von VW wäre er für den Verkauf – und die Ambitionen des Unternehmens – ein bedeutendes Manko gewesen. Der Harnstofftank würde den Kofferraum verkleinern. Und das wiederum würde sich auf die Bewertung des Fahrzeugs in den

Autozeitschriften auswirken, deren Kritiker diese Raummaße sehr genau unter die Lupe nahmen. Außerdem wäre das Nachfüllen des Tanks für den Besitzer eine lästige, mit Zusatzkosten verbundene Pflicht und würde potenzielle Kunden abschrecken. Und schließlich würde BlueTec den Verkaufspreis um 350 Dollar erhöhen (einige Schätzungen lagen niedriger), ein großer Wettbewerbsnachteil in dem hart umkämpften Markt der Mittelklasse-Limousinen. All diese Faktoren waren für VW besonders heikel, weil das Unternehmen vor allem mit den Dieselfahrzeugen seinen Anteil auf dem US-Markt auszuweiten gedachte. Volkswagen konnte sich nichts leisten, was die Attraktivität seines Diesel minderte.

Stolz spielte auch eine Rolle. Den Ingenieuren in Wolfsburg und Ingolstadt bei Audi, die sich als Pioniere der Dieseltechnologie betrachteten, war die Vorstellung peinlich, Technologie von Daimler lizenzieren zu müssen. Schließlich hatte das Unternehmen Audi 1989 den ersten Turbolader-Motor mit Direkteinspritzung auf den Massenmarkt gebracht.

Einige Ingenieure in der Wolfsburger Entwicklungsabteilung waren zudem der festen Überzeugung, die Daimler-Technologie sei noch nicht reif genug für den Massenmarkt.[3] Sie hatte ja auch durchaus ihre Mängel. Zum Beispiel funktionierte die Abgasreinigung mittels Harnstoff erst, wenn der Motor seine Betriebstemperatur erreicht hatte.[4] Und was für Daimler gut war, war nicht zwingend auch gut für VW. Mercedes baute Luxusautos, bei denen die Zusatzkosten für diese Technologie weit weniger ins Gewicht fielen. Auch waren die Mercedes-Fahrzeuge größer und hatten deshalb mehr Platz für den Harnstofftank.

Außerdem war Ferdinand Piëch, immer noch Vorsitzender des Aufsichtsrats, womöglich argwöhnisch, was die Motive für eine Kooperation mit dem VW-Konkurrenten aus Stuttgart anging. Schließlich kursierten seit Jahren Gerüchte, wonach Daimler die Übernahme von Volkswagen anstrebe oder sich einen ausreichend großen Aktienanteil sichern wolle, um auf VW Einfluss nehmen zu können. Der niedersächsische Ministerpräsident Christian Wulff, der ein angespanntes Verhältnis zu Piëch unterhielt, hatte sich offen für den Erwerb von VW-Anteilen durch Daimler ausgesprochen.[5] Deshalb könnte Piëch hinter der angestrebten BlueTec-Allianz leicht eine Verschwörung gewittert haben, mit der VW geschwächt würde und Daimler die Tore in Wolfsburg weit aufgestoßen werden sollten.

Die einzig praktikable Alternative zu BlueTec war die sogenannte Mager-Stickoxidfalle, kurz LNT. Sie funktioniert als eine Art katalytischer Konverter, wobei sie die Stickoxide in einem Speicher auffängt und deren Moleküle in Sauerstoff und den harmlosen, in der Erdatmosphäre reichlich vorhandenen diatomischen Stickstoff trennt. Ist der Speicher voll, wird er durch eine kurzzeitige Erhöhung des Luft-Kraftstoff-Verhältnisses in den Zylindern, wo die Verbrennung stattfindet, entladen. Der überschüssige unverbrannte Kraftstoff, der vom Motor in die Stickoxidfalle gelangt, wirkt dabei wie eine Art Reinigungsmittel und spült den eingefangenen Stickstoff aus.

Die Technologie der Mager-Stickoxidfalle war billiger als Daimlers chemische Lösung. Und weil bei ihr auch kein Harnstofftank nachgefüllt werden muss, benötigt sie auch keine Wartung durch den Autobesitzer. Doch wie so oft bei der Emissionstechnologie zog die Lösung des einen Problems ein nächstes nach sich. Da die Stickoxidfalle den Stickoxidausstoß nicht vollständig neutralisiert, setzte VW für sein System der Schadstoffreduktion noch eine dritte Technologie ein, die Abgasrückführung oder kurz AGR.[6] Wie der Name schon sagt, wird dabei ein Teil der Abgase in die Zylinder zurückgepumpt. Da die Abgase einen geringeren Sauerstoffanteil haben als die Luft in der Atmosphäre, senken sie die Verbrennungstemperatur in den Zylindern, was wiederum zu einer geringeren Produktion von Stickoxiden führt. (Motoren erzeugen bei höheren Temperaturen mehr Stickoxide. Deshalb stoßen Dieselmotoren mehr davon aus als Benzinmotoren, die bei niedrigeren Temperaturen laufen.)

Der Nachteil der Abgasrückführung besteht darin, dass der Motor dadurch mehr krebserregenden Feinstaub produziert. Dies wiederum wirkt sich auf einen weiteren Bestandteil des Abgasreinigungssystems belastend aus, nämlich auf den Filter, der die Rußpartikel auffängt und verhindert, dass sie aus dem Auspuff gelangen. Wie Tests im hauseigenen Emissionslabor von VW zeigten, konnte der zusätzliche Ruß dazu führen, dass der Filter zu schnell verschliss. Das war sowohl hinsichtlich der Regulierungsbehörden als auch der Kunden ein Problem. Laut gesetzlichen Vorgaben müssen Emissionssysteme ihre Wirkung über die gesamte übliche Nutzungsdauer eines Fahrzeugs hinweg aufrechterhalten, die zur damaligen Zeit in den USA bei 120 000 Meilen lag. Müsste der Filter beispielsweise nach 50 000 Meilen ersetzt werden, würde dies nicht den gesetzlichen Vorgaben entsprechen und dem Fahrzeugbesitzer Zusatzkosten und Unannehmlichkeiten aufbürden – mit wahrscheinlich schädlichen Folgen für den Absatz. Diese Probleme waren bei den Fahrzeugen für den US-Markt noch schwerer zu lösen, da dort strengere Vorschriften gegen Stickoxidemissionen galten und bei Verstößen höhere Strafen verhängt wurden als in Europa.

Volkswagens klägliche Marktposition in den Vereinigten Staaten im Jahr 2007 war jahrelangen Fehlentscheidungen geschuldet, oft verursacht durch die Weigerung des Wolfsburger Managements, auf den amerikanischen Geschmack einzugehen. Der Erfolg des Käfer Jahrzehnte zuvor war weitgehend ein Produkt des Zufalls gewesen. Ferdinand Porsche hatte den Original-Volkswagen konstruiert, ohne auch nur einen Gedanken an den amerikanischen Markt zu verschwenden. Der einzige Kunde, der zählte, war Adolf Hitler. Doch auch mehr als ein halbes Jahrhundert später waren Management und Vorstand in

Wolfsburg immer noch erstaunlich ignorant gegenüber dem US-Markt. Sie konzentrierten sich auf Europa und waren berüchtigt dafür, auf die Ratschläge ihrer Mitarbeiter jenseits des großen Teichs zu pfeifen.

Walter Groth, der in den 1990er-Jahren in den Vereinigten Staaten für VW arbeitete, weiß noch genau, wie mühsam es war, die Entwickler in Wolfsburg dazu zu bringen, Flaschenhalter einzubauen, die groß genug für die amerikanischen Mitnahmebecher waren. In Deutschland galt zu dieser Zeit eine Tasse Kaffee noch als etwas, das man in zivilisierter Form genießt und sich dazu an einen Tisch setzt. Zumindest bis zur Eröffnung der ersten Starbucks-Filialen in den 2000er-Jahren war das Konzept des Mitnahme-Kaffees aus deutscher Sicht ein Zeichen für Unkultiviertheit. Trotz der Bitten der amerikanischen Händler weigerten sich die Verantwortlichen von Volkswagen zu glauben, dass die Amerikaner beim Autofahren ganze Mahlzeiten zu sich nehmen, und die Fahrzeuge dementsprechend auszustatten. »Man konnte den Leuten in Wolfsburg einfach nicht klarmachen, dass unsere Flaschenhalter ihren Zweck nicht erfüllten«, erinnerte sich Groth.[7]

Deshalb organisierte Groth für eine Delegation aus Wolfsburg, die nach Los Angeles gereist war, einige VW-Fahrzeuge und fuhr mit seinen Kollegen zu einem Drive-in von McDonald's. Dort ließ er sie Kaffee und Frühstück bestellen und bestand darauf, dass sie ihre Egg McMuffins am Steuer aßen. Die Lektion saß. Schließlich baute Volkswagen Autos, deren Flaschenhalter groß genug für die amerikanischen Fast-Food-Portionen waren.

Volkswagen brauchte etwas, womit sich das Unternehmen in den USA von Toyota abhob. Aus Wolfsburger Sicht war die Entscheidung einfach: Diesel. Der VW TDI war fast so sparsam im Verbrauch wie der Toyota Prius und sparsamer als alle anderen Fahrzeuge auf dem US-Markt. Diesel war das Sprungbrett von VW für seine Dominanz in Europa gewesen und sollte nun diese Funktion auch in den Vereinigten Staaten übernehmen. Die Entscheidung, den neuen Motor E 189 in Auftrag zu geben, ging ursprünglich vor allem auf die Ambitionen von Volkswagen in den USA zurück. Denn die bis dahin verwendeten Motoren hatten keine Chance, die strengeren US-Grenzwerte für den Stickoxidausstoß einzuhalten.

Allerdings wurde die Produktion des neuen Motors durch eine intensiv geführte interne Diskussion darüber verzögert, mit welcher Art von Einspritzsystem man ihn ausstatten sollte. Viele Leute bei VW wollten die bestehende Technologie, bekannt als Pumpe-Düse-System, nicht aufgeben. Dieses System war zu seiner Zeit bahnbrechend gewesen. Es ermöglichte, den Kraftstoff mit einem Druck von 2000 Bar – das Zweitausendfache des Luftdrucks auf der Erde und damit fast doppelt so hoch wie bei früheren Technologien – in die Zylinder einzuspritzen. Dadurch verbrannte der Kraftstoff effizienter, und es entstanden weniger Abgase. Ferdinand Piëch war höchstpersönlich an der Entwicklung der Pumpe-Düse beteiligt gewesen.

Doch allmählich wurde die Common-Rail-Einspritzung aufgrund ihrer höheren Effizienz in der Autoindustrie Standard. Beim Pumpe-Düse-System muss nach jedem Einspritzvorgang die Injektordüse geschlossen werden, damit sich der Kraftstoffdruck wieder erhöhen kann. Beim Common-Rail-System hingegen steht kontinuierlich verdichteter Kraftstoff zur Verfügung, sodass sich der Einspritzzeitpunkt präziser kalibrieren lässt. Das senkt sowohl den Kraftstoffverbrauch als auch die Abgasmenge. Außerdem kostet Common-Rail weniger. Die übrige Autoindustrie wechselte nach und nach zu Common-Rail über. Durch die erhöhte Nachfrage verringerte sich der Preis zusätzlich, da Hersteller von Common-Rail-Systemen wie Robert Bosch es in höheren Stückzahlen produzieren und die Entwicklungs- und Herstellungskosten auf eine größere Kundenzahl umlegen konnten.

Trotz dieser Argumente war es für Volkswagen ein qualvoller Gedanke, die eigenentwickelte Technologie aufgeben zu müssen. Ein Ingenieur, der damals in Wolfsburg arbeitete und darauf bestand, anonym zu bleiben, beschrieb die interne Debatte als »heiligen Krieg«. Piëch war bekannt dafür, dass es ihm missfiel, Konkurrenten zu kopieren, und seine Gefolgsleute gehörten zu jenen, die an der Pumpe-Düse festhielten. Die Pumpe-Düse galt bei VW als so unantastbar, dass die Ingenieure, die das Common-Rail-System favorisierten, aus Furcht vor den Konsequenzen, falls man in der Führungsetage davon Wind bekommen hätte, dessen Entwicklung im Geheimen starteten und in einem Keller der weitläufigen Entwicklungsabteilung arbeiteten. Der Streit wurde erst beigelegt, nachdem eine interne Studie belegte, dass Common-Rail mehr als eine Milliarde Euro pro Jahr an Beschaffungskosten einsparte.

Zu dieser Zeit hinkte das Projekt mit dem neuen Motor bereits zwei Jahre dem Zeitplan hinterher. Selbst als man das Datum der Markteinführung verschob, blieben weniger als zwei Jahre Spielraum bis zum geplanten Produktionsbeginn. Das ist ein außergewöhnlich enger Zeitrahmen für die Konstruktion eines völlig neuen Motors, den Bau der entsprechenden Fertigungsanlagen und die gleichzeitige Lösung des Abgasproblems. Fahrzeuge mit dem neuen US-Motor, einer Variante des EA 189, sollten ab Ende 2008 an die amerikanischen Händler ausgeliefert werden.

Inzwischen hatte die Beförderung von Winterkorn zum Vorstandsvorsitzenden im Jahr 2007 die Perestroika-Periode im Management von VW beendet. Pischetsrieder hatte versucht, den von Piëch geerbten rigiden, hierarchischen Führungsstil zu ändern. Winterkorn, der seinen Aufstieg Piëch verdankte, führte ihn wieder ein.

Winterkorn unterschied sich in vielerlei Hinsicht von seinem Förderer. Während Piëch aus privilegierten Kreisen stammte, kam Winterkorn aus bescheidenen Verhältnissen. Seine Eltern waren ihrer Herkunft nach Deutsche, die in Ungarn lebten und nach Ende des Zweiten Weltkriegs nach Deutschland flohen, wo Winterkorn 1947 geboren wurde.[8] An der Universität Stuttgart studierte er Metallphysik und erwarb später in diesem Fach an einem der angesehenen Max-Planck-Institute den Doktorgrad. Sein Berufsleben begann bei Bosch, und 1981 trat er im VW-Konzern bei Audi eine Stelle als Qualitätskontrolleur an. 30 Jahre lang arbeitete er an Piëchs Seite. Ihre Beziehung beschrieb er einmal als Partnerschaft, in der Piëch für die Entwicklung neuer Ideen verantwortlich war, während Winterkorn dafür sorgte, dass sie umgesetzt wurden. Trotz jahrzehntelanger Kooperation wahrten beide stets professionelle Distanz und siezten einander.

Eines hatten sie jedoch gemeinsam. Beide regierten, indem sie Angst verbreiteten. Piëch, relativ schlank und schmächtig, konnte jeden, mit dem er unzufrieden war, mit verletzenden Worten oder einem eiskalten Blick vernichten. An Winterkorn hingegen war nichts Subtiles. Als früherer Fußball-Torwart war er mit seiner massigen Gestalt und der beim Gehen nach vorne gestreckten Brust schon körperlich einschüchternd.[9] Er trug zweireihige Anzüge mit breitem Revers, die seine stattliche Figur noch betonten. War Winterkorn wie so oft wegen eines bestimmten Sachverhalts unzufrieden, brachte er seine Meinung lautstark und manchmal auch handfest zum Ausdruck. Bei einer Diskussion über die Komponenten, die in die US-Version des Passat verbaut werden sollten, wurde er einer anwesenden Führungskraft zufolge wegen eines Teils, das ihm zweitklassig erschien, derart wütend, dass er es auf den Tisch donnerte, bis es zerbrach. Verschiedene andere seiner Mitarbeiter schilderten ähnliche Szenen. Aber Winterkorn schien sich auch nach Respekt zu sehnen. Es gefiel ihm, wenn man ihn als »Professor Winterkorn« ansprach, auch wenn es nur ein Titel ehrenhalber war.

Allerdings ließen sich manche der willensstärkeren Manager durch Winterkorns polternde Art nicht einschüchtern. Viele sahen ihm seine Ausbrüche nach und entschuldigten sie als Ausdruck seines großen Engagements für Qualität. Winterkorn belle, aber beiße nicht, sagten sie; er könne umgänglich und gegenüber Personen, denen er vertraue, offen sein. Andere jedoch fürchteten Winterkorns Zorn und trauten sich aus Furcht vor den Konsequenzen nicht, ihm zu sagen, dass etwas, was er wollte, nicht machbar sei. Und alle wussten um Winterkorns enge Beziehung zu Piëch, der nach wie vor Aufsichtsratsvorsitzender war.

So sah Ende 2006 das Umfeld aus, in dem sich die an der Entwicklung einer US-Variante des neuen Dieselmotors beteiligten Ingenieure, Manager und Softwareexperten mit dem Emissionsproblem abmühten. Pischetsrieder war schon so gut wie weg, Bernhard folgte ihm kurz darauf und kehrte schließlich zu Daimler zurück. Winterkorn hingegen festigte, mit Piëch im Hintergrund, seine Macht. Und Volkswagen bereitete sich darauf vor, in den USA einen großen Treffer zu landen – Kernstück des Plans, weltgrößter Autobauer zu werden. BlueTec war aus dem Rennen, wenngleich noch nicht offiziell beerdigt.

Mitte 2006 erkannten die Motorenentwickler, dass sie ein großes Problem hatten. Tests in den firmeneigenen Labors von Volkswagen ergaben, dass das Abgasrückführsystem den Partikelfilter in inakzeptabler Weise belastete und zu seinem verfrühten Ausfall führte. Doch die Stickoxidfalle war ohne die Hilfe des AGR nicht in der Lage, die Stickoxidemissionen unter Kontrolle zu halten. Die Fahrzeuge würden die Emissionstests nicht bestehen, vor allem nicht in den USA mit ihren strengeren Stickoxid-Grenzwerten. Die US-Umweltbehörde würde die Autos nicht zertifizieren, was zur Folge hätte, dass sie nicht in den Verkauf gehen könnten. Die globalen Ambitionen von Volkswagen kollidierten mit den physikalischen Gesetzen. Wie Volkswagen später laut Gerichtsdokumenten einräumte, schafften es die Spezialisten des Unternehmens nicht, die widerstreitenden Ziele von niedrigem Kraftstoffverbrauch und Emissionen »innerhalb des vorgegebenen Zeit- und Kostenrahmens« miteinander in Einklang zu bringen.[10] Ein an der Entwicklung des neuen Motors beteiligter Ingenieur formulierte es unverblümter: »Es war ein schlechter Plan.«

Dabei hatte Volkswagen durchaus Alternativen. Zum Beispiel hätte man auf den Partikelfilter eine spezielle Garantie und somit den Kunden die Möglichkeit eines kostenlosen Austauschs des Filters geben können, sobald er verschlissen war. Das hätte es den Vorrichtungen zur Schadstoffsteuerung erleichtert, vollwertig zu funktionieren. Volkswagen hätte auch Fahrzeuge mit besserer Emissionstechnologie bauen können. Angesichts einer ähnlichen Zwickmühle hatte BMW seine in die USA exportierten Diesel-SUVs mit robusteren Vorrichtungen ausgestattet, um auf rechtmäßige Weise die US-Grenzwerte beim Schadstoffausstoß einzuhalten. Manche BMW-Fahrzeuge verfügten über alle drei Emissionstechnologien gleichzeitig: Abgasrückführung, Stickoxidfallen und die auf Harnstoff basierenden SCR-Systeme. Volkswagens Zielgruppe waren jedoch weniger betuchte Kunden, und die zusätzlichen Apparaturen hätten die Kosten der Fahrzeuge um Hunderte Dollar erhöht sowie wertvollen Platz gekostet, ohne die Attraktivität der Autos zu steigern. Emissionstechnologie ist kein Thema, wenn Autohändler einen Wagen anpreisen.

Volkswagen wählte einen anderen Weg zur Lösung des Problems. Mitte 2006 arbeiteten Ingenieure in Wolfsburg an der Anpassung einer Software für den Einsatz bei VW-Motoren, die Audi in seinen Dieselmotoren verwendete. Audi verfügte bereits über Motoren mit dem Common-Rail-System, daher war es sinnvoll, diese Software zu übernehmen, anstatt ganz von vorn zu beginnen. Als die Ingenieure besagte Software untersuchten, die Tausende Funktionen zur Steuerung der Motorparameter enthielt, fiel ihnen etwas auf, das als »Geräuschfunktion« oder auch als »Akustikfunktion« bezeichnet wurde.

Diese ermöglichte dem Auto zu erkennen, ob es auf einem Rollenprüfstand in einem Labor getestet wurde. Wenn der Computer unter der Motorhaube merkte, dass sich der Wagen im Testmodus befand, konnte er das Verhalten des Motors so steuern, dass optimale Testergebnisse erzielt wurden. Die Funktion war, wie die Ingenieure begriffen, eine Abschalteinrichtung.

Jemand meinte – es wurde nie klar, wer –, Volkswagen könnte die Akustikfunktion doch für die Lösung seiner Emissionsprobleme beim neuen Dieselmotor nutzen. Auch wenn diese Äußerung vielleicht nur halb ernst gemeint war, verfestigte sich die Idee immer mehr. Laut Sammelklagen von VW-Kunden, die sich auf interne Dokumente des Unternehmens stützten, erhielt ein für die in den US-Dieselmotoren vorgesehene Software zuständiger Ingenieur im November 2006 von seinen Vorgesetzten den Auftrag, eine Möglichkeit zu finden, wie man die Akustikfunktion von Audi bei VW-Fahrzeugen verwenden könnte.[11] Der Ingenieur war sehr unfroh über diese Aufgabe. Aber er tat, wie ihm geheißen.

Im selben Monat versammelten sich rund 15 der für die Entwicklung von Dieselmotoren und Motorelektronik Verantwortlichen in einem Konferenzraum im obersten Stockwerk des Gebäudes für Forschung und Entwicklung auf dem Wolfsburger Werksgelände. In dem siebengeschossigen lang gezogenen Backsteingebäude mit weißer Außenvertäfelung arbeiten Hunderte Menschen; die dortige Kantine ist berühmt für ihre Currywurst.

Der Konferenzraum unweit der Büros der Spitzenmanager für Forschung und Entwicklung war gut ausgestattet, mit dickem Teppich und glänzendem Holztisch, an dem sich die Entwickler einfanden. Den später von Ermittlern gewonnenen Erkenntnissen zufolge war der höchstrangige Manager in der Runde Rudolf Krebs, Chef der Motorenentwicklung.[12] Die PowerPoint-Präsentation, die der Software-Ingenieur widerstrebend erarbeitet hatte, wurde auf eine Leinwand projiziert. Sie bestand aus gerade einmal drei Folien.[13] (Ermüdend lange PowerPoint-Präsentationen waren in der Abteilung von Forschung und Entwicklung tabu.) Eine Folie zeigte in einer grafischen Darstellung das Verfahren, das die US-Umweltbehörde bei der Messung des Schadstoffausstoßes bei Autos anwandte. Auf einem Rollenprüfstand im Labor würden die Prüfer versuchen, die Fahrbedingungen eines Wagens auf der Straße zu reproduzieren, einschließlich der Simulation von Fahrten im städtischen Verkehr und auf Schnellstraßen. Das Muster dieses sogenannten Testzyklus war öffentlich bekannt und vorhersehbar. Die Präsentation veranschaulichte, wie ein in der Software der Motorsteuerung eingebetteter Code dieses Muster erkennen und Vorrichtungen aktivieren könnte, die eine Emissionsminderung allein während eines Testlaufs bewirkten. Die übrige Zeit ließ sich die Schadstoffsteuerung zurücksetzen, um den Partikelfilter zu schonen. Anders gesagt, das Fahrzeug würde sich nur dann gesetzeskonform verhalten, wenn es von der Emissionspolizei beobachtet wurde. Das in der PowerPoint-Präsentation vorgestellte Programm entsprach der Definition einer Abschalteinrichtung, deren Verwendung sowohl in den Vereinigten Staaten als auch in Europa gegen das Gesetz verstieß.

Den Anwesenden im Konferenzraum war bewusst, dass sie ein großes Risiko eingingen. Über die Verwendung der Software wurde intensiv diskutiert. Manche hatten schwere Bedenken.[14] Sie befürchteten, die US-Behörden könnten die Software entdecken und Volkswagen juristische Probleme bereiten. Manch andere hielten einen derartigen Betrug einfach für die falsche Lösung, unter ihnen Idealisten, die wirklich daran glaubten, an der Konstruktion eines saubereren Motors zu arbeiten. Für sie war die Vorstellung zu betrügen demoralisierend und nicht mit ihrem Arbeitsethos vereinbar. Wieder andere entgegneten, alle Autohersteller würden betrügen, und argumentierten, auch Volkswagen müsse Abkürzungen nehmen, sonst könne das Unternehmen nicht gegen die Konkurrenz bestehen. Laut Unterlagen, die später ans Licht kamen, verkündete Krebs am Ende der Sitzung die Entscheidung: Baut die Abschalteinrichtung. Und er riet den Ingenieuren, sich nicht erwischen zu lassen.[15]

Krebs, der 2007 auf einen anderen Posten wechselte, bestritt später, bei dieser Sitzung oder einer anderen Gelegenheit wissentlich Software zur Manipulation der Emissionswerte genehmigt zu haben. Seiner Behauptung nach hätten die für die Entwicklung von Dieselmotoren verantwortlichen Manager ihm versichert, Motoren konstruieren zu können, die den amerikanischen Grenzwerten entsprächen; von der Existenz einer Abschalteinrichtung habe er erst Jahre später, im September 2015, erfahren. In einer Klageschrift gegen Volkswagen, die von Anwälten auf der Grundlage von internen Konzerndokumenten abgefasst wurde, wird darauf abgehoben, dass Krebs sich mit Verweis auf potenzielle juristische Probleme skeptisch hinsichtlich des Einsatzes einer speziellen Software zur Beeinflussung der Emissionsleistung im Testbetrieb geäußert habe.[16]

Die Sitzung dauerte weniger als eine Stunde. Ihre Folgen sollten jahrelang spürbar sein.

Wahrscheinlich ahnte keiner der Teilnehmer, wie verhängnisvoll sich die Konsequenzen auswirken würden. In Europa war das Risiko nicht allzu groß. Es gab fast keine Strafen für Autohersteller, die gegen die Emissionsregeln verstießen. Die Vereinigten Staaten jedoch, wo sich Strafen in der Regel auf Abermillionen Dollar beliefen, waren ein ganz anderer Fall. Aber in ihrem gemütlichen Wolfsburg glaubten die Ingenieure vor Entdeckung sicher zu sein. Ihrer Kenntnis nach gab es keine Technologie, mit der man die Emissionen eines Autos im realen Straßenverkehr messen konnte, wodurch die Diskrepanz zwischen dem Schadstoffausstoß im Labor und unter normalen Fahrbedingungen aufgefallen wäre.[17]

Der Betrug

Die Leute, die über die PowerPoint-Präsentation diskutierten, sahen die Software vielleicht als eine vorübergehende Notlösung an, als eine Möglichkeit, das Motorenprogramm am Laufen zu halten, bis eine bessere Lösung gefunden war. Soweit bekannt, erhielt niemand eine Sondervergütung für die Lösung des Emissionsproblems. Die Belohnung bestand darin, dass sie ihre Jobs behielten.

Vermutlich empfanden die Entwickler ihr Vorhaben auch gar nicht als groben Verstoß gegen die bei Volkswagen geltenden Standards. Es gab reichlich Präzedenzfälle von Tricksereien, mit denen lästige Regelungen umgangen wurden. In der Vergangenheit hatte Volkswagen schon mehrmals Ärger mit dem amerikanischen Umweltschutz gehabt, was aber nie zu empfindlichen Strafen geführt hatte und als Kosten für den normalen Geschäftsbetrieb abgeschrieben wurde. Bereits 1973 war Volkswagen mit dem Vorwurf konfrontiert gewesen, Abschalteinrichtungen zu verwenden. Damals hatte das Unternehmen 120 000 Dollar an die Umweltschutzbehörde (EPA) für die Beilegung des Konflikts bezahlt.[18] 2005 zahlte Volkswagen 1,1 Millionen Dollar Strafe, weil das Unternehmen die EPA nicht über die Emissionsprobleme bei einigen der in Mexiko gefertigten Modelle informiert hatte.[19]

Audi, wo viele der wichtigsten Innovationen von VW ausgebrütet wurden, benutzte schon seit Jahren eine Software zur Umgehung der Emissionsregeln. Von 1999 an entwickelten Audi-Ingenieure eine Technologie namens Piloteinspritzung, die das unangenehme Nageln eliminierte, das beim Starten eines Dieselmotors auftrat.[20] Doch die Technologie zur Geräuschreduktion führte dazu, dass die Abgase die gesetzlichen Grenzwerte überschritten. Deshalb entwickelte Audi eine Software, die den bei offiziellen Emissionstests in Europa simulierten Fahrzyklus erkannte.[21] Sobald das Auto merkte, dass es getestet wurde, wurde die Geräuschminderungsfunktion deaktiviert. Die übrige Zeit aber war der Wagen so programmiert, dass das Trommelfell des Fahrers geschont blieb. Audi nannte die Software euphemistisch »Akustikfunktion«. Installiert wurde sie in 3-Liter-Dieselfahrzeugen mit V-6-Motor, die zwischen 2004 bis 2008 in Europa verkauft wurden, um so die zunehmend strengeren Schadstoffgrenzwerte zu umgehen. Das geschah teilweise in Martin Winterkorns Amtszeit, der von 2002 bis 2006 Vorstandsvorsitzender von Audi war. (Angesichts von Winterkorns Detailversessenheit fällt es schwer zu glauben, dass er von der Akustikfunktion nichts wusste. Es kamen aber keine Dokumente ans Licht, die bewiesen hätten, dass er von der geräuschmindernden Software tatsächlich Kenntnis besaß.)

Die Manager und Ingenieure von Volkswagen passten nun die Akustikfunktion einfach ihrem neuen Dieselmotor an. Der Code selbst befand sich innerhalb der sogenannten Motorsteuerungseinheit, kurz ECU, unter der Motorhaube, wo sie das komplexe Zusammenspiel der Motorkomponenten regelte. Das in Stuttgart ansässige Unternehmen Bosch hatte gerade eine brandneue Steuerung namens EDC17 entwickelt. »EDC« stand für »Electronic Diesel Control«. Bosch bewarb sein neues Produkt mit dem Argument, das Steuergerät könne sehr flexibel in jedem Fahrzeugsegment auf allen Weltmärkten eingesetzt werden.[22] Die EDC17 biete eine große Zahl von Optionen, beispielsweise die Steuerung des Partikelfilters oder die Steuerung des Systems zur Reduzierung der Stickoxide.[23] Durch maßgeschneiderte Festlegung des Einspritzzeitpunkts und anderer Parameter erhöht sich die Präzision der Einspritzung während der gesamten Lebensdauer des Fahrzeugs. Das System leiste daher einen wichtigen Beitrag zur Einhaltung künftiger Abgasgrenzwerte, behauptete Bosch.

Nach der Sitzung arbeiteten untergeordnete Ingenieure die Spezifikationen für die Abschalteinrichtung aus, um sie an Bosch weiterzuleiten. Damals schrieb Volkswagen seine Software nicht selbst, sondern überließ das Zulieferern. Boschs neue EDC17, die vor allem mit Blick auf Volkswagen entwickelt wurde, bot eine bequeme Plattform.

Bosch arbeitete beim passgenauen Zuschnitt der ECU für den EA-189-Motor eng mit VW zusammen, hielt den Code aber wachsam unter Verschluss.[24] Es wäre für Volkswagen schwierig, wenn nicht gar unmöglich gewesen, die Software ohne Boschs Einwilligung zu modifizieren. Von Bosch geäußerte Bedenken verrieten, dass sich die Firma der rechtlichen Risiken bewusst war. Im Juni 2008 machte ein Bosch-Manager Volkswagen schriftlich darauf aufmerksam, dass die Verwendung einer Abschalteinrichtung nach US-Gesetz verboten war, und bat Volkswagen, Bosch von jeglicher rechtlicher Mithaftung freizustellen.[25] Die von Volkswagen verlangten Änderungen an der Software würden »noch einen weiteren Pfad zur potenziellen Bedatung als ›defeat device‹ [Abschalteinrichtung]« bedeuten, hieß es in dem Schreiben.[26] Anschließend zitierte der Bosch-Vertreter US-amerikanische und europäische Gesetze, die jegliche Abschalteinrichtungen untersagten. »Wir bitten Sie, beiliegende Haftungsausschlussklauseln in Ihrem Haus unterzeichnen zu lassen«, hieß es zum Schluss. Soweit bekannt, lehnte Volkswagen dies ab. Stattdessen rügte ein VW-Manager der Abteilung für Motorenentwicklung Bosch dafür, dass die Firma Anwälte hinzugezogen hatte.[27]

Geschriebene oder ungeschriebene Verhaltensregeln, die die VW-Ingenieure von ihrem Tun abgehalten hätten, waren zu lasch, oder es gab sie schlichtweg nicht. Wie Volkswagen später einräumte, wurden Regelverstöße toleriert, und es mangelte an gegenseitiger Kontrolle.[28]

Die Personen, die Motorensoftware programmierten, waren dieselben, die ihre Verwendung genehmigten; andere Autohersteller hingegen trennten die Entwicklung der Software sehr wohl von ihrer Zulassung. Auch verfügte die Rechtsabteilung von Volkswagen über keine Mitarbeiter mit ausreichend technischer Kenntnis, um überhaupt zu verstehen, was die Ingenieure vorhatten. Die für juristische Fragen und Regelüberwachung Zuständigen bei VW waren sich offenbar auch nicht bewusst, welch immense Strafen in den USA bei einer Aufdeckung des Betrugs drohten, im Unterschied zu den relativ geringen Folgen, die sie in Europa zu gewärtigen hätten; somit konnten sie den Ingenieuren diese Gefahr auch nicht vor Augen führen. Volkswagen hatte auch noch kein System eingeführt, das es einem internen Whistleblower ermöglicht hätte, den Gesetzesverstoß ohne Angst vor Konsequenzen aufzudecken. Mitarbeiter mit Vorbehalten gegen die illegale Software – von denen es durchaus einige gab – konnten sich niemandem anvertrauen. Und die Spitzenmanager dienten kaum als Beispiel für moralische Integrität. Im Hintergrund machte der Prostitutionsskandal immer noch Schlagzeilen.

Es gab innerhalb des Unternehmens Stimmen, die vor den Risiken warnten. Ingenieure und Manager von Volkswagen hatten bereits mit der EPA und mit CARB, der einflussreichen Behörde, die die besonders strengen kalifornischen Luftreinhalteregeln durchgesetzt hatte, über die neuen Dieselmotoren diskutiert. Und die US-Behörden hatten die Vertreter von Volkswagen an ihre Verpflichtung erinnert, alles offenzulegen, was Vorrichtungen zur Abgassteuerung teilweise oder ganz außer Kraft setzen könnte.

Im November 2006 schrieb Stuart Johnson, ein VW-Manager in den USA und verantwortlich für die Einhaltung der Emissionsvorschriften, ein Memo, in dem er auf den Fall Ende der 1990er-Jahre hinwies, als Cummins, Caterpillar und andere Hersteller von Lkw-Motoren bei der Verwendung von Abschalteinrichtungen ertappt worden waren.[29] Johnson erinnerte daran, dass die Lkw-Hersteller die Motoren so programmiert hatten, dass diese nach Ablauf eines gewissen Zeitraums mehr Schadstoffe ausstießen, nämlich nach einem Zeitraum, der nur ein wenig länger war als die Dauer des Testverfahrens. Das Vorgehen der Lkw-Hersteller war ein »klarer Verstoß gegen den Geist der Emissionsgesetze und das Testverfahren zur Zertifizierung«, schrieb Johnson. Einige Tage später unterstrich Leonard Kata, ein weiterer für die Einhaltung der Emissionsvorschriften in Amerika zuständiger VW-Manager, Johnsons Botschaft noch einmal in einer E-Mail.[30] Alles, was dazu führen würde, dass sich ein Fahrzeug unter normalen Bedingungen anders verhielt als in einer Prüfeinrichtung, sei rechtswidrig, erklärte Kata im Wesentlichen.[31]

Bei einem Treffen am 21. März 2007 mit einer Delegation von Volkswagen, zu der hochrangige Manager von VW und Audi gehörten, wiederholten die Vertreter von CARB ihre Mahnung. Laut einem VW-internen Bericht über diese Sitzung erklärte der CARB-Vertreter Duc Nguyen den Volkswagen-Delegierten, die Behörde »erwarte, dass die Emissionssteuerungssysteme auch unter Bedingungen außerhalb von Emissionstests wirksam sind«. In dem VW-Bericht heißt es anschließend: »Volkswagen stimmt dem zu.«[32]

Im Kreis der Motorenentwickler gab es viele Ingenieure, denen die Vorschriften zur Luftreinhaltung zuwider waren, weil es ihrer Ansicht nach immer weniger möglich war, sie einzuhalten. Die Autobauer standen unter Druck, den Ausstoß von Kohlendioxid zu reduzieren, damit die globale Erwärmung verlangsamt würde. Kraftstoffsparende Diesel waren aus Sicht der deutschen Ingenieure ein vielversprechender Weg im Kampf gegen den Klimawandel. Doch die Vorschriften verlangten von den Autobauern auch, das schädlichste Nebenprodukt von Diesel – Stickoxid – weiter zu reduzieren. Diese beiden Ziele – weniger Kohlendioxid- und geringere Stickoxidemissionen – waren im Grunde gegenläufig und beide nur schwer mit den Forderungen des Markts zu vereinbaren. Die Kunden wollten Autos, mit denen es Spaß machte zu fahren, und nur wenige kümmerte es, welches Emissionssystem ihr Wagen hatte.

2007 gab Wolfgang Hatz, Chef der Motorenentwicklung bei Volkswagen und Vertrauter von Winterkorn, während einer

Technologieschau in San Francisco diesen Frustrationen eine Stimme. Besonders kritisch stand Hatz dem Bundesstaat Kalifornien und dessen strengen Luftreinhaltungsbestimmungen gegenüber.[33]

»CARB ist nicht realistisch. Es ist zu aggressiv«, sagte Hatz, wie in einem Video auf einer Website der Autoindustrie zu sehen ist.[34] Die von CARB geforderte deutliche Senkung der Emissionen »ist für uns fast unmöglich«, klagte er. In dem Video trägt Hatz ein rosafarbenes Anzughemd mit offenem Kragen, darunter gut sichtbar ein weißes Unterhemd, und er wirkt ein wenig unrasiert. »Wir müssen realistisch sein«, erklärte er. »Seitens unseres Unternehmens, unserer Industrie, werden wir tun, was möglich ist. Wir können eine ganze Menge machen, und das werden wir auch, aber Unmögliches können wir nicht.« Dann malte Hatz ein für jeden Autoliebhaber schreckliches Zukunftsszenario: ein künftiges Amerika, in dem die Menschen in winzigen verbrauchsarmen Autos umherfahren müssen. »Vielleicht gibt es dann nur kleine japanische und koreanische Autos in diesem Land«, sagte er mit drohendem Unterton.

Im August 2007 beendeten Audi und VW offiziell ihre Zusammenarbeit mit DaimlerChrysler bei der Emissionstechnologie. Diese Entscheidung bedeutete, dass die erste Generation der VW Diesel mit dem neuen EA-189-Motor die Emissionstests ohne das Harnstoff-basierte System bestehen musste. »Die Marke TDI ist stark genug für die USA«, erklärte ein Audi-Sprecher gegenüber dem Handelsmagazin *Automobilwoche*. »Wir brauchen kein BlueTec.«[35] Natürlich verriet Audi nicht, auf welchem technologischen Durchbruch diese Zuversicht gründete.

Anders als die Fahrzeuge der Marke VW wurde in manche größere Audis nach wie vor das SCR-System eingebaut. Audi schwächte die Leistung dieses Systems jedoch durch Anforderungen, die die Audi-Ingenieure in die Klemme brachten. 2006 erkannten die Audi-Ingenieure, dass die SUVs Q7 größere Harnstofftanks benötigten, wenn sie die US-Grenzwerte bei Stickoxiden einhalten wollten. Oder die Besitzer müssten ihr Fahrzeug etwa alle 5000 Meilen zum Nachfüllen des Harnstoffs zum Händler bringen. Beide Alternativen wurden verworfen. Stattdessen wurde der Q7 ebenfalls so programmiert, dass er das verräterische Muster eines offiziellen Testverfahrens erkannte.[36] Bei laufendem Test spritzten die Audis mehr Harnstofflösung in das Schadstoffsteuerungssystem, sodass die Stickoxidemissionen innerhalb der rechtlich zulässigen Werte blieben. Erkannte das Auto, dass kein Test stattfand, verminderte die Motorsoftware den Zufluss des Harnstoffs so stark, dass er mindestens 10000 Meilen reichte. Entsprechend stiegen die Emissionen bis zum Neunfachen des Grenzwerts.

Winterkorn, zu dieser Zeit noch Chef bei Audi, wurde 2006 informiert, der Harnstofftank des Q7 sei zu klein.[37] Davon erfuhr auch ein gewisser H. Müller, möglicherweise die Abkürzung für »Herr Müller«. Matthias Müller, der in der Geschichte von VW noch zu einer sehr wichtigen Figur werden sollte, war zu dieser Zeit Chef des Produktmanagements von Audi.

Es gibt gegenwärtig keine Belege, dass Winterkorn die Verwendung einer Abschalteinrichtung im Q7 angeordnet oder zur damaligen Zeit Kenntnis von ihr hatte. Unterlagen lassen jedoch darauf schließen, dass die Entscheidung, den Q7 in den USA weder mit größeren Harnstofftanks auszustatten noch kürzere Nachfüllzyklen zu akzeptieren, auf höchster Ebene fiel.[38] Diese Entscheidung ließ den Audi-Ingenieuren wenig Wahlmöglichkeiten. Das physikalisch Unmögliche konnten auch sie nicht zuwege bringen. Sie konnten den Q7 nicht den US-Emissionsstandards anpassen, ohne dass der Harnstofftank bereits vor dem regelmäßigen Ölwechsel leer gewesen wäre. Entweder konnten sie nun ihren Vorgesetzten erklären, dass sie an dieser Aufgabe gescheitert waren, oder sie konnten betrügen. Angesichts des dann drohenden Verlusts ihres Arbeitsplatzes wählten sie letztere Option.

Ende 2008 ging der Q7 Diesel in den USA in den Verkauf. In den Porsche Cayenne und den VW Touareg, die mit demselben 3-Liter-Motor und derselben Emissionstechnologie ausgestattet waren, wurde später dieselbe Abschalteinrichtung eingebaut. Sie war effektiv genug, um die US-Behörden jahrelang hinters Licht zu führen.

Doch selbst mit diesem Trick hinsichtlich der Emissionen hatten die VW-Ingenieure in Wolfsburg Mühe, das EA-189-Programm für den Jetta mit dem neuen Motor so rechtzeitig abzuschließen, dass der Verkauf Ende 2008 beginnen konnte. Zumindest war der Motor im April 2008 so weit auskonstruiert, dass Volkswagen ihn auf dem Internationalen Wiener Motorsymposium vorstellen konnte – einer jährlich stattfindenden Präsentation neuer Technologie, die regelmäßig Europas Spitzenmanager der Autobranche anlockt. Der Kongress fand im barocken Palast der Wiener Hofburg statt, von der aus einst das Habsburger Kaiserreich regiert wurde.

Volkswagen war stolz auf das, was es mit dem neuen EA 189 erreicht oder zumindest scheinbar erreicht hatte. »Der neue 2.0 l TDI-Motor von Volkswagen zur Erfüllung niedrigster Abgasgrenzwerte« lautete der Titel des Beitrags von Volkswagen zum Thema »Neue Dieselmotoren«. Bei seinem Schlussvortrag auf dem Symposium warf sich Winterkorn noch mehr in die Brust: »Individuelle Mobilität gehört zu den Haupttreibern wirtschaftlicher Entwicklung. ... Gleichzeitig bringt die rasant wachsende Mobilität enorme Herausforderungen für Umwelt und Infrastruktur mit sich«,[39] erklärte Winterkorn am Rednerpult in seinem dunklen Maßanzug, mit schlankem drahtlosen Mikrofon am Ohr. »Der Volkswagen-Konzern stellt sich seiner Verantwortung.« Das Unternehmen, fuhr er fort, »treibt nicht nur weltweit innovative Lösungen zur Senkung von Emissionen durch immer effizientere Verbrennungsmotoren

Der Betrug

und Getriebe oder die Entwicklung alternativer Kraftstoff- und Antriebskonzepte voran«. Er versprach, Volkswagen werde neue »Maßstäbe für ressourcen- und umweltschonendes Autofahren setzen«. Das Unternehmen, schloss Winterkorn seinen Vortrag, »verfolgt ein globales Ziel: Nachhaltigkeit und Mobilität weltweit in Einklang zu bringen«.

Der Vortrag beschrieb, wie Volkswagen von der Welt gesehen werden wollte. Es war eine großartige neue Vision, von einem Mann formuliert, der mehr für seine Besessenheit von ingenieurstechnischen Details als für eine expansive Weltsicht bekannt war. Volkswagen wollte nicht nur zum größten Automobilunternehmen auf dem Planeten werden, sondern auch zum grünsten.

11
Die Porsches und die Piëchs

Die bei Volkswagen produzierten Porsche-Sportwagen und SUVs haben die Porsches und Piëchs zu zwei der reichsten Familien Europas gemacht. Doch auf dem Schüttgut, einem bäuerlichen Anwesen in den Bergen bei Zell am See und Stammsitz der beiden Familien, gab es ständig Streit. Während Louise Piëch und Ferry Porsche, die Ende der 1990er-Jahre starben, geschäftlich gut miteinander ausgekommen waren, teilten sich ihre Kinder in zwei Lager. Die Geschwister Piëch, aufgewachsen unter der rigorosen Aufsicht von Louise, galten als unnachgiebig und rücksichtslos. Sie hatten strenge Schweizer Internate besucht. Ferdinand Piëch war der bei Weitem prominenteste Sprössling dieses Familienzweigs. Louises Bruder Ferry Porsche hingegen galt als onkelhaft und gelassener. Seine Kinder besuchten Waldorf-Schulen, die von dem esoterischen österreichischen Philosophen Rudolf Steiner gegründet wurden und den Kindern ein fürsorgliches, egalitäres Umfeld bieten wollen. Sie waren eine Reaktion auf das hierarchische Schulsystem in den deutschsprachigen Ländern Europas, die die Schüler schon in jungen Jahren danach einteilen, ob sie einmal eine Universität besuchen oder eine gering qualifizierte Arbeit ausüben sollen.

Stereotype über die beiden Familienzweige – hier die stählernen Piëchs, da die sensibleren Porsches – sind jedoch eine Überzeichnung. Immerhin hatte Ferry während des Zweiten Weltkriegs an der Seite seines Vaters für Hitler Panzer konstruiert. Und nachfolgende Ereignisse sollten zeigen, dass auch die Porsches skrupellos handeln konnten. Die nachfolgenden Generationen der Porsches und Piëchs waren dann allerdings so unterschiedlich, dass sie sich als zwei Familien begriffen, selbst wenn die Welt sie weiterhin als eine Einheit sah. Reporter wurden vom Public-Relation-Stab der Familie ermahnt, nicht von der Porsche-Familie, sondern von den Familien Porsche und Piëch zu sprechen.[1]

Wolfgang Porsche, einer von Ferrys Söhnen, wurde Oberhaupt und Sprecher der Porsches, bei den Piëchs war Ferdinand Piëch tonangebend. Die internen Machtkämpfe zwischen Wolfgang Porsche und Ferdinand Piëch gewann – dank seiner Kämpfernatur und seiner ausgeprägten Leidenschaft für Kraftfahrzeugmechanik – normalerweise Letzterer. In einem unterschieden sich die beiden Familien allerdings nicht, und das war ihre Verschwiegenheit. Sie gaben fast nie Interviews und vermieden in der Öffentlichkeit jegliches Verhalten, das sie in die Klatschspalten hätte bringen können. Wenn sich Vertreter der Familien trafen, um geschäftliche Angelegenheiten zu klären, geschah das oft in zweitklassigen Hotels oder Restaurants, wo niemand sie vermutet hätte. Handys waren in Besprechungsräumen nicht zugelassen.

Trotz der Spaltung waren die Familienmitglieder in der Lage, an einem Strang zu ziehen, wenn es die Umstände erforderten. Eine solche Situation trat Mitte der 2000er-Jahre ein, als der Prostituierten-Skandal Volkswagen erschütterte und das Unternehmen gleichzeitig einen neuen Vorstoß in Richtung USA vorbereitete.

In den letzten Jahren von Ferdinand Piëchs Amtszeit als Vorstandsvorsitzender hatte die Volkswagen-Aktie geschwächelt. Mit seiner dürftigen Gewinnmarge war Volkswagen trotz seiner Position als führender Autohersteller Europas für Investoren wenig reizvoll. Piëch interessierte sich mehr für Autos als für Geld; er steckte Gewinne lieber in Forschung und Entwicklung, als Dividenden zu zahlen. Er machte auch keine Kniefälle vor Finanzexperten oder der Wirtschaftspresse. Doch nun wurde Volkswagen durch seine Missachtung der Börse verwundbar. 2004 fiel die VW-Vorzugsaktie auf unter 22 Euro (es gibt bei dem Unternehmen sowohl Vorzugsaktien ohne Stimmrecht als auch Stammaktien mit Stimmrecht), das war gegenüber 1998 ein Gewinneinbruch von 50 Prozent. Und der Schlusskurs 2004 lag um 15 Prozent unter dem von 2003, obwohl Automobil-Aktien in diesem Jahr im Allgemeinen Gewinne verzeichneten. In seinem Geschäftsbericht gab Volkswagen einem für Autohersteller ungünstigen Klima die Schuld an dem Kursverfall. Allerdings räumte das Unternehmen ein, dass »auch Investoren von der Gewinnentwicklung bei Volkswagen enttäuscht sind«.[2]

Die Marktkapitalisierung des Unternehmens, also der Börsenwert sowohl der Vorzugsaktien als auch der Stammaktien, summierte sich Ende 2004 auf lediglich 13,3 Milliarden Euro. Mit anderen Worten, Volkswagen war ein Schnäppchen und reif für eine feindliche Übernahme. Geschützt war das Unternehmen einzig und allein durch ein Gesetz, 1960 als Teil des politischen Kompromisses verabschiedet und umgangssprachlich als VW-Gesetz bezeichnet, das es der Bundesregierung ermöglichte, Volkswagen teilweise zu privatisieren und Aktien aus staatlichem Besitz an der Börse zu verkaufen. Dieses Gesetz beschränkt das Stimmrecht eines jeden Aktionärs auf 20 Prozent, unabhängig davon, über wie viele Aktien er verfügt. Außerdem reichen 20 Prozent der Stimmen für ein Veto bei der Hauptversammlung. Damit machte das VW-Gesetz eine feindliche Übernahme quasi unmöglich, denn das Land Niedersachsen besaß diese 20 Prozent und würde die Kontrolle über den größten Arbeitgeber des Landes sicherlich nicht aus der Hand geben. Allerdings sah die EU-Kommission im VW-Gesetz eine Verletzung der Regeln für den freien Kapitalverkehr, denn damit werde zulasten anderer eine privilegierte Klasse von Aktionären geschaffen. 2005 klagte die Kommission auf Aufhebung des Gesetzes.

Die Porsches und die Piëchs

Für Porsche war die potenzielle Abschaffung des VW-Gesetzes sowohl Bedrohung als auch Chance. Einerseits stand zu befürchten, dass ein neuer Eigentümer von Volkswagen die SUV-Partnerschaft nicht fortsetzen würde, zumindest nicht zu den für Porsche günstigen Bedingungen wie bisher. Ohne exklusiven Zugang zu den VW-Werken würde Porsche womöglich nur ein weiterer ums Überleben kämpfender Hersteller für das Nischenprodukt Sportwagen werden. Auch geriet Porsche durch die immer strengeren Vorschriften für die CO_2-Emissionen und den Spritverbrauch unter Druck. Sowohl die Europäische Union als auch die USA verlangten von den Autoherstellern, beim Durchschnittsverbrauch ihrer Flotte bestimmte Margen nicht zu überschreiten – also für den durchschnittlichen Benzin- und Dieselverbrauch aller Fahrzeuge, die das jeweilige Unternehmen herstellte. Mit seiner PS-starken Sportwagen- und SUV-Flotte würde es für Porsche extrem schwierig werden, die zunehmend strikten Vorgaben einzuhalten. Falls sich Porsche jedoch juristisch mit VW zusammenschloss, wäre das Problem gelöst. Dann würde der Durchschnittsverbrauch zusammen mit der energieeffizienten Kleinwagen-Flotte von Volkswagen ermittelt werden, und Porsche könnte weiter Sportwagen und SUVs bauen.

Andererseits sah Porsche eine Chance in dem niedrigen Börsenwert von Volkswagen, verfügte das Unternehmen doch über erhebliche finanzielle Schlagkraft aufgrund der ungleichen Gewinnverteilung aus der SUV-Produktion. Wenn Volkswagen übernommen würde, warum dann nicht von Porsche? Dennoch löste es einen gewaltigen Schock aus, als die Porsche AG im September 2005 mitteilte, 20 Prozent der Stammaktien von VW gekauft zu haben, womit sie plötzlich größter Volkswagen-Aktionär geworden war. »Das strategische Ziel der Beteiligung ist die langfristige Absicherung der Zukunftsplanungen mit dem Entwicklungspartner Volkswagen und somit gleichzeitig auch die Abwehr einer feindlichen Übernahme der

Volkswagen AG durch Finanzinvestoren«, erklärte das Unternehmen.³

Als Wiedeking dieses Vorgehen des Unternehmens Jahre später vor Gericht erklären musste, war er offener: »Das Eingehen einer Beteiligung von Porsche an VW ... war für den Nischenanbieter Porsche geradezu überlebenswichtig.«⁴

Die Vorstellung, dass die kleine Porsche AG einen riesigen Brocken wie Volkswagen schlucken könnte, war angesichts der Finanzlage nicht gänzlich abwegig. Mit einer Marktkapitalisierung von 11,4 Milliarden Euro im August 2005 war Porsche an der Börse fast genauso viel wert wie Volkswagen. Den Anlegern war es egal, dass Porsche nur etwa 100 000 Autos im Jahr herstellte und Volkswagen mehr als fünf Millionen. Für die Börse zählte nur, dass Porsche mehr Gewinn erzielte – 1,4 Milliarden im Geschäftsjahr 2005–2006, verglichen mit 1,1 Milliarden Euro bei VW. Es entbehrt natürlich nicht einer gewissen Ironie, dass die Gewinnmargen, die Porsche einen solchen Zukauf ermöglichten, größtenteils aus der SUV-Partnerschaft mit Volkswagen resultierten.

Was später die Gerichte beschäftigte, war die Frage, ob Wiedeking und seine Aktionäre, die Familien Porsche und Piëch, 2005 einen geheimen Masterplan zur Übernahme von Volkswagen hatten, den sie Anlegern illegalerweise verheimlichten. Gegen diesen Vorwurf verwahrten sich Wiedeking und die Familienmitglieder entschieden. Bald jedoch wurde klar, dass sich Porsche mit 20 Prozent nicht zufriedengeben wollte.

Im November 2005 kaufte Porsche weitere Aktien und stockte seine Beteiligung auf 27 Prozent auf. Im darauffolgenden März folgte eine Erhöhung auf 30 Prozent. Zu diesem Zeitpunkt musste Porsche nach deutschem Kapitalmarktrecht ein Pflichtangebot für alle im Umlauf befindlichen Volkswagen-Aktien vorlegen. Porsche bot 110,92 Euro pro Stammaktie und 65,54 Euro pro Vorzugsaktie, das lag unter dem damaligen

Börsenkurs. Wenig überraschend gingen nur wenige Aktionäre auf das Angebot ein.

Während Porsche Aktien erwarb, kaufte das Unternehmen gleichzeitig Optionen, um sich vor künftigen Kursschwankungen der Volkswagen-Aktien zu schützen. Diese Optionen erlaubten es Porsche, gegebenenfalls in einem gewissen Zeitraum Volkswagen-Aktien zu einem bestimmten Preis zu erwerben – unabhängig davon, wie stark der Kurs der Volkswagen-Aktie schwankte. Diese Kurssicherungsgeschäfte wickelte Porsche über die Frankfurter Niederlassung der Maple Bank ab, einer kleinen kanadischen Investmentbank. Und sie erwiesen sich, zumindest kurzfristig gesehen, als geschickter Schachzug. Denn als der Wert der Volkswagen-Aktie stieg, konnte Porsche von der Differenz zwischen dem durch die Optionen festgesetzten Preis (der nicht immer derselbe war) und dem aktuellen Kurswert profitieren.

Bald schossen die Gewinne daraus so steil in die Höhe, dass sie die Gewinne aus der Autofabrikation in den Schatten stellten. Im Geschäftsjahr 2006–2007 (von August bis Juli) verbuchte Porsche einen Gewinn von 3,6 Milliarden Euro allein aus Optionsgeschäften. Zudem strich das Unternehmen aus seinen Anteilen an Volkswagen einen Gewinn von 111 Millionen Euro ein und wies einen Buchgewinn seiner Volkswagen Holding von 521 Millionen Euro aus. Nach Steuern hatte sich der Nettogewinn für das Geschäftsjahr im Vergleich zum Vorjahr bei einem Umsatz von 7,4 Milliarden auf 4,2 Milliarden Euro mehr als verdreifacht – das entsprach einer Gewinnmarge von fast 60 Prozent. Wiedeking mit seinem einen Prozent Gewinnbeteiligung wurde ungeheuer reich. Doch die exorbitanten Gewinne aus dieser Finanzakrobatik warfen auch die Frage auf, ob Porsche de facto ein Hedgefonds mit Nebenerwerb Autoherstellung war. Mitten in dem Überschwang, der damals die Finanzmärkte beherrschte, fragte allerdings niemand genauer nach, welche Risiken mit diesem leicht verdienten Geld einhergingen.

Ferdinand Piëchs Haltung zu Porsches wachsendem Einfluss auf Volkswagen war scheinbar selbst seinen Verwandten ein Rätsel. Als Familienaktionär hatte er den anfänglichen Erwerb der Volkswagen-Aktien stillschweigend gebilligt. Doch er schien Porsches Schachzug gegenüber VW skeptisch, wenngleich nicht offen feindlich gegenüberzustehen, der ja auch seine eigene Macht bedrohte. Aufgrund seiner Unternehmensbeteiligung standen Porsche zwei Aufsichtsratsmandate zu, die von Wiedeking und Holger Härter, Finanzvorstand bei Porsche, wahrgenommen wurden. Der Aufsichtsrat, der überwiegend aus Arbeitnehmervertretern und Landespolitikern bestand, hatte den Ruf, Piëchs Pläne einfach abzunicken. Wiedekings Anwesenheit änderte das. Möglicherweise zum ersten Mal saß jemand im Aufsichtsrat, der sich mit seinen Kenntnissen der Autoindustrie mit Piëch messen konnte. Wiedeking nahm auch kein Blatt vor den Mund. Er hatte sowohl genug Sachverstand als auch das Stehvermögen, Piëch die Stirn zu bieten.

Ein Machtkampf war unausweichlich, und es dauerte auch nicht lang, bis sich die beiden Männer bei Management-Meetings erbittert stritten.[5] Wiedeking äußerte sich abfällig über die Luxusmarken, die Piëch erworben hatte, und bezeichnete Bugatti als »ein teures Hobby«.[6] Piëch seinerseits verbreitete, dass er zunehmend enttäuscht darüber sei, wie Wiedeking Porsche führte. *Die Zeit* kolportierte ein Zitat von Piëch, der gesagt habe, »er lasse sich sein Lebenswerk bei VW und Audi nicht von einem angestellten Manager ruinieren«.[7] Das war eine bemerkenswerte Herabsetzung von Wiedeking, der immerhin bei Porsche die Trendwende geschafft und die Familienmitglieder zu Milliardären gemacht hatte. Die Spannungen wuchsen bis zu dem Punkt, dass der Erwerb der Volkswagen-Aktien durch Porsche das Gegenteil der erwünschten Wirkung erzielte. Statt Porsches Beziehungen zu Volkswagen zu festigen, wurden sie zerrüttet.

Am 23. Oktober 2007 erklärte der Europäische Gerichtshof das VW-Gesetz für rechtswidrig. Das spezielle Vetorecht Niedersachsens habe eine abschreckende Wirkung auf andere Anleger und sei daher eine unrechtmäßige Beschränkung des freien Kapitalverkehrs.[8] Diese Rechtsprechung, die Porsche mehr als gelegen kam, da sie den Weg zur Übernahme von Volkswagen freigab, sorgte für noch mehr böses Blut zwischen Piëch und Wiedeking. Zwei Tage später kamen sie und Mitglieder des Gesellschafterausschusses von Porsche in Wolfgang Porsches Münchener Haus zusammen, um die Spannungen aus der Welt zu schaffen, doch die Feindseligkeit nahm noch zu. Wiedeking beschrieb die Atmosphäre später als »vergiftet«.[9] Laut eigener Aussage verlor er die Beherrschung und beschuldigte Piëch, bewusst die Kooperation zwischen Porsche und Volkswagen zu unterminieren, um eigene Ziele zu verfolgen. Das Treffen endete, ohne dass auch nur einer der strittigen Punkte geklärt worden war.

Doch im darauffolgenden Februar schien der stets undurchschaubare Piëch seine Meinung zur Volkswagenübernahme geändert zu haben. Später behauptete Wiedeking, er habe die Familien Porsche und Piëch davon überzeugt, dass Porsche mindestens 50 Prozent der Stammaktien brauche, um dauerhaften Einfluss auf Volkswagen auszuüben.[10] Am 11. Februar 2008 stimmten die Familienaktionäre dafür, zu einem späteren Zeitpunkt weitere 20 Prozent von Volkswagen zu erwerben und sich damit die Mehrheit zu sichern. Laut Wiedeking war das Votum einstimmig. Im Juli billigte Piëch zudem eine Entscheidung der Familie, dem Porsche-Management unter Auflagen zu erlauben, seinen Anteil auf 75 Prozent zu erhöhen.

Hinter den Kulissen ließ Piëch jedoch weiterhin alle rätseln, auf welcher Seite er eigentlich stand. Weil Arbeitnehmervertreter im Aufsichtsrat von Volkswagen befürchteten, dass eine Übernahme durch Porsche ihren Einfluss schwächen würde, schlugen sie 2008 vor, einen Unterausschuss zu gründen, der alle vertraglichen Vereinbarungen zwischen Volkswagen und Porsche genehmigen musste. Ganz offensichtlich war dieser Vorschlag ein Versuch, Porsche an die kurze Leine zu nehmen und sich die Abhängigkeit des Unternehmens vom Zugang zu den VW-Fabriken zunutze zu machen. Nach deutschem Gesetz hatte Piëch die Macht, dies zu verhindern. Denn als Aufsichtsratsvorsitzender hatte er die ausschlaggebende Stimme, falls die zehn Arbeitnehmervertreter wie erwartet für ein solches Aufsichtsgremium und die zehn Aktionärsvertreter dagegen stimmen würden. Doch als der Aufsichtsrat am 9. September 2008 zusammentrat, um über die Maßnahme zu entscheiden, blieb Piëch unerwartet fern und gab seine Stimme schriftlich ab: eine Enthaltung. Die Maßnahme wurde mit 10 zu 9 gebilligt, die Arbeitnehmer hatten dafür und die Aktionäre – außer Piëch – dagegen gestimmt. Vor dem Sitzungsraum in der Wolfsburger Fabrik, wo der Aufsichtsrat tagte, demonstrierten Tausende von ihrer Gewerkschaft mobilisierte VW-Arbeiter gegen eine Übernahme durch Porsche. Manche trugen Spruchtafeln, auf denen sie Wiedeking persönlich attackierten.

Während all dieser Umtriebe häufte Porsche weiterhin riesige Gewinne an. Am Ende des Geschäftsjahrs 2007–2008 meldete Porsche einen Nettogewinn von 6,4 Milliarden Euro bei einem Umsatz von 7,5 Milliarden. Der Vorsteuergewinn von 8,6 Milliarden Euro überstieg sogar den Umsatz, ein beispielloser Vorgang. Grund dafür war schlicht, dass Porsche mehr Geld mit den VW-Aktienoptionen verdiente als mit dem Autoverkauf.

Doch es war bereits klar, dass die Bedingungen auf den Finanzmärkten für solcherart Finanzierungsmethoden ungünstiger wurden. Der Zusammenbruch von Bear Stearns im März 2008 war eine Vorwarnung gewesen, welche Risiken die Subprime-Kredite bargen – eine Anlageform, die die Investmentbank selbst mit auf den Weg gebracht hatte. Porsche verfolgte zwar weiterhin seinen Plan, die Mehrheit bei Volkswagen zu er-

Die Porsches und die Piëchs

langen, doch es war zeitraubend und wurde immer schwieriger, die übrigen Aktien dafür zu erwerben. Erst am 16. September 2008 besaß Porsche weitere 5 Prozent der Volkswagen-Stammaktien und damit insgesamt 35 Prozent.[11] Einen Tag zuvor hatte die Investmentbank Lehman Brothers Konkurs angemeldet und die Finanzmärkte weltweit ins Trudeln gebracht.

Trotz der Turbulenzen am Kapitalmarkt präsentierte ein Banker von Merrill Lynch dem Porsche-Vorstand am 22. September einen Plan, demnach Merrill, die britische Bank Barclays und die Royal Bank of Scotland 20 Milliarden Euro an Krediten bereitstellten, um den Kauf weiterer Volkswagen-Aktien zu finanzieren.[12] Das Projekt trug den Codenamen Bavaria. Am 20. Oktober hatte die Porsche Automobil Holding SE, die Beteiligungsgesellschaft mit den Familienaktien des Sportwagenherstellers, ihren Anteil an Volkswagen auf beinahe 43 Prozent aufgestockt.

Es ist ein allgemein anerkannter Grundsatz, dass sich beim Investieren Risiko und Ertrag umgekehrt proportional zueinander verhalten. Ein Investment, das riesige Profite abwirft, birgt automatisch die Gefahr riesiger Verluste. Als sich die Finanzkrise verschärfte und die VW-Aktien mit in den Strudel des globalen Kursverfalls an den Börsen gerieten, traten die Risiken zutage, die Porsche eingegangen war.

Neben dem normalen Kauf von VW-Aktien hatte Porsche auch weiterhin mit Derivaten den Kurs von VW-Aktien beeinflusst, die dem Unternehmen nicht direkt gehörten. Porsches Derivatenhandel über die Maple Bank lief so verschleiert ab, dass selbst viele Banker in Frankfurt nichts davon mitbekamen. Man kann nur spekulieren, warum sich Porsche so stark auf die Maple Bank stützte. Aber sicherlich spielte Diskretion eine Rolle. Nach deutschem Gesetz war Porsche nicht verpflichtet, seine Aktienoptionen öffentlich zu machen. Und es ist leichter, in einer kleinen Institution ein Geheimnis zu wahren als in einer großen. Porsche war mit Abstand der potenteste Kunde der Maple Bank in Frankfurt, die ihren Sitz in einem normalen fünfstöckigen Bürogebäude im Frankfurter Westend hatte, einem ruhigen und wohlhabenden Viertel, in dem sich Investmentbank-Boutiquen gerne niederließen.

Porsche hatte mit der Maple Bank einen Vertrag geschlossen, der sich nun als Belastung entpuppte. Denn das Unternehmen hatte Kaufoptionen (Call-Optionen) von der Bank erworben, die es erlaubten, Volkswagen-Aktien an einem bestimmten Datum zu einem bestimmten Preis zu kaufen, dem sogenannten Basispreis. Gleichzeitig verkaufte Porsche der Maple Bank sogenannte Put-Optionen, die es wiederum der Bank erlaubten, Volkswagen-Aktien an einem bestimmten Datum zu einem bestimmten Preis von Porsche zu kaufen. Porsche hatte mit anderen Worten nicht nur die Möglichkeit, Aktien zu kaufen, sondern auch die Verpflichtung, Aktien zu verkaufen. Für jede Kaufoption gab es eine Put-Option mit demselben Basispreis zum gleichen Datum. Kaufoptionen und Put-Optionen waren letztlich Spiegelbilder voneinander. Für Porsche lag der Vorteil dieser Struktur darin, dass sie dem Unternehmen die effektive Kontrolle über die Volkswagen-Aktien sicherte, ohne dass es sie tatsächlich besitzen oder den vollen Preis dafür entrichten musste. Im Bankensprech hatte Porsche »synthetische Aktien«.

Diese Strategie funktionierte hervorragend, solange die VW-Aktie stieg. Porsche verdiente Geld, indem das Unternehmen die Put-Optionen verkaufte. Die Kehrseite dieser Strategie zeigte sich jedoch im Kielwasser des Lehman-Zusammenbruchs. Porsches Vereinbarung mit der Maple Bank verlangte, Sicherheiten in bar zu hinterlegen, sobald die Volkswagen-Aktien unter einen bestimmten Kurs fielen. Und je tiefer der Kurs fiel, desto mehr musste Porsche nachschießen.[13]

In den ersten Wochen nach der Lehman-Pleite ging der Wert der Volkswagen-Aktie zunächst rasant in die Höhe, bis zum 16. Oktober 2008 verdoppelte er sich fast auf mehr als 400 Euro. Doch dann verfiel der Kurs wie der anderer deutscher Aktien auch. Hedgefonds griffen an und wetteten auf einen weiteren Kursverfall der VW-Aktie. Die Hedgefonds, die ihren Sitz zumeist in den USA hatten, bedienten sich einer riskanten Leerverkaufsstrategie, bei der sie geliehene Anteile verkauften, um sie später zu einem niedrigeren Preis zurückzukaufen und die Differenz einzustreichen. Was das Risiko noch verschlimmerte, waren einige verkaufte Aktien, die sie nicht einmal geliehen hatten – also ungedeckte Leerverkäufe, die es noch schwieriger machen, die Wette später einzulösen.

Während sich die Volkswagen-Aktie also im freien Fall befand, stiegen die Verpflichtungen von Porsche gegenüber der Maple Bank beinahe stündlich. So bestätigte die Maple Bank beispielsweise am 21. Oktober um 8:14 Uhr in einer E-Mail an Mitglieder des Porsche-Finanzvorstands, 300 Millionen Euro an Sicherheiten erhalten zu haben. Ein paar Minuten nach zwölf Uhr schickte ein Bankangestellter eine weitere E-Mail an die Porsche-Vorstandsmitglieder und informierte sie von ihrer Verpflichtung, weitere 243 Millionen Euro zu überweisen, was Porsche 40 Minuten später auch tat. Bereits um 14:10 Uhr verlangte die Maple Bank wiederum 417 Millionen. Und so ging es weiter.[14]

Die Krise trat am 24. Oktober 2008 ein. An diesem Freitag verfielen die Kauf- und Verkaufsoptionen zwischen Porsche und Maple und wurden um eine weitere Woche verlängert. Infolge des höheren Kurswertes der VW-Aktien eine Woche zuvor betrug der Basispreis für die 17 Millionen Aktienoptionen jeweils 362 Euro, der Tageskurs lag aber eher bei 210 Euro.[15] Folglich musste Porsche die Differenz begleichen. Nach dem Erlöschen der Kauf- und Verkaufsoptionen belief sich der Verlust des Unternehmens auf 2,5 Milliarden Euro. Insgesamt hatte es laut den Zahlen, die später vor Gericht vorgelegt wurden, bis zum 24. Oktober bereits 4,3 Milliarden Euro hinterlegen müssen und verfügte nur noch über 326 Millionen Euro. Falls diese Zahlen stimmen – was Porsche später bestritt –, befand sich das Unternehmen am Rand des Bankrotts. Nicht nur zerschlug sich damit der Versuch einer Unternehmensbeteiligung an Volkswagen seitens der Familien Porsche und Piëch, sie standen auch kurz vor dem Verlust ihres Vermögens und der Kontrolle über den Sportwagenhersteller. Sollte die Volkswagen-Aktie allerdings steigen, würde Porsche das Geld zurückbekommen, und der Druck würde nachlassen.

Am 26. Oktober, einem Sonntag, gab die Porsche Holding eine Erklärung heraus. Das Unternehmen enthüllte, dass es 42,6 Prozent der VW-Stammaktien und Optionen auf weitere 31,5 Prozent besaß. Mit anderen Worten, Porsche hatte bereits 74,1 Prozent der stimmberechtigten Aktien von Volkswagen beisammen, also sein Ziel von 75 Prozent beinahe erreicht – so viel ist nach deutschem Recht nötig, um ein Unternehmen zu beherrschen. Porsche behauptete, diese Information veröffentlicht zu haben, weil die Hedgefonds gegen VW wetteten. »Porsche hat sich zu dieser Bekanntgabe entschlossen, nachdem offenkundig geworden ist, dass deutlich mehr Shortpositionen im Markt sind als erwartet«, heißt es in der Presseerklärung. »Die Offenlegung soll deshalb den sogenannten Shortsellern – also Finanzinstituten, die auf einen fallenden VW-Kurs gewettet haben oder noch wetten – Gelegenheit geben, ihre Positionen in Ruhe und ohne größeres Risiko aufzulösen.«[16]

Falls Porsche plötzlich sein Herz für Hedgefonds entdeckt hatte, war dies eine merkwürdige Art, es zu zeigen. Die Anleger wussten bereits, dass Porsche eine Mehrheit bei Volkswagen anstrebte und eine beträchtliche Menge an Aktien und auch Optionen erworben hatte. Allerdings schockierte der Umfang der Optionen die Investoren, die auf einen Kursverfall gewettet hatten. Es dauerte nicht lange, bis die Hedgefonds-Händler es ausgerechnet hatten: Wenn Porsche mehr als 74 Prozent der VW-Stammaktien besaß und das Land Niedersachsen weitere 20 Prozent, waren kaum noch sechs Prozent auf dem Markt.

Jetzt hatten also die Hedgefonds ein Riesenproblem. Plötzlich mussten sie ihre Leerverkäufe glattstellen – sie mussten also VW-Aktien besitzen. Die Erklärung von Porsche indes vermittelte den Eindruck, dass gar nicht genug Aktien verfügbar waren. Ein klassischer Short-Squeeze trat ein – einer der größten in der Geschichte der Finanzmärkte. Am Dienstag, zwei Tage nach der Porsche-Presseerklärung, sprang der Kurs der VW-Aktie auf über 1000 Euro, denn die in Panik geratenen Shortseller kauften zu jedem Preis, was sie kriegen konnten. Für ein paar Stunden war Volkswagen – vor Exxon Mobil – das teuerste Unternehmen der Welt.

Doch waren die Volkswagen-Aktien wirklich knapp? Später sagten deutsche Staatsanwälte, dass die Panik an der Börse ungerechtfertigt war und Wiedeking und Härter den Markt absichtlich in die Irre geführt hätten, um Porsches Aktienkurs aufzublähen und eine finanzielle Katastrophe zu verhindern. Laut den Staatsanwälten befand sich Porsche am Rand der Zahlungsunfähigkeit, brauchte aber Geld, um die Optionswetten durchzuhalten, und wäre in Kürze gezwungen gewesen, Millionen von Aktien auf den Markt zu werfen. In der Presseerklärung vom 26. Oktober gab Porsche allerdings keine Details des Vertrags mit der Maple Bank preis und erwähnte auch die Put-Optionen nicht – Informationen, die den Shortsellern einen Hinweis auf die prekäre Lage von Porsche gegeben hätten.

Manche Schätzungen gehen davon aus, dass die Spekulanten mit ihren Wetten gegen VW mehr als fünf Milliarden Euro Verlust gemacht hatten. Zu diesen Investoren zählte auch die von der texanischen Familie Perot kontrollierte Parkcentral Global Hub Holding, die später aus nicht direkt mit Volkswagen zusammenhängenden Gründen liquidiert wurde, und Greenlight Capital, deren Präsident David Einhorn ein bekannter New Yorker Investor ist.

Ein weiterer Shortseller war der deutsche Milliardär Adolf

Merckle, der ein Vermögen mit Generika gemacht hatte und im *Forbes*-Magazin auf der Liste der 400 reichsten Menschen der Welt auf Platz 94 stand.[17] Im Januar 2009, etwa zwei Monate nach dem Short-Squeeze, wurde Merckle in dem baden-württembergischen Städtchen Blaubeuren auf einem Bahndamm im blutdurchtränkten Schnee gefunden. Ungeachtet seines Reichtums hatte der Unternehmer dort mit Frau und Kindern in einem Einfamilienhaus mit seinem Namen am Briefkasten gewohnt. Er hatte sich vor einen einfahrenden Zug geworfen.

Porsche sträubte sich gegen die in vielen Presseberichten geäußerte Vermutung, schuld am Merckles Selbstmord gewesen zu sein. Zweifellos gab es viele weitere Gründe für Merckles Verzweiflung. Die Finanzkrise hatte seinen Versuch vereitelt, mit geliehenem Geld den Baustoffkonzern HeidelbergCement zu übernehmen. Als die Aktien von HeidelbergCement nach der Pleite von Lehman Brothers abstürzten, drängten die Banken Merckle, Ratiopharm zu verkaufen, das Pharmaunternehmen, das den Kern seiner Unternehmensgruppe bildete. Merckles Wette auf einen Kursverlust der VW-Aktien schien ein allerletzter Versuch gewesen zu sein, an Geld zu kommen, um seine Gläubiger in Schach zu halten und sein Lebenswerk zu retten. Als das Wagnis fehlschlug und er weitere Verluste in Höhe von 400 Millionen Euro gemacht hatte, nahm sich Merckle das Leben.

Selbst wenn Porsche keine Schuld an Merckles Tod trug, warf die Tragödie einen Schatten auf die Finanzmanöver des Unternehmens. Gewiss, auch Porsche kam nicht ungeschoren davon. Das Unternehmen meldete für das Geschäftsjahr 2008–2009 einen Verlust von 3,6 Milliarden Euro, einerseits verursacht durch die VW-Optionen, andererseits durch einen 24-prozentigen Verkaufsrückgang bei seinen Fahrzeugen. Das Vorhaben, 75 Prozent von Volkswagen zu erwerben, stockte, als die Banken von Porsche, die genug Probleme damit hatten, ihre eigene finanzielle Krise zu bewältigen, die Finanzierung einstellten. Zwar konnte Porsche bis Januar 2009 eine hauchdünne Mehrheit der VW-Aktien erwerben. Doch angesichts der Sperrminorität von Niedersachsen reichte Porsches Unternehmensbeteiligung nicht, um Volkswagen Bedingungen zu diktieren. Aber Porsche besaß nun mehr Macht als jeder andere Aktionär. Wiedeking und Härter wurden im Juli 2009 gezwungen, das Unternehmen zu verlassen – allerdings mit großzügigen Abfindungen, wenn man bedenkt, wie viel Verlust das Unternehmen im letzten Jahr ihrer Amtszeit gemacht hatte. Wiedeking erhielt eine einmalige Zahlung von 55 Millionen Euro plus die Zusage einer monatlichen Rente von mehr als 100 000 Euro. Härter bekam einmalig 16 Millionen Euro und bezieht außerdem ein Ruhegehalt von fast 17 000 Euro pro Monat.

Aus Porsches geschwächter finanzieller Situation heraus einigten sich die Familien Porsche und Piëch mit Volkswagen auf einen Deal. Nicht Porsche würde VW übernehmen, sondern Volkswagen die Porsche AG. Die Porsche SE sollte zu einer Beteiligungsgesellschaft für den Aktienanteil der Familien an der Volkswagen AG werden. Außerdem würde Volkswagen das Porsche-Händlernetz der Familien erwerben. Damit gingen die wesentlichen Quellen des Reichtums von Porsche und Piëch an den Volkswagenkonzern über.

Auf den ersten Blick sah die Vereinbarung wie eine Niederlage für Porsche aus. Journalisten, auch ich, schrieben sorgenvolle Artikel darüber, ob die Kultmarke Porsche ihr Prestige verlieren würde, wenn sie nur noch ein Anhängsel von VW war. In deutschen Zeitungen stand zu lesen, dass Wolfgang Porsches Stimme brach und er sichtlich bewegt war, als er an dem regnerischen Tag im Mai 2010, als das Unternehmen offiziell ein Teil von VW wurde, vor die weinenden Porsche-Arbeiter trat. »Der Mythos Porsche lebt und wird nie untergehen«, sagte er.[18] Was viele zum damaligen Zeitpunkt übersahen, war, dass die Familien Porsche und Piëch dank dieser Vereinbarung letztendlich knapp über 50 Prozent der Volkswagen-

Stammaktien besaßen. Im Grunde war die Übernahme von Volkswagen durch Porsche damit erfolgt. Ohne dass es irgendjemand wirklich mitbekommen hätte, hatten die Familien Porsche und Piëch einen zeitweilig profitablen Nischenhersteller für die Beherrschung des zweitgrößten Autobauers der Welt eingetauscht.

Und diese Übernahme hatten die Familien größtenteils mit Geld von Volkswagen bewerkstelligt. Denn Porsches Finanzstärke basierte auf den Profiten durch den Verkauf des Cayenne, der in Partnerschaft mit VW hergestellt wurde. Volkswagen war vor allem deshalb reif für eine Übernahme geworden, weil sein Aktienkurs unter Ferdinand Piëchs Führung schwächelte. Piëchs Gleichgültigkeit der Börse gegenüber hatte VW zum Spielball gemacht. Mehr als 70 Jahre nachdem Hitler das Volkswagenwerk eingeweiht hatte, gehörte es nun den Nachkommen jenes Mannes, der es geschaffen hatte. Es war eins der spektakulärsten Finanzmanöver aller Zeiten.

Überflüssig zu erwähnen, dass nicht jeder glücklich mit dem Ergebnis war. Mehr als 30 Hedgefonds, die sich bei dem Short-Squeeze die Finger verbrannt hatten, zogen in den USA vor Gericht. Doch ein Bundesberufungsgericht urteilte, dass US-Gerichte nicht zuständig waren, teils weil Porsche- und VW-Aktien nicht an US-Börsen gehandelt wurden. (Manche Fonds prozessierten auch in Deutschland. Diese Fälle waren Ende 2016 noch nicht entschieden.) Sicher, es fiel nicht leicht, Mitleid mit den Hedgefonds zu haben. Sie bewegten sich auf fragwürdigem Terrain. Richard W. Painter, Professor an der University of Minnesota Law School, der sich mit dem Fall befasste, wies darauf hin, dass es sich bei Leerverkäufen um eine riskante Strategie handelte und sie von vielen Gerichten missbilligt, wenn nicht sogar verboten worden waren.[19] Es war von den Hedgefonds ziemlich kess, Schutz nach amerikanischen Wertpapiergesetzen für Aktien zu verlangen, die in Deutschland gehandelt worden waren. Ebenso gut hätte man von New York aus bei einem Pferderennen in Stuttgart wetten und sich dann bei der New York State Gaming Commission beschweren können, dass der Jockey korrupt war.

Doch nicht nur Spekulanten waren unglücklich über Porsches finanzielle Taschenspielertricks. Der größte konzernfremde Anteilseigner war das Norges Bank Investment Management (NBIM), eine Abteilung der norwegischen Zentralbank. NBIM verwaltet den Reichtum aus der Ölförderung für die norwegische Bevölkerung und ist mehr oder weniger der größte souveräne Vermögensfonds der Welt. Im Oktober 2005 schickte der Fonds einen Brief an Ferdinand Piëch und den Aufsichtsrat von Volkswagen, in dem unverblümt die Unzufriedenheit über die Bedingungen der Porsche-Übernahme durch Volkswagen ausgedrückt wird.[20] »Die geplante Transaktion erweckt den Eindruck, dass sie darauf angelegt ist, die Interessen der Eigentümerfamilien von Porsche zulasten des Unternehmens VW und der übrigen VW-Aktionäre zu verfolgen«, schrieben Anne Kvam, Leiterin der Abteilung für Corporate Governance bei Norges Bank Investment Management, und Ola Peter Krohn Gjessing, Senior Analyst.

Der norwegische Fonds hatte eine lange Liste von Einwänden. So fragten Kvam und Gjessing, warum Volkswagen auch das in Salzburg ansässige Händlernetz von Porsche und Piëch kaufe. Die einzige Rechtfertigung hierfür scheine zu sein, dass man den Familien zu Geld verhelfen wolle, damit sie noch mehr VW-Aktien kaufen und so ihren Anteil bequem auf über 50 Prozent aufstocken könnten. Kvam und Gjessing kritisierten auch den Preis, den Volkswagen für den Sportwagenhersteller zahlen würde. (Es war schwer, den Wert genau zu bestimmen, weil die Transaktion so verschachtelt war, aber einer Schätzung nach zahlte VW für Porsche etwa 12,4 Milliarden Euro.) »Der Markt scheint der Ansicht, dass Volkswagen gegenwärtig plant, einen sehr stolzen Preis für diese Assets zu zahlen«, schrieben sie auch in Hinblick darauf, dass Volkswagen zudem Porsches Schulden übernehmen wollte. »Das ist bemerkenswert, da Porsche SE doch zurzeit weit mehr auf diese Transaktion angewiesen ist als Volkswagen.«

Kvam und Gjessing beanstandeten auch die Entscheidung des Aufsichtsrats, die Übernahme teilweise durch die Ausgabe neuer Vorzugsaktien zu finanzieren. Gibt ein Unternehmen neue Aktien aus, um sich Geld zu beschaffen, mindert das den Wert der bereits im Umlauf befindlichen Aktien. Zwar können Aktionäre dennoch profitieren, wenn das so generierte Geld in einer Weise investiert wird, dass der Gesamtwert des Unternehmens steigt. Was die Norweger jedoch ärgerte, war, dass Volkswagen keine neuen Stammaktien herausgeben wollte, wie sie die Familien Piëch und Porsche besaßen. Damit schuf der Deal hinsichtlich der finanziellen Lasten und Risiken ein strukturelles Ungleichgewicht, denn die Vorzugsaktien haltenden Anteilseigner hatten keine Möglichkeit, die Transaktion zu verhindern, da ihnen das Stimmrecht fehlte. Die ganze Porsche-Transaktion leide an »Geheimhaltung«, beschwerten sich Kvam und Gjessing. Sie nannten das »inakzeptabel«.

Die öffentliche Unmutsbekundung eines so mächtigen Investmentfonds war außergewöhnlich, verfehlte auf die Pläne von Volkswagen aber offenbar ihre Wirkung. Aufgrund der Komplexität der Transaktion nahm Volkswagen den Fahrzeughersteller Porsche erst am 1. August 2012 offiziell in Besitz. Matthias Müller, lange Zeit Manager bei Volkswagen, wurde Vorstandsvorsitzender der Porsche AG. Von sportlichem Äußeren, die grauen Haare stets perfekt gestylt, war der Autonarr Müller Favorit der Piëchs.

Die Norweger waren nicht die Einzigen, die den Deal anrüchig fanden. Auch deutsche Ermittlungsbehörden begannen die Umstände der Finanztransaktionen rund um Porsche zu untersuchen. Zwar dauerte es Jahre, bis die Staatsanwaltschaft Stuttgart schließlich Anklage erhob. Das geschah dann allerdings zu einem äußerst ungünstigen Zeitpunkt für Porsche.

12
Sauberer Diesel

Ein junger Mann steht am Küchenfenster und wirft Orangenschalen in den Abfalleimer. Plötzlich grelles Licht von außen, er schreckt zurück. Das Dröhnen von Hubschrauberrotoren bringt die Fensterscheiben zum Klirren. Aus einem Megafon tönt eine Stimme: »Legen Sie die Schale hin, Sir! Das ist ein Verstoß gegen das Kompostiergesetz!« Uniformierte stürmen auf das Haus zu, während der Mann zu entfliehen versucht. Die Grüne Polizei hat wieder einmal einen Umweltfrevler aufgespürt.

Die Szene mit der fiktiven Polizeirazzia gehört zu einem Werbefilm von Audi aus dem Jahr 2010. Die »Grüne Polizei« nimmt Leute fest, die stromfressende Glühbirnen installieren, ihre Swimmingpools zu stark aufheizen oder Plastikflaschen verwenden. Der einminütige Spot, der mit den Versatzstücken eines Polizeithrillers spielt, wurde während des Superbowl gezeigt, über den die Fernsehsender so viel berichten wie über kaum etwas anderes. Hunderte Schauspieler und Komparsen waren dafür engagiert worden. Audi und seine Werbeagentur Venables Bell & Partners aus San Francisco hatten für den Soundtrack Mitglieder der 1970er-Jahre-Band Cheap Trick angeheuert, die in dem Spot einen ihrer eigenen Klassiker aus dem Jahr 1979 coverten und aus der früheren »Dream Police« im neuen Refrain eine »Green Police« machten.

Obwohl der Werbespot ökologische Prinzipienreiterei persiflierte, vermittelte er unterschwellig die Botschaft, Dieselfahrer gehörten einer Elite, einer moralisch überlegenen Gesellschaftsgruppe an. In der Abschlussszene sieht man eine Schlange von Fahrzeugen vor einer Straßensperre, wo die Grüne

Polizei eine »Ökokontrolle« durchführt. Da fällt den Polizisten in grünen Shorts ein Audi A3 Kombi ins Auge. »Hab hier einen TDI«, sagt einer der Beamten. »Sauberer Diesel«, meint ein anderer, »Sie können weiterfahren, Sir.« Dann winkt er den A3 aus der Schlange. Der Audi schert aus und rauscht davon. Die anderen, die »schmutzigen« Wagen, müssen weiter warten.

Der große Aufwand und die enormen Kosten für diesen Werbespot zeigten, wie entschlossen VW war, die Amerikaner davon zu überzeugen, dass Diesel nicht nur eine andere Art von Kraftstoff war, sondern auch die Möglichkeit bot, ökologische Korrektheit unter Beweis zu stellen. In Europa mit seinen vergleichsweise hohen Spritpreisen konnte Volkswagen für seine Dieselmodelle mit ihren niedrigen Verbrauchswerten werben. In den Vereinigten Staaten, wo Benzin billiger als Diesel und erheblich günstiger als in Europa war, benötigte VW ein anderes Verkaufsargument.

Den VW als Auto für umweltbewusste Fahrer anzupreisen schien in vielerlei Hinsicht eine clevere Strategie zu sein. Sie eröffnete die Möglichkeit eines Angriffs auf den Erzrivalen Toyota, dessen Hybrid Prius ein Verkaufsschlager war und gezeigt hatte, dass sich ein Auto, das den Leuten einen grünen Heiligenschein verlieh, gut verkaufen ließ. VW konnte keine Hybride anbieten, weil das Unternehmen bei der Entwicklung hinterherhinkte. Aber beim Diesel war Volkswagen führend. Und die Ingenieure in Wolfsburg hielten die Dieseltechnologie ohnehin für die überlegene. Die Modelle Passat, Jetta und Beetle waren sportlicher und modischer als der hausbackene Prius. Wenn sich VW dasselbe ökologische Image zulegen könnte, hätte das Unternehmen, so zumindest aus Sicht von VW, gute Chancen, weltläufige Fahrer, die mit größter Wahrscheinlichkeit einen Toyota oder ein anderes ausländisches Modell kaufen würden, auf seine Seite zu ziehen.

Sicher gibt es Menschen, die die Wahl ihres Autos aus echter Sorge um die Umwelt treffen. Aber ein Auto ist auch eine

Sauberer Diesel

Form der Selbstdarstellung. Der Beetle beziehungsweise Käfer wurde im Amerika der 1960er-Jahre nicht nur deshalb zum Hit, weil er praktisch und billig war, sondern auch, weil er als Symbol für Antimilitarismus und für den Protest gegen die protzigen Spritschleudern galt, die in Detroit in Massen von den Bändern rollten. Sauberer Diesel war dasselbe Verkaufsargument in zeitgemäßer Form.

Der grüne Vorstoß im Marketing begann, kurz nachdem Ende 2008 VW- und Audi-Modelle mit dem neuen Dieselmotor EA 189 in den Schauräumen der US-Händler auftauchten.[1] Schriftart und Layout der Zeitschriftenanzeigen für diese Modelle erinnerten an die frühere PR-Kampagne von Doyle Dane Bernbach für den Beetle. »Das ist kein Diesel, wie ihn dein Daddy hatte«, hieß es in einer, »Der Diesel hat jetzt wirklich eine sauberere Performance« in einer anderen. Im TV-Werbespot der Agentur Deutsch LA für Volkswagen sieht man eine ältere Dame, die ihren weißen Schal vor den Auspuff eines Passat Diesel hält. »Seht ihr, dass er sich kein bisschen verfärbt?«, fragt sie ihre Freundinnen. Schmutziger Diesel? – Ein Ammenmärchen, suggerierte der Werbespot.

Das Argument überzeugte Umweltaktivisten und -experten, immerhin eine sachkundige und anspruchsvolle Bevölkerungsgruppe. Cynthia Mackie, Besitzerin eines VW aus Silver Spring in Maryland und Ökologin, die auf internationaler Ebene an forstwissenschaftlichen Themen arbeitet, teilte mir mit: »Ich habe den Golf 2011 TDI gekauft, um meinen Beitrag zu den Kohlenstoffemissionen und überhaupt zur Umweltverschmutzung zu minimieren ... Damit kam ich nicht in Widerspruch zu meiner Tätigkeit als Ökologin, die sich mit dem Management natürlicher Ressourcen und dem Klimawandel befasste. Ich habe massenhaft recherchiert und bin am Ende zu dem Schluss gekommen, dass die Herstellung des Prius mehr zur Umweltverschmutzung beiträgt. VW hat mich überzeugt, dass ich mit dem Golf eine kluge Wahl treffen würde.«[2]

Käufer eines VW waren häufig hoch gebildet. Auf einer Liste von VW-Diesel-Fahrern standen ein Konkursrichter, ein Professoren-Ehepaar der Stanford University, ein Architekt mit einem Diplom der U.S Naval Academy und die Geschäftsführerin eines Krebshilfezentrums für Frauen in Kalifornien – mit anderen Worten Menschen, die unangenehm werden würden, hielte man sie zum Narren.[3]

Händler in den USA priesen in Verkaufsgesprächen die ökologischen Vorzüge und sagten Dinge wie: »Mit sauberem Diesel machen Sie keinen Fehler: weniger Emissionen und mehr Meilen pro Gallone.«[4] Oder sie behaupteten, die Abgase des TDI seien »fast so sauber wie Poolwasser, trinkbar und so ungefährlich, dass man sie einatmen kann«.[5] Als zusätzliches Zuckerstück bekamen viele Käufer einen Steuernachlass von 1300 Dollar für Autos mit geringem CO_2-Ausstoß.

Aber die Werbung für Volkswagen und Audi, die später von Porsche für die Dieselversionen des Cayenne übernommen wurde, beschränkte sich nicht auf das Argument der Umweltfreundlichkeit. Die Ingenieure in Wolfsburg hatten versucht, beim Kraftstoffverbrauch mit dem Prius gleichzuziehen, waren aber trotz der üblichen Drohungen und Beschimpfungen von Martin Winterkorn gescheitert. Der EA-189-2-Liter-Motor in den Autos, die in die USA exportiert wurden, kam dem jedoch schon ziemlich nahe. Und Volkswagen warb damit, dass die EPA die tatsächliche Reichweite auf der Straße zu niedrig einschätze. So hieß es beispielsweise 2010 in einer VW-Broschüre, der neue Jetta mit Automatikgetriebe sei »in Europa bekannt für Schnelligkeit, geringe Emissionen und niedrigen Verbrauch – erstaunliche 38 mpg [Meilen per Gallone] in der Stadt und 44 mpg auf dem Highway«[6] – bessere Werte als die von der EPA geschätzten, die bei 30 Meilen pro Gallone in der Stadt und 42 auf dem Highway lagen. VW-Fahrer könnten also zwei Fliegen mit einer Klappe schlagen: sparsamer Verbrauch und zugleich wenig Abgase.

Sauberer Diesel

Diese Kombination überzeugte auch Tony German, Verwaltungsbeamter in der Gesundheitsbehörde von Austin in Texas. Er kaufte sich einen Audi A3, der den gleichen Motor wie der Golf Jetta und der neue Beetle hatte. »Beide Punkte waren wichtig für mich«, sagte German. Er sei viel unterwegs und »Austin ist eine sehr umweltbewusste Kommune«. Der Wagen war tatsächlich sparsam im Verbrauch. Einmal, so German, sei er mit nur zwei Tankfüllungen von Texas nach Ohio gefahren.[7] Aber er kannte nicht einen der Gründe, warum der Verbrauch der Volkswagen- und Audi-Diesel sogar noch geringer war als in den Angaben der EPA. In die Mager-Stickoxidfalle, die die Stickoxide neutralisieren sollte, hätte periodisch zusätzlicher Kraftstoff eingespritzt werden müssen. Durch heimliche Drosselung der Emissionssteuerung wurde jedoch weniger Kraftstoff eingespritzt, sodass die Autos eine höhere Reichweite erzielten.

Ein weiteres wichtiges Element der Kampagne zur Rückeroberung Amerikas war eine neue, in den USA selbst produzierte Limousine der Mittelklasse. Sie sollte auf den amerikanischen Geschmack und die Fahrgewohnheiten im Land zugeschnitten sein und im Segment der wirtschaftlichen, mittelgroßen Pkws, dem gewinnträchtigsten Teil des amerikanischen Markts, preislich in Konkurrenz zum Toyota Camry und zum Honda Accor treten. Seit der Schließung des Werks in New Stanton im Westmoreland County südöstlich von Pittsburgh, wo der Golf gebaut worden war, also seit 1988, hatte Volkswagen keine Autos mehr in den USA produziert.[8] Die Fabrik in Pennsylvania war zwar eine Katastrophe gewesen, aber das Unternehmen musste einen neuen Versuch unternehmen, um die Effizienzlücke zu seinen asiatischen Konkurrenten zu schließen. Der Wechselkurs spielte bei den Überlegungen eine große Rolle. 2006 war der Euro im Begriff, die Rekordhöhe von beinahe 1,60 Dollar zu erklimmen, und ließ den Preis der in Europa für amerikanische Kunden produzierten Modelle steigen. Hingegen wäre der Wechselkurs weitgehend irrelevant, wenn die Autos in den Vereinigten Staaten selbst hergestellt und verkauft würden. Auch die unternehmerfreundlichere Arbeitsgesetzgebung in den USA könnte relevant gewesen sein. In den USA würde man nicht den Vorschriften unterliegen, die der VW-Belegschaft in den deutschen Werken so viel Macht verliehen.

Volkswagen plante, eine Milliarde Dollar in die neue Produktionsstätte zu investieren und 2000 Mitarbeiter einzustellen. Als das Unternehmen 2007 mit der Standortsuche begann, wetteiferten überall in den Vereinigten Staaten Kommunen um den zu erwartenden warmen Regen an Arbeitsplätzen und Steuereinnahmen. Zu ihnen gehörte auch die Stadt Chattanooga in Tennessee. Sie bot Volkswagen etwa 550 Hektar Land an, auf dem einst eine Sprengstofffabrik gestanden hatte. Als Vertreter von VW nach einem Besuch im Jahr 2008 meinten, das vor langer Zeit aufgegebene Gelände sei zu sehr von Gebüsch und Bäumen überwachsen, um seine Eignung zu beurteilen, ließ die Stadt eine Maschinenflotte von 200 Baggern und Hackschnitzlern anrücken, die innerhalb von drei Wochen Schutt, Gestrüpp und Bäume abräumte. Das zeigte deutlich, wie sehr Chattanooga das VW-Werk wollte. Und zur Freude der Lokalpolitiker wirkte es. »Eine Autofabrik ist der Heilige Gral wirtschaftlicher Entwicklung«, jubelte Bürgermeister Ron Littlefield.[9]

Am Ende wählte Volkswagen den Namen Passat für das in den USA produzierte Fahrzeug, das viel mit dem in Europa hergestellten Modell desselben Namens gemein hatte. Angetrieben wurde es von einer Version des Motors EA 189, der auch in den anderen VW-Dieselmodellen eingebaut wurde. Ansonsten war der Wagen eine etwas kleiner dimensionierte Variante seines europäischen Namensvetters. So hatte er beispielsweise eine weniger ausgefeilte Federung. Der deutsche Passat ist für Autobahnen ohne Geschwindigkeitsbegrenzung konzipiert. Die Amerikaner brauchten diese Art der Übermotorisierung nicht, und es war durchaus sinnvoll, eine vereinfachte Variante zu bauen, um den Preis niedrig zu halten.

Doch Winterkorn wollte unbedingt ein Fahrzeug auf den amerikanischen Markt bringen, das die deutsche Ingenieurskunst demonstrierte. Laut einer späteren eidesstattlichen Erklärung reiste er 2011 – in dem Jahr, in dem die Fabrikation in Chattanooga aufgenommen wurde – siebenmal in die USA.[10] Winterkorn beschäftigte sich intensiv mit Detailfragen, etwa der Wahl der Zulieferer, und nahm manche Komponenten persönlich unter die Lupe. Seine Reisen signalisierten dem amerikanischen Ableger deutlich, wie wichtig sein Auftrag war. Aber viele amerikanische Mitarbeiter, die an einen sanfteren Managementstil gewöhnt waren, fühlten sich vor den Kopf gestoßen, wenn er brüllte und mit Gegenständen um sich warf.

Zumindest anfangs zeigten die Initiativen Wirkung. Im Jahr 2007 belief sich die Zahl aller in den USA verkauften VW-Modelle auf etwa 230 000, was allerdings immer noch weit entfernt vom Höhepunkt im Jahr 1968 mit fast 570 000 war. 2011 rollte die erste US-Version des Passat vom Band des Chattanooga-Werks. 2012 hatte sich der Gesamtverkauf einschließlich der Benziner mit über 400 000 Autos nahezu verdoppelt – das beste Ergebnis von VW seit Anfang der 1970er-Jahre.

Die Dieselmodelle trugen zu einem erheblichen Anteil zum Wachstum von VW bei. Die Verkaufszahlen stiegen von 44 000 im Jahr 2009 auf 111 000 im Jahr 2013 – im Vergleich zu weniger als 17 000 verkauften Diesel-Pkws aller Hersteller zusammengenommen im Jahr 2007. Die Zunahme der in den Vereinigten Staaten verkauften Diesel-Pkws auf das Sechsfache ging einzig und allein auf das Konto von Volkswagen. Während kaum mehr als ein Fünftel aller in den USA verkauften VW-Dieselmodelle waren, lag der Anteil bei größeren Fahrzeugen weitaus höher.[11] Drei Viertel der Kombi-Version des Jetta und über die Hälfte des SUVs Tiguan waren Dieselfahrzeuge, wahrscheinlich weil die Käufer das starke, für den Anhängerbetrieb vorteilhafte Drehmoment des Dieselmotors schätzten. Dieselfahrzeuge erzielten außerdem mehr Gewinn.[12] So wurde beispielsweise die Dieselversion des Jetta um 6300 Dollar höher eingepreist als die Benzinversion.

Trotz der enormen Umsatzzuwächse in den USA war Winterkorns Ehrgeiz bei Weitem noch nicht befriedigt. Bei der Einweihung des Werks in Chattanooga im Mai 2011 sagte er vor den versammelten Honoratioren – darunter auch der amerikanische Verkehrsminister Ray LaHood und mehrere US-Senatoren –, Volkswagen werde in den Vereinigten Staaten bis 2018 eine Million Fahrzeuge der Marken VW und Audi verkaufen.[13] Damit würden beide zusammen sechs Prozent des amerikanischen Automarkts abdecken und es mit Toyota aufnehmen.

Diese Margen waren integraler Bestandteil der Strategie 2018, dem von Winterkorn 2007 verkündeten Masterplan, der VW zum weltgrößten Autobauer machen sollte. Die Strategie war inzwischen, zweifellos nach Beratungen mit Piëch, der nach wie vor Vorsitzender des VW-Aufsichtsrats war, weiterentwickelt worden. Das Kernziel lautete, von 2018 an weltweit zehn Millionen Autos pro Jahr zu verkaufen und damit zum »erfolgreichsten und faszinierendsten Automobilunternehmen der Welt« zu werden, wie es im VW-Geschäftsbericht 2009 hieß. Darüber hinaus versprach das Unternehmen, seine chronisch niedrigen Gewinnmargen zu verbessern und bis 2018 eine achtprozentige Verkaufsrendite vor Steuern zu erzielen. (In den Jahren zuvor hatte der Tiefststand bei unter zwei Prozent, der Höchststand bei sieben Prozent gelegen.) Außerdem versprach VW: »Auf den Gebieten Fahrzeuge, Aggregate und Leichtbau wollen wir neue ökologische Maßstäbe setzen.«[14]

In gewisser Hinsicht wandte Winterkorn – und damit letztlich auch Piëch – eine vertraute Managementmethode an: Sie setzten anspruchsvolle, wenn nicht ungeheuerliche Ziele, um das Unternehmen zu fokussieren und dafür zu sorgen, dass sich niemand auf den Lorbeeren ausruhe. Daran ist grundsätzlich nichts Falsches. Doch Topmanager müssen auch Grenzen setzen insofern, als die Mitarbeiter bei der Verfolgung der Unternehmensziele nicht zu weit gehen. Bei VW gab es sogenannte »Verhaltensgrundsätze«, die von den Beschäftigten verlangten, die nationalen und internationalen Gesetze, Vorschriften und Verträge einzuhalten. Das Unternehmen sah sich verpflichtet, »die Mobilität im Interesse des Gemeinwohls mit Produkten voranzutreiben, die den individuellen Bedürfnissen, den ökologischen Belangen und den ökonomischen Ansprüchen an einen Weltkonzern gerecht werden«.[15] Der Kodex war jedoch kaum mehr als ein Lippenbekenntnis, wenn die Manager an der Spitze ihren Untergebenen nicht die Mittel an die Hand gaben, um die Ziele auf legalem Wege zu erreichen. Geradezu bedeutungslos war er, wenn sich Spitzenmanager selbst nicht an die Prinzipien hielten.

»Überhöhte Zielvorgaben sind sehr nützlich«, meint David Bach, Professor deutscher Herkunft an der School of Management der Yale University. Aber: »Gerade weil sie eine Menge Druck erzeugen, muss man dafür Sorge tragen, dass sie mit der klaren Vorstellung verbunden sind, wo die Grenzen liegen. ›Wir werden wachsen, aber in einer Art und Weise, die unserer Marke gerecht wird.‹ Diese Werte einzuhalten ist wichtiger als die Erreichung des Ziels. Man sollte nie zulassen, dass das Ziel selbst die Oberhand über einen gewinnt. Genau das war jedoch bei Volkswagen der Fall.«[16]

Unter diesen Voraussetzungen rollten bei VW in Chattanooga die neuen Passat-Modelle vom Band. Während die Dieselvarianten der amerikanischen VW-Modelle eine einfachere Federung als ihre deutschen Vettern hatten, verfügten sie über eine bessere Emissionssteuerung als die erste Generation von Diesel-Pkws, die VW drei Jahre zuvor in die Vereinigten Staaten exportiert hatte. Der Passat des Baujahrs 2012 war mit genau der Technik ausgestattet, die VW ein paar Jahre zuvor verworfen hatte, als das Unternehmen aus der BlueTec-Partnerschaft mit Daimler ausgestiegen war. Volkswagen hatte daraufhin eine eigene, ähnliche Technik entwickelt, BlueMotion genannt. Dabei kam – wie bei BlueTec – die sogenannte selektive katalytische Reduktion (SCR) zur Anwendung, bei der eine Harnstofflösung zur Neutralisierung von Stickoxidemissionen in die Abgase eingeblasen wird.

Mit der neuen Technik bot sich Volkswagen die Chance, die betrügerische Software auszumustern, die notwendig war, um die Abgastests in den Vereinigten Staaten zu bestehen. Hätte VW es zu diesem Zeitpunkt getan, hätte wahrscheinlich niemand die illegale Abschaltvorrichtung in der ersten Dieselgeneration entdeckt. Aber das Unternehmen wählte einen anderen Weg.

Den meisten Amerikanern war die Dieseltechnik immer noch fremd, und die VW-Manager fürchteten, sie würde wegen des AdBlue-Tanks auf Ablehnung stoßen, der gelegentlich aufgefüllt werden musste. Volkswagen wollte den Harnstoffverbrauch so regulieren, dass der Tank erst vom Händler beim regelmäßigen Ölwechsel nachgefüllt werden musste und die Besitzer von dieser Unannehmlichkeit verschont blieben. Der Passat durfte den beliebten Modellen Toyota Camry und Honda Accord keinen Vorteil lassen, die beide mit Benzin liefen und daher keinen Harnstofftank benötigten. Außerdem schreckten die damaligen amerikanischen Vorschriften Autobauer davon ab, Autobesitzern selbst das Nachfüllen des Harnstofftanks zu ermöglichen.

Wieder einmal griffen die VW-Ingenieure auf das von Audi gesetzte Beispiel zurück, wo man seit 2008 eine Abschaltvorrichtung einbaute, um das Problem mit unterdimensionierten Harnstofftanks zu lösen.[17] Als die Entwickler des amerikanischen Passat vor demselben Problem standen, waren illegale Behelfslösungen bereits gang und gäbe.

VW-Mitarbeiter, die den Betrug entdeckten, wurden angewiesen, Stillschweigen zu wahren. Im Juli 2012 versuchte eine

Gruppe von Ingenieuren, den Grund für mechanische Probleme mit einigen Dieselmotoren herauszufinden. Dabei stießen sie auf einen Software-Code, der bewirkte, dass sich der Motor anders verhielt, wenn das Auto auf einem Rollenprüfstand, im sogenannten Dyno-Modus, getestet wurde. Die Ingenieure waren auf die Abschaltvorrichtung gestoßen.

Bei weiteren Nachforschungen stellten sie fest, dass die mechanischen Probleme immer dann auftraten, wenn die Fahrzeuge zu lange im Dyno-Modus blieben. Die Abgaskontrolle arbeitete unter diesen Bedingungen mit maximaler Leistung, wodurch die Bauteile stark beansprucht wurden. Die Ingenieure erstellten einen Bericht über ihren Fund und legten ihn Heinz-Jakob Neußer vor, seit 2011 Vorstand der technischen Entwicklung der Marke VW. Laut der späteren Strafanzeige gegen ihn wies Neußer die Ingenieure an, den Bericht zu vernichten und die Software so nachzubessern, dass der Dyno-Modus nur dann einsetzte, wenn die Kontrolleure getäuscht werden mussten.[18] Die Autos waren letztlich viel dreckiger.

Obwohl die saubere Dieseltechnik von VW eine Täuschung war, rühmten Manager und Ingenieure ihre außerordentliche Umweltfreundlichkeit. Die Konstrukteure von VW und Audi hielten bei Veranstaltungen der Branche Vorträge, veröffentlichten wissenschaftliche Artikel und gaben Interviews für Fachzeitschriften und Websites.

In der Gemeinde der Motorenentwickler präsentierte Volkswagen die Emissionstechnik als Durchbruch. Zur Einführung der aktualisierten Version des EA 189 Diesel, dem EA 288, im Jahr 2013 veröffentlichte eine Gruppe von VW-Ingenieuren einen Artikel auf der Titelseite von *Motor Technology*, der englischen Ausgabe der *Motortechnischen Zeitschrift*, die zu den führenden Blättern der Branche gehört. In dem Artikel wurde beschrieben, wie das Grundmodell des Dieselmotors für den Einsatz in verschiedenen Fahrzeugen unter Einhaltung der jüngsten Emissionsvorschriften modifiziert werden konnte.

Die Autoren gehörten zu den VW-Motor- und Software-Entwicklern in Spitzenpositionen. Neben Neußer war auch Jörn Kahrstedt, Chef der Dieselmotoren-Entwicklung, dabei, Richard Dorenkamp mit dem schönen Titel »VW-Abteilungsleiter für Niedrigstemissionsmotoren und Abgasnachbehandlung« sowie Hanno Jelden, Leiter der Antriebstechnologie.

»Mittels modernster Technik sind die Motoren des modularen Dieselbaukastens auf die zukünftigen Herausforderungen der sich weltweit verschärfenden Emissionsgesetzgebung und immer anspruchsvoller werdenden Kundenbedürfnisse hin entwickelt worden«, schrieben sie. Und weiter heißt es: »… dieses neue Konzept [bietet] durch seinen modularen Aufbau die Möglichkeit für weitere Verbrauchsreduzierungen und gleichzeitig Potenzial für Leistungssteigerungen.«[19]

Manche Konkurrenten in der Branche waren jedoch skeptisch. Sie konnten sich nicht vorstellen, wie Volkswagen diese sauberen Emissionen im Rahmen der Kostenbeschränkung eines Mittelklassewagens hinbekam. Bob Lutz, der von Chrysler zu General Motors gewechselt hatte und dort stellvertretender Vorstandsvorsitzender geworden war, wollte Konkurrenzprodukte anbieten und bedrängte seine Ingenieure, mit der offensichtlichen Dieseleffizienz von VW gleichzuziehen. Aber es gelang ihnen nicht, obwohl sie Komponenten zu einem großen Teil von denselben Zulieferern bezogen hatten wie Volkswagen, etwa von Bosch und Continental. »Volkswagen produziert in den Vereinigten Staaten«, sagte Lutz bei einem Meeting mit GM-Ingenieuren, »und Sie wollen mir sagen, dass wir bei GM, mit all den uns zur Verfügung stehenden Mitteln, das nicht können?«

»Ich habe ziemlich auf sie eingeprügelt«, sagte Lutz. »Niemand konnte sich vorstellen, wie die die Auflagen erfüllten, schließlich ist ihre Motortechnik nicht viel anders als die bei allen anderen.« Aber Lutz weihte keinen Kontrolleur der Regulierungsbehörde ein. »Es ist ein ungeschriebenes Gesetz, dass man ein anderes Unternehmen nicht den Wölfen zum Fraß vorwirft.«[20]

Der Einsatz von Abschalteinrichtungen bei VW zur selben Zeit, da das Unternehmen mit seinem Engagement für die Umwelt prahlte, erweckt den Eindruck einer extremen Form von kognitiver Dissonanz. Doch mehreren ehemaligen Führungskräften des Unternehmens zufolge hielten sich die Topmanager bei VW für die Avantgarde nachhaltiger Mobilität. Gewiss produzierten die VW-Dieselmotoren weniger Kohlendioxid als vergleichbare Benziner und trugen somit weniger zur Erderwärmung bei. 2012 entrollten Aktivisten von Greenpeace bei der VW-Hauptversammlung ein Transparent von der Decke des Saals in Hamburg, wo Winterkorn vor den Aktionären eine Rede hielt. »Ehrlicher Klimaschutz, jetzt!« stand auf dem Tuch, das die riesige Videoprojektion des Mannes am Mikrofon verdeckte. Bei einer Aufsichtsratssitzung schienen Winterkorn und Piëch ehrlich verletzt durch den Protest und den Vorwurf, nur scheinbar Anstrengungen zur Minimierung der Auswirkungen seiner Autos auf die Umwelt zu unternehmen. »Sie sagten: ›Aber wir sind sauber!‹«, erinnerte sich Jörg Bode, Mitglied des niedersächsischen Landtags, der dem Aufsichtsrat angehörte. »Wenn das alles nur Schauspielerei war«, meinte er, »dann waren sie richtig gut.«[21]

In Europa galt die Verwendung einer Software zur Verschleierung von Emissionen als ein Vergehen, das nicht schwer bestraft wurde. Die Formulierungen der Europäischen Union zum Verbot von Abschalteinrichtungen waren nahezu identisch mit denen in den USA. Doch die EU-Gesetze sahen keine Strafen vor. Schlimmstenfalls wurde VW gezwungen, Autos zurückzurufen, um sie nachzubessern. Es gab auch nur unzureichende Kontrollen. Emissionstests wurden von Fremdfirmen durchgeführt, die die Autohersteller selbst beauftragten. Die Vertragsnehmer waren vordergründig unabhängig, hatten aber wenig Anreiz, gegenüber ihren Geldgebern eine harte Linie zu fahren. Und die Durchsetzung der Emissionsvorschriften blieb den staatlichen Behörden überlassen. In Deutschland war das Kraftfahrt-Bundesamt zuständig, das unter der Aufsicht des Verkehrsministeriums steht und bekannt ist für sein Wohlwollen gegenüber der Autobranche.

Die europäischen Vorschriften enthielten ein Schlupfloch, das es Autobauern ermöglichte, Abgastests zu bestehen, ohne zu täuschen. Die Hersteller durften die Abgassteuerung abschalten, wenn Schäden am Motor zu befürchten waren. Sie mussten nicht offenlegen, wann sie dieses Schlupfloch nutzten, wohingegen in den Vereinigten Staaten für eine Deaktivierung der Emissionssteuerung unter bestimmten Umständen eine Genehmigung der Umweltschutzbehörde erforderlich ist. Wie VW sehr wohl wusste, machten fast alle anderen europäischen Autobauer reichlich Gebrauch von der Gesetzeslücke. So programmierten praktisch alle ihre Dieselmotoren so, dass die Menge der in den Motor rückgeführten Abgase bei Außentemperaturen unter einem bestimmten Niveau reduziert wurde. Dies verminderte das Risiko einer Verstopfung des Systems, führte aber auch zu höheren Stickoxidemissionen. Die Hersteller konnten sich damit herausreden, dass sie ihre Motoren vor einer Beschädigung schützen mussten. Aber sie wussten auch, dass die Kontrolleure in Europa Fahrzeuge bei 20 Grad Celsius testeten und daher niemals bemerken würden, wie sich die Motoren bei kühleren Verhältnissen verhielten. In Europa war es so leicht, die Emissionsvorschriften legal zu unterlaufen, dass Abschaltvorrichtungen völlig überflüssig waren. In den USA aber gab es diese Möglichkeit nicht. Dort wurden die Fahrzeuge auch bei niedrigeren Temperaturen getestet, und die Strafen konnten hoch ausfallen.

Der Spielraum für die VW-Mitarbeiter, sich den Forderungen der Bosse zu widersetzen, war, wenn überhaupt je vorhanden, geringer geworden. 2013 verkaufte das Unternehmen 9,7 Millionen Autos und stand im Begriff, sein Umsatzziel vorzei-

Ferdinand Porsche (links, deutend) zeigt Hitler und seiner Entourage 1938 das Modell eines »Wagens für das Volk«. Dieser war hauptsächlich ein Propagandaprojekt, vor Ausbruch des Kriegs wurde nur eine Handvoll Autos gebaut.

Die Fertigungsanlagen im Volkswagenwerk 1944. Ursprünglich geplant für die Produktion des Käfer, wurden während des Kriegs im Werk fast ausschließlich Rüstungsgüter hergestellt.

Luftangriffe der Alliierten brachten im Volkswagenwerk Dächer und Wände zum Einsturz, wie auf diesem Foto aus dem Jahr 1944 zu sehen. Doch der Großteil der Fertigungsanlagen blieb intakt, und die Produktion kam nur kurzzeitig zum Erliegen.

Nach der deutschen Kapitulation wurde der findige britische Major Ivan Hirst (mit Barett) mit der Kontrolle von Volkswagen betraut. Hirst, hier auf einem Foto aus dem Jahr 1946, ließ die Produktion des Käfer wieder aufnehmen und war praktisch der erste Generaldirektor des Unternehmens nach dem Krieg.

Heinrich Nordhoff, 1948 zum Generaldirektor ernannt, war eine kompetente, aber sehr autoritäre Führungspersönlichkeit. Er leitete den Volkswagen-Konzern zwei Jahrzehnte lang.

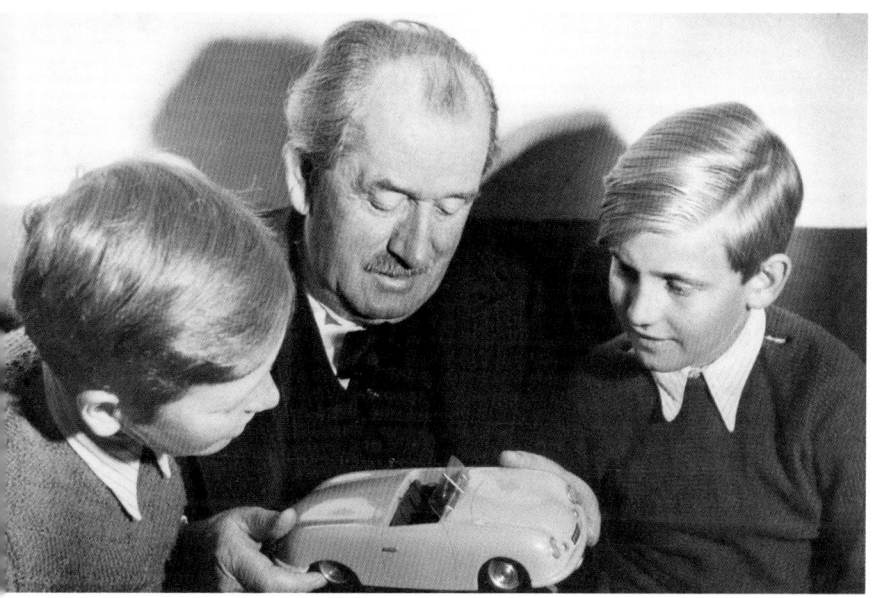

Ferdinand Porsche 1949 mit seinen Enkeln Ferdinand Piëch (rechts) und Ferdinand Alexander Porsche. Wie sich herausstellen sollte, übte Piëch als Vorstandsvorsitzender und später als Aufsichtsratsvorsitzender der Volkswagen AG noch größeren Einfluss auf die Autoindustrie aus als sein Großvater.

rechts: Der Käfer und sein Cousin, der Porsche 356, wurden in den 1960er-Jahren überraschend zu Symbolen der rebellischen Jugend. Die Sängerin Janis Joplin, hier im Jahr 1969 zu sehen, ließ ihren Porsche nach eigenen Vorstellungen lackieren.

oben: Blick auf das Hauptwerk in Wolfsburg am Mittellandkanal, 2007. Im Vordergrund der Eingang zur Autostadt, einem Museum und Tempel des Autokults.

Linke Seite unten: Der New Beetle (Neue Käfer), auf dem Markt seit 1997, machte sich die Sehnsucht nach dem ursprünglichen Käfer zunutze und wurde in den USA zum Verkaufsschlager. Das hier gezeigte Modell stammt aus dem Jahr 2017.

Ferdinand Piëch am Steuer eines Audi bei der Jahreshauptversammlung der VW-Aktionäre 2010 in Hamburg. Wie Steve Jobs von Apple gehörte Piëch zu den wenigen Vorstandsvorsitzenden, die den Produkten ihres Unternehmens ihren persönlichen Stempel aufdrückten.

Ursula Piëch, ehemals Gouvernante der Familie und besser bekannt als »Uschi«, zählt zu den wenigen Menschen, denen Ferdinand Piëch vertraut. Er sorgte dafür, dass sie bei Volkswagen einen Sitz im Aufsichtsrat erhielt. 2011 besuchten sie eine Feier zur Verleihung einer Auszeichnung der Autoindustrie.

Martin Winterkorn, Vorstandsvorsitzender von Volkswagen, beim Internationalen Autosalon Genf im März 2015. Winterkorn war berühmt berüchtigt für seine Detailversessenheit und sein aufbrausendes Temperament.

Links: Wendelin Wiedeking (links), ehemals Vorstandsvorsitzender von Porsche, und Holger Härter, früherer Finanzvorstand des Sportwagenherstellers, sind 2015 vom Vorwurf der Börsenmanipulation freigesprochen worden.

Rechts: Hans Dieter Pötsch (links), Vorsitzender des Aufsichtsrats, und Matthias Müller, Vorstandsvorsitzender, sind beide seit Langem VW-Insider. Ihre Ernennung im Gefolge des Abgasskandals warf Fragen auf, ob Volkswagen seine Vorgehensweisen ändern würde. Hier sind sie bei einer Pressekonferenz im Dezember 2015 zu sehen.

Der Spanier Francisco Javier Garcia Sanz (links), langjähriger Leiter des Bereichs Beschaffung bei VW, führte in den USA die Verhandlungen über einen außergerichtlichen Vergleich. Hier ist er 2016 zu sehen, zusammen mit dem Vorstandsvorsitzenden Matthias Müller und Christine Hohmann-Dennhardt, ehemals Verfassungsrichterin, die das interne Compliance-System von Volkswagen stärken sollte.

Wolfgang Porsche und seine Lebensgefährtin Claudia Hübner 2016 auf dem Wiener Opernball. Nachdem sein Cousin Ferdinand Piëch 2015 den Machtkampf verloren hatte, wurde Wolfgang Porsche zum mächtigsten Vertreter beider Familien im Aufsichtsrat von Volkswagen.

Mary Nichols, Vorsitzende des California Air Resources Board, das einen Großteil der Detektivarbeit zur Aufdeckung des Abgasbetrugs von Volkswagen leistete.

Dan Carder, Leiter der Untersuchung der West Virginia University, durch die erstmal Fragen zu den Emissionen bei VW-Fahrzeugen laut wurden. Das *Time Magazine* kür te Carder zu einer der hundert einflussreichsten Persönlichkeiten des Jahres 2015 Hier ist er zusammen mit seiner Frau Hillarey auf einer Gala von *Time* zu sehen.

Kunden können ihr Fahrzeug in der Autostadt selbst abholen. 2016, als dieses Foto entstand, verlor Volkswagen in Europa Marktanteile.

Sauberer Diesel

tig zu erreichen. Je näher Volkswagen an den Punkt kam, Toyota als weltweit größten Autobauer zu überholen, desto mächtiger wurden Winterkorn und Piëch. Mit einem Gehalt von 15 Millionen Euro war Winterkorn in jenem Jahr einer der bestbezahlten Manager Europas. Ihm stand eine ganze Flotte von Jets zur Verfügung, darunter ein Airbus A319, in dem bis zu 160 Passagiere Platz hatten. Laut einem früheren Manager, der das Verhalten beobachtet hatte, drängelten sich Winterkorns Mitarbeiter bei Flügen förmlich darum, einen Platz möglichst nah bei ihm vorn in der Maschine zu ergattern. Je näher man beim Boss saß, desto höher der Status.

Wenn Winterkorn das weit gespannte VW-Reich bereiste, wurde er behandelt wie ein Regent. In einem Werk in Brasilien strichen einmal die Manager die Wand einer Fabrikhalle neu, nur weil vorgesehen war, dass Winterkorns Besichtigungstour daran entlangführte. Er besaß eine Präsenz wie kein anderer Automanager. Norbert Reithofer, damals Vorstandsvorsitzender von BMW, reiste allein oder mit ein oder zwei Beratern. Das war nicht nach Winterkorns Geschmack. Sein imperiales Gehabe ist in dem Video eines Unbekannten dokumentiert, der 2011 Winterkorn bei der Begutachtung der Konkurrenten auf der Frankfurter Automobil-Ausstellung filmte. Mit einer ganzen Entourage im Schlepptau blieb Winterkorn bei einem Hyundai i30 kompakt stehen, der auf dem europäischen Markt auf dem Vormarsch war. Winterkorn zog ein Gerät von der Größe eines Kugelschreibers aus der Tasche seines Zweireihers und prüfte die Schweißnaht an der Innenseite der Heckklappe. Ohne einer blonden Hostess Beachtung zu schenken, schritt er sodann mit ernstem Gesicht um den Wagen und ließ sich mit seinem stämmigen Körper auf den Fahrersitz sinken. Andere VW-Manager kamen hinzu, ein weiterer hockte sich aufmerksam neben die offene Fahrertür. Winterkorn fuhr mit dem Finger über die Kunststoffverkleidung, dann hantierte er an dem verstellbaren Lenkrad herum. »Da scheppert nix«, erklärte er barsch in seinem schwäbischen Tonfall einem Mitglied seines Designerteams. »BMW kann's nicht. Wir können's nicht. Warum kann's der?«[22]

»Wir hatten ja mal eine Lösung, die war aber zu teuer«, erwiderte der Designer nervös.

Doch Winterkorn gab sich nicht damit zufrieden. »Warum kann's der?«, wiederholte er.

Auch ein hoher Rang bot keinen Schutz vor Winterkorns Zorn. Jeden Dienstag versammelten sich die Topmanager und Abteilungsleiter in der obersten Etage des Backsteinturms mit dem VW-Zeichen auf dem Dach, das wie ein Kühleremblem wirkt. Von hier aus hat man einen Blick über den gesamten Fabrikkomplex in Wolfsburg. Die Manager waren vielleicht Chefs von Marken wie Audi oder Škoda und herrschten selbst über ein Reich mit Tausenden Mitarbeitern. Doch nicht einmal ein solch hoher Status schützte sie – nicht an Dienstagen. Mehreren Zeugen zufolge, die bei diesen Treffen anwesend waren, musste jeder, der sein Ziel nicht erreicht hatte (die Runde bestand übrigens ausschließlich aus Männern), mit der schonungslosen Kritik Winterkorns vor seinen Kollegen rechnen. Manager, die in der einen Woche zu seinen Lieblingen zählten, konnten in der nächsten in Ungnade fallen. Manch einer, der degradiert oder gekündigt wurde, erfuhr dies nicht von Winterkorn oder einem Kollegen, sondern aus einem deutschen Wirtschaftsblatt wie dem *manager magazin*, das einen Wink bekommen hatte.

Piëch, damals Mitte 70, blieb eine dominante Figur in dem Unternehmen und ein weiterer Grund, warum Ingenieure die Konsequenzen eines Versagens fürchteten. Wie sehr er den Aufsichtsrat unter Kontrolle hatte, wurde deutlich, als er dafür sorgte, dass seine Frau Ursula Mitglied wurde. Ursula Piëch war die dritte Frau in dem 20-köpfigen Gremium und hatte, wenn überhaupt, nur eine geringe kaufmännische Ausbildung genossen. Aber sie war erst in den Fünfzigern und würde den

Reichtum ihres Mannes erben und somit eine Position besetzen, in der sie sein Erbe über seinen Tod hinaus bewahren konnte. Bissige Kommentare in den deutschen Medien über diese offensichtliche Vetternwirtschaft wurden ignoriert. Das täglich erscheinende *Handelsblatt* traf den Nagel auf den Kopf, als es erklärte, was Ursula wahrscheinlich am meisten für den Job qualifizierte. »Denn die kluge Frau hat geschafft, was niemandem vor ihr gelang: Der grantelnde, zutiefst skeptische Ferdinand Piëch schenkt ihr sein Vertrauen.«[23] Ferdinand Piëch verfolgte die Produktentwicklung bei VW weiterhin mit höchster Aufmerksamkeit. Er besuchte Autosalons und nahm an Veranstaltungen des Unternehmens in Südafrika und andernorts teil, bei denen Topmanager die neuesten Prototypen testeten und kritisierten.

Dank der erfolgreichen Werbung mit »sauberem Diesel« war der EA-189-Motor überall verbreitet. Es gab Versionen mit 1,2 Liter, 1,6 Liter und 2 Liter Hubraum. (Nur der 2-Liter-Motor wurde in die USA exportiert). Die Zahl der in den Werken in Salzgitter wie auch im polnischen Polkowice und im ungarischen Györ produzierten Motoren dieser Bauart ging in die Millionen.[24] Sie steckten nicht nur in Autos der Marken VW und Audi, sondern auch in zwei der anderen Pkw-Fabrikaten des Unternehmens: im SEAT, der in Spanien gebaut wird, und dem in Tschechien produzierten Škoda. Beide Marken, mit anderen Karosserien als die der Marke VW, aber teils mit denselben Bauteilen, kamen nicht auf den amerikanischen Markt. Sonst aber waren sie fast überall auf der Welt zu haben. Der EA 189 war ein außerordentlich vielseitiger Motor und wurde in Autos der Kompaktklasse wie Golf und Jetta genauso eingebaut wie in Leichttransporter und kleinere SUVs wie den Tiguan. Die überwiegende Mehrheit der Fahrzeuge mit diesem Motor wurde in Europa verkauft, viele aber auch in lateinamerikanischen und asiatischen Ländern, etwa in Südkorea.

Der EA 189 Diesel ist ein hervorragendes Beispiel für Piëchs

Strategie, einzelne Komponenten für möglichst viele Modelle zu verwenden. Aber der Motor war auch ein Beispiel für die Risiken, die damit verbunden waren. Alle Varianten hatten dieselbe Steuerung, die in illegaler Weise programmiert war, um die Abgastests zu verfälschen. Ermittler in den USA legten Beweise vor, dass Volkswagen solche Abschaltvorrichtungen nicht nur bei den EA 189, sondern auch in 3-Liter-Motoren von Audi und Porsche installiert hatte.[25] Außerdem hatte das Unternehmen das On-Board-Diagnosesystem so programmiert, dass es falsche Daten lieferte, damit Inspekteure oder Mechaniker nicht auf die Abschaltvorrichtungen stießen.[26] Jedes dieser Autos, das auf der Straße fuhr, war ein Gesetzesbruch, der nur darauf wartete, enthüllt zu werden, und je mehr Motoren VW produzierte, desto größer war die Wahrscheinlichkeit der Aufdeckung.

13
Gesetzeshüter II

In einem kleinen Kreis von europäischen und amerikanischen Experten und Aktivisten herrschte beträchtliche Skepsis, was »sauberen Diesel« betraf. Doch da Dieselautos die Hälfte der in Europa verkauften Pkws ausmachten und in den USA zunehmend an Boden gewannen, zollte niemand den Leuten, die vor der Kehrseite der Medaille warnten, viel Aufmerksamkeit. Lobbyisten der Autoindustrie hatten gute Arbeit geleistet und den Großteil der politischen Führung Europas davon überzeugt, dass Dieselkraftstoff umweltfreundlich sei, was nur zur Hälfte richtig war. Dieselfahrzeuge emittierten zwar weniger den Klimawandel förderndes Kohlendioxid, spuckten aber weitaus mehr giftiges Stickoxid aus als Benziner, und außerdem winzige karzinogene Rußpartikel.

Es ist wissenschaftlich zweifelsfrei bewiesen, dass Stickoxide extrem gesundheitsschädlich und manchmal sogar tödlich sind.[1] Stickoxid oder NOx besteht aus verschiedenen Kombinationen von Stickstoff- und Sauerstoffatomen. Stickstoffmoleküle, die nur aus zwei miteinander verbundenen Atomen bestehen, machen etwa 80 Prozent der Erdatmosphäre aus. Stickstoff ist unschädlich und sogar eine unabdingbare Voraussetzung für Leben, doch in einem Dieselmotor verwandelt er sich in pures Gift. Die hohen Verbrennungstemperaturen in den Zylindern trennen die beiden Atome, die sich dann zum Teil mit Sauerstoff zu einer Reihe schädlicher Moleküle verbinden, vor allem aber zu Stickoxid. Alle mit fossilen Brennstoffen betriebenen Motoren erzeugen Stickoxid, aber Dieselmotoren sind in dieser Hinsicht besonders produktiv, weil sich der Kraftstoff erst bei viel höheren Temperaturen entzündet.

Der Großteil dessen, was aus einem Auspuffrohr strömt, sind die oben erwähnten einzelnen Stickstoffatome. Diese reagieren schnell mit Ozon und anderen Substanzen in der Atmosphäre zu Stickstoffdioxid, einem höchst gesundheitsschädlichen Gas. Bei der Einatmung bildet es Schnittstellen mit der Lungenflüssigkeit und verursacht Entzündungen und allergische Reaktionen, die wiederum zu Asthma oder – bei Menschen, die bereits unter Asthma leiden – zu Asthmaanfällen führen.[2] Kinder sind besonders gefährdet. Studien haben gezeigt, dass in Gebieten mit hoher Stickstoffdioxidkonzentration der Prozentsatz der Kinder, die Asthma entwickeln, besonders hoch ist.[3]

Es gibt auch Belege dafür, dass eine hohe Stickstoffdioxidbelastung Erkrankungen des Herz-Kreislauf-Systems verursacht, Diabetes fördern und zu chronischer Bronchitis sowie zu Krebs führen kann. Studien, die in einem umfassenden EPA-Bericht zitiert werden, belegen den Zusammenhang zwischen Spitzenwerten der Stickstoffdioxidkonzentration in Städten und vermehrten Notaufnahmen von Menschen mit akutem Herzinfarkt. Insgesamt sind Todesraten und Kindersterblichkeit in Gebieten mit starker Stickstoffdioxidkonzentration besonders hoch, obwohl es schwierig ist festzustellen, welche anderen Schadstoffe ebenfalls eine Rolle spielen. Untersuchungen haben gezeigt, dass Stickstoffdioxid das Wachstum von Embryos hemmen und Lungenkrebs verursachen kann.

Stickstoffdioxid ist nicht nur an sich schon giftig, sondern auch die Hauptursache für Smog, unter dem viele Großstädte leiden. Unter Sonnenlicht verbindet es sich mit anderen Stoffen in der Atmosphäre zu Bodenozon oder Smog, der ebenfalls Asthma und andere Atemwegserkrankungen verursacht, zur Erderwärmung beiträgt und manche Pflanzenarten schädigt.[4] Die Abgase von Dieselmotoren bilden andere Kombinationen von Stickstoff und Sauerstoff, die sich schädlich auf Mensch und Umwelt auswirken – etwa Stickstoffmonoxid, eine Ursache von saurem Regen, oder Distickstoffoxid, auch bekannt als Lachgas, das vielleicht in Zahnarztpraxen von Nutzen, jedoch ein starkes Treibhausgas ist, wenn es in die Atmosphäre freigesetzt wird. Es steigt bis in deren obere Schichten, wo es unter Umständen erst nach einem Jahrhundert zerfällt. Bis dahin trägt es zur Absorbtion der Sonnenstrahlung und damit zur Erderwärmung bei.[5] Die Auswirkung von Lachgas auf das Klima ist laut der EPA 300-mal größer als die von Kohlendioxid.[6]

In bevölkerten Regionen ist der Autoverkehr die größte singuläre Ursache der Stickoxidbildung. In den USA beträgt der Anteil der Auspuffgase an der Stickoxidbelastung in städtischen Räumen zwischen 40 und 67 Prozent, wie die EPA festgestellt hat.[7] Wenig überraschend sind die höchsten Konzentrationen an Highways festzustellen. Etwa ein Fünftel der US-Bevölkerung lebt in einem Abstand von höchstens 100 Metern zu einer stark befahrenen Straße. In Los Angeles beträgt dieser Anteil sogar 40 Prozent. Kinder sind meist am stärksten betroffen, weil sie mehr Zeit im Freien verbringen als Erwachsene. Es gibt auch Hinweise darauf, dass Kinder aus armen Familien mit größter Wahrscheinlichkeit mit Stickoxid belastet sind, weil sich die Schulen in einkommensschwachen Vierteln häufig in verkehrsreichen Gebieten befinden.

In Europa sind die Probleme mit Stickoxid noch viel schwerwiegender und lassen die Luftverschmutzung in den USA vergleichsweise bedeutungslos erscheinen. Etwa die Hälfte aller in Europa verkauften Autos sind Dieselfahrzeuge, und das bei einer höheren Bevölkerungsdichte und stärkeren Urbanisierung als in den Vereinigten Staaten. Die Luftverschmutzung jeglicher Art war Daten der EU zufolge im Jahr 2010 für den frühzeitigen Tod von 403 000 Menschen verantwortlich.[8] Etwa 30 Millionen Europäer sind Mengen von Stickoxid ausgesetzt, die über den offiziellen Grenzwerten liegen.

Trotz dieser alarmierenden Zahlen ist Dieselkraftstoff bei europäischen Fahrern wegen seines relativ geringen Preises beliebt. Die Autoindustrie hatte die Gesetzgeber vieler Länder davon überzeugt, Dieselkraftstoff geringer zu besteuern, sodass er in der Regel etwa 20 Eurocent billiger ist als Benzin. Hybride, die wichtigste konkurrierende Technologie für alle, die Wert auf niedrigen Verbrauch und möglichst geringen Kohlendioxidausstoß legen, fassen in Europa nur langsam Fuß. Toyota, Pionier dieser neuen Technologie, ist in Europa nicht so erfolgreich wie in den USA. Europäische Hersteller, darunter auch Volkswagen, bieten zwar Hybridmodelle an, aber mit wenig Begeisterung und dementsprechend geringer Werbung. Bei dieser Dominanz von Dieselfahrzeugen galten bislang alle, die vor den Gesundheitsfolgen warnten, als Störenfriede und Spielverderber.

Zu den Schwarzmalern zählte auch Axel Friedrich, ein pensionierter Mitarbeiter des Umweltbundesamts. Im Gegensatz zur amerikanischen Umweltschutzbehörde war Friedrichs Arbeitgeber nicht unmittelbar für die Durchsetzung der Abgasnormen für Kraftfahrzeuge zuständig. Diese oblag dem Kraftfahrt-Bundesamt, das unter anderem auch die Strafpunkte von Verkehrssündern registriert. Das Kraftfahrt-Bundesamt untersteht dem deutschen Verkehrsministerium, das den zweifelhaften Ruf genießt, gern eine schützende Hand über die deutsche Autoindustrie zu halten. Das Umweltbundesamt hingegen, als Behörde des Innenministeriums den Autobauern weniger verbunden, ist für die Luftqualität insgesamt zuständig und beauftragt, sich beim Thema Autoabgase einzuschalten.

Friedrich war Leiter der Abteilung Verkehr, Lärm und räumliche Entwicklung gewesen, wo ihm nachgesagt wurde, ein Dorn im Fleisch der Autoindustrie zu sein. Das Thema Luftqualität war Friedrichs Leidenschaft. Schon zu Beginn seiner Laufbahn schrieb er zusammen mit Kollegen ein Buch mit dem Titel *Was Sie schon immer über Luftreinhaltung wissen wollten*.[9] Als er feststellte, dass die Luftverschmutzung in den Städten trotz strenger Emissionsvorschriften nicht in dem erwünschten Maße zurückging, forschte er nach dem Grund dafür. Ein Teil der Antwort, so fand seine Behörde heraus, war einfach: Die Autobauer betrogen. 2003 veröffentlichte Friedrichs Abteilung eine Studie, die zeigte, dass europäische Lkw-Bauer die Computer der Dieselmotoren so programmierten, dass die Emissionsvorschriften umgangen wurden.[10] Ein Team aus deutschen, österreichischen, Schweizer und niederländischen Forschern hatte in Versuchen nachgewiesen, dass Lkws in Labortests mehr Stickoxid ausstießen, wenn Techniker von dem simulierten Fahrmuster abwichen, das die Regulierungsbehörde vorschrieb. In der Studie kam der Begriff »Abschalteinrichtung« nicht vor; sie zeigte aber eindeutig, dass aufgrund der speziellen Programmierung die Emissionssteuerung nur dann wirksam war, wenn die Software erkannte, dass ein standardisierter Test stattfand. Und außerhalb des Tests war alles erlaubt. Dies erklärte zum Teil, warum sich die Stickoxidbelastung in Städten trotz zunehmend strenger Lkw-Abgasnormen sogar noch erhöht hatte.

Faktisch hatten Friedrich und sein Team ein Delikt desselben Ausmaßes wie der Abgasbetrug der Lkw-Motorbauer in den Vereinigten Staaten aufgedeckt – jener Skandal im Jahr 1998, der zu einem Vergleich in Höhe von einer Milliarde Dollar geführt hatte. Doch trotz ihres illegalen Vorgehens hatten die Lkw-Hersteller in Europa keine Konsequenzen zu befürchten. Die europäischen Gesetze sahen keine Strafen vor, wie sie die EPA den amerikanischen Lkw-Herstellern hatte auferlegen können. Der Bericht des Umweltbundesamts veranlasste aber zumindest die europäischen Regulationsbehörden, Tests von Lkws nicht nur in Labors, sondern auch auf der Straße vorzuschreiben, um den Betrug zu erschweren.

Friedrichs Arbeit und seine Hartnäckigkeit machten ihn bei den Autobauern nicht gerade beliebt. Der *Stern* bezeichnete ihn als »lästigen, aber sachkundigen Kritiker der Autoindustrie«.[11] Friedrich selbst, ein grauhaariger, drahtiger Mann, betrachtet sich als Pragmatiker, der weiß, was politisch durchsetzbar ist und was nicht. Er fuhr einen alten – aber spritsparenden – Fiat 500, was man als Ausdruck seines Widerspruchsgeistes interpretieren konnte. »Ich bin ein schlechter Verlierer«, gab er zu. »Wenn ich etwas anfange, bringe ich es auch zu Ende.«[12]

In der Tat ist Hartnäckigkeit vonnöten, will man es mit der Autoindustrie in Deutschland aufnehmen. Autos sind das größte Exportprodukt des Landes;[13] in der Branche sind 800 000 Menschen beschäftigt.[14] Die Hersteller haben viel Erfahrung darin, diese Wirtschaftsmacht zu nutzen; sie unterhalten enge Beziehungen zu politischen Insidern und beauftragen ehemalige Politiker als Lobbyisten. So war beispielsweise Matthias Wissmann, Präsident des Verbands der Autoindustrie, einst Bundesverkehrsminister. Wissmann, Anwalt und als Politiker ohne Ecken und Kanten, saß zur selben Zeit im Kabinett von Bundeskanzler Helmut Kohl wie Angela Merkel. Er sprach sie mit dem Vornamen an wie eine enge Freundin.[15]

Der politische Einfluss von Volkswagen war besonders groß. Niedersachsen ist ein Sprungbrett für Leute, die in die Bundespolitik aufsteigen wollen. Zu ihnen gehörten ein Bundeskanzler, Gerhard Schröder, und Christian Wulff, von 2010 bis 2012 Bundespräsident. Beide waren zuvor Ministerpräsidenten von Niedersachsen gewesen, beide hatten dem Aufsichtsrat von Volkswagen angehört. Es war auch bei dem Autobauer schon lange üblich, unbeschäftigte Politiker, die sich entgegenkommend gezeigt hatten, unter die eigenen Fittiche zu nehmen. Nachdem Sigmar Gabriel, ebenfalls Ministerpräsident von Niedersachsen, 2003 abgewählt worden war, vergab Volkswagen einen Auftrag an eine Beratungsfirma, an der Gabriel Anteile besaß.[16] Als späterer SPD-Vorsitzender und ab 2013 Wirtschaftsminister der Koalitionsregierung mit Merkels CDU gehörte er zu den vielen Freunden von Volkswagen in Berlin.

Trotz der starken Umweltbewegung in Deutschland und obwohl Bundeskanzlerin Angela Merkel nach der Katastrophe in

Fukushima 2011 kühn auf eine Abschaltung der Atomkraftwerke drängte, hatten die Privilegien der Autoindustrie oft Vorrang. Als das EU-Parlament 2013 vor der Zustimmung zu einer schärferen Beschränkung der CO_2-Emissionen stand, schrieb Wissmann im Namen der Autoindustrie einen Brief an Merkel, in dem er sich über die »unausgewogenen« CO_2-Regulierungen für Pkws beschwerte. Wissmann warnte, die neuen Obergrenzen könnten sich besonders hart auf die Hersteller hochleistungsfähiger Premiummodelle auswirken – eine Anspielung auf Audi, Daimler und BMW –, die 60 Prozent der Arbeitsplätze in der Autoindustrie stellen. Das Schreiben auf einem Briefbogen des VDA war formell an die »Sehr geehrte Frau Bundeskanzlerin« gerichtet, doch Wissmann hatte per Hand »liebe Angela« danebengeschrieben.[17] Nach Einwänden von deutscher Seite wurde der Vorschlag für neue CO_2-Obergrenzen in Brüssel abgeschwächt.

Friedrich blieb auch nach seinem Ausscheiden aus dem Umweltbundesamt 2008 ein tonangebender Diesel-Skeptiker. So war er beispielsweise Mitbegründer des International Council on Clean Transportation (ICCT; Internationaler Rat für ein sauberes Verkehrswesen), ursprünglich gedacht als weltweites Netzwerk für Umweltbehörden zum besseren gegenseitigen Austausch und zur Koordinierung ihrer Aktivitäten. Im ICCT saßen auch einige ehemaliger EPA-Beamte, die eine gewisse Enttäuschung über den ihrer Meinung nach herrschenden Einfluss der Autoindustrie auf die Umweltgesetzgebung teilten. Wenn die Autobauer ihre politischen Aktivitäten weltweit koordinierten, dann sollten dies, so überlegten Friedrich und andere ICCT-Gründer, auch die Regulierungsbehörden tun.

Besonders frustrierend war für Friedrich der Widerstand der Autohersteller gegen striktere Stickoxidbegrenzungen in Europa. In seinen Augen war der Gehalt von Stickoxid in der Luft Körperverletzung. Die Autohersteller aber betonten, dass niedrigere Grenzwerte, wie sie die Vereinigten Staaten bereits eingeführt hatten, zu teuer kämen. BMW, Mercedes und vor allem Volkswagen verkauften jedoch Dieselautos in den Vereinigten Staaten; sie konnten also durchaus die strengen amerikanischen Normen erfüllen. In den USA gelang ihnen, was ihnen in Europa angeblich nicht möglich war. Friedrich vermutete daher, dass die deutschen Autohersteller in den USA eine Technik verwendeten, die sie, um Kosten einzusparen, in Europa nicht installieren wollten. »Wir wollten zeigen, dass es in den Vereinigten Staaten funktionierte«, sagte er. »Das war die Idee.«

Aber die amerikanischen Umweltgesetze waren nicht nur strikter – sie ließen im Vergleich zu Europa weniger als die Hälfte der Stickoxidemissionen zu –, sondern wurden auch mit größerer Härte durchgesetzt. In Europa hörte man praktisch nie, dass ein Autobauer wegen eines Verstoßes gegen die Emissionsvorschriften bestraft wurde, außerdem waren die europäischen Bestimmungen ungenau. In den Vereinigten Staaten stellte die EPA den Autobauern ausführliche Informationen darüber zur Verfügung, was erlaubt war und was nicht. Zudem gab es zahlreiche entsprechende Gerichtsurteile. In Europa hingegen existierte in der Gesetzgebung eine große Grauzone, die die Autobauer ausnutzten. Die Dieselfahrzeuge auf amerikanischen Straßen entsprachen sicher eher dem Geist der Luftreinhaltungsgesetze – zumindest dachten das die ICCT-Wissenschaftler. »Wir haben wirklich versucht, eine gute analytische Arbeit zu liefern«, sagte John German, Abgasexperte beim ICCT, der für Chrysler und Honda wie auch für die EPA gearbeitet hatte. »Wir stellten eine Lücke in unseren Daten fest – es fehlten die Angaben aus den USA.« Man habe, so German, erwartet, dass die ICCT-Leute nach Europa zurückkehren und sagen würden: »Da drüben kriegen sie es hin. Warum nicht auch hier?«[18] 2012 machte sich der ICCT auf die Suche nach einer Einrichtung in den Vereinigten Staaten, die genau das belegen konnte.

14
On the road

Dan Carder und sein Team an der West Virginia University (WVU) hatten schon früher für den ICCT gearbeitet. Der Projektleiter Francisco Posada, Senior Researcher beim ICCT, hatte seinen Abschluss an der WVU gemacht. Dennoch übersah Carder irgendwie die Ausschreibung; er hörte davon lediglich von jemandem bei Horiba, dem japanischen Hersteller tragbarer Emissionsmessgeräte. 2011, also ein Jahr zuvor, war Carder Leiter des Emissionslabors an der WVU geworden und schaute sich wie üblich nach Drittmitteln um, damit das mit wenig Geld ausgestattete Center for Alternative Fuels Engines and Emissions an der Universität (CAFEE) weiterarbeiten konnte. Und so bat Carder den im indischen Bangalore geborenen Doktoranden Hemanth Kappanna, einen Vorschlag für den vom ICCT ausgeschriebenen Auftrag aufzusetzen.[1]

Der Antrag, den Kappanna nach wichtigen Hinweisen von Greg Thompson, außerordentlicher Professor und seit der Gründung von CAFEE eine der Schlüsselfiguren in dem Zentrum, verfasste, empfahl das Universitätsteam für die Prüfung verschiedener europäischer Dieselfahrzeuge und Emissionstechniken, Kostenpunkt 200 000 Dollar. Der ICCT übertrug dem WVU-Team den Auftrag, bat Carder aber, den Umfang der Tests einzuschränken, damit sich die Kosten auf nicht mehr als 70 000 Dollar beliefen. Das war nicht gerade viel Geld und für CAFEE einer der niedriger dotierten Aufträge. Auf diese Summe kam, mit ein wenig Zusatzausstattung, schnell mal ein BMW, Mercedes oder Audi. Doch es war immerhin etwas, und Carder übernahm.

CAFEE hatte große Erfahrung darin, Lkws zu testen, doch

außer im Rahmen von ein paar kleineren Studentenprojekten hatte man bisher kaum Pkws auf der Straße überprüft. Da die Meinung vorherrschte, dass Autoemissionen kein großes Problem darstellten, bestand schlicht keine Nachfrage danach. Folglich stellten sich beim ICCT-Auftrag einige technische und praktische Fragen. Die erste lautete, welche Autos getestet werden sollten. Laut Vertrag durften Carder und sein Team irgendwelche europäischen Dieselfahrzeuge auswählen, die in den USA verkauft wurden, egal ob von Mercedes, BMW, Volkswagen oder Audi. Der ICCT wollte die beiden verbreitetsten Techniken für die Verminderung des Stickoxidausstoßes getestet wissen, die Mager-Stickoxidfalle und das auf Harnstoff basierende SCR-System. Volkswagen und Audi verbauten beide. Die erste Generation der in den USA verkauften Fahrzeuge mit EA-189-Motoren, die Modelle ab 2009, waren mit der Mager-Stickoxidfalle ausgestattet, die billiger war und für die kein regelmäßiges Nachfüllen der Harnstofflösung erforderlich war. Autos mit dieser Technik waren unter anderem der VW Jetta, der VW Golf und der Audi A3. Ab 2012 führte Volkswagen dann für den Passat, der in seiner brandneuen Fabrik in Chattanooga speziell für den US-Markt gefertigt wurde, das SCR-System ein, das zwar als wirksamer galt, aber den bereits erwähnten Nachteil hatte. Der Tank mit der unter dem Handelsnamen AdBlue vertriebenen chemischen Harnstofflösung musste regelmäßig nachgefüllt werden. Ignorierte der Fahrer entsprechende Warnhinweise, ließ sich der Wagen irgendwann nicht mehr starten.

Carder und Thompson wussten nichts von der politischen Agenda, die hinter dem ICCT-Auftrag stand. Sie sollten einfach nur die fachlichen Arbeiten erledigen. »Wir hatten nie vor, uns mit irgendjemandem anzulegen«, erklärte Carder später. »Wir machten einfach nur unseren Job.«[2]

Ursprünglich plante Carder, den Straßentest in der Nähe der Universität durchzuführen, um Geld zu sparen. Doch es erwies sich als zu schwierig, die Autos zu beschaffen. Die Autovermietungen vor Ort hatten keine europäischen Dieselfahrzeuge, und es gelang dem WVU-Team nicht, in der Umgebung Fahrzeugbesitzer zu finden, die bereit waren, ihnen ihre Autos zu leihen. Arvind Thiruvengadam, ein Doktorand in Carders Team, der aus Chennai in Indien stammte, fragte daher bei Volkswagen in Ann Arbor nach, ob ihnen das Unternehmen Fahrzeuge zur Verfügung stellen würde. VW sagte Nein.

Und so entschied sich Carder für Kalifornien, wo CAFEE schon häufig gearbeitet hatte und mehr Fahrzeuge verfügbar waren. Für die Abfolge der Ereignisse, die schließlich zur Entlarvung von Volkswagen führten, sollte sich dieser Ortswechsel als entscheidend erweisen. Das California Air Resources Board (CARB) genießt den Ruf besonderer Strenge, was dem Ausmaß des Luftverschmutzungsproblems in diesem Bundesstaat entspricht. Hier kommen 25 Millionen Fahrzeuge auf 34 Millionen Einwohner, sechs der zehn amerikanischen Städte mit der stärksten Luftverschmutzung befinden sich in Kalifornien.[3] Am schlimmsten ist es laut der American Lung Association in Los Angeles.[4] Weil der Bundesstaat beharrlich um bessere Luft kämpft, sind die dort geltenden Emissionsrichtlinien strenger als die der US-Regierung. CARB profitiert von einem parteiübergreifenden politischen Konsens für die rigorose Durchsetzung der Vorschriften, im Gegensatz zur EPA, auf die in Washington oft eingedroschen wird. In der Autoindustrie genießt CARB Respekt und wird manchmal wegen seiner Expertise gefürchtet.

Die West Virginia University und CARB unterhielten bereits enge Beziehungen. So war Alberto Ayala, Leiter des Emissionstestlabors von CARB, Ende der 1990er-Jahre Fakultätsmitglied an der WVU und dort immer noch als außerordentlicher Professor tätig.[5] Ayala, der seinen Doktorgrad an der University of California in Davis erworben hat, wirkt wie der Prototyp eines Wissenschaftlers, der seine Worte sorgsam wählt und ohne

Datenmaterial keine Schlüsse zieht.[6] Doch der normalerweise zurückhaltende Mann mit dünnem Schnurrbart und rasiertem Schädel kann auch wütend werden. Sein ursprüngliches Fachgebiet war Luftfahrttechnik, doch nachdem es wegen der Einschnitte im US-Verteidigungsetat in Kalifornien kaum noch Stellen im Bereich der Luft- und Raumfahrt gab, wechselte er zur Luftverschmutzung.

Ayala zollte den Diesel-Pkws schon länger große Aufmerksamkeit. Ihn faszinierte die Dieseltechnologie deutscher Autobauer wegen ihres Potenzials, CO_2-Emissionen zu verringern. Gleichzeitig stand Ayala in engem Kontakt mit Experten der EU-Kommission und des ICCT. Ihm war aufgefallen, dass der Stickoxidausstoß in europäischen Städten höher war, als er sein sollte. Und er hegte mit anderen bei CARB Zweifel daran, ob Diesel wirklich so sauber war wie propagiert.

Stickoxidemissionen sind in Kalifornien ein besonders großes Problem. Sobald Stickoxide aus dem Auspuff eines Lkws oder Pkws kommen, reagieren sie blitzschnell mit Sonnenlicht und Gasen in der Atmosphäre und erzeugen Smog. Los Angeles, in Kessellage und mit einem wolkenlosen Himmel, ist für die Entstehung von Smog ein ideales Terrain. Das CARB-Labor in El Monte ist nach Arie J. Haagen-Smit benannt, dem 1977 verstorbenen niederländischen Wissenschaftler und Professor am California Institute of Technology, der bewiesen hat, dass Smog beim Zusammenwirken von Autoabgasen und Sonnenlicht entsteht.[7] Sein Werk bildete die wissenschaftliche Grundlage für Luftqualitätsvorschriften. Als die kalifornische Umweltschutzbehörde CARB 1968 – zwei Jahre vor der EPA – gegründet wurde, war Haagen-Smit ihr erster Vorsitzender.

Ayala erkannte, dass die Studie der West Virginia University die Wissensbasis von CARB erweitern konnte. Daher bot er Carders Team an, das Labor in El Monte östlich des Stadtzentrums von Los Angeles zu nutzen, wo seine Behörde Pkws testete. Es befand sich in einem tristen einstöckigen Betongebäude aus den 1970er-Jahren, das von einem mit Stacheldraht versehenen Eisenzaun umgeben war. In dem Gebäude gab es vier garagenähnliche Prüfstände, wo große Metallrollen in den Betonboden eingelassen waren, damit sich die Autos nicht vom Fleck bewegten, wenn sich ihre Räder bei hoher Geschwindigkeit drehten. An den Auspuffen befestigte Metallrohre fingen die Abgase auf. Vorne bliesen große Ventilatoren Luft auf die Autos, um die Bedingungen auf einer Schnellstraße bestmöglich zu simulieren. Ayala erlaubte den WVU-Doktoranden, die die Untersuchungen durchführten – Kappanna, Thiruvengadam und ein Schweizer namens Marc Besch –, die Anlage für die standardmäßigen Emissionstests zu nutzen, die als Vergleichsgrundlage für die Emissionen im realen Straßenverkehr nötig waren.

Bald hatte das Team die notwendigen Dieselautos beisammen. Von einem lokalen Autovermieter konnte es sich einen BMW SUV, Baujahr 2013, und einen VW Jetta, Baujahr 2012, ausleihen; ein Fahrzeugbesitzer erklärte sich bereit, seinen Passat, Baujahr 2012, zur Verfügung zu stellen. Das Team hatte gehofft, auch noch einen Mercedes-Diesel als drittes Fahrzeug testen zu können, doch in letzter Minute verlangte der Besitzer mehr Geld. Also entschied man sich für den zweiten Volkswagen. Als die Tests begannen, hatte der Jetta etwa 4700 Meilen auf dem Tacho, als die Testreihe begann, der Passat und der BMW jeweils etwa 15 000 Meilen. Es handelte sich zwar um Gebrauchtwagen, aber sie waren noch nicht so alt, dass die Emissionssteuerung verschlissen sein konnte. Alle drei Autos waren Kombis, sodass es hinten genug Platz für die Kontrollgeräte gab.

Als Mitglieder des WVU-Teams den Passat abholten, führten sie mit dem Besitzer ein Gespräch, das damals unbedeutend schien, im Rückblick betrachtet aber ein Alarmzeichen hätte sein müssen. Denn der Passat-Besitzer hatte noch nie die Harnstofflösung nachgefüllt, die für das SCR-System nötig war.

Mehr noch, er hatte nicht einmal geahnt, dass es einen separaten AdBlue-Tank gab, der von Zeit zu Zeit aufgefüllt werden musste. Das Unwissen des Fahrzeugbesitzers gab einen Hinweis darauf, dass der Harnstoffverbrauch seltsam niedrig gewesen war. »Dies hätte ein Aha-Moment [für uns] sein müssen«, erinnerte sich Carder.[8]

Als Nächstes musste das WVU-Team eine Möglichkeit finden, die Emissionsanalysegeräte während der Fahrt auf der Straße mit Strom zu versorgen. Denn mit dem ICCT war vereinbart worden, dass die Fahrzeuge über längere Strecken getestet wurden. Aber das Horiba-Equipment, mit dem das Team ursprünglich hatte arbeiten wollen, war nur für relativ kurze Strecken von unter einer Stunde ausgelegt, dann ging den Batterien der Saft aus (aus dem getesteten Fahrzeug durfte der Strom nicht entnommen werden, da die zusätzliche Beanspruchung des Motors die Ergebnisse verfälscht hätte).

Die Lösung bestand darin, tragbare Benzingeneratoren aus einem Baumarkt am Heck der Testfahrzeuge zu montieren. Zwar waren die Generatoren laut und stanken, und das Benzin ging regelmäßig zur Neige, aber sie lieferten den benötigten Strom.

Alle drei Fahrzeuge bestanden die standardisierten Tests in dem CARB-Labor in El Monte. Doch als die drei Studenten damit auf dem Highway fuhren, merkten sie schnell, dass bei den Volkswagen irgendetwas nicht stimmte. Der Jetta mit der Mager-Stickoxidfalle stieß ungewöhnlich hohe Mengen Stickoxide aus. Beim Passat mit dem SCR-System sah es ein bisschen besser aus, doch auch hier überschritt die Menge bei Weitem den gesetzlichen Grenzwert. Aber nicht nur, dass die Emissionen überhöht waren – das ganze System verhielt sich merkwürdig. Beispielsweise sinken die Emissionen unter normalen Bedingungen stark, sobald der Motor warm ist. Aber das war hier nicht der Fall. Der BMW hingegen zeigte keine derart deutlichen Abweichungen zwischen Laborbedingungen und dem Test auf der Straße. Größtenteils funktionierte die BMW-Emissionskontrolle.

Die Studenten fuhren eine Strecke durch und um Los Angeles, die zufällig die Vorlage für einen der von der EPA verwendeten simulierten Fahrzyklen gewesen war. Dazu zählten Stadt- und Highway-Fahrten ebenso wie ein Abstecher hinauf zum San Antonio, einem Berggipfel bei Los Angeles, der im Volksmund Mount Baldy (Kahlkopf) genannt wurde. Obwohl noch Studenten, hatten sie alle bereits Erfahrung. Kappanna beispielsweise hatte in Indien ein Maschinenbaustudium mit dem Bachelor abgeschlossen und war auf Empfehlung eines an der WVU studierenden Freundes nach West Virginia gekommen. (Kappanna scherzte gern, dass sein ganzes Wissen über West Virginia bis dahin aus John Denvers Song *Take Me Home, Country Roads* stammte, den er in den Bars von Bangalore gehört hatte.) Während seines Masterstudiums an der WVU war er an Tests mit Diesel-Lkws beteiligt gewesen. Danach ging er zu dem Diesel- und Gasmotorenhersteller Cummins, verlor aber 2008 im Rahmen von Kosteneinsparungen des Unternehmens seine Stelle und kehrte zurück an die WVU, um seinen Doktor zu machen. Besch hatte in der Schweiz an der Berner Fachhochschule in Biel Automobiltechnik studiert, sein Professor war einer der führenden Emissionsexperten Europas.[9] Thiruvengadam hatte seinen ersten Studienabschluss in Maschinenbau an der Universität in Madras gemacht, bevor er nach West Virginia gekommen war, um den Doktorgrad zu erwerben.[10] Er hatte bereits an zahlreichen veröffentlichten Studien zu Themen wie Dieselpartikelemissionen oder Treibhausgasausstoß schwerer Lkws mitgearbeitet. Später bekam er an der West Virginia University eine befristete Professorenstelle mit der Option einer Festanstellung.

Die drei Doktoranden fuhren die Strecke um L.A. viele Male, und sie testeten die Fahrzeuge auch in San Diego und San Francisco. Dabei fuhren sie mit unterschiedlichen Geschwindigkeiten, auf mehrspurigen Highways, in der Rushhour und in den Hügeln des Hinterlands von L.A. Thiruvengadam und Besch brachten den Passat von Los Angeles nach Seattle und zurück, eine Strecke von etwa 6500 Kilometern. Die tragbaren Generatoren, die nicht dazu gedacht waren, an einem Fahrzeugheck durchgerüttelt zu werden, gingen immer wieder kaputt und mussten ersetzt werden. »Es stank, es schmerzte in den Ohren, und es war stressig«, erinnerte sich Kappanna. Auch die Messgeräte machten Zicken. Kabel lösten sich, Sensoren versagten. Einmal reparierten Besch und Thiruvengadam die Apparatur bis mitten in der Nacht auf dem Parkplatz eines Heimwerkermarkts in Portland, Oregon. In Nordkalifornien wurden sie von einem Polizeibeamten verhört, dem das bizarre Teil, das hinten aus dem Testfahrzeug ragte, verdächtig vorkam.

Die Studenten rechneten bei den Volkswagenemissionen weiterhin mit Durchschnittswerten, die nahe bei den gesetzlichen Vorgaben lagen, sobald erst einmal alle Daten erfasst waren. Es ist normal, dass der Schadstoffausstoß eines Wagens bei bestimmten Wetterbedingungen und bei Steigungen zunimmt. Aber die Volkswagenemissionen blieben hartnäckig auf einem zu hohen Niveau.

Keiner der Studenten vermutete bei Volkswagen ein bewusstes Vergehen. Ihr erster Gedanke war, dass bei ihrem Equipment etwas nicht stimmte. Doch alles funktionierte einwandfrei. Eine andere mögliche Erklärung war, dass sich Volkswagen mit der Regulierungsbehörde auf einen Deal geeinigt hatte, der es erlaubte, unter gewissen Bedingungen die Grenzwerte zu überschreiten. Autobauer handeln oft Ausnahmen von der Regel aus und zahlen der EPA manchmal Geld, mit dem die negativen Effekte ihres zu hohen Schadstoffausstoßes kompensiert werden – beispielsweise indem ältere Schulbusse so nachgerüstet werden, dass sie die Umwelt weniger verdrecken. Solche Vereinbarungen werden als Geschäftsgeheimnisse behandelt und nicht öffentlich gemacht. Vielleicht lag auch hier so ein Fall vor, und die Studenten wussten nichts davon. Als Carder die Messergebnisse sah, schrieb er die hohen Emissionswerte ebenfalls nicht bewusstem Fehlverhalten zu, sondern einem Konstruktions- oder Technikfehler in den Autos. Schlimmstenfalls erwartete er, dass VW einige Fahrzeuge zurückrufen musste. »Ich ging eher davon aus, dass das Volkswagen einiges Geld kosten würde«, sagte Carder. »Sie müssen noch mal ran und ein paar Sachen nachbessern.« Nach all dem Ärger, den sich die Lkw-Hersteller 1998 eingehandelt hatten, als man in ihren Fahrzeugen Abschalteinrichtungen entdeckte, konnte er sich nicht vorstellen, dass »jemand absichtlich etwas Derartiges versucht«.

Mitte 2013 war die Datenerfassung abgeschlossen. Carder und sein Team brauchten eine Weile, bis sie die sich daraus ergebenden Informationen zusammengestellt hatten; auf ihrer Prioritätenliste standen andere Dinge weiter oben. Greg Thompson, der erfahrenste Wissenschaftler der Gruppe, freute sich, dass die Tests Ergebnisse gebracht hatten, die Besch helfen würden, seine Doktorarbeit über Dieselpartikelemissionen abzuschließen. »Das war der größte Nutzen, den das Ganze für uns hatte«, sagte Thompson.[11] Zumindest sah es damals so aus.

Ihre Forschungsarbeit trug den Titel *In-Use Emissions Testing of Light-Duty Diesel Vehicles in the United States (Emissionstests von leichten Diesel-Nutzfahrzeugen in den USA).*[12] Thompson wurde als Leiter der Untersuchung genannt, Carder, Besch, Thiruvengadam und Kappanna als wissenschaftliche Mitarbeiter. Im Bericht wurde nicht einzeln aufgeführt, welche Autos getestet worden waren, sie wurden schlicht Fahrzeug A, B und C genannt. Aus den Messtabellen und technischen Daten ging hervor, dass Fahrzeug A – der Jetta – auf der Straße das bis zu 35-Fache des gesetzlichen Limits an Stickoxiden ausgestoßen hatte. Unter realen Fahrbedingungen kam das Auto nie unter den erlaubten Grenzwert, und die

Hälfte der Zeit auf der Straße lag der Ausstoß beim mindestens 20-Fachen des Erlaubten. Fahrzeug B – der Passat – stieß bis zum 20-Fachen des Grenzwerts von Stickoxid aus und entsprach auf der Straße nur selten dem Emissionsschutzgesetz. Fahrzeug C, der BMW, verhielt sich »erheblich anders«, hieß es in der Studie. Sein Schadstoffausstoß überschritt den Grenzwert nur beim Bergauffahren, und auch dann nur um den Faktor 10. Die Diskrepanz zwischen dem BMW und dem Passat verblüffte ganz besonders. Denn beide nutzten im Prinzip dieselbe SCR-Emissionstechnik zur Kontrolle der Stickoxide. Eine Erklärung könnte sein, so spekulierten die WVU-Autoren, dass im Passat eine andere »Einspritzmethode für die Diesel Exhaust Fluid (DEF)« zum Einsatz kam – vielleicht, um den Verbrauch der Harnstofflösung und damit die Häufigkeit der notwendigen Nachfüllungen zu reduzieren.[13] In der Studie war auch vermerkt, dass der Jetta und der Passat »interessanterweise« ideale Werte hatten, als sie in El Monte im CARB-Labor auf den Rollen des Prüfstandes getestet wurden.

Besch stellte die Arbeit Ende März 2014 auf einer Jahrestagung von Emissionsexperten in San Diego vor. Dabei handelte es sich nicht gerade um eine Versammlung von Ökos. Die als Real World Emissions Workshop bezeichnete Veranstaltung wurde vom Coordinating Research Council gesponsert, der von der Ölindustrie und den großen Autobauern – auch Volkswagen – finanziert wird. Besch erinnert sich an etwa 200 Zuhörer im Konferenzraum des Hyatt Regency in San Diego, einem Hotel mit Blick auf den Pazifik. Unter ihnen befanden sich Mitarbeiter von EPA und CARB, und mindestens zwei Teilnehmer kamen aus der für Emissionen zuständigen Compliance-Abteilung von VW. Zwar enthüllte Besch weiterhin nicht, welche Autos getestet worden waren, aber für die Experten im Publikum war es nicht schwer, das herauszufinden. Die Studie lieferte detaillierte technische Daten, auch sah man Fotos der mit dem Testequipment ausgestatteten Fahrzeughecks. In der

Pause nach Beschs Vortrag kamen mehrere Leute auf Carder zu, um ihm zu sagen, dass sie den Hersteller von Auto A und Auto B erkannt hatten, es musste Volkswagen sein. Laut Carder äußerten einige die Ansicht, dass das Unternehmen einen Rückruf starten müsse, aber niemand sprach von einer Abschaltvorrichtung oder gar von einem Skandal. »Ich kann mich nicht erinnern, dass Leute, nachdem sie den Vortrag auf sich hatten wirken lassen, gesagt hätten: ›Wow, was für eine Riesensache‹«, sagte Carder im Rückblick.

Doch zumindest ein Mann vermutete bereits, dass die merkwürdigen Testergebnisse der VW-Dieselfahrzeuge Ergebnis eines absichtlichen Betrugs waren.[14] John German, Abgasexperte beim ICCT, gehörte zu denen, die das WVU-Team beauftragt hatten, und er war während der Tests in Kontakt mit Carder und seinem Team geblieben, sodass er ständig Updates ihrer Ergebnisse erhielt. Mit seinen Erfahrungen in der Autoindustrie und bei der EPA erkannte German die verräterischen Anzeichen einer Abschalteinrichtung. Wären die überhöhten Emissionen Folge eines technischen Versagens gewesen, hätte die Diagnose-Software des Fahrzeugs ein Problem gemeldet, und auf dem Display im Auto hätte ein Warnlicht aufgeleuchtet. Doch das war nicht der Fall gewesen. German sprach mit niemandem über seinen Verdacht, nicht einmal mit seinen Kollegen beim ICCT. Einen Autohersteller zu beschuldigen, bei den Emissionen mittels einer Abschalteinrichtung zu betrügen, war für ihn ungefähr so, als würde man einen Priester des Kindesmissbrauchs anklagen. »So etwas macht man erst, wenn man sich sicher ist.«

Nach Abschluss der Forschungsarbeit gingen Carder, Thompson und die drei Studenten zurück nach West Virginia und widmeten sich anderen Projekten. Doch die Studie hatte eine größere Wirkung erzielt, als ihnen bewusst war.

Volkswagen-Mitarbeiter in den USA und in Deutschland wussten von der WVU-Forschungsarbeit, noch bevor sie publiziert wurde. Ayala hatte mit großer Aufmerksamkeit die Messergebnisse verfolgt, die Dan Carder und sein Team – sie kamen häufig ins Labor von CARB – zusammenstellten. Gemäß seiner Philosophie einer offenen Kommunikation mit den von CARB kontrollierten Autobauern hatte Ayala wiederum Volkswagen informiert. »Sie wussten, was wir da tun«, sagte Ayala, der sich sowohl in El Monte als auch in Sacramento, Hauptstadt des Bundesstaats Kalifornien und seine vorrangige Operationsbasis, mit Vertretern von Volkswagen getroffen hatte. »Wir hatten Dinge herausgefunden, die nicht logisch waren«, erinnerte sich Ayala. Doch obwohl ihn die Ergebnisse beunruhigten, vermutete er kein Fehlverhalten. Er glaubte weiterhin, dass ein besonders heikles technisches Problem für den viel zu hohen Schadstoffausstoß verantwortlich war. Die Beziehungen zu Volkswagen waren herzlich. Als Volkswagen auf die WVU-Ergebnisse mit eigenen Tests reagierte, verglichen Ayala und seine Experten in der Behörde technische Aufzeichnungen über ihre Verfahrensweisen. So ein Informationsaustausch ist gang und gäbe. »Meine Prämisse war: ›Lasst uns zusammenarbeiten, um das Problem zu lösen‹«, sagte Ayala, der Volkswagen immer noch vertraute.

Ayala erwähnte das WVU-Projekt sogar bei einem mehrtägigen Routinebesuch in Wolfsburg Anfang Dezember 2013. CARB-Mitarbeiter besuchen regelmäßig Autohersteller, um mit ihnen zu diskutieren, wie gut die Luftqualitätssicherung funktioniert. Ayala, inzwischen zum stellvertretenden Geschäftsführer von CARB befördert, brachte die Rede auf die WVU-Studie. »Wir sprachen offen über die Dinge, die wir entdeckt hatten und dass wir das noch ein bisschen genauer untersuchen mussten«, erzählte Ayala, der es ablehnte, den Volkswagenmanager namentlich zu nennen, mit dem er sich in Wolfsburg getroffen hatte. Laut Ayala erwiderten die Leute von Volkswagen: »Na klar, wir schauen uns das auch an.«

Nachdem das WVU-Team im März seine Studie vorgestellt

hatte, gingen eine Menge besorgter E-Mails zwischen Managern der höchsten Konzernebene hin und her. Mehrere von ihnen verlangten Kopien der Studie, so auch Michael Horn, Vorstandsvorsitzender der Volkswagen Group of America, und Christian Klingler, Mitglied des Vorstands der Volkswagen AG in Wolfsburg und verantwortlich für den Geschäftsbereich Marketing, Vertrieb und After Sales.[15] Zieht man in Betracht, dass Horn und Klingler beide keine Ingenieure, sondern Marketing-Spezialisten waren, ist dieses Interesse an einer höchst technischen wissenschaftlichen Studie von einer nicht besonders prestigeträchtigen Universität bemerkenswert.

Ayala behauptet, dass er immer noch nicht glaubte, Volkswagen würde etwas Kriminelles tun. Doch die Ergebnisse der WVU-Studie beunruhigten ihn doch in dem Maße, dass er ein Compliance-Projekt startete. Es würde eine intensivere Untersuchung sein, als sie das WVU-Team gemacht hatte, dabei würde man sich die Schlagkraft von CARB als Regulierungsbehörde zunutze machen. Ayala stellte ein Expertenteam und eine kleine Volkswagenflotte aus geborgten Privatautos zusammen, deren Besitzer eine finanzielle Entschädigung und Leihwagen für den Testzeitraum erhielten. Bald wurde eine umfassende Untersuchung durchgeführt. Gemäß den Vertraulichkeitsregeln von CARB wurden WVU und ICCT nicht eingeweiht. Ayala informierte nicht einmal Mary Nichols, die Vorsitzende von CARB. Da sie von der Politik ernannt wurde, hatte man sie nicht über den Volkswagen-Fall informiert, um nicht den leisesten Verdacht politischer Einflussnahme aufkommen zu lassen. Carder und sein Team ahnten jedoch nichts von den Kräften, die sie in Bewegung gesetzt hatten. »Sie waren interessant«, sagte Kappanna über die Testergebnisse. »Aber wir hätten nicht gedacht, dass sie etwas bei Volkswagen aufdecken würden. Nein, niemals.«

15
Enthüllung

Bernd Gottweis, Chef der Produktsicherheit bei VW, galt im Unternehmen als Red Adair der Qualitätskontrolle. Der Texaner Red Adair war dafür berühmt gewesen, außer Kontrolle geratene Brände von Ölquellen wieder in den Griff zu bekommen. Gottweis, ein VW-Veteran, der Winterkorn direkt unterstellt war, hatte ebenfalls ein Talent für das Löschen von Bränden – in seinem Fall von solchen, die auftraten, wenn bei einem VW-Produkt gravierende Mängel auftraten.[1] Bald nachdem die Forscher der West Virginia University ihre Ergebnisse vorgelegt hatten, erhielt Gottweis als einer der Ersten ein Exemplar der Studie.[2] Im Mai 2014, nachdem er sich ein Bild von der Lage verschafft hatte, schrieb Gottweis einen Bericht – eine Seite lang –, der dem Paket beigelegt wurde, das Martin Winterkorns Assistenten für dessen Wochenendlektüre zusammengestellt hatten.[3] Intern nannte man ein derartiges Konvolut »Wikopost« (»Wiko« war einer von Winterkorns Spitznamen). Es enthielt beunruhigende Nachrichten.

Eines der von dem Team aus West Virginia getesteten VW-Fahrzeuge habe bei der Prüfung im Straßenbetrieb das 15- bis 35-Fache der erlaubten Stickoxidmenge ausgestoßen, schrieb Gottweis. Das andere Fahrzeug, der Passat mit dem auf der Harnstofflösung basierten SCR-System, habe um das 5- bis 18-Fache über dem Grenzwert gelegen. Das Team aus West Virginia habe im Rahmen seiner Arbeit für das International Council on Clean Transportation auch einen BMW getestet, notierte Gottweis. Der BMW habe keine Diskrepanz zwischen den Emissionen auf der Straße und denen im Testlabor aufgewiesen, außer bei Bergfahrten, bei denen der Motor besonders

Enthüllung 235

belastet wurde. Die Erklärung dafür war – auch wenn dies Gottweis nicht erwähnte –, dass BMW bei der Abgasreinigungstechnologie der Fahrzeuge, die in die USA gingen, nicht knauserte. Während die Volkswagen-Modelle entweder über eine Mager-Stickoxidfalle oder das SCR-System verfügten, hatten die für den Export in die USA bestimmten BMW-Fahrzeuge beides eingebaut.

CARB habe bereits seine Absicht bekundet, weitere Tests durchzuführen, schrieb Gottweis. Die kalifornische Regulierungsbehörde hatte VW auch um Auskunft über weitere technische Details der Vorrichtungen zur Abgassteuerung gebeten, darunter auch, wie die Motorsoftware die Dosierung der Harnstofflösung steuere.

Gottweis formulierte unverblümt, welche Fesseln die Testergebnisse Volkswagen auferlegten. »Eine fundierte Erklärung für die dramatisch erhöhten NOx-Emissionen kann den Behörden nicht gegeben werden«, erklärte er.[4] »Es ist zu vermuten, dass die Behörden die VW-Systeme daraufhin untersuchen werden, ob Volkswagen eine Testerkennung in die Motorsteuergeräte-Software implementiert hat (sogenanntes defeat device) und bei einem erkannten ›Rollentest‹ eine andere Regenerations- bzw. Dosierungstrategie fährt als im realen Fahrbetrieb.«

»In der Aggregateentwicklung werden derzeit geänderte Softwarestände entwickelt, mit denen sich die RDE [Real Driving Emissions – Emissionen im realen Fahrbetrieb] reduzieren lassen«, fuhr Gottweis fort, »jedoch werden hiermit die Grenzwerte ebenfalls nicht unterschritten.« Über die weitere Entwicklung und Diskussion mit den Behörden werden wir informieren.«

Gottweis' Memo enthielt eine klare, an die höchste Führungsebene gerichtete Warnung, dass Volkswagen dabei ertappt worden war, eine Abschalteinrichtung zu verwenden, dass das Unternehmen keine Ausreden hatte und die erhöhten Emissionen auch nicht ohne Weiteres senken konnte. Zwar bestreitet Volkswagen nicht, dass Winterkorn dieses Memo von Gottweis erhalten hat, behauptet aber, es gebe keinen Beweis, dass Winterkorn das Memo tatsächlich gelesen habe, das in einem Stapel anderer Dokumente steckte.[5] Selbst wenn Winterkorn es gelesen haben sollte, hätte er laut Volkswagen daraus den Schluss ziehen können, dass sich seine Untergebenen um das Problem kümmern. Eine derart gleichmütige Reaktion von Winterkorn ist wenig wahrscheinlich. Ein Memo vom wichtigsten Problemlöser des Unternehmens ließ sich nicht einfach ignorieren. Aber selbst wenn Winterkorn das Memo nicht gelesen oder die Schwere des Problems nicht erkannt hat, wurde dieses Thema im selben Monat erneut behandelt, und zwar bei einer Sitzung hochrangiger Manager in Wolfsburg mit Vertretern von Bosch. Zweck dieses Treffens am 28. Mai war die Diskussion über die Partnerschaft zwischen Volkswagen und Bosch in den USA. Einem Dokument zufolge, das in veröffentlichten Berichten unter verschiedenen Bezeichnungen lief – als Tagesordnung oder als Sitzungsnotiz – befanden sich unter den Anwesenden sowohl Winterkorn als auch Volkmar Denner, Vorsitzender der Geschäftsführung von Bosch.[6]

Einer der Tagesordnungspunkte betraf die »Akustikfunktion«, der Deckname für die Abschalteinrichtung.

Wäre Volkswagen zu diesem Zeitpunkt aufrichtig gewesen und hätte gegenüber den Vertretern von EPA und CARB zugegeben, dass die VW-Diesel in den USA darauf programmiert waren, die Emissionsvorschriften zu umgehen, wäre der Schaden für Ruf und Finanzen des Unternehmens sehr wahrscheinlich zwar gravierend gewesen, aber nicht so verheerend, wie er schließlich werden sollte. Ähnliche Fälle lassen vermuten, dass Volkswagen eine Strafe von mehreren Hundert- oder auch nur Zehnmillionen Dollar hätte hinnehmen müssen. Man hätte mit der EPA eine Vereinbarung erzielen können, die Fahrzeuge zurückzurufen und sie so umzurüsten, dass sie möglichst den Luftreinhaltebestimmungen entsprachen, wahrscheinlich ohne explizit ein Fehlverhalten eingestehen zu müssen. Wie in solchen Fällen üblich, hätte die Öffentlichkeit erst von dem Problem erfahren, wenn der Vergleich und der Rückruf verkündet worden wären. Nach einigen Tagen mit negativen Schlagzeilen hätten sich die Medien aller Wahrscheinlichkeit wieder beruhigt.

Doch Volkswagen ließ die Chance zur Transparenz ungenutzt. So funktionierte das Denken in Wolfsburg nicht. Die Leute dort hatten bereits mehrere Gelegenheiten verstreichen lassen, die VW-Dieselfahrzeuge mit den Vorschriften in Einklang zu bringen. Sie hatten reichlich Warnungen erhalten, dass etwas schieflief. Stattdessen hatten sie in ihrem Streben, Winterkorns und Piëchs astronomische Verkaufszahlen zu erreichen, die Verwendung von Abschalteinrichtungen auf Millionen Fahrzeuge ausgeweitet. In den Jahren vor den Untersuchungen der West Virginia University hatte Volkswagen bei mehreren Sitzungen zur Produktstrategie detaillierte Vorschläge erwogen, die Abgaskontrolle so zu verbessern, dass die Emissionen bei Fahrbetrieb sich den Werten beim Labortest annähern würden. Doch diese Vorschläge wurden abgelehnt.[7] Zu teuer, erklärten Winterkorn und andere. Die Verwendung von Abschalteinrichtungen, die vielleicht als Notbehelf begonnen hatte, war zur Gewohnheit geworden und, solange der Betrug unentdeckt blieb, zu einem Kostenvorteil. Jetzt, 2014, setzte Volkswagen allen Widrigkeiten zum Trotz darauf, weiterhin die Konsequenzen vermeiden zu können.

Eine interne VW-Präsentation, ausgearbeitet bald nachdem die Manager von den Tests in West Virginia erfahren hatten, fasste die verschiedenen Strategien zusammen, die das Unternehmen wählen konnte, um den Verdacht der Regulierer zu zerstreuen.[8] Der Ton der Präsentation war leidenschaftslos, eine kühle Bewertung der Risiken und Kosten. Eine Option sei, dass Volkswagen sich einfach weigere anzuerkennen, dass es ein Problem gebe – anders ausgedrückt, zu mauern oder erneut zu lügen. Eine andere Option bestehe darin, ein Update der Motorsoftware anzubieten. Das Update würde jedoch die Emissionen nicht auf das erforderliche Niveau senken, hieß es in der Präsentation, die in diesem Punkt zum selben Schluss kam wie Gottweis. Schlimmstenfalls könne Volkswagen eingestehen, dass es ein Problem gebe und die in den USA verkauften Dieselfahrzeuge zurückkaufen. Diese Möglichkeit wurde aber offenbar zur damaligen Zeit nicht ernsthaft in Betracht gezogen.

Ungeachtet der Behauptung von Volkswagen, auf dem Gebiet des nachhaltigen Verkehrs bahnbrechend zu sein, wurden bis heute keine Dokumente vorgelegt, aus denen hervorginge, dass Winterkorn oder sonst jemand eine interne Untersuchung der Ursachen für die erhöhten Emissionen verlangt hätte. Niemand forderte Disziplinarmaßnahmen gegen die Verantwortlichen, niemand äußerte Entsetzen oder Empörung. Die vorhandenen Dokumente, einschließlich jener, die VW später zu seiner Verteidigung bei Gericht vorlegte, vermitteln den Eindruck, als sei das Abgasthema lediglich als technisches Problem und regulatorisches Ärgernis, nicht aber als Anlass zur Gewissenserforschung aufgefasst worden.[9] Niemand innerhalb des Konzerns schien über die Nachricht zu staunen, dass die Produkte des Unternehmens vermutlich eine Abschalteinrichtung enthielten. Soweit bekannt, sah auch niemand in den Enthüllungen einen Grund, der Frage nachzugehen, ob das Fehlverhalten womöglich Symptom für tief verwurzelte Mängel im Unternehmen sei. Im Gegenteil. Die Führungsriege von VW wog kühl ab, wie weit sie gegenüber den Behörden aufrichtig sein sollten. »Zuerst sollte entschieden werden, ob wir ehrlich sein wollen«, schrieb Oliver Schmidt, in den USA Chef der Compliance-Abteilung, an einen Kollegen.[10]

Der Bericht aus West Virginia, den das International Council on Clean Transportation ohne großes Aufheben im Mai 2014 auf seine Website stellte, kam für Volkswagen zu einem besonders ungünstigen Zeitpunkt. Das Unternehmen steckte gerade mitten im Genehmigungsverfahren für die Zulassung einer neuen Generation von Dieselfahrzeugen des Baujahrs 2015. Die entsprechenden Passat-, Golf-, Jetta- und andere Modelle waren mit einer überarbeiteten Version des EA-189-Motors ausgestattet, dem EA 288, der die neuen strengeren Grenzwerte für Stickoxid einhalten sollte, die ab 2015 galten. Alle in die USA verkauften VW-Fahrzeuge verfügten jetzt über das AdBlue-System, bei dem durch die Einspritzung einer Harnstofflösung der Stickoxidausstoß neutralisiert werden sollte. Zuvor hatten nur der Passat sowie die größeren Audis und Porsches mit 3-Liter-Dieselmotoren diese Ausstattung. Es war dieselbe sogenannte SCR-Technologie, die Volkswagen erwogen, aber während der kurzlebigen BlueTec-Partnerschaft mit Daimler Jahre zuvor schließlich verworfen hatte.

Volkswagen war jedoch weiterhin der Überzeugung, die Amerikaner würden kein Auto kaufen, bei dem sie eigenhändig einen Tank mit einer unangenehmen Chemikalie nachfüllen müssten. Deshalb wurden die Fahrzeuge dahingehend programmiert, die Dosierung der Dieselabgasflüssigkeit niedrig zu halten – außer für den Fall, der Computer zur Motorsteuerung erkannte die verräterischen Signale eines offiziellen Tests. Kurz gesagt, die neuesten Modelle waren ebenfalls auf Betrug programmiert.

Als die Regulierungsbehörden Volkswagen aufforderten, eine Erklärung für die Erkenntnisse der West Virginia University zu liefern, begriff das Unternehmen, dass es mehr für die Senkung der Abgaswerte unter normalen Fahrbedingungen tun musste. Im Juni korrigierte Volkswagen stillschweigend seinen Antrag auf Zulassung durch die EPA dahingehend, dass der Tank mit der Harnstofflösung »annähernd« alle 10 000 Meilen nachzufüllen sei.[11] Die Einfügung dieses einen Wortes war bedeutsam. Denn damit versprach VW dem Kunden nicht mehr, dass er erst beim Ölwechsel den Harnstofftank nachfüllen müsse. Das Unternehmen gab damit indirekt zu, dass die bestehende Abgassteuerung zu wenig Harnstofflösung verwendete, um wirksam zu sein. Während neue SUVs des Modells Tiguan und andere in Deutschland produzierte Wagen sich allmählich in den amerikanischen Häfen stapelten und auf die Genehmigung der Regulierungsbehörden warteten, damit sie in den Verkauf gehen konnten, entwickelte Volkswagen Pläne für ein Software-Update bei den Modellen 2015 zur Erhöhung der Harnstoffdosierung, um verstärkt Stickoxide zu neutralisieren.

Im engsten Kreis hatten die VW-Manager Bedenken gegen diese Entscheidung. Es beunruhigte sie, den Kunden zusätzlich eine lästige Pflicht aufzuerlegen – »für potenzielle Käufer ein bedeutsamer Ablehnungsgrund«, wie es hieß.[12] Schätzungen von VW-Ingenieuren zufolge würde sich der Verbrauch der Harnstofflösung von 0,8 Liter pro 1000 Meilen auf 1,5 Liter nahezu verdoppeln. Viele Besitzer würden die Tanks sogar alle 6000 Meilen nachfüllen müssen, je nachdem, wie aggressiv sie fuhren und auf welchen Straßen. Aber selbst mit einem gesteigerten Harnstoffverbrauch – dessen war sich Volkswagen bewusst – würde die Umprogrammierung der Motorsteuerung nicht ausreichen, den Stickoxidausstoß unter den gesetzlichen Grenzwert zu senken.[13]

Eine Maßnahme, die Käufer abschrecken würde, konnte sich Volkswagen nicht leisten. Der Verkauf von Dieselfahrzeugen, der 2009 begonnen hatte, war steil nach oben gegangen und hatte 2013 den Spitzenwert von 110 000 Stück erreicht. Aber 2014 begannen die Verkaufszahlen des TDI zu sinken, ebenso wie die der Fahrzeuge mit konventionellem Benzinmotor, die immer noch mehr als drei Viertel des Absatzes von VW in den USA ausmachten. Der New Beetle war keine Neuheit mehr, und die anfängliche Begeisterung für den in Chattanooga gefertigten Passat flaute ab. Die kommenden Modelle von 2015, einschließlich der neuen Generation des Golf, boten die Chance, das Wachstum wieder anzukurbeln. Jede Verzögerung wäre eine Katastrophe.

Unterdessen drängten Alberto Ayala und sein Team bei CARB das Unternehmen höflich, aber bestimmt, die Anomalien bei den Abgasen zu erklären. CARB führte eigene Straßentests mittels einer transportablen Messvorrichtung für Emissionen durch, außerdem gab es stationäre Tests im Labor von El Monte. Die Tests zeigten, dass etwas nicht stimmte, erklärten aber nicht, warum. Zu diesem Zeitpunkt, versichern CARB-Vertreter, ging es gar nicht darum, Volkswagen ein Fehlverhalten nachzuweisen.[14] Sie wollten lediglich herausfinden, wo das Problem lag, damit man es beheben konnte.

Es war ein zäher Prozess. Nachdem CARB die Ergebnisse seiner Tests vorgelegt hatte, führte Volkswagen, das über eine technische Einrichtung in Oxnard westlich von Los Angeles verfügte, eigene Tests durch. Dann trafen sich die Ingenieure von CARB und VW, um über ihre Ergebnisse zu diskutieren. Oft versammelten sie sich in einem schmucklosen Konferenzraum, ausgestattet mit einem furnierten Konferenztisch, grauem Teppich und braunen Drehsesseln in den CARB-Büros neben dem Labor in El Monte.[15] Bei diesen Treffen, die etliche Stunden – manchmal auch den ganzen Tag dauerten –, wurde höchst technisch gefachsimpelt. Kein Zuhörer ohne Spezialkenntnisse hätte auch nur ein Wort verstanden. »Jede Antwort, die wir bekamen, warf für uns weitere Fragen auf«, sagte Ayala. CARB hatte zwar die Leitung bei den Verhandlungen mit VW inne, aber Ayala hielt auch die EPA auf dem Laufenden.

Als dieses ergebnislose Hin und Her sich immer mehr in die Länge zog, verlor Ayala allmählich die Geduld. Die für die Verhandlungen mit den Behörden zuständigen VW-Manager gaben aus Sicht von CARB nur ausweichende, unsinnige oder herablassende Antworten. Das Testverfahren von CARB sei falsch, beklagte sich VW. Der äußere Luftdruck verfälsche die Ergebnisse. Die gewählten Fahrstrecken seien zu unterschiedlich.

Die Testverfahren der CARB-Techniker beanspruchten derart viel Zeit und nahmen so viel Platz in den vier Teststationen in El Monte in Beschlag, dass andere wichtige Arbeiten zu kurz kamen. Wegen Volkswagen verzögerten sich die für die Zulassung nötigen Tests der Fahrzeuge anderer Hersteller. Kopfschmerzen bereitete Ayala auch der Gedanke, dass an die 70 000 VW-Diesel auf kalifornischen Straßen unterwegs waren und dabei weit mehr Schadstoffe in die Luft bliesen als erlaubt. Man würde CARB Pflichtversäumnisse vorhalten, wenn nicht bald eine Lösung in Sicht kam.

Zur Beseitigung der Pattsituation zwischen den Ingenieuren vereinbarten CARB und VW für den 1. Oktober 2014 eine Telefonkonferenz. Zu den Teilnehmern aufseiten von Volkswagen gehörte Oliver Schmidt, der deutsche Chef der Unternehmensabteilung für Umwelt und Entwicklung in Auburn Hills, Michigan, sowie der Amerikaner Stuart Johnson, Schmidts Stellvertreter. (Johnson war einer der Mitarbeiter in den USA, die schon 2006 die Verantwortlichen in Wolfsburg auf die rechtlichen Risiken der Verwendung von Abschalteinrichtungen hingewiesen hatte.) Die Vertreter von Volkswagen wiederholten die Erklärungen, die den Behörden unplausibel erschienen, eröffneten diesen aber auch, für ein Update der Motorsoftware einen Rückruf von allen Dieselfahrzeugen vom Modelljahr 2009 an zu planen.[16] Die Aktualisierung würde die Leistung der Abgasreinigung aller »sauberen Diesel«-Fahrzeuge, die das Unternehmen bisher verkauft hatte, »optimieren«, behauptete Volkswagen.[17]

Der geplante Rückruf erweckte den Anschein, als sei VW zu einer Konzession bereit, wahrscheinlich steckte dahinter aber nur schlicht eine Verzögerungstaktik. Das Unternehmen lieferte nach wie vor keine ehrliche Erklärung für den erhöhten Abgasausstoß. Stattdessen versicherte es den Regulierern – was sich als falsch erwies –, dass der Rückruf die überhöhten Abgaswerte senken würde, die bei der Untersuchung in West Virginia festgestellt worden waren.[18] Gegenüber CARB-Vertretern erklärte Volkswagen: »Die neue Software berücksichtigt die neuesten technischen Erfahrungen zur Effizienzsteigerung des SCR-Systems.«[19] Bei älteren Fahrzeugen mit einer Mager-Stickoxidfalle und ohne Harnstofftank würde das sogenannte Software-Upgrade »die Häufigkeit des unnötigen Austausches von Komponenten des Nachbehandlungssystems« senken, erklärte Volkswagen gegenüber der EPA. Das Unternehmen fügte hinzu, die Software zur Motorsteuerung würde so modifiziert, dass sie die Funktion des Rußpartikelfilters »unter extremen Fahrbedingungen« verbessere. Diese Antworten waren bestenfalls unvollständig.

Ähnlich irreführend waren die Erklärungen von VW gegenüber Händlern und Kunden hinsichtlich des Rückrufs, der im Frühjahr 2015 stattfand. Das Unternehmen behauptete, die beim Rückruf neu installierte Software werde benötigt, um eine Fehlfunktionsanzeige am Aufleuchten zu hindern. Der Rückruf sei auch »Teil der fortdauernden Verpflichtung von Volkswagen gegenüber unserer Umwelt«.[20] Unerwähnt ließ VW hingegen, dass die Kunden den Harnstofftank öfter nachfüllen müssten und der Kraftstoffverbrauch ihrer Autos steigen würde. Vertreter von EPA und CARB, die immer noch dachten, dass sie es mit einem technischen Problem zu tun hätten und kein Fehlverhalten argwöhnten, genehmigten den Rückruf. Sie glaubten den Versicherungen von Volkswagen, der Rückruf werde die erhöhten Abgaswerte beheben, und gaben Dieselfahrzeuge des Modelljahrs 2015 zum Verkauf frei.

Im Frühjahr 2015 rief Volkswagen 280 000 Fahrzeuge zurück und führte Software-Update durch.[21] Danach stießen die Autos zwar weniger Schadstoffe aus als zuvor, doch der illegale Code blieb unangetastet.[22] Volkswagen war sogar so unverfroren, den Rückruf zur Verbesserung der Abschalteinrichtung zu nutzen.[23] Die Autos wurden so programmiert, dass sie in den umweltfreundlichen Modus gingen, wenn sich zwar die Räder bewegten, nicht aber das Lenkrad, wie es bei einem Labortest auf dem Rollenprüfstand der Fall ist.[24] Das Update sicherte weiterhin ab, dass die Fahrzeuge erkannten, ob sie gerade geprüft wurden, und dementsprechend mustergültige Abgaswerte lieferten.

Unterdessen musste sich Audi den Fragen von EPA und CARB hinsichtlich des 3-Liter-Dieselmotors stellen, der auch für die beiden SUVs Porsche Cayenne und VW Touareg genutzt wurde. Die Regulierer wollten wissen, ob die 3-Liter-Motoren in den größeren SUVs dieselben erhöhten Abgaswerte aufwiesen wie die 2-Liter-Motoren von VW. Tatsächlich hatte Audi Ende 2014 mit eigenen Straßentests begonnen und festgestellt, dass bei manchen Fahrzeugen der Stickoxidausstoß bis um das Zehnfache über dem gesetzlichen Grenzwert lag.[25] Audi teilte diese Ergebnisse aber den Behörden nicht vollständig mit; das Unternehmen gab lediglich die Testresultate des Diesel-A8 bekannt, einer Luxuslimousine, bei der die Abgase den Grenzwert um das Dreifache überschritten. Die Erklärungen der Audi-Ingenieure sahen die Regulierer als ausweichend und fadenscheinig an. Einmal gaben Audi-Vertreter den besonderen Fahrbedingungen in Los Angeles die Schuld an den von CARB festgestellten erhöhten Emissionen und behaupteten steif und fest, ihre Abgassteuerung sei die bestmögliche angesichts der Tatsache, dass sie in den Unterboden des Fahrzeugs passen musste. »Wir hörten alle Arten von Erklärungen für die Diskrepanzen bei den Abgasen, die wir herausfanden«, sagte Ayala. »Das war nur ein Beispiel für ihre vielen Versuche, um das Problem herumzureden, indem sie mit hochtrabenden technischen Begriffen um sich warfen.«[26]

Nach Abschluss des Rückrufs baten die CARB-Vertreter Volkswagen um Daten, die belegten, dass das Software-Update die Emissionen auf das gesetzlich zulässige Niveau gesenkt habe.[27] Als VW diese Informationen nicht vorlegte – die ja gezeigt hätten, dass bei den zurückgerufenen Fahrzeugen die erhöhten Abgaswerte nicht beseitigt waren –, ersuchte CARB erneut darum. Und noch einmal. Die Antworten, die Volkswagen schließlich vorbrachte, erschienen CARB unklar; daraufhin kündigte CARB die Durchführung einer weiteren Testserie an.

Diesmal würden die Tests noch strenger sein. CARB plante zwar, die Fahrzeuge wie üblich auf einen Rollenprüfstand im Labor zu stellen, aber das Verfahren würde länger dauern als gewöhnlich und verschiedene Fahrmuster simulieren. Ein derartiger Test würde jede Abschalteinrichtung verwirren, die darauf programmiert war, in Betrieb zu gehen, wenn sie ein standardmäßiges Fahrmuster erkannte. Die Abschalteinrichtung würde dann womöglich nicht funktionieren, und man würde feststellen, wie viel Schadstoff die Autos tatsächlich ausstießen. Die CARB-Techniker zapften auch die fahrzeugeigenen Computer an, bekannt als On-Board-Diagnose oder kurz OBD. Würden die OBDs richtig funktionieren, würden sie Fehlfunktionen in der Abgassteuerung melden. Doch die OBDs zeigten nur an, dass die Systeme in Ordnung seien. Warnanzeigen im Armaturendisplay, die ein Problem signalisierten, leuchteten nicht auf. Das ergab keinen Sinn.

Am 18. Mai 2015 schrieb ein VW-Ingenieur eine E-Mail an Stuart Johnson und mehrere Manager in der Abteilung für Motorenentwicklung von VW. Darin äußerte der Ingenieur Besorgnis über die möglichen Ergebnisse der jüngsten Testserie und fragte: »Müssen wir nächste Schritte diskutieren?«[28] Er wollte auch wissen, wie auf Fragen von CARB zur Leistung der Rußpartikelfilter zu reagieren sei. »Sagen Sie mir bitte, was ich erzählen soll«, schrieb er.

Einige Tage später warnte ein weiterer Mitarbeiter, CARB nehme Volkswagen ungewöhnlich scharf ins Visier.[29] »Bitte seien Sie sich bewusst, dass diese Art Vorgehen der Mitarbeiter und der Leitung von California ARB kein normaler Prozess ist«, schrieb ein Verantwortlicher für die Einhaltung der Emissionsvorschriften.[30] »Wir sind besorgt, dass daraus möglicherweise künftig Probleme entstehen könnten. Es sollte auch beachtet werden, dass dieses TDI-Software-Thema von der CARB-Führungsebene kritisch geprüft und verfolgt wird.« Den in verschiedenen Bundesstaaten eingereichten Klagen zufolge reagierte Volkswagen darauf mit einer Ermahnung durch einen leitenden Manager, sich in E-Mails nicht derart freimütig zu äußern. Die Enthüllung war jetzt nicht mehr zu verhindern. Dennoch ging das Versteckspiel weiter.

16
Piëchs Abgang

Das Tauziehen zwischen Volkswagen und den Regulierungsbehörden in den USA blieb dem Großteil der Welt verborgen. Zu ein paar wenigen Insidern der Branche waren Gerüchte vorgedrungen, dass VW in den Vereinigten Staaten Probleme hatte. Aber es sickerte nichts an die Medien oder die Öffentlichkeit durch. Allerdings erregte Volkswagen Anfang 2015 viel Aufmerksamkeit, aber sie war einem ganz anderen Drama geschuldet. Und wie so oft spielte dabei Ferdinand Piëch die Hauptrolle.

Im April 2015 ließ Piëch über den *Spiegel* verbreiten, dass ein Volkswagen-Manager seine Gunst verloren habe. Aber es war nicht irgendeiner. »Ich bin auf Distanz zu Winterkorn«, erklärte Piëch auf *Spiegel Online*.[1] Es war typisch für Piëch, die Position eines Managers unhaltbar zu machen, indem er den Mann in der Öffentlichkeit subtil, aber unmissverständlich demontierte. Einmal hatte Piëch sein Missfallen an Wendelin Wiedeking dadurch signalisiert, dass er den Journalisten während einer Testfahrt mit Pressevertretern erklärte, der Vorstandsvorsitzende von Porsche »war der beste Mann« für diesen Job. Die Journalisten griffen die Nuance sofort auf: Piëch hatte nicht gesagt, Wiedeking »ist der Beste«, sondern »war der Beste« – er sprach also von Wiedeking in der Vergangenheitsform.[2] Bald darauf war Wiedeking weg. Aber bei Winterkorn sah die Sache anders aus. Er und Piëch waren jahrzehntelang zwei Seiten ein und derselben Medaille gewesen. Piëch war der Stratege, Winterkorn der Mann für die Umsetzung. Winterkorn bezeichnete Piëch als seinen Ziehvater, was sowohl Förderer als auch Ersatzvater bedeuten kann. Man konnte sich den einen kaum ohne den anderen vorstellen, und ebenso undenkbar war, dass sie sich in einem Machtkampf gegenüberstehen würden.

Doch dieses Mal schien sich Piëch auf den falschen Kampf eingelassen zu haben. Winterkorn, nach sieben Jahren als Vorstandsvorsitzender strotzend vor Selbstvertrauen, wollte nicht vor Piëchs Versuch, öffentlich an seinem Stuhl zu sägen, in die Knie gehen. Mitglieder des Aufsichtsrats waren verärgert, dass Piëch Winterkorn hinausdrängen wollte, ohne sie zu konsultieren. Und das Bundesland Niedersachsen mit seinen 20 Prozent Anteil an den Stammaktien stellte sich hinter Winterkorn. Entscheidend war, dass dies auch der Betriebsrat von VW und dessen mächtiger Vorsitzender Bernd Osterloh taten, der als eine Art Schattenvorsitzender des Aufsichtsrats fungierte. Osterloh gab eine Erklärung heraus, in der er Winterkorn als den »erfolgreichsten Automobilmanager« bezeichnete und die Verlängerung seines Vertrags forderte.[3] Gemeinsam besaßen Niedersachsen und die Arbeitnehmervertreter die Mehrheit im Aufsichtsrat. Piëch hatte nicht die geringste Chance, die für die Entlassung Winterkorns nötige Zweidrittelmehrheit zustande zu bringen. Der 78-Jährige schien seine machiavellistischen Talente eingebüßt zu haben.

Am 25. April 2015, keine zwei Wochen nachdem Piëch die Kontroverse ausgelöst hatte, boten er und seine Frau Ursula dem Aufsichtsrat den Rücktritt an. Vielleicht hatte Piëch erwartet, dass die übrigen Aufsichtsräte sein Angebot ablehnen würden. Falls dem so war, hatte er sich verrechnet. Mehr als zwei Jahrzehnte war Piëch *die* dominante Figur des Unternehmens, und mit einem Mal hatte er keine offizielle Position mehr bei Volkswagen inne.

Es entbehrt nicht der Ironie, dass nur wenige Wochen nach Piëchs Abgang VW sein Ziel erreichte, der weltweit größte Autobauer zu sein. Die Zahlen des zweiten Quartals 2015, veröffentlicht im Juli, zeigten, dass Volkswagen Toyota beim weltweiten Absatz von Fahrzeugen überholt hatte. Volkswagen war auf dem Weg, im Lauf des Jahres zehn Millionen Autos zu verkaufen und damit sein Verkaufsziel bereits zwei Jahre im Voraus zu erreichen.

Aber kurioserweise gab Volkswagen zu diesem Meilenstein nicht einmal eine sich selbst beweihräuchernde Pressemitteilung heraus. Vielleicht wurde eine Feier auch als zu verfrüht angesehen. Der Vorsprung gegenüber Toyota war denkbar knapp und betrug nur rund 200 000 Fahrzeuge. Nur ein einziges schlechtes Quartal und VW würde wieder auf Platz zwei landen. Und Volkswagen war noch weit von den anderen Zielen der Strategie 2018 entfernt. Die Gewinnmarge des Unternehmens im ersten Halbjahr lag statt der angestrebten 8 Prozent bei etwa 6 Prozent und damit weit unter Toyotas Marge von 10 Prozent.[4] Nach wie vor arbeitete VW deutlich weniger effizient als sein japanischer Konkurrent. Auch ohne das Desaster, das sich in den USA zusammenbraute und von dem öffentlich noch nichts bekannt war, war es noch zu früh, um in Wolfsburg ein Feuerwerk zu zünden.

Was Piëch dazu bewogen hat, mit Winterkorn zu brechen, bleibt ein Rätsel. Einem Erklärungsversuch zufolge sei es Wolfgang Porsche, Piëchs Cousin und Rivalen, gelungen, Winterkorn auf seine Seite zu ziehen. Auch wenn die Clans der Piëchs und Porsches auf den Jahreshauptversammlungen von VW stets gemeinsam abstimmten, herrschte nach wie vor Feindseligkeit zwischen den beiden Zweigen der Familie. Kenner des Konzerns entdeckten Anzeichen, dass das Verhältnis zwischen Winterkorn und Wolfgang Porsche vertraulicher geworden war, vielleicht zu vertraulich nach Piëchs Geschmack. Winterkorns zunehmende Unabhängigkeit stellte für seine Dominanz nicht nur im Unternehmen, sondern auch im Verhältnis der Familien Porsche und Piëch eine Gefahr dar. Vielleicht fühlte sich Piëch sogar gedrängt, den Vorsitz des Aufsichtsrats an Winterkorn abzutreten, wenn für diesen die Zeit gekommen war, sich als Vorstandschef von VW zurückzuziehen.

Einem anderen Erklärungsansatz zufolge habe Piëch den Tumult vorhergesehen, den das Emissionsproblem hervorrufen würde, und einen Vorwand für sein Ausscheiden fabriziert. Demnach habe Piëch den Machtkampf in dem Wissen provoziert, dass er als Verlierer daraus hervorgehen würde. Es war tatsächlich erstaunlich, wie rasch Piëch als Aufsichtsratsvorsitzender zurücktrat, als klar wurde, dass sein Versuch, Winterkorn abzusägen, fehlschlagen würde. In anderer Hinsicht jedoch scheint diese Theorie weit hergeholt. Piëch war ein Kämpfer und Volkswagen sein Lebenswerk. Schwer zu glauben, dass er beim ersten Anzeichen eines Eisbergs zu den Rettungsbooten gestürmt wäre.

Die plausibelste Erklärung ist vielleicht die schnörkelloseste. Piëch war zu der Überzeugung gelangt, dass Winterkorn keinen sehr guten Job machte. Trotz der Investitionen in das Werk in Chattanooga und dem Marketingvorstoß mit dem sauberen Diesel war VW weit von seinem Ziel entfernt, in den Vereinigten Staaten eine Million Fahrzeuge abzusetzen. Den Halbjahreszahlen 2015 nach konnte sich Volkswagen schon glücklich schätzen, wenn in dem Jahr 600 000 Autos in den USA verkauft würden – die Modelle von Audi und Porsche sogar mit einberechnet. Der Marktanteil der Marke VW in den USA betrug nur zwei Prozent und war im Sinken begriffen. Falls Piëch im März 2015 von dem Emissionsproblem wusste, wie deutsche Medien berichteten, könnte dieser Aspekt seine Unzufriedenheit mit Winterkorns Führung nur verstärkt haben.[5]

Global gesehen war Volkswagen hinsichtlich des Gewinns gefährlich abhängig von Audi und Porsche, seinen Luxusmarken. Fahrzeuge mit dem VW-Emblem machten zwar die Hälfte der Umsätze aus, warfen aber kaum Gewinn ab, weil die Herstellungskosten zu hoch waren. Die Betriebsgewinnmarge der Pkw-Abteilung von VW lag aufgrund der unantastbaren Privilegien der deutschen Belegschaft bei weniger als 3 Prozent. Investoren verloren das Vertrauen in die langfristigen Perspek-

Piëchs Abgang **251**

tiven des Unternehmens, und sein Aktienkurs sank. In deutschen Medien wurde spekuliert, Piëch wolle Winterkorn durch seinen neuen Günstling Matthias Müller ersetzen, den Vorstandsvorsitzenden der florierenden Marke Porsche.[6]

Wie dem auch sei, Piëchs Abgang war aus eigener Sicht vielleicht vorteilhaft. Auch ohne den Vorsitz blieb er hinter den Kulissen einflussreich. Ihm gehörten 14 Prozent der Porsche Automobil Holding, dem Schlüssel für den gemeinsamen Mehrheitsanteil von Porsche und Piëch an Volkswagen. Außerdem war er Mitglied im Aufsichtsrat der Holding und prominentestes Mitglied der Anteilseigner aus der Familie Piëch. Mitglied blieb er auch im Ausschuss der Anteilseigner von Porsche, einem verschwiegenen Gremium, das hinter den Kulissen bei Strategien und Entscheidungsfindungen mächtig Einfluss ausübte. Als Piëch im September 2015 in einem roten, von Ursula gesteuerten Bentley zu einer Sitzung des Ausschusses der Anteilseigner in Wolfsburg eintraf, löste seine bloße Anwesenheit Spekulationen über ein mögliches Comeback aus.[7] Piëchs Ruf als Power-Player war derart Respekt einflößend, dass niemand an seinen endgültigen Abschied glaubte, es sei denn, er läge im Grab.

Piëchs Rücktritt aus dem Aufsichtsrat im April 2015 bedeutete, dass er außerhalb der Schusslinie stand, als im folgenden September der Abgasbetrug aufgedeckt wurde. In Artikel und Kommentaren warf man ihm vor, er habe eine Unternehmenskultur geschaffen, die zum Betrug geradezu einlud. Doch für das Krisenmanagement nach den Enthüllungen durch die EPA musste er keine Verantwortung übernehmen und auch keine Debatte über sich ergehen lassen, ob er Konsequenzen zu tragen habe. Er war bereits weg.

Berthold Huber, ehemals Vorsitzender der Industriegewerkschaft Metall und stellvertretender Aufsichtsratsvorsitzender, wurde als Ersatz für Piëch zum kommissarischen Vorsitzenden gewählt, bis ein Nachfolger gefunden war – ein weiterer Beleg für den außergewöhnlichen Einfluss, den die Gewerkschaft im VW-Management ausübte. Bei einigen Mitgliedern des Aufsichtsrats herrschte unterschwellig Erleichterung, dass sie nicht mehr Piëchs Machenschaften ausgesetzt waren. »Ohne zu übertreiben, ist festzustellen, dass er eine der bedeutenden Persönlichkeiten der bundesdeutschen Wirtschaftsgeschichte ist«, erklärte der niedersächsische Ministerpräsident Stephan Weil, der eher dem linken Flügel der SPD angehört. Dennoch erachtete er es als dringend notwendig, die Spekulationen über Personen zu beenden und im Spitzenmanagement für Klarheit zu sorgen. Volkswagen und seine vielen Tausend Beschäftigten müssten sich auf das Geschäft konzentrieren können.[8]

Dennoch hinterließ Piëchs Abgang ein Vakuum. Anfang der 1990er-Jahre hatte er Volkswagen vor dem drohenden Konkurs gerettet und an die Spitze der Autoindustrie gebracht. Wie Steve Jobs bei Apple gehörte Piëch zu der Handvoll Manager, die den Unternehmen, die sie führen, einen unverwechselbaren persönlichen Stempel aufdrücken. Wie Jobs war Piëch von den Details der Produktgestaltung geradezu besessen und besaß ein großes Gespür dafür, Objekte der Begierde zu schaffen. Unter seiner Leitung wuchs Audi von dem einstigen Hersteller biederer Mittelklasse-Pkws zu einem Produzenten von Luxusautos heran, der BMW und Mercedes ebenbürtig ist. Als Piëch in Wolfsburg die Regie übernahm, kämpfte die Marke VW immer noch darum, eine Identität zu finden, die nicht mehr allein am Käfer hing. Piëch definierte die Idee eines Wagens für das Volk um in deutsche Ingenieurskunst für die Massen. Mit seiner Konzentration auf die Details der Herstellung verbesserte Piëch die Qualität der Fahrzeuge und ließ sie wie teurere Autos erscheinen. Fast überall außer in den Vereinigten Staaten war seine Strategie unglaublich erfolgreich. In Europa hatten VW und die übrigen Marken des Konzerns im April 2015 einen Marktanteil von 26 Prozent, weit mehr als das Doppelte des nächsten Konkurrenten, PSA Peugeot-Citroën in Frankreich.[9]

Piëch hinterließ aber auch enorme Probleme. Nicht zum Konzern gehörende Anteilseigner schienen ihm gleichgültig zu sein; er erweckte den Eindruck, dass ihm mehr daran lag, ein Imperium aufzubauen, als Profit zu machen. Seine Macht im Aufsichtsrat verdankte er einem De-facto-Pakt mit dem Betriebsrat, der auch verhinderte, dass es zu einem großen Stellenabbau kam. (In dem Moment, als sich Osterloh hinter Winterkorn stellte und damit Piëch signalisierte, dass er die Unterstützung der Gewerkschaft verloren hatte, verflüchtigte sich seine Macht.) Im Vergleich zu seinen wichtigsten Konkurrenten blieb Volkswagen aber ineffizient und nur beschränkt profitabel. Piëch pflegte eine Schwäche für kostspielige Prestigeobjekte wie den unseligen VW Phaeton, die Gläserne Manufaktur in Dresden oder die Bugattis, die über eine Million Dollar kosteten, aber dennoch Verluste einfuhren.

Piëch erschuf innerhalb von Volkswagen eine Kultur, in deren Zentrum er und einige wenige Protegés standen. Doch selbst die loyalsten unter ihnen wie Winterkorn konnten jederzeit fallen gelassen werden. Die zentralisierte Autorität führte zu einem permanenten Entscheidungsrückstand. Winterkorn führte dieses System fort. Der Rest des Unternehmens war gelähmt, bis von der Spitze eine Anweisung kam. Die Ingenieure dominierten, was zur Schaffung von exzellenten Produkten beitrug, aber auch bedeutete, dass andere Bereiche wie die Compliance-Abteilung vernachlässigt wurden. Während Piëchs Amtszeit war das Unternehmen in Geschehnisse verwickelt, die regelrecht kriminell waren, wie die López-Affäre oder der Rotlichtskandal. Die Folgen hatten die Untergebenen zu tragen. Sämtliche Reformen zeigten nur geringe Wirkung und blieben, wie die daraus folgenden Ereignisse zeigten, unzureichend. Es ist ungewiss, was in der Geschichtsschreibung am meisten von Piëch in Erinnerung bleiben wird: die großartigen Autos oder die Skandale.

17

Geständnis

Im Juni 2015, nachdem Volkswagen seine Dieselfahrzeuge in den USA zurückgerufen hatte, testete CARB einen Passat Baujahr 2012, der mit dem Harnstoffsystem ausgestattet war.[1] Die Testergebnisse überraschten nicht. Sie belegten, dass der Rückruf und das Update der Software das Problem mit dem erhöhten Schadstoffausstoß nicht behoben hatten. Nach rund 23-minütiger Laufzeit des Autos stieg der Ausstoß von Stickoxiden – eine Minute nach Ende des standardmäßigen Testzyklus, hieß es bei CARB. Bei einigen simulierten Fahrzyklen fand, wie CARB feststellte, überhaupt keine Einspritzung der Harnstofflösung statt. Daraufhin verlangte CARB von Volkswagen die Herausgabe des Software-Codes, mit dem die Harnstoffdosierung in den neuen, bereits vom Band rollenden Modellen des Jahres 2016 gesteuert wurde. CARB wollte auch den Code der älteren Modelle sehen, um einen Vergleich anstellen und prüfen zu können, ob – wie Volkswagen behauptete – die Emissionsprobleme in den neuen Fahrzeugen behoben waren.

Die Vorstellung, dass CARB die älteren Modelle genauer unter die Lupe nehmen wollte, löste bei Volkswagen erhöhten Alarm aus. »Wir müssen dafür sorgen, dass die Behörde vom Test der Gen I abgehalten wird«, schrieb ein Mitarbeiter in einer E-Mail, womit er sich auf die erste Generation von sauberen Dieselmotoren bezog. »Wenn die Gen I bei CARB auf den Rollenprüfstand kommt, wird uns das Lachen vergehen!!!!!«[2] Dann sprach CARB eine Drohung aus: Falls Volkswagen seiner Aufforderung nicht nachkomme, werde man die Zulassung der Modelle des Baujahrs 2016 zum Verkauf in Kalifornien verweigern.

Geständnis

In der Welt der Regulierungsbehörden ist eine derartige Drohung die Warnung vor dem GAU. Entgegen verbreiteter Klischees von Kontrolleuren als übereifrigen Bürokraten – gewissermaßen als Wirklichkeit gewordene Versionen der Grünen Polizei in dem Werbespot von Audi aus dem Jahr 2010 – neigen sie zur Vorsicht und zu systematischem Vorgehen. Bekommt ein Unternehmen keine Genehmigung, seine Fahrzeuge in Kalifornien zu verkaufen, kann es sie auch nirgendwo sonst in den USA absetzen. Ein Dutzend anderer Bundesstaaten, darunter New York, Pennsylvania, Maryland und die meisten Neuengland-Staaten, haben die kalifornischen Normen für die Luftqualität übernommen und erteilen keinem Auto die Zulassung, das bei CARB durchgefallen ist. In Amerika wird kein Auto zum Verkaufsschlager, das in so vielen Bundesstaaten verboten ist. Auch die EPA lässt keine Autos zu, die von Kalifornien zurückgewiesen wurden. Unter Umständen stehen dann die Montagebänder still, und Arbeitsplätze geraten in Gefahr. Die Kosten für den betreffenden Autobauer sind in einem solchen Fall enorm, ganz zu schweigen von seinem Imageschaden. Regulierungsbehörden erlegen solche Sanktionen nur dann auf, wenn sie sich ihres Datenmaterials sicher sind und es sich um einen schweren Verstoß handelt.

Die Verweigerung der Genehmigung für den Verkauf der neuen Autos brachte Volkswagen in eine kritische Lage. Ab Mitte Juli bildeten sich in den Häfen endlose Reihen angelieferter VW-Modelle des Baujahrs 2016, weil sie nicht zugestellt werden konnten, ehe das Problem mit dem erhöhten Schadstoffausstoß geklärt war. Michael Horn, Chef von Volkswagen of America – weitestgehend ein Marketing-Job –, schlug Alarm. Er informierte zahlreiche Topmanager von VW in Deutschland über die Gefahr, die 2016er-Modelle könnten nicht zugelassen werden, solange Volkswagen nicht genügend CARB zufriedenstellende Informationen beibringe. Zu jenen, die Horn angeblich unterrichtete, gehörten Christian Klingler, Mitglied der

VW-Geschäftsleitung und zuständig für Verkauf und Marketing, sowie Heinz-Jakob Neußer, Vorstand der technischen Entwicklung der Marke VW.[3] Sie gehörten zu den wichtigsten Leuten im Unternehmen, und beide hatten direkt mit Winterkorn zu tun. (Anwälte von Volkswagen behaupteten, es gebe keinen Beweis für Horns Kenntnis, dass das Emissionsproblem die Folge einer Abschalteinrichtung war.)[4]

In Wolfsburg wurde die Drohung von CARB, die Zulassung der Modelle 2016 zu verweigern, am 21. Juli 2015 bei der regulären Sitzung eines internen Ausschusses von VW besprochen, das mit Fragen der Sicherheit und der behördlichen Kontrolle befasst war. Die Schlussfolgerungen dieses Gremiums hielt man in einem Memo an Frank Tuch, Chef der Qualitätskontrolle, fest.[5] Punkt 6.3 des Memos, in dem es auch um andere Fragen ging, war mit »Dieselmotoren USA« betitelt. Die Zulassung der Modelle sei aufgeschoben worden, weil Fragen zu den erhöhten Emissionen früherer Modelle noch nicht beantwortet seien. Der Ausschuss habe daher beschlossen, eine Task Force unter der Leitung von Friedrich Eichler einzusetzen, dem Chef der Motorenentwicklung. Ziel des Konzerns sei eine schnelle und wirksame Deeskalation des Streits mit den Behörden. Volkswagen solle den Kontrolleuren »offensiv« entgegentreten, lautete die Empfehlung.

Am 27. Juli 2015 wurde Winterkorn von einer kleinen Gruppe von Ingenieuren über das Dieselproblem gebrieft. Zu ihnen gehörte auch Herbert Diess, ein früherer BMW-Manager, der zu Beginn des Monats Vorsitzender des Markenvorstands Volkswagen-Pkw geworden war. Laut Gerichtsdokumenten behaupteten die Anwälte von Volkswagen, Winterkorn habe bis zu diesem Zeitpunkt die Tragweite des Problems nicht erkannt. Das ist unglaubwürdig angesichts Winterkorns Detailversessenheit und der Menge an Informationen, die er bereits über dieses Thema erhalten hatte. Aber selbst nach der von Volkswagen dargelegten Version der Ereignisse wussten Winterkorn und Diess aller Wahrscheinlichkeit nach, dass das zugrunde liegende Problem mit veränderter Software in Zusammenhang stand, die die Emissionsleistung im Testbetrieb beeinflusst, wie es in der VW-Version des Treffens heißt.[6] Doch laut Volkswagen sei Winterkorn bei dem Treffen nicht informiert worden, dass diese Software gegen US-amerikanische Gesetze verstieß.[7] Winterkorn ließ Anteilseigner und den Aufsichtsrat nach wie vor im Dunkeln. (Der Vorstandsvorsitzende lehnte über seinen Anwalt einen Kommentar dazu ab, aber Personen, die mit ihm darüber gesprochen haben, sagten, er bestreite, vor September 2015 Kenntnis von der Abschalteinrichtung gehabt zu haben.)

Erst spät begann Volkswagen der Wahrscheinlichkeit ins Auge zu sehen, dass das Emissionsproblem juristische Konsequenzen haben würde. Einer der hauseigenen Anwälte in Wolfsburg, Cornelius Renken, der für Produktsicherheit zuständig war, wurde von Untergebenen spätestens im Mai 2015 darüber informiert, dass die Unregelmäßigkeiten bei den Emissionen möglicherweise mit der Motorsoftware zu tun hatten.[8] Ende Juli bat Volkswagen die Washingtoner Kanzlei Kirkland & Ellis, eine auf Regulierungsthemen spezialisierte Anwaltsfirma, um eine Einschätzung über die Höhe der möglichen Strafe. Anfang August legte die Kanzlei eine fünf Seiten lange, einzeilig verfasste Analyse vor, adressiert an Renken und an David Geanacopoulos, einen Anwalt, der als Vizepräsident von Volkswagen of America und Chef der Öffentlichkeitsarbeit tätig war. Die Analyse von Kirkland & Ellis verdeutlichte, was geschehen würde, falls bei Volkswagen die Verwendung einer Abschalteinrichtung entdeckt würde. Die EPA unternehme bereits seit Mitte der 1990er-Jahre »aggressive Schritte zur Abschreckung vor der Verwendung von Softwaredesigns oder Vorrichtungen bei Fahrzeugmotoren oder der Emissionssteuerung, die das Emissionssteuerungssystem eines Fahrzeugs [außerhalb von Testbedingungen] deaktivieren oder in ihrer Wirkung einschränken«. Mit anderen Worten, die Regulierungsbehörden würden vermutlich hart durchgreifen, sollten sie auf eine Abschalteinrichtung stoßen. »Es ist unwahrscheinlich«, stellte Kirkland & Ellis fest, dass Volkswagen Strafzahlungen an die Regierung vermeiden könne.[9]

Allerdings beruhigte die Anwaltsfirma Volkswagen, was die Höhe der zu erwartenden Kosten betraf. Praktisch alle derartigen Konflikte würden außergerichtlich beigelegt, schrieben die Anwälte und verwiesen darauf, dass die aktuell höchste Strafe 100 Millionen Dollar betrage, verhängt im vorangegangenen November gegen Hyundai-Kia. Der koreanische Autobauer hatte eingeräumt, bei 1,1 Millionen in den USA verkauften Pkws und Kleintransportern – der doppelten Anzahl der bei VW unter Verdacht stehenden Fahrzeuge – die Verbrauchswerte geschönt und den Ausstoß von Treibhausgasen zu niedrig angegeben zu haben. Das sei gewiss eine Menge Geld, aber für ein Unternehmen wie Volkswagen mit einem Jahresumsatz von mehr als 200 Milliarden Euro keine Katastrophe. Erwähnt wurde auch die Möglichkeit, dass Kunden Sammelklagen gegen Volkswagen einreichten, falls die Nachbesserung der Emissionssysteme zu einem höheren Kraftstoffverbrauch führe.

Die Analyse von Kirkland & Ellis vermittelte den Eindruck, die möglichen Folgen für Volkswagen seien ernst, aber verkraftbar. Das war die Botschaft, die die VW-Manager herauslasen.[10] Sie dachten immer noch, irgendwie einen Vergleich mit CARB und der EPA aushandeln zu können. Dabei übersah Volkswagen einen Punkt, auf den ebenfalls in dem Schreiben der Anwälte hingewiesen wurde, nämlich dass bei solchen Vergleichsverhandlungen Kooperation eine wichtige Rolle spielt. Bisher hatten die Autobauer fast immer umgehend gestanden, wenn sie mit Beweisen für Verstöße gegen die Emissionsregeln konfrontiert wurden, und mit der EPA kooperiert. Das war auch bei Hyundai-Kia der Fall gewesen, dessen Kooperationsbereitschaft sich in dem Vergleich mit EPA und CARB als strafmindernd ausgewirkt hatte.[11]

Aber Volkswagen ging ganz anders mit dem Problem um. Bis August hatte das Unternehmen über ein Jahr lang eine Hinhaltetaktik verfolgt und den Behörden falsche, irreführende oder unvollständige Informationen aufgetischt. VW hatte Autos zurückgerufen, aber das hatte zu keiner der versprochenen Verbesserungen geführt und erschien einfach wie ein Täuschungsmanöver mit dem Zweck, Zeit zu gewinnen. Volkswagen hatte weiterhin Autos mit illegaler Software verkauft, darunter die Modelle des Jahres 2015, trotz des klaren Hinweises der Behörden auf ein ernstes Problem. Und nicht zuletzt hatte VW trotz wiederholter Aufforderungen seitens CARB keine Details über seine Motorsoftware preisgegeben.

Die Verschleierungstaktik reichte vermutlich bis zum allerersten Anfang der Abschalteinrichtung zurück. Seit 2008 hatte Volkswagen den üblichen EPA-Eid geschworen, der dem Unternehmen die Zusage abverlangte, keine Autos zu verkaufen, deren Betrieb »Schadstoffe in die Umgebungsluft emittieren, die ein unzumutbares Risiko für die öffentliche Gesundheit oder das öffentliche Wohlergehen verursachen oder dazu beitragen«.[12] Manche VW-Mitarbeiter können vielleicht sagen, dass sie von der illegalen Software nichts wussten. Aber zumindest eine der Personen, die wegen dem sauberen Diesel mit den Regulierern verhandelten, war an der Konstruktion der ursprünglichen Abschalteinrichtung beteiligt gewesen. James Robert Liang, VW-Mitarbeiter seit 1983, gehörte dem Team in Wolfsburg an, das den EA-189-Motor entwickelte. Er gab später zu, zu jenen gehört zu haben, die die manipulative, sogenannte »cycle-beating« Software entwarfen, als klar wurde, dass der Motor die amerikanischen Grenzwerte nicht einhalten würde.[13] Nach Liangs Übersiedlung in die USA im Jahr 2008 arbeitete er im Testzentrum von Volkswagen in Los Angeles und gehörte zu jenen, die Fahrzeuge durch den Zertifizierungsprozess schleusen. Er und andere täuschten die Kontrolleure regelmäßig mit falschen Informationen. Nachdem die Untersuchung aus West Virginia auf dem Tisch lag, gehörte Liang zu der Gruppe, die mit allen Mitteln versuchte, CARB und EPA an der Entdeckung der Abschalteinrichtung zu hindern.[14] Volkswagen konnte nicht damit rechnen, dass sich die Behörden großherzig zeigten, wenn sie die Wahrheit aufspürten.

Dennoch betrieb Volkswagen weiterhin sein Verwirrspiel. Anfang August 2015 räumten Oliver Schmidt, der im vorangegangenen März eine Stelle bei der Motorenentwicklung in Wolfsburg angetreten hatte, und Stuart Johnson, der ihm als Chef des Büros für Umwelt und Entwicklung nachgefolgt war, gegenüber CARB ein, dass durch den Rückruf Anfang des Jahres die beim normalen Fahrbetrieb auf der Straße auftretenden Emissionsprobleme nicht behoben seien.[15] Dennoch verheimlichten sie weiterhin die Existenz einer Abschalteinrichtung. Am 5. August baten Schmidt und Johnson um ein Treffen mit dem CARB-Vertreter Ayala, nachdem sie erfahren hatten, dass dieser auf einer vom gemeinnützigen Center for Automotive Research organisierten Konferenz in Traverse City in Michigan sprechen würde.[16] Laut Ayala buchte Volkswagen einen Sitzungsraum am Konferenzort, einem Feriendomizil am Michigan-See. Als Schmidt und Johnson zur vereinbarten Zeit eintrafen, präsentierten sie Ayala eine dicke Mappe mit technischen Informationen.

Zwei Stunden lang gingen sie mit Ayala die Dokumente durch. Auf den ersten Blick erschienen ihm die Informationen glaubwürdig. Trotz allem vertraute er den VW-Managern nach wie vor. Im Grunde war Ayala sogar sehr erfreut, dass Volkswagen das Problem endlich gelöst zu haben schien. Nach seiner Rückkehr gab Ayala die Mappe an sein Team in Kalifornien weiter. Eine Woche später legten ihm die Compliance-Ingenieure die Ergebnisse ihrer Analyse vor. Die von Volkswagen präsentierten Informationen seien blanker Unsinn.[17] Dafür

Geständnis

gebe es nur eine einzige Erklärung, meinten die Ingenieure. »Es war das erste Mal, dass ich den Begriff ›Abschalteinrichtung‹ gehört habe«, erinnerte sich Ayala. »Das erklärte alles.« Ayala gab gegenüber niemandem bei Volkswagen preis, dass CARB eine Abschalteinrichtung vermutete, aber seiner Einschätzung nach hatte jemand aus seinem Team wahrscheinlich geplaudert.[18]

Etwa zur selben Zeit, am 12. August, warnte Johnson seine Vorgesetzten, darunter Eichler, den Chef der Task Force, und Gottweis, den Red Adair der Qualitätskontrolle, dass CARB weiterhin unzufrieden sei. Die kalifornischen Kontrolleure »verlangten noch mehr Informationen«, schrieb Johnson. »Das ist keine neue Anfrage.«

Während die Fahrzeuge des Modelljahrs 2016 weiterhin in den Häfen auf Halde standen, rief Eichler eine Auswahl von hochrangigen VW-Managern zusammen, um einen Plan auszuarbeiten, wie man die Autos des Modelljahres 2016 in den Verkauf bringen könnte. Die VW-Vertreter klammerten sich immer noch an die Hoffnung, die Behörden beschwichtigen zu können. Sie versprachen einen weiteren Rückruf der älteren Modelle.[19] Und sie versicherten CARB, aus den Problemen mit den älteren Fahrzeugen Lehren gezogen und sie bei den Autos des Baujahrs 2016, die auf die Zulassung warteten, angewandt zu haben. Dazu legten sie allgemeine Informationen über die Software zur Abgassteuerung vor, nicht aber die detaillierten Parameter, nach denen CARB suchte. Natürlich verweigerte CARB auch weiterhin die Zertifizierung.[20] Um den Druck noch zu erhöhen, besorgte sich CARB ein Modell aus der 2016er-Produktion und entwarf Pläne für einen neuen Test, wodurch das Risiko weiterer für VW gefährlicher Entdeckungen stieg.

Volkswagen hatte keine Ausreden mehr parat. Am 18. August traf sich Johnson mit Ayala bei einer Konferenz im kalifornischen Pacific Grove, das vom Institute of Transportation

Studies der University of California in Davis organisiert wurde. Die Konferenz fand in Asilomar statt, einem Konferenzzentrum inmitten von Dünen und Pinienwäldern am Rande eines breiten Sandstrandes auf der Halbinsel Monterey. Mit seinen urigen, mit wettergegerbten Schindeln gedeckten Gebäuden aus Holz und Stein ist Asilomar der ideale Ort für ein Treffen. Zu den Konferenzteilnehmern gehörten Experten aus Regierung und Wissenschaft ebenso wie Vertreter der Autoindustrie. Einer der Sponsoren war Bosch. An jenem Tag gestand Johnson gegenüber Ayala, dass die VW-Fahrzeuge mit einer Abschalteinrichtung ausgestattet waren.[21] Johnson, der damit offenbar entgegen den Anweisungen von oben handelte, informierte auch Christopher Grundler, Direktor des Büros für Transport und Luftqualität bei der EPA, der ebenfalls in Asilomar anwesend war.[22]

Ayala war außer sich und gab Johnson dies auch zu verstehen. Vielleicht seien ihm auch ein paar unanständige Formulierungen herausgerutscht, meint er. Mehr als ein Jahr lang hatte CARB Volkswagen einen Vertrauensbonus eingeräumt und zahllose Stunden damit verbracht, ein Problem zu lösen, von dem das Unternehmen steif und fest behauptete, es sei rein technischer Natur. Jetzt war für Ayala klar, dass Volkswagen wissentlich das Geld kalifornischer Steuerzahler vergeudet hatte. Das Unternehmen hatte Ressourcen gebunden, die CARB ansonsten hätte nutzen können, um anderen Autobauern bei der Zertifizierung ihrer neuen Fahrzeuge zu helfen. Dazu kam, dass Volkswagen seine umweltschädlichen Autos länger als nötig auf kalifornischen Straßen hatte fahren lassen. »Sie haben uns unsere Zeit gestohlen«, sagte Ayala. »Die ganzen Testverfahren sind sehr ressourcenintensiv. All diese Zeit für VW aufzuwenden bedeutete, dass wir uns nicht um die anderen Dinge kümmern, die anstanden. Wir haben Laborressourcen gebunden. Das hatte sehr bedeutsame, sehr spürbare Folgen für uns alle.«

Als sich im VW-Konzern die Kunde verbreitete, dass die Behörden über die illegale Software Bescheid wussten, machten sich die Beteiligten daran, ihre Spuren zu verwischen. Am 31. August wurde eigens ein Meeting zu der Frage abgehalten, wie Volkswagen angesichts des nunmehr Unvermeidlichen gegenüber den Behörden offiziell die Existenz von Abschalteinrichtungen einräumen könnte. An dieser Sitzung nahm auch ein hauseigener Anwalt teil. Er schlug vor, die anwesenden Ingenieure sollten ihre Dokumente durchsehen. Mehrere in der Runde verstanden das so, dass sie alles tilgen sollten, was mit dem Emissionsthema in den USA in Verbindung zu bringen war.[23] Ein Manager bat beispielsweise seine Assistenten, eine Festplatte mit E-Mail-Korrespondenz zu zerstören. In den folgenden Wochen vernichteten 40 Mitarbeiter bei Volkswagen und Audi Tausende Dokumente.[24] (Viele, wenngleich nicht alle, konnten später wiederhergestellt werden.)

Am 3. September trafen sich VW-Manager, darunter Eichler, Schmidt und Johnson, mit Beamten von CARB und räumten ein, dass die Fahrzeuge des Unternehmens zwei Kalibrierungen hatten, eine für Tests und eine für den Normalbetrieb – anders gesagt, eine Abschalteinrichtung. Im Testmodus spritzten die Autos der zweiten Generation mehr Harnstofflösung ein, wodurch der Stickoxidausstoß sank. Während der Tests erhöhte sich auch die Menge der in die Zylinder rückgeführten Auspuffgase, was eine Senkung der Verbrennungstemperatur und der Entstehung von Stickoxiden bewirkte. Doch im Alltagsbetrieb wurden die Umweltschutzmechanismen zurückgefahren, sodass die Stickoxidemissionen exponentiell zunahmen.

So erstaunlich es erscheinen mag, aber Volkswagen gab sich immer noch der Illusion hin, dass sein hinausgezögertes Bekenntnis die Behörden besänftigen und sie veranlassen könne, die Fahrzeuge des Baujahrs 2016 freizugeben. Die Manager glaubten nach wie vor, sie könnten einen Vergleich aushandeln, die Fahrzeuge nachbessern und mit einer Strafe von einigen

Hundert Millionen Dollar davonkommen.[25] Aber dafür war es bereits zu spät. Volkswagen hatte jede Chance auf einen gütlichen Vergleich verspielt. Ayalas Wut stieg noch, als er begriff, dass die ihm von Johnson und Schmidt einen Monat zuvor bei der Konferenz in Traverse City unterbreiteten Unterlagen die reinste Täuschung waren. »Zwei Stunden lang haben sie nach Strich und Faden gelogen«, sagte Ayala und fügte hinzu, dass sie das auch zugegeben hätten.[26] »Ich habe sie rundheraus gefragt: ›Als wir uns in Michigan getroffen haben, wussten Sie da schon, dass es eine Abschalteinrichtung gab?‹ Und da antworteten sie mit Ja.« (Schmidt und Johnson reagierten nicht, als ich sie um eine Darstellung aus ihrer Sicht bat.)

Zu seiner Verteidigung behauptete Volkswagen später, außer einer kleinen Zahl von Leuten hätten die Manager erst seit Mai 2015 Vermutungen angestellt, dass sie es möglicherweise mit einer Abschalteinrichtung zu tun hatten.[27] Bis dahin hätten sie das Emissionsproblem als rein technischer Natur angesehen, als eine der vielen Schwierigkeiten, mit denen die Autobauer in aller Welt regelmäßig konfrontiert sind. In der Autoindustrie sei allgemein bekannt, behauptete Volkswagen, dass unter normalen Straßenbedingungen die Emissionen erheblichen Schwankungen unterlägen. Nur ein kleiner Kreis von Technikern habe von der Abschalteinrichtung gewusst, so Volkswagen, und diese Gruppe habe eine Mauer des Schweigens um sich errichtet, als das Unternehmen interne Untersuchungen einleitete.

Gemäß der unglaubwürdigen Darlegung der Ereignisse durch Volkswagen wurden die Probleme in den USA unter den Spitzenmanagern nicht umfassend diskutiert. Bei einem Treffen zu allerlei Produktfragen, das am 21. Juli 2015 stattfand – es handelte sich um die bereits erwähnte Besprechung, bei der eine Task Force gebildet wurde, um bei CARB die Zulassung der 2016er-Modelle zu erreichen –, habe die Diskussion über das Dieselproblem nur zehn Minuten in Anspruch genommen.

Bis unmittelbar vor dem Geständnis gegenüber der Regulierungsbehörde am 3. September habe es keinen schlüssigen Beweis für die Existenz einer Abschalteinrichtung gegeben, behauptete Volkswagen. Der Darstellung von Volkswagen zufolge war Winterkorn definitiv tags darauf durch ein Memo informiert worden, in dem dieser Punkt der dritte auf einer längeren Themenliste war. Und der Punkt sei auch in nur drei Sätzen abgehandelt worden. Darin heißt es u.a., dass am 9. März 2015 CARB gegenüber die Existenz der Abschaltvorrichtung (Generation 1 und 2) eingestanden wurde. Die Emissionsschutzbehörde habe darüber hinaus Auskunft über vergleichbare Vorrichtungen beim Audi V6 TDI erbeten.[28] (Unter Eid sagte Winterkorn später, dass ihm der Begriff »Abschalteinrichtung« bis September 2015 nicht zu Gehör gekommen sei.)[29]

Die Brände, vor denen Gottweis Winterkorn mehr als ein Jahr zuvor gewarnt hatte, waren nunmehr außer Kontrolle geraten, und nicht einmal ein Red Adair konnte sie mehr löschen.

18

Das Imperium

Die ehemalige Ballsporthalle, jetzt Fraport Arena, am Rand des vorwiegend von Arbeitern bewohnten Frankfurter Stadtteils Höchst ist die Heimat der Fraport Skyliners, einer recht erfolgreichen Mannschaft der Basketball-Bundesliga. Am 14. September 2015 aber wurde sie in einen Schauraum für all das umfunktioniert, was aus Volkswagen geworden war, seit Ferdinand Porsche 1938 den Deutschen den ersten Wagen für das Volk vorgestellt hatte.[1]

Vor dem Eingang hielten zwei Sattelschlepper Wache – Produkte der Volkswagen-Töchter MAN und Scania, die dem Besucher bewusst machten, dass das Unternehmen längst weltweit praktisch jede Fahrzeugart produzierte, die Räder und einen Motor hatte. Eine langsam anrollende Karawane aus von Chauffeuren gesteuerten Porsche-SUVs lieferte Vertreter der Fachpresse, Politiker, Branchenanalysten und andere wichtige Menschen ab. In der Halle rangelten Gäste an den offenen Bars miteinander um Wein, Bier, Currywurst und Mini-Tacos, bis sie zu den Rängen gescheucht wurden, die sich rasch füllten. Nachzügler mussten sich mit einem Platz in den Gängen begnügen.

Es war kurz vor der Eröffnung der Internationalen Automobil-Ausstellung, und die Topmanager von Volkswagen würden gleich auftreten, um den Medien und ausgewählten Gästen ihre hochglänzenden neuen Modelle zu präsentieren. Heutzutage erwartet man, dass sich Auto-Manager nicht nur bestens in Fragen der Produktion, der Lieferketten, des Marketings und des Designs auskennen, sondern auch Showmaster und in der Lage sind, die erforderliche Bühnenpräsenz an den Tag zu legen, wenn es an der Zeit ist, Messebesuchern eine Novität vorzuführen. Und so war es auch an diesem Abend: Einer nach dem anderen ergriffen die acht Manager der VW-Marken das Wort. Sie sprachen deutsch und lasen ihren Text von einem Bildschirm ab – schnell, denn es gab viel, womit man prahlen konnte, und dafür stand nur eine Stunde zur Verfügung. Wolfgang Dürheimer, Firmenboss von Bentley, erschien als Erster. Ferdinand Porsche wäre sicher überrascht – und vielleicht amüsiert – gewesen, zu erfahren, dass VW inzwischen Inhaber dieses Symbols der britischen Oberschicht war, hätte aber die Logik begriffen. Bentley war der Beweis, dass Volkswagen wählerische Reiche ebenso bedienen konnte wie das gemeine Volk. Dürheimer stellte einen gold lackierten Bentayga vor, den »exklusivsten, stärksten und schnellsten SUV der Welt«. Allerdings erklärte er nicht, warum jemand so verrückt sein sollte, einen 200 000 Euro teuren Wagen durch den Schlamm zu fahren, aber egal. Der Punkt war: Der spleenigste SUV auf dem Globus kam von Volkswagen.

Nach ihm trat Stephan Winkelmann auf die Bühne, Vorstandschef von Lamborghini, dem italienischen Sportwagenhersteller – auch der eine Erwerbung, die Ferdinand Porsche wahrscheinlich verblüfft hätte. Fit wirkend, das etwas längere Haar makellos frisiert, begrüßte Winkelmann das Publikum mit einem perfekt akzentuierten »Buona sera« und wechselte dann ins Deutsche. Er fühlte sich im Scheinwerferlicht sichtlich wohler als seine eher preußisch erscheinenden Managerkollegen, und sein Beitrag zur Präsentation war der Huracán LP 610-4 Spyder, ein Cabrio-Monster mit 610 PS, einem Zehn-Zylinder-Motor und einer Karosserie aus Karbonfasern. Doch damit nicht etwa jemand den Huracán lediglich für ein teures Spielzeug hielt, wies Winkelmann darauf hin, dass er 14 Prozent weniger Kohlendioxid ausstieß als sein Vorgänger. In Übereinstimmung mit VWs Engagement für die Umwelt leistete selbst Lamborghini seinen Beitrag für den Planeten.

Allein schon die breite Produktpalette von Volkswagen hätte Herrn Porsche erstaunt. VW war nicht nur ein Autohersteller, es war ein Imperium, in dem es einen SEAT aus Spanien, einen Škoda aus der Tschechischen Republik, eine Ducati und – als letzte Bestätigung, dass Volkswagen nicht mehr nur praktische Beförderungsmittel für die Mittelschicht lieferte – einen über eine Million Dollar teuren Bugatti gab. Und schließlich bekam man auch einen Volkswagen zu sehen, einen Tiguan SUV, den Heinz-Jakob Neußer vorstellte, Entwicklungschef der Marke. All diese Modelle hatten jeweils einen eigenen Stil, jedoch unter der Außenhaut vieles gemeinsam. Aus Spargründen und um Konkurrenten zu unterbieten, verbaute Volkswagen Komponenten wie beispielsweise Motoren, Getriebe und Chassis in unterschiedlichen Marken. Selbst im Lamborghini steckten Bauteile, die auch bei seinen schlichteren Vettern verwendet wurden, obwohl das nur Mechaniker erkennen konnten.

Über den jüngsten Porsche 911, vorgestellt von Wolfgang Hatz, Chefentwickler bei dem Sportwagenunternehmen, wäre Ferdinand Porsche wohl nicht allzu erstaunt gewesen. Der 911 – beziehungsweise die Variante namens Carrera S – hatte immer noch eine genetische Ähnlichkeit mit dem ursprünglichen, von Porsches Sohn Ferry entworfenen 356. Damals wie heute war ein typisches Merkmal des Porsche die Form der Kühlerhaube, die zwischen den beiden vorderen, hoch liegenden Scheinwerfern abfiel – ein Design, das Schnelligkeit suggerierte. Aber dass Porsche jetzt eine Tochter von Volkswagen war, hätte Ferdinand senior wohl irritiert. Die beiden Unternehmen hatten zwar beim Design und in der Produktion lange zusammengearbeitet, waren aber stets in einer gewissen Distanz zueinander geblieben. Und noch verdutzter wäre er gewesen zu hören, wie Matthias Müller, der Vorstandschef von Porsche, den Prototyp eines Sportwagens vorstellte, der ausschließlich mit Batterien betrieben wurde.

Ferdinand Porsches Enkel Ferdinand Piëch – der Mann, auf

den im Großen und Ganzen die Ansammlung der hier vorgeführten Marken zurückging – war an jenem Abend nicht anwesend. Er mied das Rampenlicht, seit er ein paar Monate zuvor den Machtkampf mit Winterkorn verloren hatte. Die Familie Porsche wurde stattdessen von Wolfgang Porsche vertreten, Piëchs onkelhaftem Cousin und langjährigem Kontrahenten. Der Abend aber gehörte Winterkorn, der stark an der Denkweise bei Porsche geschult war, auch wenn er kurz zuvor ein Zerwürfnis mit dem prominentesten Enkel des Alten überlebt hatte. Mit anderen Worten, Winterkorn herrschte über eine Welt, in der die Ingenieurskunst als die höchste aller Künste galt; er besetzte also eine Position, für die es sich lohnte, viele Opfer zu bringen.

Bei der VW Group Night sprach Winterkorn als Letzter, etwa eine Stunde nach Beginn der Präsentation. Aus dem Off wurde er als Professor Doktor Martin Winterkorn angekündigt – ein Hinweis, dass jetzt nicht nur ein mächtiger, sondern auch ein gebildeter Mann vor das Publikum treten würde.

Winterkorns Auftritt als Letzter in der Reihe der VW-Markenchefs spiegelte nicht nur seinen Rang, sondern auch sein intensives persönliches Mitwirken an den VW-Produkten wider. In Deutschland hieß es, er kenne jede Schraube in allen vom Volkswagen-Konzern produzierten Autos, also aller 300 Modelle. Bei VW handelte es sich um ein Unternehmen, in dem das Management an der Spitze lange Diskussionen über den besten Neigungswinkel einer Windschutzscheibe führte. Ein häufig auftauchendes Foto von Winterkorn zeigt, wie er in seinem Anzug unter einen Wagen kriecht, um den Unterboden zu inspizieren.

Für die Kenner der Volkswagen Group Night, wie die opulente Veranstaltung ein wenig vage hieß, war die in Frankfurt 2015 einen Touch weniger bombastisch als sonst. So gab es hier beispielsweise keinen Überraschungsauftritt der Popsängerin Pink wie ein paar Jahre zuvor. Allerdings ertönte laute Schlagzeug- und Synthesizermusik, und die Präsentation wurde von einer Lasershow begleitet. Einmal zauberte der Laserprojektor das Bild einer Straße mit Gebäuden auf die Leinwand, das die Illusion erzeugte, der VW Golf, der gerade über die Bühne fuhr, bewege sich durch eine urbane Landschaft.

Als dann schließlich Winterkorn das Wort ergriff, tauchte ihn der Laserprojektor in blaues Licht, die Kennfarbe von VW. Doch sobald er zu sprechen begann, war klar, dass etwas anders war als sonst. Winterkorn sagte, Volkswagen verwende seine Energien auf Plug-in-Hybride und batteriebetriebene Autos statt auf Dieselmotoren, die einen so zentralen Teil der Marketingstrategie in Europa und den Vereinigten Staaten gebildet hatten. Winterkorn, langjähriger Befürworter fossiler Energieträger, erwähnte das Wort »Diesel« nur ein Mal. Stattdessen kündigte er an, Volkswagen werde bis zum Ende des Jahrzehnts 20 neue Plug-in-Hybride und Elektroautos auf den Markt bringen. Und er wies auf die großen IT-Unternehmen hin, die bereits Interesse am Geschäft mit Autos zeigten – eine Anspielung auf Google, wo man einen Teil der riesigen Finanzmittel in die Entwicklung selbst fahrender Autos steckt, und auf Apple, wo angeblich ein großes Team an einem Elektroauto arbeitet. Auch Volkswagen werde sich dem »automatisierten Fahren« widmen, erklärte Winterkorn, und zwar »nicht nur in der Oberklasse, sondern für jedermann«. Darüber hinaus würden die Fahrzeuge des Volkswagen-Konzerns bald rollende Smartphones sein. (Zumindest ein paar gut informierte Zuhörer kicherten, als sie das hörten. Erst ein paar Tage zuvor hatte Porschechef Müller gegenüber einer Autozeitschrift deutlich gemacht, man wolle keine Smartphones auf Rädern.)[2]

Jedenfalls war das Bekenntnis zur Elektromobilität eine plötzliche Kehrtwende für ein Unternehmen, das lange mit Verachtung auf Hybride und batteriebetriebene Autos geblickt hatte. Volkswagen war der einzige große Fahrzeughersteller gewesen, der sich weigerte, der California Plug-In Electric Vehicle Collaborative beizutreten, einem Verbund von Herstellern, öffentlichen Verkehrsbetrieben, gemeinnützigen Organisationen und Staaten zur Förderung batteriebetriebener Fahrzeuge.[3] Aber, so Winterkorn nun, PS und Drehmoment seien nicht mehr der entscheidende Wettbewerbsfaktor in der Autoindustrie. »Immer schneller, höher, weiter reicht nicht«, erklärte er. Das war milde ausgedrückt eine unerwartete Haltungsänderung. In den zwei Jahrzehnten, in denen Winterkorn und Ferdinand Piëch gemeinsam Volkswagen geführt hatten, war es stets darum gegangen, die Grenzen der Automobiltechnik zu erweitern: Volkswagen wollte das größte Unternehmen werden, den schnellsten Serienwagen (den Bugatti Veyron) und die schönste Fabrik bauen (die Gläserne Manufaktur in Dresden, wo Volkswagen den luxuriösen Phaeton produzierte) sowie den ersten viertürigen Serienwagen, der weniger als drei Liter verbrauchte (den kurzlebigen Audi A2 mit Aluminium-Karosserie). Und schließlich: Volkswagen würde den saubersten Dieselmotor bauen.

Die meisten Leute im Publikum hatten natürlich keine Ahnung von dem Skandal, der in Kürze wie eine Flutwelle über Volkswagen hereinbrechen würde. Doch wer Winterkorn kannte, bemerkte vielleicht, dass etwas nicht stimmte. Er schien weniger selbstbewusst, weniger selbstherrlich als üblich, fast pathetisch. Winterkorns verhaltenes Auftreten schien seltsam, wenn man bedachte, dass Volkswagen erst im Juli sein lang gehegtes Ziel erreicht hatte, weltweit mehr Autos zu produzieren als Toyota.

Schließlich hatte VW damit gezeigt, wie weit es bereits die Welt erobert hatte. In China verkaufte der Konzern mehr Autos als jeder Konkurrent und stand mit 21 Prozent Anteil am Pkw-Markt vor General Motors auf Platz eins.[4] Auch in Lateinamerika war Volkswagen mit einem lokalen Produktionsnetz, zu dem drei große Automobilwerke in Brasilien gehörten, stark vertreten. Volkswagen war ein führender Player auf den größten Kfz-Märkten der Welt mit Ausnahme der Vereinigten Staaten, wo sich die VW-Marke schwertat. Bis zu diesem Zeitpunkt im Jahr waren die Umsätze auf dem ansonsten boomenden US-Markt um 2,5 Prozent zurückgegangen. Winterkorn erwähnte nichts davon.[5]

Dennoch gab er zu verstehen, dass Volkswagen nicht bereit war, diesen Markt abzuschreiben. Das Unternehmen plante, in seinem Werk in Chattanooga einen neuen Crossover-SUV zu produzieren, der die amerikanische Vorliebe für Autos mit Vierradantrieb ansprechen würde. »Volkswagen bleibt im Driver-seat.«

Vier Tage später, am 18. September 2015, gab die EPA eine Pressekonferenz und veröffentlichte eine sogenannte Notice of violation, eine Mitteilung über einen Rechtsverstoß, in der das Unternehmen beschuldigt wurde, eine Software zu verwenden, die »die Emissionsprüfung für bestimmte Luftschadstoffe umgeht«. In einer Pressemitteilung teilte die EPA mit, Kontrolleure hätten bei einigen Volkswagen-Modellen einen Stickoxidausstoß bis zum 40-Fachen des Grenzwerts festgestellt. Volkswagen wurde erst eine halbe Stunde vor Beginn der Pressekonferenz informiert.

Die Pressemitteilung ließ keinen Zweifel an der Schwere des Vergehens. Fast 500 000 Autos in den Vereinigten Staaten waren betroffen, womit Volkswagen eine Strafe von bis zu 18 Milliarden Dollar drohte. Aber selbst wenn das Unternehmen von der Höchststrafe verschont blieb, würden die Kosten die 100 Millionen Dollar Bußgeld, die Hyundai-Kia kurz zuvor hatte zahlen müssen, wie einen Strafzettel erscheinen lassen. Die gesundheitlichen Folgen des Fehlverhaltens von Volkswagen seien schwerwiegend, erklärte die EPA. Eine Belastung mit Stickoxid »steht mit einer Reihe schwerer gesundheitlicher Auswirkungen in Zusammenhang, unter anderem mit zunehmenden Asthmaanfällen und anderen Erkrankungen der

Atemorgane, die so ernst sein können, dass die Betroffenen das Krankenhaus aufsuchen müssen.«

Die Luftverschmutzung durch die Autos trage zur Bildung von Smog bei und lasse Ruß entstehen, der »auch mit frühzeitigem Tod aufgrund von Auswirkungen auf Atemwege und Herzkranzgefäße in Zusammenhang steht«, hieß es weiter in der Pressemitteilung. »Kinder, alte Menschen und Menschen mit bereits vorhandenen Atemwegserkrankungen sind besonders von gesundheitlichen Folgen dieser Luftschadstoffe bedroht.«[6]

Die 67-jährige Stadtplanerin Elizabeth Humstone erfuhr durch eine Eilmeldung auf ihrem Smartphone von den Vorwürfen gegen Volkswagen. Sie lebte größtenteils in Charlotte, Vermont, einem ruhigen Dorf am Ostufer des Lake Champlain, und war Vorstandsvorsitzende des Vermont Natural Resources Council, einer Umweltschutzorganisation. Und sie besaß einen Volkswagen Jetta Sport TDI Diesel – war also eine der Kundinnen, die zum Aufbau des Wolfsburger Imperiums beigetragen hatte.

Elizabeth Humstone hatte im Grunde ihr ganzes Berufsleben lang mit Umwelt- und Planungsfragen zu tun gehabt. Voller Stolz erzählte sie, sie stamme aus einer Familie, die bereits in den 1950er-Jahren Müll recycelt habe, und sie selbst habe an der Harvard University den Master in Stadtplanung gemacht. Später war sie Geschäftsführerin des Vermont Forum on Sprawl, das zu verhindern suchte, dass die freien Flächen des Bundesstaates mit den geschmacklosen, prätentiösen Fertigvillen bebaut werden, die gerade sehr in Mode sind.

Als sich Elizabeth Humstone 2010 nach einem neuen Wagen umsah, dachte sie zunächst an einen Prius, den Toyota-Hybrid, bei dem erstmals die Idee eines weniger umweltschädlichen Autos umgesetzt wurde. Der Prius war Pflicht für jeden Autofahrer, der sich als Umweltschützer betrachtete. »Meine ganze Arbeit drehte sich um ökologische Verantwortung«, erzählte

Humstone später. »Das war wirklich wichtig für mich. Wenn ich mir schon ein Auto kaufte, dann wollte ich eins, das ich verantworten konnte.«[7]

Humstone unternahm eine Probefahrt mit dem Prius. Doch nachdem sie sich mit Freunden beraten hatte, suchte sie noch einen Händler in South Burlington, Vermont, auf und fuhr mit einem VW Diesel. Beim Prius werden Verbrauch und Schadstoffausstoß durch eine Kombination von Elektro- und Verbrennungsmotor gering gehalten. Aber der Jetta hatte ebenfalls gute Verbrauchswerte, laut EPA-Angaben 42 Meilen pro Gallone auf dem Highway verglichen mit 48 beim Prius. Und viele Volkswagen-Besitzer berichteten über noch größere Reichweiten im Alltagsverkehr.[8]

Humstone pendelte häufig zwischen dem Wohnort ihres Partners in Concord, Massachusetts, und ihrem eigenen in Vermont, immerhin eine Strecke von 220 Meilen. Außerdem fuhr sie oft nach Maine. Daher benötigte sie einen Wagen mit einem günstigen Highway-Verbrauch. Sie hatte die Werbung für den »sauberen Diesel« gesehen, und die Leistungsstärke des Jetta hatte ihr zugesagt. »Mir gefiel, dass der Prius so wenig Sprit brauchte, aber er beschleunigte nicht so gut, er war nicht so peppig«, meinte Humstone. »Wegen meiner vielen Langstreckenfahrten entschied ich mich für ein Auto, das mehr Spaß machen würde.« Sie bezahlte etwa 29 000 Dollar für den Jetta, wobei der Steuernachlass nicht eingerechnet ist, den sie für den Kauf eines kraftstoffsparenden Autos erhielt.

Am 18. September, dem Tag, als eine Schlagzeile der *New York Times* auf ihrem Smartphone erschien, hielt sich Elizabeth Humstone gerade in Concord bei ihrem Partner auf. Es war ein Freitag. Als ihr klar wurde, dass sauberer Diesel eine Lüge war, packte sie die Wut. Jetzt stand sie mit einem Auto da, das mit einem Mal zum Synonym für eine ökologische Mogelpackung geworden war. Kurz darauf ging sie auf Facebook. »Gibt es irgendwo noch andere VW-Diesel-Besitzer, die nicht mit einem Wagen herumfahren wollen, das die Luft verpestet?«, schrieb Humstone. »Was unternehmt ihr? Bilden sich irgendwo Bürgerinitiativen? Ich denke, man hat mir unter Vortäuschung falscher Tatsachen ein Auto verkauft, während ich geglaubt habe, einen ökologisch verantwortlichen Schritt zu einem geringeren Spritverbrauch zu tun und den EPA-Normen zu entsprechen. Jetzt habe ich bei jeder Fahrt ein schlechtes Gewissen.«[9]

Millionen Menschen auf der ganzen Welt waren genauso außer sich wie Elizabeth Humstone. Bald wurde klar, dass Volkswagen in einen der größten Unternehmensskandale aller Zeiten verstrickt war. Zwischen 2009 und 2015 hatte VW elf Millionen Autos mit einer Software verkauft, die die Emissionsaufsicht täuschen sollte, davon fast 600 000 in den Vereinigten Staaten, 2,8 Millionen in Deutschland und 1,2 Millionen in Großbritannien. Das war ungefähr dieselbe Dimension wie bei Enron, dem einst bewunderten Energiekonzern, der 2001 zusammengebrochen war, als sich herausstellte, dass seine Gewinne zum großen Teil dem Reich der Fantasie angehörten, oder wie beim Libor-Skandal, bei dem die Deutsche Bank, Credit Suisse und andere Finanzinstitute unerlaubt zusammengewirkt und Referenzzinssätze manipuliert hatten, um ihre Geschäftsgewinne in die Höhe zu treiben. Doch bei diesen Fällen handelte es sich um Finanzkriminalität – im Wesentlichen um Diebstahl –, offenbar aufgrund von Gier, während die Sache mit Volkswagen in eine andere Kategorie fiel. Der finanzielle Gewinn war bescheiden, vor allem angesichts der Kosten, die das Ganze verursachte. Laut ICCT war 2012 der Preis der SCR-Systeme so weit gesunken, dass sie nur noch etwa 50 Dollar teurer pro Wagen waren als die Mager-Stickoxidfallen.[10] (Die Kombination beider Systeme, wie sie BMW praktiziert, hätte ein Auto um circa 500 Dollar teurer gemacht.) Im Gegensatz zu den Bankenskandalen, bei denen den Tätern zuweilen

Boni in zweistelliger Millionenhöhe winkten, flossen die durch den Emissionsbetrug entstandenen zusätzlichen Profite nicht an die einzelnen unmittelbar Verantwortlichen. Ihr Motiv war nicht Geld. Warum also nahmen sie für einen bescheidenen Gewinn ein so enormes Risiko auf sich?

An diesem 18. September arbeitete Dan Carder in dem Gebäude aus Schlackenbeton auf dem Campus der West Virginia University, in dem Motorabgase geprüft wurden. In der Pressemitteilung der EPA ein paar Stunden zuvor wurde der Beitrag der Universität zur Aufdeckung des Volkswagen-Betrugs zwar erwähnt, aber Carder wusste noch nichts davon. Er trug Jeans und T-Shirt und war ölbeschmiert. Sein Handy lag zum Aufladen auf einer Fensterbank. Als Carder das Gerät checkte, stellte er fest, dass er eine ganze Latte von nicht angenommenen Anrufen mit Vorwahlen aus ganz Amerika hatte. Dann läutete es. Es meldete sich der Reporter eines Fernsehsenders. »Wissen Sie, warum wir Sie anrufen?«, fragte der Journalist.

Carders erster Gedanke war, dass eine der mobilen Emissionstestlabore, die auf Anhängern durch das Land fuhren, einen Unfall hatte. »Ich ging im Kopf durch, wo in den Vereinigten Staaten sind im Moment Leute von uns unterwegs? Wo halten sich unsere Teams auf? Ist vielleicht etwas gerade in die Luft geflogen? Was haben wir falsch gemacht?« Carder wusste nichts von den Ermittlungen bei CARB und glaubte immer noch, dass die exorbitanten Emissionen, die sein Team zwei Jahre zuvor bei Autos der Marke Volkswagen festgestellt hatte, auf mechanische Mängel oder einen Konstruktionsfehler zurückzuführen waren. Als er erfuhr, dass Volkswagen bewusst versucht hatte, die Kontrolleure zu täuschen, verschlug es ihm die Sprache.

Zumindest seit 1998, als die Hersteller von Lkw-Motoren eine Milliarde Dollar hingeblättert hatten, um einen Emissionsskandal zu beenden, hatten alle Fahrzeughersteller Kenntnis davon, dass es sehr teuer werden konnte, wenn man bei dem

Versuch, den Staat zu betrügen, erwischt wurde. Seither war die Technik, Autoabgase auf der Straße zu messen, weiterentwickelt worden, womit die Wahrscheinlichkeit der Aufdeckung gestiegen war. Alle in der Branche wussten das – nur, so schien es, Volkswagen nicht. »Ich war entsetzt«, sagte Carder. »Nach all dem, was in den Neunzigern passiert war, wie konnte jemand das machen?«[11]

19
Nachwirkungen

Die Internationale Automobil-Ausstellung in Frankfurt hatte seit drei Tagen ihre Pforten geöffnet, als die Nachricht von dem Skandal die Runde machte. Die alle zwei Jahre stattfindende Autofachmesse bezeichnet sich selbst als die größte der Welt. Traditionellerweise nehmen die deutschen Autobauer die Schau zum Anlass, ihren überproportional hohen Anteil auf dem Premium-Automarkt zu feiern. BMW, Mercedes-Benz und Volkswagen mieten dafür ganze Ausstellungshallen. Ihre Präsentationen lassen Konkurrenten wie Renault, Opel oder Fiat Chrysler wie exotische Kleinunternehmen aussehen.

Unter den 930 000 autobegeisterten Besuchern, die die Hallen bevölkerten, befand sich auch Bundeskanzlerin Angela Merkel; am Stand des Volkswagen-Konzerns posierte sie für die Fotografen neben dem Porsche-Prototyp Mission E. In der Autowelt sind Nachrichten von einem Skandal eine schlimme Peinlichkeit, etwa als würde man eine ausgelassene Party geben, um alle seine Freunde zu beeindrucken, und plötzlich stünde die Polizei vor der Tür.

Die EPA veröffentlichte ihre Pressemitteilung in Sachen Volkswagen, kurz bevor die Ausstellung am Wochenende von Besuchern geradezu überrannt wurde. Die Schlagzeilen über das Fehlverhalten von VW verdarb die gute Laune und sorgte für betretene Mienen. »Es hat sich irgendwo eine Stimmung über die Messe gelegt«, sagte Matthias Wissmann, Präsident des deutschen Verbands der Automobilindustrie, der die Ausstellung organisiert, »mit Sorgen über die Frage, was passiert jetzt?«[1]

Das Label »Made in Germany« bedeutet im Kern, dass man von den Deutschen halten mag, was man will – jedenfalls sind sie verdammt gute Ingenieure. Im Fall von Volkswagen sah es jetzt aber so aus, als ob manches der hochgepriesenen Ingenieurskunst einfach nur Rosstäuscherei gewesen war.

Die Heftigkeit des öffentlichen Aufschrei scheint Volkswagen völlig überrascht zu haben. Es gab keinen Plan, wie man auf den medialen Feuersturm reagieren sollte. Verschiedene Mitglieder des Aufsichtsrats, darunter der niedersächsische Ministerpräsident Stephan Weil, kritisierten später, dass die Führung von Volkswagen sie nie über das Emissionsproblem informiert habe und sie erst aus der Presse davon erfuhren. Es dauerte zwei Tage, bis Winterkorn eine Erklärung abgab. Er bekundete Reue und versprach, mit den Ermittlern zu kooperieren: »Ich persönlich bedauere zutiefst, dass wir das Vertrauen unserer Kunden und der Öffentlichkeit enttäuscht haben.«

Die finanziellen Konsequenzen folgten auf dem Fuße. Am folgenden Montag, dem ersten Handelstag an der Börse nach der Anzeige der EPA, brach der Kurs von VW um 20 Prozent ein. Viele der großen Verkäufer waren Investmentfonds, die sich auf Unternehmen mit einer guten Umweltbilanz konzentrierten. Volkswagen fiel aus dem Dow Jones STOXX ESG Leaders Index, der die nach Umwelt-, Sozial-, Nachhaltigkeits- und Governance-Kriterien 50 besten Unternehmen listet. Fonds, die sich an diesem Index orientierten, stießen daraufhin automatisch ihre Anteile an Volkswagen ab. Bis Monatsende war der Kurs der VW-Aktie um 45 Prozent eingebrochen.

Weitere Behörden folgten der EPA und leiteten rechtliche Schritte gegen Volkswagen ein. Die deutsche Regulierungsbehörde für den Finanzmarkt, die Bundesanstalt für Finanzdienstleistungsaufsicht (BaFin), verdächtigte Volkswagen, gegen Wertpapierhandelsgesetze verstoßen zu haben, da das Unternehmen seine Anteilseigner nicht rechtzeitig über das Emissionsproblem informiert hatte, und ordnete Untersuchungen an. Dasselbe taten in strafrechtlicher Hinsicht die Staatsanwaltschaft Braunschweig sowie das Justizministerium in den USA und Behörden in Frankreich, Großbritannien und Südkorea. Außerdem begann das Europäische Amt für Betrugsbekämpfung zu prüfen, ob Volkswagen niedrig verzinste Darlehen der öffentlich finanzierten Entwicklungsbank in Höhe von Hunderten Millionen Euro missbräuchlich verwendet hatte. Anwälte in den USA kündigten an, Sammelklagen von VW-Kunden einzureichen.

Wie sich herausstellte, entsprachen die von der EPA und CARB vorgebrachten Anschuldigungen bei Weitem nicht dem ganzen Ausmaß des Betrugs. Am 22. September räumte Volkswagen ein, dass sämtliche elf Millionen Fahrzeuge mit dem EA-189-Motor mit der illegalen Software ausgestattet waren.[2] Der Fall veranschaulichte die Kehrseite von Piëchs Strategie, bestimmte Bauteile für so viele verschiedene Modelle wie möglich zu verwenden. War ein Modell mit einem problematischen Bauteil infiziert, stand man vor einem globalen Desaster. Zur Deckung der voraussichtlichen Kosten bildete der VW-Aufsichtsrat Rückstellungen in Höhe von 6,5 Milliarden Euro. Es war offensichtlich, dass diese Summe bei Weitem nicht ausreichen würde.

Winterkorn versuchte noch mehrere Tage lang, sich auf seinem Posten zu halten. Jemand, der ihn während dieser Zeit in Wolfsburg sah, berichtete später, er habe von der Entwicklung der Ereignisse wie erschlagen gewirkt. Am 23. September 2015, fünf Tage nach der Pressemitteilung der EPA, fügte sich Winterkorn schließlich in das Unvermeidliche und trat zurück. »Als Vorstandsvorsitzender übernehme ich die Verantwortung für die bekannt gewordenen Unregelmäßigkeiten bei Dieselmotoren«, erklärte er.[3] Dies war jedoch kein Schuldeingeständnis. Winterkorn hielt daran fest, er sei von den Enthüllungen ebenso überrascht worden wie der Rest der Welt. »Ich bin bestürzt über das, was in den vergangenen Tagen geschehen ist.

Vor allem bin ich fassungslos, dass Verfehlungen dieser Tragweite im Volkswagen-Konzern möglich waren«, sagte er. »Als Vorstandsvorsitzender übernehme ich die Verantwortung [...] und habe daher den Aufsichtsrat gebeten, mit mir eine Vereinbarung zur Beendigung meiner Funktion als Vorstandsvorsitzender des Volkswagen-Konzerns zu treffen. Ich tue dies im Interesse des Unternehmens, obwohl ich mir keines Fehlverhaltens bewusst bin.«

Winterkorn hatte Volkswagen nicht einmal fünf Monate lang leiten können, ohne dass Piëch ihm dabei über die Schulter schaute. Jetzt waren die beiden Personen, die das Unternehmen seit den 1990er-Jahren beherrscht hatten, abgetreten. Doch Winterkorns Abgang signalisierte keineswegs eine grundlegende Neustrukturierung der Führungsebene. Volkswagen beurlaubte – bei Weiterzahlung ihrer Gehälter – einige nachrangige Manager, die Schlüsselpositionen in der Motorenentwicklung eingenommen hatten. Einer von ihnen war Heinz-Jakob Neußer, Entwicklungschef der Marke VW, der bei der Group Night eine neue Version des Kompakt-SUV Tiguan vorgestellt hatte. Ein anderer war Wolfgang Hatz, Leiter von Forschung und Entwicklung bei Porsche; er hatte den neuen 911er präsentiert. Hatz war 2007 Chef der Motoren- und Getriebeentwicklung des VW-Konzerns gewesen und derjenige, der sich in einem Video mehrere Jahre zuvor über die kalifornischen Emissionsrichtlinien beklagt hatte. Christian Klingler, zuständig für den Geschäftsbereich Marketing, Vertrieb und After Sales, war neben Winterkorn das einzige Vorstandsmitglied, das in den Tagen nach den Anschuldigungen seitens der EPA seinen Abschied nahm. Klingler »verlässt das Unternehmen im Zuge einer langfristig geplanten Strukturänderung und aufgrund unterschiedlicher Auffassungen über die Geschäftsstrategie mit sofortiger Wirkung. Dies steht nicht im Zusammenhang mit aktuellen Ereignissen«, erklärte Volkswagen.[4] Die übrigen Vorständler blieben in Wolfsburg.

Zwei Tage nach Winterkorns Rücktritt nominierte der VW-Aufsichtsrat den Vorstandsvorsitzenden von Porsche, Matthias Müller, zu Winterkorns Nachfolger. Es entbehrt nicht der Ironie, dass Gerüchten zufolge Piëch im vorangegangenen April Müller als Ablösung von Winterkorn favorisiert hatte. Fast schien es, als habe Piëch unbeabsichtigt doch noch seinen Willen durchgesetzt.

Der 62-jährige Müller ist eine weniger furchteinflößende Erscheinung als sein Vorgänger und weder so laut wie Winterkorn noch so einschüchternd wie Piëch. Mit seiner schlanken, durchtrainiert wirkenden Gestalt und den grauen Koteletten vermittelt Müller die Haltung kühler Zuversicht. Wie es sich für einen Vorstandsvorsitzenden von Porsche gehörte, war er vom Rennsport begeistert und hegte als Automensch Skepsis gegenüber der aktuellen Vernarrtheit in digital vernetzte Fahrzeuge. Müller stand auch im Ruf eines Frauenhelden. Das Klatschmagazin *Bunte* berichtete von einer Liaison zwischen ihm und Barbara Rittner, der ehemaligen Tennisspielerin, die inzwischen als Trainerin arbeitet.[5] Die beiden lernten sich bei Tennisturnieren kennen, die von Porsche gesponsert wurden. Müller, selbst leidenschaftlicher Tennisspieler, war zu dieser Zeit noch mit der Mutter seiner zwei erwachsenen Kinder verheiratet. Doch bei Volkswagen disqualifizierte ihn dies offenbar nicht als Vorstandsvorsitzenden.

Ansonsten galt Müller als mitfühlender und sozialer eingestellt als Winterkorn oder Piëch. Diese beiden hatten sich kaum jemals zu Themen abseits der Autowelt geäußert. Müller hingegen befürwortete öffentlich die von Bundeskanzlerin Merkel praktizierte Politik der offenen Tür gegenüber Flüchtlingen aus Syrien, die in Europa Schutz suchten. In einem noch vor seiner Ernennung zum Vorstandsvorsitzenden geführten Interview mit der *Süddeutschen Zeitung* verglich Müller die Not der Flüchtlinge mit jener seiner eigenen Familie, die aus Ostdeutschland floh, als er drei Jahre alt war. Den Syrern erginge es viel schlimmer, sagte Müller, weil sie mit einer völlig fremden Sprache und Kultur konfrontiert seien. »Da müssen wir helfen«, sagte er.[6] Eine solche Äußerung wäre von Winterkorn oder Piëch nicht zu erwarten gewesen.

Eine von Müllers ersten Amtshandlungen war das Eingeständnis, dass die Führungsstruktur von VW überholt sei. Das Unternehmen sei »keine One-Man-Show«, erklärte er auf einer Versammlung von VW-Managern in offensichtlicher Anspielung auf die Dominanz seiner beiden Vorgänger. Ein Unternehmen dieser Größe, dieser Internationalität und dieser Komplexität könne nicht mit Strukturen und Prinzipien von gestern geleitet werden, betonte er; eine neue Unternehmensstruktur sei überfällig.

Müller versprach, die Organisation zu dezentralisieren und den Managern der Marke VW mehr Autonomie einzuräumen. Er habe keinesfalls vor, sich in Produktentscheidungen einzumischen, erklärte er, womit er offensichtlich auf Winterkorns Neigung anspielte, jeden noch so kleinen Aspekt der Konstruktion zu kontrollieren. »Ob eine Frontscheibe ein Grad steiler steht oder nicht – damit will und werde ich mich nicht befassen.«[7] Zum Zeichen seiner Entschlossenheit, weniger imperial als Winterkorn oder Piëch zu agieren, lehnte er es ab, sich in deren früheren Büros im Wolfsburger Hochhaus der Konzernleitung einzurichten – dem Gebäude, auf dessen Dach ein riesiges VW-Emblem thront. Müller behielt sein Büro in einem niedrigeren Gebäude in der Nähe.

Dennoch konnte man Müller kaum als einen neuen Besen bezeichnen. Er war ein Insider, der sein ganzes Berufsleben im Volkswagen-Konzern verbracht hatte, seitdem er nach der Mittleren Reife bei Audi eine Lehre als Werkzeugmacher angetreten hatte. Er verließ das Unternehmen, um an der Fachhochschule München ein Informatikstudium zu absolvieren, kehrte aber anschließend nach Ingolstadt zurück und machte sich in den 1990er-Jahren einen Namen als Produktmanager für den A3, Audis Einstieg in die Kompaktklasse. Winterkorn ernannte Müller 2007 zum Chef des Produktmanagements von Volkswagen, also genau zu der Zeit, als das Unternehmen sich abmühte, das Emissionsproblem beim Diesel zu lösen, und auf illegale Mittel zurückgriff. Zwar kündigte Müller an, weniger autokratisch als sein Vorgänger zu agieren, das hielt ihn aber nicht davon ab, Winterkorn kurz nach seiner Ernennung zum Vorstandsvorsitzenden seine Bewunderung für alles auszusprechen, was er in den vergangenen drei Jahrzehnten für Volkswagen und für den Konzern geleistet hatte.

Wer bezweifelte, dass nach wie vor Insider in Wolfsburg das Sagen hatten, wurde spätestens durch die Ernennung des Nachfolgers von Piëch eines Besseren belehrt. Die Anteilseigner wählten als neuen Aufsichtsratsvorsitzenden Hans Dieter Pötsch, zuvor Finanzvorstand unter Winterkorn. Pötschs Berufung auf diesen Posten war zwar schon mehrere Wochen vor der Enthüllung des Abgasskandals verkündet worden, wurde aber erst danach wirksam. Der Österreicher Pötsch war eng mit der Familie Porsche verbunden und galt als Wahrer der Interessen der Mehrheitseigner. Die alte Garde hielt die Zügel also immer noch fest in der Hand.

Sofern Volkswagen überhaupt einer Kommunikationsstrategie folgte, schien sie sich darauf zu beschränken, dass man sich überschwänglich für das Fehlverhalten entschuldigte, gleichzeitig aber behauptete, niemand an der Spitze habe etwas davon gewusst. Einige Tage nach den Enthüllungen durch die EPA sprach Michael Horn, Chef von Volkswagen of America, auf einer bereits früher geplanten Veranstaltung in New York zur Präsentation des neu gestalteten Passat. »Wir haben es vermasselt«, teilte Horn seinen Zuhörern mit. Einige Wochen später erschien er vor einem Unterausschuss des US-Kongresses und entschuldigte sich erneut, hielt jedoch daran fest, der Betrug sei das Werk skrupelloser Untergebener. »Im Namen meines Unternehmens und meiner Kollegen in Deutschland möchte ich mich aufrichtig dafür entschuldigen, dass Volkswagen ein Softwareprogramm zur Täuschung des regulären Emissionstests verwendet hat«, erklärte Horn gegenüber den US-Vertretern am 8. Oktober 2015.[8] Unter Eid räumte er ein, im Frühjahr 2014 über »mögliche Regelverstöße bei den Abgasen« informiert worden zu sein. Es sei ihm aber versichert worden, die VW-Ingenieure würden in Kooperation mit den Kontrolleuren an der Lösung des Problems arbeiten. »Ich hätte nicht gedacht, dass so etwas im Volkswagen-Konzern möglich ist«, sagte Horn.

Nach seiner Ernennung zum Vorstandsvorsitzenden hielt Müller an dieser Linie fest. Nach seinem aktuellen Wissensstand seien nur einige wenige Angestellte involviert.[9] Er verteidigte auch Winterkorn, mit dem er eng zusammengearbeitet hatte. Obwohl sein Vorgänger dafür bekannt sei, sich immer gründlich mit allen Funktionsweisen der VW-Produkte zu beschäftigen, habe sich dessen Detailversessenheit nicht bis auf die Computer erstreckt, so Müller. Deshalb bezweifle er, dass Winterkorn von dem Betrug gewusst habe. Man solle nicht glauben, dass ein Vorstandsvorsitzender Zeit habe, sich mit Motorensoftware zu befassen, sagte er den Journalisten.

Der VW-Aufsichtsrat beauftragte die auch in Deutschland vertretene amerikanische Anwaltsfirma Jones Day mit einer internationalen Untersuchung, die – wie das Unternehmen versprach – umfassend und unabhängig durchgeführt würde.[10] Wolfgang Porsche, Ferdinand Piëchs Cousin, wurde die Aufgabe übertragen, als Vorsitzender eines Ausschusses des Aufsichtsrats die Arbeit von Jones Day zu beaufsichtigen.

Im Lauf der folgenden Wochen weiteten sich die Probleme von VW mit den amerikanischen Regulierungsbehörden immer mehr aus. Am 2. November 2015 veröffentlichte die EPA eine weitere Mitteilung über einen Rechtsverstoß, diesmal ging es um Fahrzeuge mit dem 3-Liter-Dieselmotor.[11] Zu diesen zählten SUVs wie der VW Touareg, der Audi Q5 und der Porsche Cayenne ebenso wie einige größere Audi-Limousinen. Laut der EPA waren in den 3-Liter-Motoren ebenfalls Abschalteinrichtungen verbaut.

Von der zweiten Mitteilung über einen Rechtsverstoß waren rund 80 000 Fahrzeuge in den USA betroffen – weit weniger als die 500 000 Fahrzeuge, die bis auf den Audi A3 allesamt zur Marke VW gehörten, von der ersten. Doch es handelte sich vornehmlich um Luxuslimousinen mit einem Kaufpreis von 50 000 Dollar und mehr. Ein Porsche Cayenne beispielsweise konnte bei entsprechender Extraausstattung ohne Weiteres über 100 000 Dollar kosten. Die Gefahr, die dem VW-Konzern aufgrund der Beschuldigungen von Audi und Porsche drohte, war größer, als die Zahl der betroffenen Fahrzeuge vermuten ließ. Die Vereinigten Staaten waren seit den 1950er-Jahren Porsches wichtigster Auslandsmarkt. Auch Audi hatte seit einigen Jahren in den USA einen guten Stand, dort sein Händlernetz ausgebaut und gegenüber BMW und Mercedes aufgeholt. Volkswagen hielt die Angaben zu den Erträgen aus dem USA-Geschäft unter Verschluss, aber vermutlich lagen sie in einer ähnlichen Größenordnung wie ansonsten in aller Welt: Audi und Porsche waren die großen Gewinnbringer, während die Gewinnmarge der Marke VW nur gering war oder bei null lag. Deshalb konnte Volkswagen es sich nicht leisten, dass auch Audi und Porsche durch einen Skandal beschädigt wurden.

Die Enthüllungen über den Abgasbetrug begannen sich rasch auf die weltweiten Verkaufszahlen auszuwirken. Am unmittelbarsten war der Rückgang in den USA, teils weil VW dort den Verkauf von Dieselfahrzeugen einstellte, die etwa ein Fünftel des Absatzes ausgemacht hatten. Doch allein mit dem Schaden am Ruf des Unternehmens war die Sache offensichtlich nicht ausgestanden. Im Oktober 2015, einen Monat nach der Anzeige der EPA, blieben die Verkäufe noch stabil. Im November jedoch sackten die Verkaufszahlen der Marke VW in den USA um 25 Prozentpunkte in den Keller, obwohl der Automarkt insgesamt boomte.¹² Im Dezember brachen die Verkäufe um weitere 9 Prozent ein, was nicht einmal die Auslieferung des neu gestalteten Passat aus dem Werk Chattanooga an die Händler verhindern konnte. Normalerweise lässt die neue Version eines beliebten Modells die Verkaufszahlen in die Höhe schnellen. Volkswagen versuchte sich seine Kunden gewogen zu halten, indem das Unternehmen VW-Besitzern eine Visa-Karte mit einem Gratisguthaben von 500 Dollar sowie eine weitere Karte über 500 Dollar Gutschrift bei einem VW-Händler plus kostenlosen Pannendienst anbot. Aber vielen Kunden erschien diese Geste als lachhaft.

»Also bietet mir VW im Grunde 500 Dollar als Entschädigung für einen Betrug an, den es an mir und anderen Kunden, den Händlern und dem Staat verübt hat«, sagte Elizabeth Humstone, Umweltaktivistin aus Vermont. »Ich habe meinen Jetta TDI, Baujahr 2011, seit etwas mehr als fünf Jahren. In dieser Zeit bin ich 88 000 Meilen gefahren und habe Stickoxide in enormer Menge in die Luft geblasen, dabei aber geglaubt, das Richtige für die Umwelt zu tun. VW hat noch einen langen Weg vor sich, bis ich mich wieder besser fühle.«¹³

Der Schaden für den Absatz in Europa war weniger dramatisch, aber unterm Strich für Volkswagen gefährlicher. Europa ist Volkswagens Kernmarkt, auf dem das Unternehmen 40 Prozent seiner Verkäufe tätigt. Selbst die Einbuße von nur wenigen Prozentpunkten kann schwerwiegende Folgen haben. In den letzten Monaten des Jahres 2015 stiegen zwar die Verkaufszahlen von VW in Europa insgesamt, aber in weit geringerem Maße als die seiner Konkurrenten. Im Dezember 2015 setzte Volkswagen 5 Prozent mehr Fahrzeuge ab als im Vergleichsmonat des Vorjahres. Renault, Ford und der PSA-Konzern, Mutter der Marken Peugeot und Citroën, meldeten in diesem Monat hingegen eine Steigerung von 20 Prozent – Zeichen dafür, dass sich der europäische Markt nach einem Abschwung wieder erholte. Trotz insgesamt steigender Absatzzahlen bei den Autoherstellern in Europa fiel der Marktanteil von VW in der Pkw-Sparte im Dezember 2015 auf 22 Prozent, im Vergleich zu 25 Prozent im Vorjahr. Zusätzlich zu den Problemen in der EU hatten Länder wie die Schweiz bereits kurz nach Bekanntwerden des Betrugs den Verkauf von VW-Dieselfahrzeugen verboten.

Schon vor dem Abgasskandal befand sich VW in einer geschwächten Position. Ein Konjunktureinbruch in China, dem größten Einzelmarkt von VW, hatte dort den Absatz beeinträchtigt. In Brasilien, einem weiteren wichtigen Markt, gingen die Verkäufe aufgrund der dortigen Wirtschaftskrise stark zurück. Auch in Russland, einst ein vielversprechender Wachstumsmarkt, litt der Absatz infolge der von den USA und der EU im Zusammenhang mit dem Ukraine-Konflikt verhängten Sanktionen. Außerdem sank in Russland die Kaufkraft infolge der stark gefallenen Weltmarktpreise für Öl und andere Rohstoffe, der Grundlage der russischen Volkswirtschaft. Derartige Rückschläge zu verkraften fiel Volkswagen auch deshalb schwer, weil nach wie vor die Effizienzlücke gegenüber Toyota bestand. Im Oktober meldete VW erstmals einen Quartalsverlust, seit es 15 Jahre zuvor mit der Bekanntgabe von Quartalszahlen begonnen hatte. Dieses Minus war unmittelbar dem Abgasskandal geschuldet: Die Bilanzierungsregeln verlangten, dass das Unternehmen aus den Gewinnen Rückstellungen für die Deckung der Kosten bildete, die sich aus dem Emissionsbetrug ergeben würden. Die Verkaufszahlen der ersten neun Monate des Jahres belegten zudem, dass VW auf Platz zwei zurückgefallen war, was die Anzahl weltweit verkaufter Fahrzeuge betraf. Doch Größe allein sei nicht länger Selbstzweck, erklärte Müller und distanzierte sich damit von Piëchs und Winterkorns lang gehegtem Traum der globalen Vorherrschaft. Das Streben nach Größe habe die Prioritäten von Volkswagen verzerrt, so Müller: »Dem ›Höher, Schneller, Weiter‹ wurde vieles untergeordnet.«[14]

Sinkende Verkäufe und die Aussicht auf Strafzahlungen in Milliardenhöhe, Gerichtsverfahren und Rückrufe lösten eine finanzielle Kettenreaktion aus. Im November 2015 stufte Fitch Ratings als erste der großen Ratingagenturen die Kreditwürdigkeit von Volkswagen herab. »Wir sind der Ansicht, dass die Aufdeckung eines Betrugs dieser Größenordnung, der vom Topmanagement so lange entweder nicht wahrgenommen oder nicht unterbunden wurde, nicht vereinbar ist« mit einem Spitzenrating, ließ Fitch verlauten.[15] Kurz darauf stufte auch Standard & Poor's sowie Moody's die Bonität von VW herab. Dies barg weitere Gefahren für den Unternehmensgewinn, da Investoren nunmehr höhere Zinssätze für Schulden von Volkswagen fordern konnten, was wiederum die Finanzierungskosten des Unternehmens in die Höhe trieb. Und Volkswagen würde diese höheren Zinsen nicht ohne Absatzeinbußen an die Kunden weitergeben können.

Wie die meisten großen Autobauer verfügt VW über ein breites Spektrum an Finanzdienstleistungen. Der Konzern verkauft Anleihen und andere Formen der Schuldverschreibung an Investoren und verleiht das dadurch eingenommene Geld an Kunden für den Kauf oder das Leasing eines Autos. In guten Zeiten sind diese Finanzgeschäfte eine wichtige Einnahmequelle für VW, die mehr Gewinn abwerfen als die Tochterunternehmen MAN und Scania zusammen.

Rechtlich gesehen ist Volkswagen Finanzdienstleistungen (Financial Services AG) eine Bank, sogar eine der größten Europas. Ende 2015 verzeichnete sie einen Darlehensbestand und andere Aktiva in Höhe von rund 114 Milliarden Euro. In diese Summe nicht eingerechnet ist das firmeneigene Finanzinstitut in den Vereinigten Staaten, VW Credit Inc., das über einen Darlehensbestand von 28 Milliarden Dollar verfügt, hauptsächlich in Form von Krediten an Personen, die Autos gekauft oder geleast hatten. Als Bank wird Volkswagen Finanzdienstleistungen als so bedeutend eingestuft, dass sie direkt von der

Europäischen Zentralbank beaufsichtigt wird und nicht nur von örtlichen Regulierungsbehörden. Damit gehört die VW-Bank als eines von 5500 Finanzinstituten in der Eurozone zu den 129 Banken, die der besonderen Kontrolle durch die Zentralbank unterstellt sind, weil sie bei einer Schieflage dem gesamten Finanzsystem schaden könnten. Die einzige andere Autobank, die ebenfalls dieser speziellen Beaufsichtigung untersteht, ist RCI Banque, der Finanzdienstleister von Renault.

Auch das finanzielle Schicksal vieler seiner Vertragshändler, vor allem jener in Deutschland, hatte Auswirkungen auf das Unternehmen. Für die Neugestaltung der Autohäuser und Ähnliches hatte Volkswagen Darlehen in Höhe von zehn Milliarden Euro an sie vergeben. Fallende Verkaufszahlen könnten manche Händler jedoch derart in Schwierigkeiten bringen, dass sie ihre Kredite nicht mehr bedienen könnten, was in einen Teufelskreis münden würde. »Die Ertragslage des Händler-Darlehensbestands ist in hohem Maße abhängig vom Wohlbefinden des betreffenden Fahrzeugherstellers und seiner Marken«, erklärte Moody's.[16]

Die größte Sorge von Volkswagen Finanzdienstleistungen war vermutlich, durch die Leasingfahrzeuge Probleme zu bekommen. In der Regel ist Volkswagen verpflichtet, nach Ablauf der Verträge geleaste Autos zurückzunehmen. Wäre deren Wertverlust aber größer als geplant, würde VW mit der Differenz belastet. Dieses Risiko veranlasste die VW-Bank, 450 Millionen Euro aus dem Gewinn des Jahres 2015 als Rückstellung für den Ausgleich möglicher Verluste durch Leasingfahrzeuge abzuziehen. Tatsächlich befand sich in den USA, auf die rund ein Fünftel aller Leasingverträge entfielen, der Wiederverkaufswert von VW-Fahrzeugen bereits im freien Fall. Die Firma Kelley Blue Book, die den Wert von Gebrauchtfahrzeugen ermittelt, schätzte, dass die Preise für VW-Modelle zu Beginn des Jahres 2016, verglichen mit den Preisen vor dem Skandal, um 16 Prozent gesunken waren.

Manche Besitzer berichteten von noch weit größeren Einbußen. Mark Winnett, in einem pharmazeutischen Unternehmen als Teamleiter für Arzneimittelentwicklung tätig, war gezwungen, seinen Jetta Baujahr 2014 im Dezember 2015 zu veräußern, da er von Phoenixville, Pennsylvania, nach Shanghai umzog, um dort eine neue Stellung anzutreten. Der 58-jährige Winnett hatte Mitte 2014 28 000 Dollar für das Auto bezahlt. Ein VW-Händler nahm es ihm für etwas mehr als die Hälfte dieser Summe ab. Und dabei tat der Händler noch so, als erweise er ihm einen Gefallen, erzählte Winnett.

»Ich fühlte mich betrogen«, gestand Winnett.[17] Er gehörte zu den Menschen, die den Beteuerungen von VW, umweltfreundlich zu sein, geglaubt hatten. Winnett fuhr auch einen batteriebetriebenen Nissan Leaf. »Wir hatten den Jetta fast eineinhalb Jahre lang und dachten, das ist ein tolles Auto – mit dem verursachen wir weniger Abgase«, fügte er hinzu.

Ein Glück für Volkswagen, dass der Skandal zu einem Zeitpunkt ans Licht kam, als in Europa die Zinsen gerade auf einem Allzeittief standen. Die Europäische Zentralbank ließ die Gelddruckmaschinen rotieren, um der Not leidenden Wirtschaft in der Eurozone auf die Beine zu helfen. Diese geldpolitischen Maßnahmen drückten die Zinsen für hoch geratete Unternehmensschulden fast auf null, wodurch VW seine Fremdkapitalkosten trotz der Herabstufung niedrig halten konnte. Doch es gab Anzeichen, dass Investoren höhere Zinssätze für den Kauf von VW-Schuldverschreibungen verlangen könnten, als es sonst der Fall gewesen wäre.[18] Im November veräußerte VW forderungsbesicherte Wertpapiere (sogenannte ABS-Anleihen; asset-backed security) gebunden an Leasingfahrzeuge in Deutschland. Diese Anleihen sind Schuldenpakete, deren Erwerber ein Anrecht auf die Erlöse aus den Zahlungen haben. Volkswagen musste den Investoren für ähnliche Schuldpapiere rund einen halben Prozentpunkt mehr Zinsen zahlen als im vorangegangenen Mai.

Da Volkswagen über reichlich Geldmittel verfügte, lief das Unternehmen nicht Gefahr, in Konkurs zu gehen – zumindest nicht unmittelbar. Doch die finanziellen Belastungen zwangen Volkswagen, bei Forschung und Entwicklung ausgerechnet zu der Zeit Kürzungen vorzunehmen, als die Autoindustrie auf einen großen technologischen Wandel zusteuerte. Im November verkündete das Unternehmen, die Ausgaben für neue Modelle und andere Projekte um rund eine Milliarde Euro auf zwölf Milliarden Euro zu senken.[19] Es war das erste Mal seit 2009, dass Volkswagen seine Investitionen kürzte. Zu den betroffenen Projekten gehörte auch eine neue Version des Phaeton. Die Produktion in der Gläsernen Manufaktur in Dresden wurde im Frühjahr 2016 eingestellt und der größte Teil der Belegschaft auf andere Standorte verteilt. Angeblich plante man, das Werk für die Produktion eines neuen Elektroautos der Luxusklasse umzurüsten, das aber noch nicht entwickelt worden war und keinesfalls vor 2020 gefertigt würde. Der letzte Phaeton rollte am 18. März 2016 vom Band.[20] Dutzende Arbeiter in weißen Uniformen versammelten sich für ein letztes Gruppenfoto um die schwarze Limousine.

Während vermutlich niemand außer Ferdinand Piëch der unbeliebten Luxuskarosse hinterherweinte, erfolgten die Kürzungen just zu dem Zeitpunkt, als der traditionellen Autoindustrie neue Konkurrenz aus dem Silicon Valley erwuchs. Es kursierten Gerüchte, Apple arbeite an einem eigenen Autoprojekt. Und Google investierte massiv in selbst fahrende Fahrzeuge. Auf Autosalons wurde von einem Wechsel hin zum Elektroantrieb gesprochen. Obwohl die Zahl von Elektrofahrzeugen auf den Straßen noch sehr überschaubar war, sorgten sich die Manager, eine Verlagerung weg vom Verbrennungsmotor und hin zum Elektroantrieb könnte sie gegenüber neuen Konkurrenten, möglicherweise aus China, angreifbar machen. Volkswagen würde weniger Finanzmittel haben, um auf all diese Veränderungen zu reagieren.

Nachwirkungen

Bis Dezember 2015 hatte sich die von Jones Day durchgeführte interne Revision zu einer Großoperation ausgeweitet. Wie Volkswagen gerne verkündete, beschäftigten sich 450 externe und interne Experten damit, 100 Terabyte an Daten zu sichern, das Äquivalent zu 50 Millionen Büchern.[21] Die Betonung liege auf Gründlichkeit, nicht auf Schnelligkeit, wiederholte das Unternehmen mehrmals. Was hieß, es würde lange – sehr lange – dauern, die Schuldigen zu finden.

Unterdessen gab Volkswagen nur begrenzt Informationen darüber preis, was Jones Day tatsächlich herausfand. Im Dezember präsentierten Müller und Pötsch auf einer Pressekonferenz in Wolfsburg das, was sie als vorläufige Ergebnisse der Untersuchung bezeichneten. Die Veranstaltung fand in der AutoUni statt, einer Bildungseinrichtung des Unternehmens unweit des Hauptwerks. Die betont modernistische AutoUni ist ein weiteres architektonisches Manifest des Reichtums und der Macht von Volkswagen. Das Gebäude besteht aus zwei miteinander verbundenen Strukturen aus Beton, Glas und Stahl, die wie ein Paar riesiger Parallelogramme auf der Seite liegen. Müller und Pötsch nahmen nebeneinander an einem großen weißen Tisch Platz, auf dessen Vorderseite in großen grauen Lettern »Volkswagen« prangte. Gegenüber den mehreren Hundert Journalisten, die gekommen waren, räumten sie ein, der Abgasbetrug sei das Ergebnis von »Schwachstellen in einigen Prozessen« und »der Haltung in einigen Teilbereichen des Unternehmens, Regelverstöße zu tolerieren«. Sie versprachen, die Verfahren für die Prüfung und Zulassung von Software zu verbessern, die »nicht dazu geeignet waren, den Einsatz der fraglichen Software zu verhindern«.

Doch der Vorstandsvorsitzende und der Vorsitzende des Aufsichtsrats hielten an der grundlegenden Version der Geschichte fest, die Volkswagen verbreitete, seit der Emissionsbetrug ans Licht kam. Schuld seien »individuelles Fehlverhalten und persönliche Versäumnisse einzelner Mitarbeiter«. Neun

VW-Manager seien aufgrund ihres Fehlverhaltens beurlaubt worden. Ihre Namen verriet Volkswagen nicht, obwohl die meisten bereits durchgesickert waren. Frank Tuch gehörte dazu, der Chef der Qualitätskontrolle, sowie Ulrich Hackenberg, Mitglied des Vorstands von Audi und verantwortlich für technische Entwicklung, der bereits sein Amt niedergelegt hatte. Müller und Pötsch erwähnten das 15-monatige Versteckspiel nach dem Bericht aus West Virginia mit keinem Wort. Und keinesfalls vermittelten sie den Eindruck, der Abgasskandal könnte das Ergebnis einer breiten Verschwörung sein, die bis in die oberste Unternehmensführung reichte.

20

Recht und Gerechtigkeit

Die allermeisten VW-Modelle mit manipulierter Software waren auf den Straßen Europa unterwegs, die weitaus größeren juristischen Probleme hatte das Unternehmen jedoch in den Vereinigten Staaten. Das hatte mit der unterschiedlichen Rechtslage zu tun. Zwar verboten auch europäische Gesetze Abschalteinrichtungen, die Regeln waren jedoch vage formuliert, und es drohten praktisch keine Strafen. Das Schlimmste, was passieren konnte, so schien es jedenfalls, war, dass Volkswagen die Autos nachbessern musste – in Europa eine viel einfachere Aufgabe, weil die Vorschriften mehr als doppelt so hohe Stickoxidemissionen zuließen wie in den Vereinigten Staaten. Tatsächlich gab Volkswagen im November 2015 bekannt, man werde die 8,5 Millionen Fahrzeuge in Europa zu relativ moderaten Kosten in Einklang mit den Luftreinhaltenormen der EU bringen. Zu diesem Zweck sei lediglich ein Software-Update erforderlich und, in manchen Modellen, der Einbau eines sogenannten Strömungsgleichrichters – einer Plastikröhre, im Durchmesser etwas dicker als die Papröhre in einer Rolle Toilettenpapier. Das Teil sollte die verwirbelte Luft, die durch den Luftfilter Richtung Motor strömt, sozusagen in Ordnung bringen und damit Emissionen reduzieren. Die Lösung war so einfach, dass man sich fragte, warum das Unternehmen überhaupt den Betrug riskiert hatte. Volkswagen erklärte dazu lediglich, der Stand der Technik habe sich seit dem Bau der Fahrzeuge weiterentwickelt. Umweltschützer zeigten sich skeptisch, aber das Kraftfahrt-Bundesamt segnete die Maßnahme ab. Laut EU-Regelungen wurde die Modifikation durch die Zustimmung der deutschen Behörden in allen Mitgliedsländern legal.

In den Vereinigten Staaten kam Volkswagen nicht so leicht davon. Mit seiner irreführenden Werbung für sauberen Diesel, gefolgt von einer Vernebelungskampagne, hatte sich Volkswagen den Zorn des amerikanischen Justizsystems zugezogen. Das Unternehmen hätte sich keinen schlechteren Zeitpunkt für die Aufdeckung seiner Missetaten aussuchen können. Nur neun Tage bevor die Umweltbehörde EPA eine offizielle Mitteilung über einen Rechtsverstoß gegen Volkswagen herausgab, hatte das US-Justizministerium verkündet, man sei entschlossen, Topmanager für Verfehlungen ihres Unternehmens zur Rechenschaft zu ziehen. Die stellvertretende Justizministerin Sally Quillian Yates instruierte am 9. September 2015 die Juristen des Ministeriums in einem Memorandum, sie dürften außergerichtlichen Vergleichen mit Unternehmen nur noch dann zustimmen, wenn damit zugleich die Bestrafung der für die Rechtsverstöße Verantwortlichen verbunden sei.[1] Das sogenannte Yates-Memo, das viel Aufsehen erregte, stellte auch klar, man werde sich nicht zufriedengeben, Leute aus dem mittleren Management aus dem Verkehr zu ziehen. Die Ermittler sollten »hochrangige Führungskräfte« aufs Korn nehmen, auch wenn sie »nicht persönlich in die alltäglichen operativen Vorgänge, in denen die Verfehlungen auftreten, eingebunden sein sollten«, schrieb Yates.

Das Yates-Memo war eine Reaktion auf die globale Finanzkrise, bei der weitverbreitetes Fehlverhalten von Banken enormen wirtschaftlichen Schaden angerichtet hatte, wofür aber nur eine Handvoll Verantwortliche strafrechtlich belangt wurde. Für Bußgelder mussten letztlich oft die Aktionäre aufkommen, während die Manager sich noch die Taschen füllten. Das Yates-Memo, adressiert an die leitenden Juristen des Ministeriums sowie an den Direktor des FBI, sollte dieses Unrecht aus der Welt schaffen. »Eines der erfolgreichsten Mittel zur Bekämpfung von unternehmerischem Fehlverhalten besteht darin, die Personen zur Rechenschaft zu ziehen, die die Verfehlungen begangen haben«, schrieb Yates. Das war eine höfliche Umschreibung dafür, dass man sich die Aufmerksamkeit von Topmanagern am besten sichert, wenn man einige von ihnen hinter Schloss und Riegel bringt.

Volkswagen war der ideale Testfall für die neue Richtlinie. Im Januar 2016 reichte das Justizministerium Klage gegen Volkswagen ein. Es handelte sich zwar um eine Zivilklage, aber aus der Anklageschrift ging klar hervor, dass ein Strafprozess folgen konnte. Volkswagen wurde nicht nur die Verwendung illegaler Software vorgeworfen, sondern auch die Inszenierung einer Vertuschungskampagne seit dem Jahr 2014. »Die Bemühungen der Vereinigten Staaten, die Wahrheit« über die erhöhten Abgaswerte herauszufinden, so hieß es in der Anklageschrift des Justizministeriums, »wurden vonseiten Volkswagens durch erhebliche Unterlassungen und irreführende Informationen erschwert und behindert«.[2]

Und das war nur eines der juristischen Probleme des Unternehmens. US-amerikanische Gesetze gaben VW-Besitzern viel mehr Spielraum, um den Autobauer zu verklagen, als es in Europa möglich gewesen wäre. In den Vereinigten Staaten können die Kunden eine Sammelklage einreichen und neben der Entschädigung für ihre tatsächlichen Verluste Strafschadensersatz fordern. In den meisten europäischen Ländern sind Sammelklagen nicht zulässig, und Strafschadensersatz ist nicht vorgesehen. Volkswagen gestand zwar Verfehlungen in den Vereinigten Staaten ein, brachte aber vor, was man getan habe, sei in Europa nicht illegal gewesen. EU-Abgasvorschriften erlaubten der Automobilindustrie, die Abgassteuerung zum Schutz des Motors zurückzufahren, ohne die Behörden darüber zu informieren. Es dauerte nicht lange, und auf Schadensersatzklagen spezialisierte US-Anwälte erkannten ihre Chance. Mitte 2015 waren mindestens 500 Klagen gegen Volkswagen anhängig.[3]

Neben den Besitzern klagten auch Gebrauchtwagenhändler, die auf VW-Dieselfahrzeugen sitzen blieben, und sogar Händler anderer Marken, die geltend machten, die Verwendung illegaler Software habe Volkswagen einen Wettbewerbsvorteil verschafft. Durch geringere Ausgaben für die Abgassteuerung, hieß es in den Anklageschriften, konnte Volkswagen seine Fahrzeuge billiger anbieten, als es sonst der Fall gewesen wäre. Weitere Klagen seitens einiger Bundesstaaten warfen VW Verstöße gegen ihre Umweltgesetze sowie Betrug am Verbraucher vor.

Aus der Sicht von Volkswagen waren diese Verfahren ein einziger Albtraum. Kläger sprachen von organisierter Kriminalität und forderten Schadensersatz in dreifacher Höhe des Streitwerts. Sie verlangten, das Unternehmen müsse manipulierte Fahrzeuge zum Neupreis zurückkaufen. In Anbetracht der Bußgelder, die Volkswagen zudem an bundesweite und bundesstaatliche Behörden in den USA würde zahlen müssen, war ein Worst-Case-Szenario denkbar, in dem sich die Gesamtkosten auf 50 Milliarden Dollar oder mehr belaufen würden. Diese Summe hätte ausgereicht, um Volkswagen in den Konkurs zu treiben und die Arbeitsplätze von 600 000 VW-Mitarbeitern in aller Welt zu gefährden, die sich größtenteils nichts hatten zuschulden kommen lassen.

Auch in der öffentlichen Meinung schnitt VW nicht gut ab. Die Behauptung des Konzerns, die Schuld liege bei einigen wenigen skrupellosen Ingenieuren, löste allseits Erheiterung aus. Felix Domke, ein Hacker aus Lübeck, kaufte auf eBay ein gebrauchtes Motorsteuergerät der Firma Bosch, eben den EDC17, der in VW-Dieselfahrzeugen zum Einsatz kommt, und konnte den Computercode isolieren, der es dem Wagen ermöglichte zu erkennen, ob er sich auf einem Rollenprüfstand befand.[4] Domke, der hauptberuflich in der IT-Abteilung eines großen Konzerns arbeitet, den er nicht namentlich nennen möchte, präsentierte seine Ergebnisse auf dem Chaos Communication Congress, einem jährlichen Treffen der internationalen Hackerszene in Hamburg. In einer Präsentation analysierte Domke, wie die Software den SCR-Katalysator des Fahrzeugs steuerte.[5] Wie erwartet, berücksichtigte der Bordcomputer Parameter wie Drehzahl, Lufttemperatur und Luftdruck sowie den Ausstoß an Stickoxiden, um festzulegen, wie viel Harnstofflösung in den Abgasstrang gelangen soll. Im Idealfall, so erklärte Domke, wird genügend Harnstoff eingespritzt, um die Stickoxidausstoß zu neutralisieren, aber auch nicht zu viel, weil sonst Ammoniak entsteht, der aus dem Auspuff tropft.

Seltsamerweise war die Software so programmiert, dass fast immer viel zu wenig Harnstoff eingespritzt wurde. Nur unter bestimmten, ganz speziellen Bedingungen, so Domke, stellte der Computer genügend Harnstofflösung bereit, um den Stickoxidausstoß ganz zu unterbinden. Der Wagen musste dafür mit bestimmten Geschwindigkeiten über bestimmte Distanzen in einem bestimmten Zeitraum fahren. Diese Bedingungen traten im wirklichen Leben fast nie ein. Das Publikum in Hamburg applaudierte, als Domke auf die große Leinwand hinter ihm eine Folie projizierte, die zeigte, dass die speziellen Geschwindigkeits-, Distanz- und Zeitparameter exakt mit den Bedingungen auf dem Rollenprüfstand übereinstimmten, den die Behörden benutzten. »Es beruht alles darauf, den Prüfzyklus zu erkennen«, erklärte Domke. Im Quelltext, so Domke, hieß der Sondermodus »Akustikfunktion«.

Die Tatsache, dass ein einzelner Hacker die Betrugssoftware aufspüren konnte, warf natürlich die Frage auf, warum das bei Volkswagen angeblich niemandem gelungen sein sollte. Domke trat gemeinsam mit Daniel Lange bei dem Kongress auf, vormals bei BMW für die IT-Strategie zuständig und daher gut informiert über die Arbeitsweise großer Automobilkonzerne. Lange erklärte den versammelten Hackern, die Abschalteinrichtung könne keinesfalls das Werk einiger weniger Mitarbeiter auf unteren Ebenen gewesen sein. Die Entwicklung einer

Software wird stets vollständig dokumentiert, und es ist wenig wahrscheinlich, dass Ingenieure das Risiko eingehen, ohne Zustimmung der Unternehmensführung den Code zu verändern, erklärte Lange, der nach seinem Abschied von BMW die IT-Beratungsfirma Faster IT gegründet hatte. »Es ist vollkommen unrealistisch, dass ein einsamer Ingenieur« dafür verantwortlich gewesen sein kann, sagte Lange später.[6]

Volkswagen-Manager stellten sich schwerhörig angesichts der Welle der Empörung, die ihnen entgegenschlug, obgleich im Volkswagen-Pressebüro Stellen neu besetzt wurden und man sich bei zahlreichen Public-Relations-Firmen Rat holte. Im Januar 2016 reiste Matthias Müller in seiner Funktion als Vorstandsvorsitzender erstmals in die Vereinigten Staaten und besuchte die Detroit Auto Show. »Wir wissen, dass wir unsere Kunden, die zuständigen Regierungsstellen und die Öffentlichkeit hier in den Vereinigten Staaten tief enttäuscht haben«, sagte Müller auf einer Pressekonferenz in Detroit. »Ich entschuldige mich für das, was bei Volkswagen schiefgelaufen ist.« Zuletzt fügte er hinzu: »Wir engagieren uns voll und ganz dafür, es richtig zu machen.«[7]

So weit, so gut. Dann kam am Rande der Veranstaltung ein Reporter des National Public Radio auf Müller zu. Seine Entourage war ihm abhandengekommen, und mit seinen mäßigen Englischkenntnissen war er auf ein Spontaninterview nicht gut vorbereitet. Als der Reporter ethische Probleme bei Volkswagen ansprach, reagierte Müller ungehalten. »Es war ein technisches Problem«, entgegnete er. »Ein ethisches Problem? Ich kann nicht verstehen, warum Sie das sagen.« Volkswagen habe US-Gesetze falsch interpretiert, erklärte Müller. »Und wir hatten bestimmte Ziele für unsere Ingenieure, und sie haben dieses Problem gelöst und die Ziele mithilfe von Software-Lösungen erreicht, die nicht mit dem amerikanischen Gesetz vereinbar waren.« Auf die Frage des NPR-Reporters nach den Vertuschungen 2014 und 2015 erwiderte Müller: »Wir haben nicht gelogen. Wir haben die Frage anfangs nicht verstanden. Und dann haben wir seit 2014 an der Lösung des Problems gearbeitet. Und wir haben es gemeinsam gemacht, und es war ein Versäumnis von VW, dass es so lange gedauert hat.«[8]

Müllers hartnäckige Behauptung, Volkswagen habe nichts Unethisches getan und nicht gelogen, trotz stichhaltiger Beweise für das Gegenteil, provozierte einen öffentlichen Aufschrei, was ihn veranlasste, am nächsten Tag zurückzurudern. »Ich muss mich für gestern Abend entschuldigen, weil es für mich ein bisschen schwierig war, mit der Situation umzugehen, vor all Ihren Kollegen und all dem Geschrei«, erklärte Müller in einem zweiten Interview mit NPR. »Erstens akzeptieren wir die Mitteilung über einen Rechtsverstoß voll und ganz. Daran besteht kein Zweifel. Zweitens müssen wir uns für Volkswagen bei Kunden, bei Händlern für diese Situation entschuldigen, die wir geschaffen haben, und natürlich bei den Behörden«, sagte Müller. »Wir haben falsch reagiert, als wir Jahr für Jahr von der EPA [und vom California Air Resources Board] Informationen erhielten. Dafür müssen wir uns entschuldigen, und wir werden unser Äußerstes tun, um es in Zukunft richtig zu machen.«[9]

Die Beziehung zwischen Volkswagen und den amerikanischen Behörden hatte sich auch nicht gerade verbessert. Unter Verweis auf die strikten deutschen Datenschutzbestimmungen hatte sich das Unternehmen geweigert, interne E-Mails und andere Dokumente auszuhändigen, die persönliche Informationen über Beschäftigte enthielten. »Unsere Geduld mit Volkswagen ist allmählich erschöpft«, sagte Eric T. Schneiderman, Generalstaatsanwalt des Bundesstaates New York, im Januar 2016. »Volkswagen hat bei den Ermittlungen des Bundesstaats nur punktuell kooperiert – und ehrlich gesagt, eher in einer Weise, wie man es von einem Unternehmen erwartet, das die Augen vor der Wahrheit verschließt, als von einem, das eine Kultur eingestandener Täuschung hinter sich lassen will.«[10]

Volkswagen hatte das Abgasthema anfangs als Regulierungsproblem aufgefasst und war für einen großen Zivilprozess schlecht gerüstet. Mit US-Verfahren, bei denen eine Menge auf dem Spiel steht, hatte das Unternehmen kaum Erfahrung. Als sich die Situation zuspitzte, ersetzte die Firmenleitung den langjährigen VW-Chefjuristen Michael Ganninger durch Manfred Döss, bislang Leiter Recht bei der Porsche Automobil Holding SE, der Beteiligungsgesellschaft der Familie Porsche-Piëch. Für ein Unternehmen, das versucht, die Welt davon zu überzeugen, dass es seine ethischen Standards anhebt, war Döss nicht unbedingt die ideale Besetzung. Er war für sein hartes Vorgehen bekannt, und dass er seine Tätigkeit für die Porsche SE fortsetzte, weckte den Verdacht eines Interessenkonflikts. Aber Döss hatte Erfahrung mit Rechtsstreiten in den USA, und es bestand kein Zweifel, dass er die Interessen von Volkswagen mit Zähnen und Klauen verteidigen würde.

Zunächst betraute Döss Robert Giuffra, Partner der Anwaltsfirma Sullivan & Cromwell, mit der Koordination der Rechtsstreitigkeiten in den Vereinigten Staaten. Giuffras New Yorker Kanzlei hatte bereits für Porsche gearbeitet und damit im weiteren Sinne für die größten VW-Aktionäre. Er hatte Porsche vor US-Gerichten erfolgreich verteidigt, als eine Gruppe von über 30 Hedgefonds das Unternehmen wegen der Finanzmanöver verklagte, mit denen es sein Übernahmeangebot für Volkswagen gedeichselt hatte. Die Fonds, die ihre Milliardenverluste wieder hereinholen wollten, setzten ihre Hoffnung auf die strikteren US-amerikanischen Wertpapiergesetze. Wie bereits erwähnt, entschied jedoch ein Bundesberufungsgericht im Jahr 2014, US-Gerichte seien nicht zuständig.[11]

Neben diesem gewonnenen Prozess hatte Giuffra einen beeindruckenden Lebenslauf vorzuweisen. Er hatte in Princeton und Yale Jura studiert und war Mitarbeiter von William Rehnquist, Oberster Bundesrichter am Supreme Court, gewesen. Mit seinen rotblonden Locken wirkte Giuffra offen und unprätentiös. Dass er gebürtiger New Yorker war, hörte man ihm an, und manchmal konnte man glauben, man habe es mit einem Taxifahrer zu tun, und nicht mit einem Fachanwalt für Wertpapierrecht bei einer hoch angesehenen Kanzlei.

Giuffra und Döss waren Kämpfernaturen und schlossen ungern Vergleiche. Aber sie waren auch Realisten. Durch das Eingeständnis, dass eine Abschalteinrichtung in den Vereinigten Staaten zum Einsatz gekommen war, hatte sich Volkswagen bereits schuldig bekannt. Die einzige Option bestand darin, den bestmöglichen Vergleich auszuhandeln. Auch spielte die Zeit gegen Volkswagen. Je länger die VW-Dreckschleudern auf amerikanischen Straßen unterwegs waren, umso mehr Schadstoffe setzten sie frei und umso höher würden die voraussichtlichen Bußgelder ausfallen. Und je länger sich der Prozess hinzog, desto größeren Schaden nahm die Marke Volkswagen.

Als Vertreter der Unternehmensleitung entsandte Volkswagen den Spanier Francisco Javier Garcia Sanz.[12] Garcia Sanz war ein Protegé von José Ignacio López de Arriortúa gewesen, dem genialen Chefeinkäufer, den Ferdinand Piëch zwei Jahrzehnte zuvor von General Motors abgeworben hatte, was den bereits geschilderten López-Skandal auslöste (siehe Kapitel 5). Garcia Sanz war einer der sogenannten Krieger gewesen, die mit López von GM zu VW wechselten. Garcia Sanz blieb bei Volkswagen, auch nachdem López seinen Abschied nehmen musste, und wurde schließlich selbst Chefeinkäufer – eine Machtstellung, die auch die Kontrolle über milliardenschwere Verträge mit Zulieferern umfasste.

Garcia Sanz saß seit 2001 im VW-Vorstand, länger als jeder andere. Er war Aufsichtsratsvorsitzender des VfL Wolfsburg und verkehrte mit dem spanischen Königshaus. Anders als einige seiner Vorstandskollegen gilt er als umgänglich und charmant. Die Tatsache, dass Garcia Sanz kein Deutscher ist, obgleich er den Großteil seiner Karriere in Deutschland gemacht hat, mochte einen subtilen Vorteil im Umgang mit Amerikanern darstellen. Wenigstens erfüllte er nicht das Klischee des gestrengen Preußen. Garcia Sanz stand in der Unternehmenshierarchie auch so weit oben, dass er Entscheidungen treffen konnte, ohne ständig mit Wolfsburg zu telefonieren.

Garcia Sanz und Döss beeilten sich, enge Verbindungen zu den US-Behörden zu knüpfen. Anfang Januar 2016 besuchten sie regelmäßig Vertreter des Justizministeriums, der EPA und des CARB und sicherten Kooperationsbereitschaft zu. Gemeinsam mit Giuffra arbeiteten sie daran, deutsche Datenschutzbestimmungen zu umgehen und die US-Ermittler mit den gewünschten Informationen zu versorgen. Volkswagen-Mitarbeiter in Deutschland wurden überredet, auf ihre Datenschutzrechte zu verzichten, damit Dokumente in die Vereinigten Staaten übermittelt werden konnten. In einigen Fällen durften Mitarbeiter unter dem prüfenden Blick eines Firmenanwalts ihre persönlichen Daten löschen.

Während Volkswagen in den Vereinigten Staaten seine starre Haltung aufgab, verfolgte das Unternehmen in Europa eine harte Linie und weigerte sich einzugestehen, dass es europäische Vorschriften verletzt hatte. Oliver Schmidt, ebenjener Ingenieur, der 2015 bei den Verhandlungen mit US-Behörden gelogen hatte, umriss im Januar, wenige Tage nach Müllers NPR-Interview, die Position des Unternehmens, als er vor einem Ausschuss des britischen Parlaments aussagte. Schmidt, im dunklen Anzug, mit rasiertem Schädel und Tränensäcken, erklärte den Mitgliedern des Transport Select Committee im Unterhaus, Volkswagen habe die Software entfernt, die erkennt, ob ein Abgastest stattfindet. Aber Schmidt bezeichnete die Software als »Fahrwerteaufzeichnung« und erklärte: »Diese Software ist in Europa nicht als Abschalteinrichtung definiert.«[13]

Die Ausschussmitglieder, die an einem hufeisenförmigen Tisch saßen, konnten das nicht glauben. »Das ist nicht richtig«, erwiderte die Ausschussvorsitzende Louise Ellman. »Das

Kraftfahrt-Bundesamt hat in seiner Entscheidung klargestellt, dass das, was Sie getan haben, in Europa illegal war. Wollen Sie damit sagen, dass Sie sie nicht entfernt haben?«

»Nein«, entgegnete Schmidt, »ich sage Ihnen, dass wir sie entfernt haben, aber ich sagte, dass es sich nach Einschätzung des Volkswagen-Konzerns nicht um eine Abschalteinrichtung handelt.«

Volkswagen versuchte, sich der gesetzlichen Haftung in Europa zu entziehen, weil die Kosten für eine Entschädigung von 8,5 Millionen Dieselfahrern ruinös gewesen wären. Die Strategie mochte einem Juristen einleuchten, aber sie vermittelte den Eindruck, dass Volkswagen nach wie vor seine Vergehen leugnete. Und damit riskierte man, die europäischen VW-Kunden vor den Kopf zu stoßen, von denen viele das Werbemärchen vom sauberen Diesel geglaubt hatten.

Unterdessen zahlte sich der versöhnliche Ton aus, den Giuffra und Döss in den Vereinigten Staaten anschlugen. Um die gewaltige Zahl an Verfahren in den Griff zu bekommen, ordnete ein Richtergremium an, sämtliche Volkswagen-Verfahren sollten an einem Gericht in San Francisco unter Leitung von US-Bezirksrichter Charles R. Breyer zusammengelegt werden. Die Ernennung von Breyer war einer der wenigen Glücksgriffe für VW. Der 74-jährige Breyer, jüngerer Bruder des Obersten Bundesrichters Stephen G. Breyer, hatte bereits mehrere große, landesweite Sammelklageverfahren geleitet.[14] Ihm eilte der Ruf voraus, juristisches Dickicht zu lichten und Fälle rasch zu lösen. Einer seiner Lieblingsaussprüche war: »Das Bessere ist der Feind des Guten.« Vom ersten Verhandlungstag im Januar 2016 an stellte Breyer klar, es sei sein Hauptanliegen, die beanstandeten Fahrzeuge regelkonform umzurüsten oder aus dem Verkehr zu ziehen und den Besitzern zu dem Geld zu verhelfen, das ihnen zustand. Es ging ihm weder darum, Volkswagen zu kreuzigen, noch das Topmanagement zu teeren und zu federn. »Offensichtlich handelt es sich nicht um einen Kriminalfall«, sagte Breyer bei einer Voranhörung am 21. Januar. »Es geht bei dem Fall eher darum, wie bringen wir in Ordnung, was getan wurde? Wenn es nicht in Ordnung gebracht werden kann, wie sieht dann eine faire und gerechte Entschädigung für die Menschen aus, die durch die Angelegenheit geschädigt wurden?«[15]

Volkswagen ging jedoch aus einer geschwächten Position in die Verhandlung. Die US-Behörden hatten neue Pläne zum Rückruf der beanstandeten Fahrzeuge abgelehnt. Seit VW das Vorhandensein einer Abschalteinrichtung zugegeben hatte, war das Unternehmen nicht in der Lage gewesen, Änderungen der Motorsoftware oder andere Modifikationen zu präsentieren, wie etwa eine Anpassung des Zündzeitpunkts oder der Einbau eines größeren Harnstofftanks, die den Schadstoffausstoß auf ein legales Niveau senken würden, ohne den Kraftstoffverbrauch oder die Leistung zu beeinträchtigen. Es schien sogar fraglich, ob es technisch überhaupt machbar war, alle »sauberen Diesel« auf ein Niveau zu bringen, das den Werbeversprechen entsprach. Die einzige Alternative wäre gewesen, dass Volkswagen alle Fahrzeuge zurückkaufte und verschrottete – zu astronomischen Kosten.

Hunderte Anwälte von Kunden und Händlern fanden sich zu der Verhandlung im Januar vor Richter Breyer ein, viele von ihnen fanden keinen Platz mehr in dem überfüllten Gerichtssaal und mussten auf dem Flur ausharren. Alle hofften darauf, dass Breyer sie in den Lenkungsausschuss der Kläger berufen würde, der die Verhandlungen zwischen den Besitzern und Volkswagen führen sollte. Jeder Bewerber hatte ein paar Minuten Zeit, um Breyer von seiner Eignung zu überzeugen. Unter den Bewerbern waren einige der prominentesten Anwälte der Vereinigten Staaten. So etwa Joseph R. Rice, ein Jurist aus South Carolina, der einen Vergleich über 206 Milliarden Dollar mit der Tabakindustrie ausgehandelt hatte. Oder David Boies aus Washington, der nach den Präsidentschaftswahlen des Jahres 2000 Al Gore im Rechtsstreit um die Wahlergebnisse in

Florida vertreten hatte. Ein weiterer war der ehemalige US-Senator und Präsidentschaftskandidat John Edwards, der in seinen alten Beruf zurückgekehrt war, nachdem eine schwangere Geliebte seine politische Karriere hatte entgleisen lassen. Edwards erklärte dem Richter, er habe Erfahrung bei Verhandlungen mit »anderen Ländern auf höchster Ebene«.

Breyer wählte noch am selben Tag die 22 Mitglieder des Lenkungsausschusses der Kläger aus und stellte klar, dass er von ihnen ein ähnlich zügiges Arbeitstempo erwartete, wie er selbst es an den Tag legte. Rice und Boies wurden in den Lenkungsausschuss berufen, Edwards und Hunderte andere hatten das Nachsehen. Zur Vorsitzenden des Gremiums ernannte Breyer Elizabeth J. Cabraser, eine altgediente Expertin für Produkthaftungsrecht.

Ferner kürte Breyer den ehemaligen FBI-Direktor Robert S. Mueller III. zum Special Settlement Master. Mueller fiel damit die Aufgabe zu, die Gespräche voranzutreiben und als Vermittler zu fungieren. Als Partner der Anwaltsfirma WilmerHale hatte er in seinem Washingtoner Büro, wo die Gespräche häufig stattfanden, die Nachbildung einer Maschinenpistole auf dem Sideboard stehen.[16] Die Waffe, ein Erbstück aus FBI-Zeiten, wurde in den kommenden Monaten zum Running Gag. Wenn die Verhandlungen stockten, wurde regelmäßig angeregt, Mueller solle zur Pistole greifen.

Die Gespräche der Prozessgegner begannen im Januar und intensivierten sich im folgenden Monat. Breyer hatte einen engen Zeitplan vorgegeben und erklärte, er wolle Ende März wissen, wie Volkswagen dafür zu sorgen gedenke, dass VW-Fahrzeuge nicht länger illegale Schadstoffmengen in die Luft bliesen. Die Beteiligten kampierten in separaten Konferenzräumen bei WilmerHale in Washington und ernährten sich von Mahlzeiten aus dem Schnellimbiss, während Mueller zwischen den Gruppen hin und her pendelte, um Angebote und Gegenangebote vorzutragen.

Der Regierung, darauf bedacht, die Luftverschmutzung einzudämmen, war ebenfalls an einer raschen Einigung gelegen. Giuffra verfolgte die Strategie, sich zunächst mit den Behörden zu einigen, denn er wusste, sobald die Regierung einem Vereinbarungsentwurf zustimmte, würde den Besitzern nichts anderes übrig bleiben, als sich zu fügen. Das weckte Unmut bei den Anwälten der Kläger, die sich von den Verhandlungen ausgeschlossen fühlten. Hin und wieder mussten sie in Nebenzimmern die Zeit totschlagen, während im Konferenzsaal verhandelt wurde.

Es gab Momente, in denen die Anspannung stieg und Teilnehmer frustriert den Saal verließen. Aber alles in allem, so die Beteiligten, sei die Atmosphäre überraschend kollegial gewesen. »Sämtliche Beteiligten wussten, dass sie es mit einer wichtigen Angelegenheit zu tun hatten«, sagte Giuffra. »Der übliche Unfug fand nicht statt.«[17]

Im März machte Volkswagen einen Vorschlag. Das Unternehmen würde die Autos bestmöglich umrüsten und gleichzeitig mit anderen Mitteln Emissionen reduzieren. Zum Beispiel würde Volkswagen dafür aufkommen, staatseigene Lastwagen, Busse und sogar Schleppkähne mit saubereren Motoren auszustatten. Einige Behördenvertreter fühlten sich bei diesem Vorschlag unwohl, weil sie befürchteten, damit würden die Vorschriften zur Luftreinhaltung unterlaufen. Aber der Worst Case wäre gewesen, dass manche Bundesstaaten den VW-Dieselfahrzeugen die Zulassung verweigerten, sie von den Straßen verbannten und damit den Besitzern große Härten auferlegten.

Am 9. März 2016 fanden sich Garcia Sanz, Döss, Giuffra und andere VW-Anwälte im Justizministerium in Washington ein, um zu hören, ob die Regierung zustimmte. Die Volkswagen-Delegation musste in einem Konferenzraum warten, während sich Regierungsvertreter in das Büro des stellvertretenden Justizministers John C. Cruden zurückzogen. In letzter Minute gab es noch eine Debatte darüber, ob die Regierung zu viele

Zugeständnisse mache. »Für uns war das eine große Sache«, sagte die CARB-Vorsitzende Mary Nichols.[18] Schließlich erschienen die Regierungsvertreter wieder. Sie verlangten nach wie vor, Volkswagen solle den Dieselbesitzern ein Rückkaufangebot machen. Aber sie waren auch zu dem Zugeständnis bereit, VW dürfe den Besitzern die Option anbieten, den Wagen zu behalten. In diesem Fall würde Volkswagen die Fahrzeuge nachrüsten, um sie weitgehend mit den Abgasvorschriften in Einklang zu bringen. Das Unternehmen akzeptierte den Kompromiss.

Am 21. April – am vorhergehenden Samstag hatte man bis drei Uhr morgens in Muellers Kanzlei verhandelt – lief die von Richter Breyer gesetzte Frist ab, zu der eine vorläufige Vereinbarung getroffen werden musste.[19] Sie sah vor, dass Volkswagen die Dieselfahrzeuge zurückkaufte oder sie ab dem Modelljahr 2009 umrüstete, die Besitzer entschädigte und für die vom Konzern verursachten Umweltschäden einen finanziellen Ausgleich leistete. Aber die exakten Summen waren noch offen, und es gab weiterhin viele Streitfragen, darunter die technischen Details der Nachrüstung des Abgassystems und die Höhe der Schadensersatzbeträge an die Besitzer.

Weitere intensive Verhandlungen standen bevor. Breyer machte aus dem zermürbenden Arbeitspensum einen Running Gag. Bei der Verhandlung am 21. April, bei der die vorläufige Vereinbarung diskutiert wurde, fragte der Richter, wie viele Stunden Giuffra investiert habe. Auf die Einschätzung Giuffras, er habe im vergangenen Monat rund 400 Stunden gearbeitet, erwiderte Breyer: »Das ist perfekt«, und fügte hinzu: »Ich gehe davon aus, dass Sie im kommenden Monat Ihren Rekord wieder werden brechen können.«[20]

Die finanziellen und technischen Einzelheiten waren nervtötend. Die Unterhändler mussten den Wertverlust der Fahrzeuge einschätzen und den Betrag je nach Alter und Fahrleistung anpassen. Sie mussten sich einigen, wie hoch die zusätzliche Entschädigung für Besitzer ausfallen sollte. Es galt herauszufinden, was mit den Leuten geschehen sollte, die ihr Fahrzeug seit September 2015, als der Abgasskandal ans Licht kam, verkauft hatten. Man musste entscheiden, wie das Geld für Umweltprojekte unter der US-Regierung und den Einzelstaaten aufgeteilt werden sollte. Irgendwann drehte sich die festgefahrene Debatte um den Fahrzeugwert nur noch um den Bedeutungsunterschied zwischen dem »mittleren« und dem »durchschnittlichen« Wert.

Sharon Nelles, Partnerin bei Sullivan & Cromwell, die eng mit Giuffra zusammenarbeitete, nahm sich im Juni 2016 frei, um an der Highschool-Abschlussfeier ihrer Tochter in New York teilzunehmen. Zwei Stunden nach der Feier saß sie bereits wieder im Flugzeug zurück nach Washington. Wenn Juristen aus Privatkanzleien wie Nelles nachts um drei kalte Pizza aßen, konnten sie sich wenigstens damit trösten, dass sie pro Stunde bezahlt wurden. Für Mitarbeiter von Regierungsbehörden mit Festgehalt galt das nicht, darunter Cynthia Giles, bei der EPA zuständig für die Vollstreckung von Verwaltungsakten, und Phillip Brooks, Leiter der Air Enforcement Division bei der EPA. Am 28. Juli 2016 gaben die Beteiligten bekannt, sie hätten sich geeinigt, und am 30. Juni legten sie die Vereinbarung Richter Breyer vor. Giuffra versuchte bis zuletzt, telefonisch die Zustimmung der Vertreter von Texas – einem der Bundesstaaten mit den meisten VW-Dieselfahrzeugen – einzuholen. Der Vergleich würde Volkswagen maximal 14,7 Milliarden Dollar kosten. Von dieser Summe waren zehn Milliarden Dollar für die Besitzer vorgesehen. Wer sich entschied, seinen Wagen an Volkswagen zurückzuverkaufen, sollte den Betrag für ihn bekommen, den er gemäß den Listenpreisen der National Automobile Dealers Association im September 2015 noch wert gewesen wäre. Darüber hinaus war vorgesehen, die Besitzer je nach Wert des Wagens mit mindestens 5100 bis maximal 10000 Dollar zu entschädigen. Besitzern, die ihren Wagen behalten wollten, stand dieselbe Entschädigung zu, ferner die Nachbesserung der Abgassteuerung durch Maßnahmen, die von EPA und CARB genehmigt werden mussten. Leasingkunden konnten ihren Volkswagen zurückgeben, ohne Nachteile in Kauf zu nehmen, und erhielten die Hälfte der Entschädigung, die einem Besitzer zustand.

Ferner erklärte sich Volkswagen zur Zahlung von 2,7 Milliarden Dollar in einen Treuhandfonds bereit. Finanziert würden damit Programme zur Reduzierung von Stickoxiden in der Atmosphäre, und zwar mindestens im Umfang der Emissionsüberschreitungen durch die beanstandeten VW-Fahrzeuge.[21] Sowohl die Bundesstaaten als auch die Stämme der amerikanischen Ureinwohner könnten aus dem Fonds Mittel beantragen und damit alte Schulbusse und andere Fahrzeuge durch Elektrowagen ersetzen, kommunale Baumaschinen mit kraftstoffeffizienten Reifen ausstatten oder andere Projekte finanzieren, die den Schadstoffausstoß verminderten. Weitere zwei Milliarden Dollar waren für ein von Volkswagen durchzuführendes Programm zur Förderung batteriebetriebener Fahrzeuge vorgesehen, unter anderem durch die Entwicklung und Installation von öffentlichen Ladestationen.

Alle Seiten konnten dies als Sieg verbuchen. Die Vereinbarung ermöglichte Volkswagen-Besitzern, ihr Fahrzeug loszuwerden, wenn sie wollten; außerdem erhielten sie eine ansehnliche Entschädigung. Die für den Vergleich ausgehandelte Summe war nicht nur erheblich höher als in jedem anderen bisherigen Emissionsfall, sondern auch groß genug, um auf andere Autobauer abschreckend zu wirken. Zudem flossen Milliardenbeträge in die Kassen der Bundesstaaten.

Finanziell gesehen war der Vergleich im zivilrechtlichen Verfahren für VW ein schwerer Schlag. Aber der Schaden hätte noch sehr viel größer ausfallen können. Und es war nicht ausgeschlossen, dass Volkswagen für den Vergleich in der Sammelklage unterm Strich weniger als 15 Milliarden Dollar würde aufwenden müssen. Die für die Besitzer vorgesehenen zehn Milliarden Dollar entsprachen nämlich der Summe für den Rückkauf aller 500 000 Dieselfahrzeuge von Volkswagen und Audi. Wenn sich einige Besitzer für die Option entschieden, ihren Wagen zu behalten, was nicht unwahrscheinlich war, würden viel geringere Kosten für VW anfallen. Überdies würde Volkswagen ebenso wie andere Automobilhersteller von Investitionen in Nullemissionstechnologien profitieren, die dazu beitragen, einen Markt für Elektrofahrzeuge zu schaffen. Gemäß der Vereinbarung behielt VW die Kontrolle über die zwei Milliarden Dollar für Elektromobilität, auch wenn das Unternehmen gezwungen war, den Betrag dergestalt einzusetzen, dass alle Hersteller von Elektroautos davon profitieren würden.

Für Volkswagen am wichtigsten war vielleicht, dass der Vergleich eine Quelle enormer finanzieller Unsicherheit beseitigte. Das Unternehmen hatte, während der Vergleich ausgehandelt wurde, die Publikation seines Jahresberichts für 2015 teilweise deshalb verschoben, weil sich die unabhängige Wirtschaftsprüfungsgesellschaft PricewaterhouseCoopers weigerte, die Zahlen abzusegnen, solange keine belastbaren Angaben über die Kosten des Skandals vorlagen. Die Verzögerung sorgte für diverse andere Probleme. Da der Jahresbericht fehlte, musste Volkswagen die jährliche Aktionärsversammlung vertagen. Und die Volkswagen Financial Services AG stellte vorübergehend die Ausgabe von Anleihen ein, weil sie Anleger nicht mit den benötigten Finanzinformationen versorgen konnte. Als Volkswagen schließlich einige Wochen vor dem Vergleich seine Geschäftszahlen veröffentlichte, wurde zum ersten Mal seit 1993, dem Beginn der Ära Piëch, ein Jahresverlust von 1,6 Milliarden Euro ausgewiesen.

Doch mit dem Vergleich in den Vereinigten Staaten waren für VW die juristischen Probleme keineswegs beigelegt. Die Vereinbarung ließ nämlich die 80 000 Audi-, Porsche- und

VW-Modelle mit 3-Liter-Motor ausgeklammert. Volkswagen versuchte nach wie vor, die größeren Fahrzeuge zur Zufriedenheit von EPA und CARB nachzurüsten. Die Vereinbarung umfasste auch keine Geldbußen, die noch von der US-Regierung verhängt werden konnten – aber auch von Bundesstaaten wie New York, Maryland, Massachusetts, Pennsylvania und Vermont, die separat Klage eingereicht hatten. Und auf die strafrechtlichen Ermittlungen des Justizministeriums hatte der Vergleich ohnehin keinen Einfluss.

Während die Sammelklage US-Gerichte beschäftigte, arbeitete die deutsche Justiz noch Jahre später die Umstände der gescheiterten Übernahme durch Porsche auf. Die Staatsanwaltschaft Stuttgart hatte langsam, aber hartnäckig Beweise dafür gesammelt, dass das Topmanagement von Porsche zu illegalen Mitteln gegriffen hatte, nachdem die Finanzkrise von 2008 die Spekulation mit Optionen und Derivaten gefährdete, die dazu diente, Volkswagen-Aktien aufzukaufen. Zunächst warf die Anklage dem ehemaligen Finanzvorstand Holger Härter Kreditbetrug vor, weil er 2009 versucht hatte, mit falschen Angaben von der französischen Bank BNP Paribas einen Kredit für die Fortsetzung des Übernahme-Pokers zu erhalten. Härter wurde im Juni 2013 verurteilt und bezahlte eine Strafe von 630 000 Euro, nachdem er vergeblich Revision gegen das Urteil eingelegt hatte.[22] Ein Mitarbeiter Härters wurde ebenfalls wegen Kreditbetrugs zu einer Geldstrafe verurteilt, erhielt aber dennoch anschließend eine Stelle bei VW – als Finanzcontroller.[23] Nach den bei Volkswagen geltenden Maßstäben durfte man dem Mann immer noch das Geld des Unternehmens anvertrauen. (Ein Porsche-Sprecher erklärte, der Verurteilte sei ein Opfer der Umstände gewesen. Weil er zuvor nicht straffällig geworden war, habe man ihm eine zweite Chance gegeben.)

Ein Urteil gegen den ehemaligen Porsche-Chef Wendelin Wiedeking zu erwirken war schwieriger. Das Landgericht

Stuttgart ließ zunächst eine Anklage gegen ihn und Härter wegen Marktmanipulation nicht zum Verfahren zu, das Oberlandesgericht hob jedoch den Beschluss des Landgerichts wieder auf. Das Verfahren, das im Oktober 2015 begann, fand im Landgericht Stuttgart statt, einem achtstöckigen Gebäude mit beigefarbener Ziegelfassade, das in den 1950er-Jahren errichtet wurde, nachdem das ursprüngliche Bauwerk im Zweiten Weltkrieg zerbombt worden war. Eine Gedenktafel erinnert an die im heutigen Innenhof vom NS-Regime hingerichteten Menschen. Zu den Verhandlungsterminen ließ sich Wiedeking in einem schwarzen, von einem Chauffeur gelenkten Panamera vorfahren, einer Luxuslimousine, die Porsche seit Ende 2009 im Angebot hatte. Der Wagen war unter Wiedekings Aufsicht entwickelt worden – ein weiteres Beispiel für die Zusammenarbeit zwischen Porsche und VW. Das Fahrgestell stammte aus dem VW-Werk in Hannover, die Endfertigung des Wagens fand jedoch in der Porschefabrik in Leipzig statt, wo auch der Cayenne gebaut wurde.

Die zentrale Frage lautete, ob die beiden Manager den Börsenkurs von Porsche künstlich hochgetrieben hatten, indem sie den falschen Eindruck erweckten, es bestehe eine Verknappung der Aktien, was Spekulanten in Panik versetzte und für kurze Zeit zu einem Engpass führte. In seiner ersten Stellungnahme vor Gericht zeigte sich Wiedeking empört. Er warf der Staatsanwaltschaft vor, sich zum Werkzeug von Hedgefonds machen zu lassen. Dass die Maple Bank kurz davor gewesen sei, ihre Unterstützung für die Optionsstrategie von Porsche zurückzuziehen, bestritt er. Und er behauptete, Porsche habe stets korrekte Angaben gemacht. »Ich habe mir nichts vorzuwerfen!«, versicherte er dem Gericht.

Die beiden jungen Staatsanwälte, Heiko Wagenpfeil und Aniello Ambrosio, standen auf ziemlich verlorenem Posten. Der Vorsitzende Richter Frank Maurer verhehlte nicht seine Skepsis gegenüber der Anklage, und auch die deutschen Medien schätzten die Erfolgsaussichten der Staatsanwaltschaft für gering ein. Schließlich wurden Wiedeking und Härter von den besten Anwälten verteidigt, die Deutschland zu bieten hatte. Hanns W. Feigen, der Wiedeking vertrat, war die erste Adresse für prominente Manager, die eine Haftstrafe befürchteten. Härter hatte Sven Thomas engagiert, zu dessen Klienten Bernie Ecclestone, der milliardenschwere Formel-1-Chef, zählte. Mit Thomas' Hilfe war Ecclestone 2014 in einem Bestechungsprozess gegen Zahlung eines Bußgeldes in Höhe von 100 Millionen Euro einer Freiheitsstrafe entronnen.

Die Staatsanwaltschaft war im Verfahren gegen Wiedeking und Härter auch durch den Mangel an Zeugen gehandicapt, die zu der Aussage bereit gewesen wären, dass Porsche Investoren über seine VW-Pläne nicht seriös informiert habe. Einige ehemalige Porsche-Banker litten im Zeugenstand an Gedächtnisschwund. Manager der Maple Bank erklärten, es sei nicht wahr, dass Porsche kurz vor der Insolvenz gestanden habe.[24] Angesichts des Chaos nach dem Zusammenbruch von Lehman Brothers, so argumentierten die Verteidiger, könne man dem Unternehmen Porsche unmöglich vorwerfen, dass es aufgrund seiner Presseerklärung vom Oktober 2008 für die darauffolgenden heftigen Kursschwankungen der Volkswagen-Aktie verantwortlich gewesen sei.

Dennoch wurde die Urteilsverkündung durch Richter Maurer am 18. März 2016 mit Spannung erwartet. Die Staatsanwälte Wagenpfeil und Ambrosio, die zuvor zuweilen verschüchtert wirkten, hielten ein erstaunlich fulminantes Plädoyer. Sie räumten ein, nicht viele Beweise für die Anklage vorlegen zu können, konzentrierten sich aber dann auf die Pressemitteilung vom 24. Oktober 2008, in der es hieß, Porsche habe sich den Zugriff auf gut 74 Prozent der VW-Stammaktien gesichert. Die Staatsanwaltschaft argumentierte, praktisch gebe es keine andere plausible Erklärung für die Pressemitteilung, die dazu führte, dass für die wenigen am Markt verbliebenen Aktien praktisch jeder Preis gezahlt wurde, außer dass es sich dabei um einen verzweifelten Versuch handelte, den Kurs der VW-Aktie in schwindelnde Höhen zu treiben. Sicherlich sei es Wiedeking und Härter nicht darum gegangen, Rücksicht auf Hedgefonds zu nehmen, wie in der Pressemitteilung behauptet wurde.

Am Tag der Urteilsverkündung drängten sich im Gerichtssaal die Reporter.[25] Als Erster traf Härter mit seinen Anwälten ein, gefolgt von Wiedeking mit dunklem Anzug und randloser Brille. »Guten Morgen«, begrüßte Wiedeking mit ironischem Unterton in der Stimme die Presse. Dann nahm er mit seinen Verteidigern vorne im Saal Platz. Nun fanden sich auch die Rechtsvertreter von Volkswagen und der Familien Porsche und Piëch ein und setzten sich zu den Angeklagten, unter ihnen Manfred Döss. Er fungierte nach wie vor als Leiter Recht bei der Porsche Automobil Holding SE, der Gesellschaft, die die VW-Aktien der beiden Familien verwaltet. Aufgrund seiner Position bei der Beteiligungsgesellschaft hatte Döss natürlich großes Interesse an dem Urteil. Merkwürdig erschien jedoch, dass er – der zugleich Chefjurist von Volkswagen war – bei diesem Strafverfahren Partei ergriff und bei den Verteidigern Platz nahm. Zu ihnen gesellte sich auch Matthias Prinz, Anwalt von Ferdinand Piëch. Mitglieder der Familien Porsche und Piëch waren zwar nicht angeklagt, aber finanziell stand für sie einiges auf dem Spiel. Im Falle einer Verurteilung von Wiedeking und Härter würde die Porsche SE – wie die Staatsanwaltschaft erklärte – auf unrechtmäßige Gewinne in Höhe von 800 Millionen Euro verzichten müssen. Insgesamt hatten sich elf Verteidiger eingefunden. Die beiden Staatsanwälte Wagenpfeil und Ambrosio saßen hingegen allein an ihren Tischen.

Richter Maurer verkündete umgehend das Urteil des fünfköpfigen Richtergremiums: in allen Punkten nicht schuldig. Anschließend belehrte er zwei Stunden lang Wagenpfeil und Ambrosio über die, wie er meinte, Lücken und Ungereimtheiten in ihren Schlussfolgerungen. Unter anderem, so der Richter, sei er nicht überzeugt, dass es im Oktober 2008 überhaupt zu einer Verknappung der VW-Aktien gekommen sei. Bei den damaligen Tumulten an der Börse habe es durchaus andere irrationale Faktoren geben können, die nach Ansicht des Gerichts den Höhenflug des Aktienkurses erklären könnten, der VW für kurze Zeit zum wertvollsten Unternehmen der Welt machte. Die Pressemitteilung von Porsche kurz vor dem Kursanstieg habe keine marktbewegenden Informationen enthalten, so der Richter. Zwar sei klar, dass Porsche keine Mutter Teresa sei, meinte Maurer, das Unternehmen habe aber seine Absichten gegenüber VW deutlich dargelegt. »Es gab keinen Geheimplan des Vorstandes, auf 75 Prozent zu gehen«, schlussfolgerte Maurer.

Für die beiden Staatsanwälte war dies eine öffentliche Demütigung. An ihren dunkel furnierten, mit Chrombeinen versehenen Tischen, umgeben von leeren Stühlen, saßen sie buchstäblich mit dem Rücken zur Wand. Als der Richter seine zweistündigen Ausführungen zu dem Freispruch beendet hatte, strömten Medienvertreter und Anwälte hinaus in die Eingangshalle, wo Härter erklärte, die Staatsanwälte sollten Konsequenzen zu spüren bekommen, weil sie zu Unrecht gegen ihn ermittelt hätten.

Die Staatsanwaltschaft legte umgehend gegen das Urteil Revision beim Bundesgerichtshof ein, zog diese aber im Juli 2016 wegen geringer Erfolgsaussichten zurück. Wieder einmal hatten die Familien Porsche und Piëch ohne bleibende Folgen eine Krise ausgestanden. Der einzige mögliche Schaden bestand darin, dass der Prozess die Aufmerksamkeit auf die Umstände lenkte, die den Übernahmeversuch begleiteten, und aufdeckte, in welchem Maße die Transaktion Macht und Reichtum der Familien vergrößert hatte. Für jene, die der Darstellung der Staatsanwaltschaft folgten, beleuchtete das Verfahren, dass die beiden Familien nur knapp am finanziellen Ruin vorbeigeschrammt waren. Aber stattdessen gelang es den Porsches und

Piëchs zum ersten Mal seit dem Zweiten Weltkrieg, de facto die Kontrolle über Volkswagen zu übernehmen.

Vertreter der Familie Porsche versicherten, ihre finanzielle Lage sei niemals so prekär gewesen wie von den Anklägern dargestellt, und behaupteten sogar, als Eigentümer eines gewinnträchtigen Sportwagenherstellers seien sie besser gestellt gewesen denn als Eigentümer des größten Automobilkonzerns Europas. Es war Ferdinand Piëch persönlich, der mit seiner manchmal verblüffenden Offenheit die Behauptung, das Familienvermögen sei nie in Gefahr gewesen, infrage stellte: »Erste Generation baut auf«, erklärte er in einem Fernsehinterview. »Zweite erhält. Meine Generation ist die dritte. Ruiniert normalerweise. 2008 haben wir es fast hingebracht.«[26]

In Wolfsburg verfolgte Volkswagen weiter das Vorhaben, die alten Gewohnheiten zu ändern. Zum Jahresanfang 2016 berief das Unternehmen die ehemalige Richterin am Bundesverfassungsgericht Christine Hohmann-Dennhardt in den VW-Vorstand, zuständig für Integrität und Recht.[27] Sie war die erste Frau in der Führungsriege des Konzerns, und auch ihr Zuständigkeitsbereich – Compliance – war erstmals im Vorstand vertreten. Ihre Aufgabe bestand darin, dafür zu sorgen, dass Mitarbeiter die Gesetze einhielten, und die entsprechenden Unzulänglichkeiten im System zu beseitigen. Bei einem Festessen, das die Bundeskanzlerin Angela Merkel im April in Hannover gab, entschuldigte sich Müller bei einer kurzen Begegnung mit Präsident Barack Obama persönlich für das Verhalten seines Konzerns.

Aber einige Vorgänge bei VW weckten Zweifel, ob sich viel geändert hatte. Trotz des Rekordverlusts von 1,6 Milliarden Euro im Jahr 2015 weigerte sich der Aufsichtsrat zunächst, die Boni für die zwölf Männer zurechtzustutzen, die in diesem Jahr dem Vorstand angehört hatten. Sie sollten insgesamt 35 Millionen Euro an leistungsbezogenen Zuwendungen erhalten. Nach einem öffentlichen Aufschrei der Empörung gab der Aufsichtsrat nach. Die Kürzung von 4,3 Millionen Euro war aber nur ein Bruchteil der Gesamtsumme, die die Vorstände erhalten sollten. Und sie würden die Einbuße mehr als hereinholen, falls sich der Kurs der VW-Aktie bis 2019 erholen sollte. Die Vorstandsmitglieder strichen insgesamt 59 Millionen Euro ein, einschließlich Boni in Höhe von 31 Millionen Euro. Müller zum Beispiel erhielt Gehalts- und Bonuszahlungen von 3,9 Millionen Euro statt der 4,8 Millionen, die er ohne Kürzungen bekommen hätte. Selbst Winterkorn, unter dessen Aufsicht Betrug und Vertuschung stattgefunden hatten, wurde für die nicht einmal zehn Monate, die er 2015 bis zu seinem Rücktritt gearbeitet hatte, mit einem Gehalt und Boni in Höhe von 7,3 Millionen Euro entlohnt. Und er musste anders als seine Vorstandskollegen nicht einmal Kürzungen hinnehmen.

Aufsichtsrat und Vorstand bekamen einiges zu hören, als die VW-Hauptversammlung schließlich am 22. Juni 2016 mit über einem Monat Verspätung in einer Halle des Messegeländes in Hannover stattfand. Sie würden fürs Versagen belohnt, sagte Hans-Christoph Hirt, Manager von Hermes EOS, einer Organisation, die die Stimmrechte großer Investoren vertritt. Hirt erklärte den Mitgliedern des Aufsichtsrats – in dem die Familien Porsche und Piëch sowie der Betriebsrat das Sagen haben –, sie seien letztlich verantwortlich für eine Kultur, in der sich der Abgasskandal entfaltet habe und jahrelang unentdeckt bleiben konnte.[28]

Die Konzernvertreter auf dem Podium hörten sich die Vorhaltungen gelassen an. Da nicht einmal elf Prozent der stimmberechtigten Stammaktien in der Hand von Außenstehenden waren, konnten sie derartige Kritik leicht ignorieren. Die beiden Familien standen ebenso wie das Land Niedersachsen hinter dem Vorstand. Ebenso ein weiterer Großaktionär, das Emirat Katar. Gemeinsam stimmten sie einen Antrag zur Abwahl von Aufsichtsratschef Pötsch mit dem Argument nieder, er sei, als die Verfehlungen stattfanden, lediglich Finanzvorstand gewesen. In seiner Rede vor der Hauptversammlung suchte Müller nach wie vor den Eindruck zu erwecken, der Betrug gehe auf das Konto einiger weniger Mitarbeiter. »Nach allem, was wir heute wissen, gab es in der Vergangenheit neben individuellem Fehlverhalten auch gewisse Defizite in bestimmten Bereichen der Technik«, erklärte er.[29] Pötsch leugnete, dass Topmanager an der Vertuschung beteiligt gewesen seien, und behauptete, sie seien erst kurz vor der offiziellen Beschwerde der EPA auf das Ausmaß des Abgasproblems aufmerksam geworden.

Aber der Druck von außen ließ nicht nach. Zwei Tage vor der Hauptversammlung gab die Staatsanwaltschaft Braunschweig bekannt, dass sie wegen des Verdachts der Marktmanipulation gegen Winterkorn und VW-Markenchef Herbert Diess ermittelte, weil sie Aktionäre zu spät über das Abgasproblem informiert hätten, was einen Verstoß gegen das Wertpapierhandelsgesetz darstellt. Die Ermittlungen erfolgten aufgrund einer Strafanzeige der Bundesanstalt für Finanzdienstleistungsaufsicht. Die Bundesanstalt hatte sogar gefordert, dass sämtliche VW-Vorstände des Jahres 2015 kollektiv für die illegale Täuschung der Anleger belangt werden sollten.[30] BaFin-Vertreter fanden es ärgerlich, dass die Staatsanwaltschaft nur gegen Winterkorn und Diess ermittelte. Investoren in Europa und den Vereinigten Staaten klagten wegen ihrer Verluste nach dem Kursverfall der VW-Aktien auf Schadensersatz. Die Ansprüche konnten in die Milliarden gehen.

Auch die VW-Kunden in Europa wurden unruhig. Nach dem Vergleich im Zivilprozess in den Vereinigten Staaten, dem zufolge auf jedes Fahrzeug eine Entschädigungssumme von rund 20 000 Dollar entfiel, fragten sich europäische Besitzer, warum sie sich mit einem Software-Update und, in einigen Fällen, mit einer Plastikröhre zufriedengeben sollten. Einer der erbosten Besitzer war der Münchner Jürgen Franz, Werbefachmann im Ruhestand.[31] »Warum bekommen sie so viel und wir kriegen nichts?«, fragte Franz. Er fuhr mit seinem SUV, einem Tiguan-Diesel, jeden Morgen dieselbe Strecke von zwölf Kilometern zu einem Park am Seeufer, um mit seinem Hund zu laufen. Nachdem Franz seinen Wagen zum Software-Update gebracht hatte – was, wie er sagt, 15 Minuten dauerte –, stieg der Kraftstoffverbrauch beträchtlich. Franz berichtete, er habe einen Anruf von einem Marktforschungsunternehmen erhalten, das wissen wollte, ob er sich wieder einen Volkswagen kaufen würde. »Ich habe Nein gesagt«, erklärte er.

Das Risiko, dass Europäer wie Franz auf die Idee kommen könnten, finanzstarke Unternehmen wie Volkswagen zu verklagen, ist nicht unerheblich. In Europa gilt die Regel, dass der Verlierer in einem Zivilverfahren die Prozesskosten des Gewinners trägt. In Deutschland ist es – anders als in den Vereinigten Staaten – beispielsweise Anwälten nicht erlaubt, auf Erfolgsbasis zu arbeiten, das heißt, sie erhalten einen Anteil der Entschädigung, wenn die Klage Erfolg hat, und gehen andernfalls leer aus. Jeder Besitzer eines Golf oder Tiguan, der Volkswagen verklagt, trägt folglich das Risiko, VW-Anwälte bezahlen zu müssen, falls VW im Prozess recht bekommt.

Doch die Betroffenen haben kreative Wege zur Umgehung dieser Hindernisse gefunden.[32] Wer bei Google die Begriffe »Volkswagen Schadenersatz« eingibt, stößt auf eine Anzeige der Website my-right.de, eines von mehreren Start-ups, die über das Internet VW-Besitzer anwerben. In Paris sucht Weclaim.com nach französischen Klienten. Die Firmen nutzen ein Schlupfloch, das europäischen Verbrauchern erlaubt, ihre Rechtsansprüche einem Dritten abzutreten, der sodann versucht, Schadensersatz zu erwirken, und im Erfolgsfall eine Provision erhält. Das Modell, risikofrei für Verbraucher, wurde bisher genutzt, um im Auftrag sehr vieler Personen relativ geringe Ansprüche gegenüber Fluggesellschaften, Banken und anderen Unternehmen geltend zu machen. Das Internet ermöglicht es, eine große Zahl von Verbrauchern mit ähnlichen

Beschwerden zusammenzufassen und für sie den Schadensersatz einzufordern, also praktisch eine Sammelklage einzureichen. Allem Anschein nach könnte Volkswagen der größte Fall werden, der bisher auf diese Weise behandelt wurde. Die Websites arbeiten mit Anwälten zusammen und expandieren in verschiedene europäische Länder. Die europäischen VW-Besitzer fordern lediglich 5000 Euro pro Fahrzeug. Aber selbst wenn sie nur die Hälfte dieser Summe erhielten, könnte die finanzielle Belastung für Volkswagen angesichts von Millionen europäischer Kunden in die Milliarden gehen.

Im Rest der Welt waren die rechtlichen Risiken für VW weniger gravierend, weil außerhalb Europas und der Vereinigten Staaten nicht viele Dieselfahrzeuge verkauft worden waren. In China zum Beispiel gab es nicht einmal 2000 VW-Diesel. Dennoch rief China die Autos zur Nachbesserung zurück. In Brasilien verhängten die Behörden Bußgelder in Höhe von 13,2 Millionen Dollar gegen Volkswagen, der Höchstbetrag nach brasilianischem Recht, für die illegale Software in 17 000 Amorak Pick-ups, den einzigen Dieselfahrzeugen, die VW dort abgesetzt hatte.[33] In vielen anderen Ländern, darunter Südafrika, Australien und Indien, wurden Ermittlungen eingeleitet oder Rückrufaktionen angeordnet. Südkorea, eines der wenigen asiatischen Länder, in denen Diesel gefragt sind, ergriff besonders strenge Maßnahmen.[34] Regierungsbehörden durchsuchten VW-Büros, verklagten einen VW-Vertreter vor Ort wegen Urkundenfälschung und verboten den Verkauf von 80 VW-Diesel- und -Benzinmodellen, womit das Unternehmen praktisch vom Markt vertrieben wurde. Darüber hinaus wurde der Rückruf von 126 000 Wagen angeordnet, und es wurden Bußgelder in Höhe von knapp 30 Millionen Dollar verhängt. Andere Länder scheuten sich jedoch, gegen Volkswagen vorzugehen. In Kanada beklagten sich Besitzer, weil die Regierung trotz 100 000 schmutziger Dieselfahrzeuge auf den Straßen des Landes untätig blieb.[35]

Recht und Gerechtigkeit

In den Vereinigten Staaten gaben die Behörden zu verstehen, dass der Vergleich vor dem Bundesgericht nichts an ihrer Entschlossenheit änderte, einzelne Volkswagen-Manager persönlich zur Rechenschaft zu ziehen. Die durch New York, Massachusetts, Maryland, Vermont und andere Bundesstaaten eingereichten Klagen wegen Verstößen gegen Verbraucherschutz- und Umweltgesetze setzten der Heimlichtuerei ein Ende, die die internen Überprüfungen des Konzerns umgab. Mitte 2016 hatten die Ermittler eine große Zahl an E-Mails und anderen Dokumenten gesichtet und ein sehr viel klareres Bild von den Vorgängen innerhalb des Unternehmens und den daran Beteiligten gewonnen. In den Anklageschriften der Bundesstaaten hieß es, Volkswagen-Manager hätten routinemäßig auf Abschalteinrichtungen zurückgegriffen, wenn sie auf technische Hindernisse stießen.

In den von den Staaten New York, Maryland und Massachusetts angestrengten Prozessen wurde Volkswagen vorgeworfen, in mehr als zehn Jahren sechs verschiedene Abschalteinrichtungen installiert zu haben.[36] Die erste war die »Akustikfunktion« von Audi ab den Modellen des Jahres 2004, die die Abgassteuerung ausschaltete, sobald ein 3-Liter-Dieselmotor ansprang. Dies erfüllte angeblich den Zweck, den Lärm zu mindern, solange der Motor noch kalt war. Die zweite Abschalteinrichtung war eine Weiterentwicklung der Akustikfunktion, die den VW- und Audi-Modellen ab 2009 ermöglichte, US-amerikanische Abgasprüfungen zu bestehen. Die dritte wurde in 3-Liter-Modellen von Audi ab 2009 eingebaut. Die Abschalteinrichtung trug Audis Entscheidung Rechnung, die Autos nicht mit einem ausreichend großen Harnstofftank auszustatten, sodass sie den US-amerikanischen Anforderungen entsprochen hätten. Die laut Anklage vierte Abschalteinrichtung befand sich in den Passat-Modellen ab 2012, erneut war der Grund der zu kleine Harnstofftank. Der unzureichende Tank war auch ausschlaggebend für die fünfte Abschalteinrichtung, installiert im Porsche Cayenne ab 2013, dem ersten Porsche-Diesel, der in den Vereinigten Staaten angeboten wurde. Die sechste Abschalteinrichtung wurde in Passat-, Golf-, Beetle- und Audi-A3-Modellen des Jahres 2015 verbaut, die allesamt über eine SCR-Abgasreinigung mit unterdimensioniertem Harnstofftank verfügten. Dass Abschalteinrichtungen eingesetzt wurden, sei offenbar bei Volkswagen allgemein bekannt gewesen, hieß es in den Klageschriften.

Im Gegensatz zur Staatsanwaltschaft Braunschweig, der durch die vergleichsweise strengen deutschen Datenschutzbestimmungen die Hände gebunden waren, scheuten sich die US-Ermittler nicht, Namen zu nennen oder Topmanagern vorzuwerfen, sie seien an dem Fehlverhalten mitschuldig. Bei Verfahren in den Bundesstaaten New York, Maryland und Massachusetts war erstmals die Rede davon, Winterkorn und eine in VW-Dokumenten als »H. Müller« bezeichnete Person hätten bereits 2006 gewusst, dass die Harnstofftanks bei Audis mit 3-Liter-Motor nicht groß genug waren, um den US-Abgasvorschriften zu entsprechen.[37] Statt die Autos so zu konstruieren, dass ein größerer Tank Platz fand, habe Volkswagen entschieden, eine Software einzusetzen, die die Ergebnisse von Abgastests verfälschte, so die Anklage. Unternehmenssprecher reagierten ungehalten auf die Frage von Reportern, ob der neue Vorstandsvorsitzende dafür geradestehen sollte.

Die US-Ermittler ließen sich von den Beteuerungen des Konzerns, sich zu bessern, nicht blenden. Die Boni, die trotz Rekordverlusten und sinkenden Aktienkurses an den Vorstand flossen, so die Anklageschrift des Staates New York, »belegen, dass die Unternehmenskultur, die dem Betrug und dem Leugnen von Verantwortung Vorschub leistet, von ganz oben ihren Ausgang nimmt und bis heute ungehindert fortwirkt«.[38]

Auf das Unternehmen, offenbar verstimmt, weil mit dem 15-Milliarden-Dollar-Vergleich die juristischen Probleme in den Vereinigten Staaten nicht beigelegt waren, wartete ein noch größerer Schock. Am 9. September 2016 stand der VW-Ingenieur James R. Liang vor einem Bundesrichter in Detroit und bekannte sich unter anderem des Betrugs und der Verschwörung zur Verletzung des Clean Air Act schuldig.[39] Der aus Singapur stammende Liang hatte in Wolfsburg in dem Team gearbeitet, das den EA-189-Motor konstruierte. Als die Markteinführung des sauberen Diesel in den Vereinigten Staaten begann, wechselte Liang in das Volkswagen-Testzentrum in Oxnard bei Los Angeles, wo ihm die Aufsicht über die Prüfung und Zertifizierung der Dieselfahrzeuge für den Verkauf in den Vereinigten Staaten oblag. In den Jahren 2014 und 2015, als die Studie der West Virginia University das CARB veranlasste, Fragen zu stellen, gehörte Liang zu der Gruppe bei VW, die Scheinerklärungen für die Frage fabrizierten, warum die Dieselfahrzeuge außerhalb des Testlabors so viele Schadstoffe ausstießen, wie es in der Anklageschrift gegen ihn hieß. Kurz gesagt, Liang, der nach wie vor in Kalifornien lebte, war bei dem Betrug von Anfang an mittendrin gewesen. Aufgrund einer Verständigung im Strafverfahren durfte er, falls er zur Zufriedenheit der Regierung kooperierte, mit einer Strafmilderung rechnen.[40] Als Ingenieur der mittleren Ebene war Liang bei der Verschwörung ein relativ kleiner Akteur. Aber dank seines breit gefächerten Wissens konnte er andere unter Druck setzen, darunter auch Volkswagen-Mitarbeiter in Deutschland. Die Bundesrepublik liefert ihre Staatsbürger normalerweise nicht aus. Wenn aber US-Staatsanwälte beschließen, deutsche Manager zu verklagen, müssen die Betroffenen aufpassen, welche Länder sie künftig besuchen. Sie wären für den Rest ihres Lebens in ihrer Heimat und einigen wenigen anderen Staaten sicher, hauptsächlich in Entwicklungsländern, die kein Auslieferungsabkommen mit den Vereinigten Staaten geschlossen haben. Zu diesen gehören beispielsweise Russland, China und Saudi-Arabien. Im europäischen Ausland hingegen würden sie keine Zuflucht finden. Erst vor drei Jahren gelang es FBI-Agenten in Zusammenarbeit mit italienischen Behörden, Florian Homm, einen deutschen Hedgefonds-Manager, der wegen Wertpapierbetrugs gesucht wurde, in einer Kunstgalerie in Florenz zu verhaften.[41] (Homm wurde aus einem italienischen Gefängnis entlassen, bevor er ausgeliefert werden konnte. Er eilte zurück nach Deutschland, wo er vor den US-Behörden sicher war. Bisher wurde er nicht vor Gericht gestellt.) Folgt man den Grundsätzen des Yates-Memos aus dem Jahr 2015, in dem die stellvertretende Justizministerin forderte, Topmanager verstärkt zur Rechenschaft zu ziehen, würde das US-Justizministerium bei entsprechender Beweislage Vorwürfe bis hinauf in die höchste Führungsebene der Volkswagen AG verfolgen. »Das Verhalten sowie die Tatsachen und die Schwere der Verstöße rechtfertigen einen Zugriff weit über unsere Grenzen hinaus«, sagte William Sorrell, Justizminister von Vermont. Wenige Tage nach Liangs Schuldbekenntnis erklärte Sorrell in seinem Büro im State Capitol von Montpelier: »Ich habe das Gefühl, dass einige Leute seither nicht mehr gut schlafen.«[42]

21
Die Strafe

»Wir unterbrechen das laufende Programm«, verkündet eine Stimme, »für eine offizielle Drohung der USA an das Autoland Deutschland.« So beginnt ein satirischer Videoclip, der im November 2015 auf ZDFneo ausgestrahlt wurde. »Manipulierte deutsche Volkswagen haben mit gefälschten Abgaswerten unsere schöne amerikanische Umwelt kaputt gemacht«, sagt der Sprecher. »Wir werden daher in Zukunft ausschließlich Autos aus US-amerikanischer Produktion kaufen.« Dann Schnitt zu monströsen amerikanischen Pick-ups, die riesige schwarze Rauchwolken ausstoßen. Hardrock-Musik hämmert im Hintergrund, während die Stimme aus dem Off marktschreierisch die enormen Pferdestärken der Fahrzeuge und ihre niederschmetternden Verbrauchswerte verkündet. Man sieht Aufnahmen von überfüllten Highways und weiteren überdimensionierten Pick-ups, unterbrochen von Bildern mit Frauen in Bikinis, die mit Maschinengewehren herumballern – offenbar ein Kommentar zur Vernarrtheit der Amerikaner in Waffen. Die letzte Szene zeigt die im Wind flatternde amerikanische Flagge. »Amerikanische Autos«, kommentiert der Sprecher sarkastisch, »nicht manipuliert. Der Umwelt zuliebe.«[1]

Der Videoclip brachte zum Ausdruck, was viele Deutsche in dem harten Vorgehen der US-Justiz gegen Volkswagen sehen: blanke Heuchelei. Wie kann es sein, fragen sie, dass Volkswagen – dem Hersteller spritsparender Autos – in einem Land, in dem rund 80 Prozent mehr Energie pro Kopf verbraucht wird als in Deutschland, eine so drakonische Strafe aufgebrummt wird?[2] Warum soll Volkswagen so viel mehr zahlen als andere Automobilunternehmen, die ebenfalls die Luft verpesten oder deren fehlerhafte Produkte sogar Menschen das Leben gekostet haben?

Am 17. September 2015, nur einen Tag bevor die EPA Volkswagen des Emissionsbetrugs beschuldigte, erklärte sich General Motors zur Zahlung eines Bußgeldes in Höhe von 900 Millionen Dollar bereit und entging so einem Strafverfahren wegen defekter Zündschlösser.[3] In Chevrolet-, Pontiac- und Saturn-Modellen der Jahre 2005 bis 2007 sprang bisweilen der Zündschlüssel während der Fahrt zurück, sodass Servolenkung, Bremsen und Airbags ausfielen. Der Defekt, von dem manche Ingenieure bei GM wussten – was sie aber für sich behielten –, war für den Tod von 124 Menschen verantwortlich.[4] Im Jahr 2005 hatte GM eine Reparatur abgelehnt, die nicht einmal einen Dollar pro Fahrzeug gekostet hätte. Im Rahmen des 2015 geschlossenen Vergleichs entließ das Unternehmen 15 Mitarbeiter, aber das Justizministerium verzichtete darauf, gegen irgendjemanden strafrechtlich zu ermitteln. Laut dem GM-Geschäftsbericht 2015 beliefen sich die Kosten für Rückrufe, Bußgelder, Gerichtsgebühren und Entschädigung der Opfer-Familien insgesamt auf etwas über sechs Milliarden Dollar.[5] Mit anderen Worten, der Tod von über 100 Menschen durch einen Produktionsfehler kostete GM weniger als die Hälfte dessen, was Volkswagen zahlen musste, nur um seine Kunden in den USA zu entschädigen und die Umweltverschmutzung zu kompensieren. Da ist es verständlich, dass die Deutschen fragen, ob das fair ist.

Zudem ist Volkswagen keineswegs der einzige Autohersteller, der im Übermaß Stickoxide in die Luft bläst. Nach der Enthüllung des Emissionsbetrugs nahmen die Behörden in Europa auch andere Firmen genauer unter die Lupe. Untersuchungen von deutscher und anderer Seite, die auch Tests auf der Straße beinhalteten, lieferten zwar keinen Beweis dafür, dass andere Autohersteller so weit gingen wie Volkswagen und Abschalteinrichtungen einbauten, um die Überschreitung der gesetzlichen Grenzwerte zu verschleiern. Aber fast alle Produzenten nutzten die Schlupflöcher in den europäischen Gesetzen, die ihnen ermöglichten, unter bestimmten Bedingungen die Abgasreinigung einzuschränken, etwa wenn bei niedrigen Temperaturen eine Beschädigung des Motors drohte. Deshalb leiden europäische Städte mehr unter Luftverschmutzung, als es eigentlich der Fall sein dürfte.

Laut einer von der deutschen Regierung in Auftrag gegebenen Untersuchung wurde beispielsweise bei einem in Europa von Fiat Chrysler verkauften Jeep Cherokee die Abgasreinigung heruntergefahren, sobald die Außentemperatur unter 20 Grad Celsius sank – also bei nicht gerade arktischen Bedingungen.[6] Unter bestimmten Umständen, so hieß es in der Studie, überstieg der Stickoxidausstoß die erlaubte Menge um das Zwölffache (Fiat Chrysler lehnte eine Stellungnahme zu diesen Befunden ab). Der Studie zufolge war zwar der Jeep eine der schlimmsten Dreckschleudern, aber sie belegte auch, dass die Fahrzeuge praktisch sämtlicher Hersteller in Europa einschließlich der GM-Tochter Opel, Mercedes-Benz, Renault und BMW im Alltagsbetrieb die Emissionsgrenzwerte überschritten. (GM, Mercedes und andere europäische Autobauer erklärten daraufhin, sie arbeiteten an einer Verbesserung der Emissionssteuerung.) Eine in Großbritannien durchgeführte Untersuchung von etwa 40 verschiedenen Modellen ergab, dass sie unter normalen Fahrbedingungen durchschnittlich den Grenzwert für Stickoxide um das Sechsfache überstiegen.[7] Manche VWs mit illegaler Software stießen weniger Schadstoffe aus als die Fahrzeuge der Konkurrenten, die sich einfach nur die laxen EU-Vorschriften zunutze machten. Die Studien nährten Ressentiments in Deutschland, Volkswagen werde zu Unrecht belangt. Schließlich würde jeder betrügen, so die Argumentation. Sicher habe Volkswagen als einziger Autohersteller Abschalteinrichtungen eingebaut, aber das Resultat sei doch dasselbe.

Warum also wird Volkswagen derartig zur Kasse gebeten?

Die Anwälte von Volkswagen bezeichnen die von den 600 000 Dieselfahrzeugen der Marken VW und Audi in den Vereinigten Staaten produzierte Menge an Stickoxiden als relativ unbedeutend, verglichen mit der Menge an Schadstoffen durch Fernlaster, Kraftwerke und andere Umweltverpester. Der Anteil von VW-Fahrzeugen an der Luftverschmutzung betrage weniger als 0,001 Prozent der vom Menschen erzeugten Gesamtmenge an Stickoxiden. Dennoch reichte er, um gravierende Schäden zu verursachen. Laut einer im September 2016 im International Journal of Environmental Research and Public Health veröffentlichten Studie emittierten die beanstandeten Fahrzeuge von VW zwischen 3400 und 15 000 Tonnen Stickoxid mehr, als zulässig gewesen wäre. (Die Studie wurde von einem Forscherteam der Northwestern University, der University of Texas, der Columbia University und Harvard durchgeführt.)[8]

Eine der großen und wahrscheinlich zu wenig gewürdigten Leistungen der zweiten Hälfte des 20. Jahrhunderts war eine drastische Verminderung der Luftverschmutzung. Seit 1990 konnte der Anteil von Stickstoffdioxid, dem schädlichsten Mitglied der Stickoxidfamilie, durch gesetzlich verordnete Emissionssteuerungstechniken in Ballungszentren um fast die Hälfte gesenkt werden. Mit den Abschalteinrichtungen umging Volkswagen die gesetzlichen Bestimmungen und untergrub den erreichten Fortschritt. Entgegen der in dem Satirespot von ZDFneo verwendeten Klischees produzierten die an der West Virginia University getesteten Dieselfahrzeuge von VW weit mehr Stickoxide als ein großer amerikanischer Diesel-Pick-up jüngerer Bauart. (Wenn ein solcher Pritschenwagen wie in dem ZDFneo-Video gigantische schwarze Rauchwolken ausstößt, dann wahrscheinlich deshalb, weil der Besitzer die Abgaskontrolle widerrechtlich ausgeschaltet hat.) CARB zufolge erzeugte ein in den USA verkaufter Jetta Diesel Baujahr 2010 etwa ein

Gramm Stickoxide pro Meile, doppelt so viel wie ein Fernlaster desselben Baujahrs.[9]

Die im International Journal of Environmental Research and Public Health präsentierte Studie zeigte außerdem, dass infolge des erhöhten Stickoxidausstoßes der VW-Fahrzeuge zwischen fünf und 50 Menschen vorzeitig an Atemwegserkrankungen starben. Weitere 250 bis 1000 Personen erlitten Atemwegserkrankungen wie Asthma oder akute Bronchitis. Eine andere Untersuchung von Forschern am Massachusetts Institute of Technology und an der Harvard University kam zu ähnlichen Ergebnissen. Demnach werden etwa 60 Menschen wegen der VW-Autos 10 bis 20 Jahre früher sterben, als es sonst der Fall wäre – und die Zahl wird zunehmen, je länger die Fahrzeuge auf Amerikas Straßen verbleiben.[10]

Aber derartige Studien haben Schwächen. Man kann unmöglich einen direkten Zusammenhang zwischen den gesundheitlichen Auswirkungen der VW-Emissionen und dem Tod beziehungsweise den Erkrankungen Einzelner herstellen. Die Stickstoffdioxidmoleküle vom Auspuff eines Jetta bis in die Lungen eines Menschen zu verfolgen, der daraufhin erkrankt, ist nicht machbar.

Die Forscher verfügten über keine Daten zu den Einsatzorten der bemängelten VW-Fahrzeuge oder darüber, wie viele davon in Ballungsgebieten genutzt wurden, wo sie mit größerer Wahrscheinlichkeit Gesundheitsprobleme verursachten. Das Verhältnis zwischen Ursache und Wirkung ist beim Schadstoffausstoß nicht so leicht zu ermitteln – und seine Folgen sind nicht so verheerend – wie bei einem defekten Zündschloss, das mit einem Schlag die Systeme eines Autos lahmlegt, sodass es zu einem tödlichen Unfall kommt. Dennoch kann man mit einiger Gewissheit sagen, dass die durch VW-Fahrzeuge verursachte Luftverschmutzung einige Menschen erkranken ließ, die sonst nicht erkrankt wären, und in manchen Fällen sogar deren frühen Tod herbeigeführt hat.

In den Vereinigten Staaten geht der Löwenanteil der auf Diesel-Pkws zurückzuführenden Luftverschmutzung auf das Konto von Volkswagen. Kein anderer Autohersteller hat Dieselfahrzeuge so intensiv beworben wie Volkswagen. Bevor das Unternehmen den Vorstoß mit sauberem Diesel unternahm, war der Absatz von Dieselautos in den USA unbedeutend, und nichts weist darauf hin, dass die wenigen anderen Hersteller, die in den USA Dieselautos verkaufen, ein ähnliches Delikt begingen. (Die BMWs, die an der West Virginia University getestet wurden, schnitten gut ab.)

In Europa allerdings ist Volkswagen nicht der einzige für die miserable Luftqualität in Großstädten verantwortliche Autobauer. Hier ist der Stickoxidgehalt nach wie vor hoch, obwohl die Umweltgesetze theoretisch verschärft wurden. Auf dem Papier haben die Autohersteller die Stickoxidemissionen von Pkws seit 2000 um 80 Prozent gesenkt. Aber diese Zahl beruht auf Labortests. Die tatsächlichen Emissionen unter normalen Fahrbedingungen sind nur um 40 Prozent zurückgegangen.[11]

In Europa trägt auch die Politik Mitschuld an der zu hohen Luftverschmutzung durch Diesel-Pkws. Die 28 Mitgliedstaaten der Europäischen Union setzen die Vorschriften nicht alle im selben Maße und zum Teil auch gar nicht um.[12] Es ist sehr unwahrscheinlich, dass die EU-Aufsichtsbehörden die Abschalteinrichtungen von Volkswagen jemals ohne die Arbeit des International Council on Clean Transportation, der West Virginia University und CARB entdeckt hätten. Den EU-Gesetzen mangelt es zwar nicht an einer Definition von Abschalteinrichtungen; es fehlen jedoch klare Anleitungen, was den Autobauern viel Spielraum eröffnet, die Abgasvorschriften zu umgehen, ohne gegen den Buchstaben des Gesetzes zu verstoßen. Wenn die Software des Jeep-Cherokee-Motors bei unter 20 Grad Celsius die Abgasreinigung ausschaltete, brauchte der Hersteller nur zu erklären, er wolle auf diese Weise den Motor schützen.[13] Obendrein wurden die EU-Tests bei Temperaturen über 20 Grad Celsius durchgeführt. Die Jeep-Konstrukteure konnten sich sicher sein, dass die Kontrolleure die zu hohen Emissionen nicht bemerken würden, zumindest nicht, bis durch Volkswagen die Aufmerksamkeit auf das Thema gelenkt wurde. Denn das, was Fiat Chrysler und andere Autobauer machten, war in funktioneller Hinsicht eine Abschalteinrichtung. Indem sie sich über den Geist, wenn nicht den Buchstaben des Gesetzes hinwegsetzten, machten die Autohersteller die Bemühungen der Aufsichtsbehörden um bessere Luft zunichte. Und die europäischen Regierungen halfen dabei, weil sie die Vorschriften nicht konsequent durchsetzten.

Dennoch besteht ein Unterschied zwischen dem VW-Delikt und dem Fehlverhalten der Konkurrenz. Er entspricht ungefähr dem Unterschied zwischen einem Unternehmen, das jedes erdenkliche Schlupfloch ausnutzt, um Steuern zu sparen, und einem anderen, das die Steuerbehörden einfach belügt. Ersteres mag unsozial und tadelnswert sein, aber es verstößt nicht gegen das Gesetz. Letzteres hingegen macht sich, selbst wenn es mehr Steuern zahlt, einer Straftat schuldig. Die Bereitschaft von Volkswagen, auf illegale Methoden zurückzugreifen, während andere (soweit bekannt) zumindest dem Buchstaben des Gesetzes folgten, ist ein Ausdruck der Unternehmenskultur bei VW.

Als größter Autobauer Europas trägt Volkswagen eine unverhältnismäßig hohe Schuld an den alarmierend hohen Stickoxidmengen in fast allen europäischen Großstädten. Mehr als jeder andere Autohersteller war Volkswagen an der Verbreitung von Diesel-Pkws in Europa seit Beginn der 1990er-Jahre beteiligt. Unter Ferdinand Piëch bauten Volkswagen und Audi die ersten dieselbetriebenen Pkws, und sie waren stolz darauf. Mit den Abschalteinrichtungen hielt Volkswagen die Kosten für die Emissionssteuerung gering und übte einen enormen Wettbewerbsdruck auf seine Konkurrenten aus. Es war für andere europäische Autobauer schwierig, gegen Volkswagen mit seinem Marktanteil von 25 Prozent zu bestehen, ohne ebenfalls Schleichwege einzuschlagen. Als der bei Weitem größte Autohersteller Europas trug Volkswagen eine besondere Verantwortung, Maßstäbe zu setzen. Stattdessen etablierte es ein Modell zur Umgehung der Mindeststandards.

Als sich die Manager von Volkswagen daranmachten, Dieselfahrzeugen in den Vereinigten Staaten zum Durchbruch zu verhelfen, taten sie so, als herrschten dort dieselben laxen Vorschriften und als hätten sie dort dieselbe Marktdominanz und denselben politischen Einfluss. Schwer zu sagen, ob sie die amerikanischen Gesetze nicht kannten oder so überheblich waren, dass sie sich nicht daran gebunden fühlten. Abschalteinrichtungen sind in den EPA-Vorschriften ziemlich genau definiert. Die Behörde gibt Autoherstellern ausführliche Anleitungen im Hinblick darauf, was erlaubt ist und was nicht. Solche Anleitungen sind wegen der Komplexität moderner Autos und der Verwendung der digitalen Motorsteuerung für die ständige Justierung verschiedener Variablen – wie den Zündzeitpunkt oder das Volumen der Abgasrückführung – unerlässlich. Es ist nicht immer leicht, die Grenze zwischen normalen Vorgängen und Betrug zu ziehen. »In Europa«, so John German vom ICCT, »gibt es eine ziemlich klare Definition dessen, was eine Abschalteinrichtung ist, es fehlt jedoch eine Anleitung, was eine große undefinierte Grauzone hat entstehen lassen. In den USA existiert eine solche Grauzone nicht. Hier ist alles ganz klar beschrieben.«[14]

Die Manager und Ingenieure von VW scheinen keine Kenntnis von dem Bemühen Leo Bretons bei der EPA sowie von Unternehmen wie Horiba gehabt zu haben, Abgastests auf der Straße zu ermöglichen, womit sich das Risiko der Aufdeckung erhöhte. Und als die Sache dann tatsächlich aufgeflogen war, unterschätzte die Unternehmensführung den Zorn der amerikanischen Regulierungsbehörden. »Alle anderen Hersteller waren so schlau, Abschalteinrichtungen zu entfernen. VW war

Die Strafe 335

der einzige, der so dumm war«, es nicht zu tun, meinte German.

Nachdem Volkswagen schon durch einen Betrug versucht hatte, den strikteren Obergrenzen für Stickoxide in den Vereinigten Staaten zu entsprechen, setzte das Unternehmen noch einen drauf, indem es in aggressiver Weise für seine Autos als ökologische Musterknaben warb. Durch diese Strategie geriet der Emissionsbetrug von einer bloßen Verletzung der Vorschriften zu einer gigantischen Verbrauchertäuschung. GM musste die Angehörigen derjenigen, die wegen der schadhaften Zündschlösser ums Leben gekommen waren, sowie diejenigen, die Verletzungen erlitten hatten, entschädigen. Aber Kunden, die nicht verunglückt waren, musste das Unternehmen nichts zahlen, sodass sich die finanziellen Folgen für GM in Grenzen hielten. Volkswagen hingegen setzte sich mit seiner schamlos irreführenden Werbung der Gefahr aus, von jedem einzelnen Besitzer eines Dieselfahrzeugs in den Vereinigten Staaten belangt und darüber hinaus von Bundesstaaten wegen Verletzung ihrer Verbraucherschutzgesetze verklagt zu werden. Der Vergleich unter Richter Breyer fiel mit 20 000 Dollar pro Auto relativ maßvoll aus. Doch da die Zahl der Fahrzeuge so hoch war, stellten die Gesamtkosten für Volkswagen die Summe weitaus in den Schatten, die GM den Opfern der fehlerhaften Zündschlösser gezahlt hatte.

Volkswagen vergrößerte sein finanzielles Haftungsrisiko sogar noch weiter, indem das Unternehmen nicht mit CARB und der EPA kooperierte, nachdem die Studie aus West Virginia zu einem Anfangsverdacht geführt hatte. Ganz anders dagegen das Verhalten von GM im Fall der defekten Zündschlösser. Als die Vorstandsvorsitzende Mary Barra von dem Problem erfahren hatte, trat sie vor einen Unterausschuss des Kongresses und versprach völlige Offenheit gegenüber den Ermittlern. »Egal, welche Fehler wir in der Vergangenheit begangen haben, wir werden uns jetzt und in Zukunft nicht vor unserer Verantwortung drücken«, sagte Barra am 1. April 2014. »Heute weiß GM, was zu tun ist«, gab GM dann bekannt.[15] Das Unternehmen beauftragte den ehemaligen Bundesanwalt Anton Valukas zu ermitteln, warum GM die schadhaften Autos erst 2014 zurückrief, wo das Unternehmen doch mindestens schon seit 2005 von dem Problem Kenntnis hatte. Valukas »hat freie Hand, den Fakten nachzugehen, ungeachtet des Ergebnisses«, erklärte Barra vor dem Kongressausschuss. »Fakten werden auch wie Fakten behandelt werden.«

Aus Sicht des amerikanischen Justizministeriums war Barras Versprechen nicht ein bloßes Lippenbekenntnis. GM führte »rasche und solide interne Ermittlungen durch«, erklärte das Ministerium 2015. Es habe die Bundesbeamten »mit einem stetigen Fluss ungeschönter Fakten« versorgt und »ohne dass man es hätte drängen müssen, bestimmte Dokumente und Informationen, die ansonsten durch das Anwaltsgeheimnis geschützt sind«, vorgelegt. Das Unternehmen habe »die Verantwortung für seine Handlungsweise anerkannt und übernommen«, so das Justizministerium weiter.[16] Dieses Verhalten von GM trug zur Verminderung des Bußgeldes bei, das dem Unternehmen auferlegt wurde.

Volkswagen aber erging sich über ein Jahr lang in Ausflüchte, bis es die Verwendung von Abschalteinrichtungen eingestand. Bis dahin hatte es die Geduld der Aufseher überstrapaziert und konnte keine Gnade erwarten. Nicht nur die Verbraucher waren mit dem Verkaufsargument »sauberer Diesel« hinters Licht geführt worden. »Wir hatten uns schon lange schwerpunktmäßig mit Dieselautos befasst und waren, offen gesagt, skeptisch hinsichtlich dieses angeblich sauberen Diesel-Programms«, sagte Mary Nichols, Vorstandsvorsitzende von CARB. »Aber unsere Ingenieure ließen sich von den deutschen Ingenieuren überzeugen – schließlich war Volkswagen zweifellos eins der führenden Unternehmen –, dass sie eine Möglichkeit gefunden hätten, unsere Normen zu erfüllen, und das sogar mit Fahrzeugen, die sehr, sehr sparsam im Verbrauch waren.«

»Viele sehr kluge Menschen kauften diese Autos, weil sie sie für einen großen Durchbruch hielten«, erklärte Nichols. »Als sie dann aber feststellten, dass sie getäuscht worden waren, reagierten sie noch wütender als ich.«[17]

Selbst nach seinem Geständnis ritt sich Volkswagen noch weiter in sein finanzielles Debakel hinein, indem es sich mit der Erklärung, wie es zu dem Betrug gekommen war, viel Zeit ließ und niemanden aus der Führungsriege zur Rechenschaft zog. Die in den Verfahren einzelner Bundesstaaten vorgelegten Beweise und die Anklage gegen den Ingenieur James Liang ließen keinen Zweifel daran, dass US-Behörden den Emissionsbetrug als Teil eines größeren Komplotts ansahen. Während Dutzende Ingenieure und Manager der mittleren Ebene Ende 2016 beurlaubt wurden, verhängte der Aufsichtsrat keinerlei Sanktionen gegen Vorstandsmitglieder. Selbst wenn man, wie argumentiert wurde, annimmt, dass Topmanager wie Matthias Müller oder der Audi-Chef Rupert Stadler von den Abschalteinrichtungen erst erfuhren, als Volkswagen den Betrug zugab, bleibt die Frage, warum erst dann? Das schwerwiegende Vergehen, das geeignet war, die Existenz des Unternehmens zu gefährden, fand schließlich unter ihren Augen statt. Wo waren die Kontrollen der Mitarbeiter, die ein solches Verhalten verhindert hätten? Außerdem trug das Volkswagen-Management die Verantwortung für die weitere Hinhaltetaktik auch dann noch, als man die Täuschung bereits eingeräumt hatte. Aber sie blieben auf ihren Posten und erhielten ihre Boni unter Abzug einer lediglich symbolischen Summe.

Siemens, eine weitere Ikone der deutschen Wirtschaft, hätte ein nützliches Vorbild für Volkswagen sein können. Dem in München ansässigen Technologiegiganten war Ende 2006 vorgeworfen worden, in großem Stil ausländische Regierungsvertreter bestochen zu haben, um Aufträge für Projekte wie den

Bau einer Metro in Venezuela oder ein Mobiltelefonnetz in Bangladesch zu erhalten. Wie bei Volkswagen stand auch hier die untere Führungsebene unter immensem Druck, die Zielvorgaben zu erreichen, und die Missachtung von Vorschriften wurde toleriert. Zunächst spielte Siemens die Anschuldigungen herunter. Doch nach einem halben Jahr wurden der Aufsichtsratsvorsitzende Heinrich von Pierer und der Vorstandsvorsitzende Klaus Kleinfeld zum Rücktritt gedrängt und durch nicht zum Konzern gehörende Manager ersetzt. Der neue Vorstandsvorsitzende Peter Löscher beauftragte einen bekannten Antikorruptionsexperten mit der Überwachung von Reformen, stockte die Compliance-Abteilung von weniger als 100 auf 500 Mitarbeiter auf und sanktionierte 900 Beschäftigte, von denen viele entlassen wurden.[18] Unter anderem waren es solche Maßnahmen, die der Staatsanwaltschaft zeigten, dass es Siemens mit dem Umbau ernst meinte. »Die Kooperationsbereitschaft von Siemens war, mit einem Wort, hervorragend«, meinte der stellvertretende US-Generalbundesanwalt Matthew Friedrich am 15. Dezember 2008 gegenüber Journalisten. »Siemens hat sich den Tatsachen gestellt, Verantwortung übernommen und echte Reformen durchgeführt.«[19] Das Unternehmen, das an der New Yorker Börse notiert war und große Betriebe in den Vereinigten Staaten unterhielt, bezahlte 1,6 Milliarden Dollar, um die von der deutschen Staatsanwaltschaft und dem amerikanischen Justizministerium erhobenen Vorwürfe beizulegen. Damals war das eine Rekordsumme, überstieg aber nicht die Mittel des Unternehmens. Siemens überlebte. Der Skandal führte nicht zu Massenentlassungen, und es mussten auch so gut wie keine unschuldigen Mitarbeiter dafür büßen.

Volkswagen hingegen erzielte einen echten Hattrick in gesetzwidrigem Verhalten: einen schweren Rechtsbruch, ergänzt durch irreführende Werbung, gekrönt von Vertuschung. Doch mehr als ein Jahr nach der Aufdeckung des Betrugs waren viele derjenigen, die sich in verantwortlichen Positionen befanden, als all das stattfand, immer noch auf ihrem Posten. Indem es der Aufsichtsrat versäumte, ernstere Konsequenzen zu ziehen, stiegen die Kosten für die große Mehrheit der VW-Mitarbeiter, die nichts mit dem Skandal zu tun hatten, sowie für ihre Kommunen. Im November 2016 kündigte Volkswagen an, wegen der miserablen Gewinnmargen aus Verkäufen der Marke VW netto 14 000 Stellen in Deutschland abzubauen, etwa vier Prozent der inländischen Arbeitsplätze. Dennoch standen die Arbeitnehmervertreter im Aufsichtsrat hinter Müller. Sie versuchten, die Stellenverluste möglichst gering zu halten, nutzten aber nicht ihre Macht, Veränderungen im Vorstand zu erzwingen.

Die Stadt Wolfsburg bekam die Folgen schon 2016 zu spüren. Wegen der Verluste von Volkswagen im Jahr 2015 waren die Einnahmen des mit Abstand größten Steuerzahlers der Stadt 2016 total eingebrochen, sodass die Stadt gezwungen war, Gebühren für Dienstleistungen wie etwa öffentliche Kindertagesstätten anzuheben und Projekte zurückzustellen, beispielsweise den Bau einer neuen Feuerwache, die Renovierung der Stadtbibliothek und die Modernisierung eines Gymnasiums. »Bei Volkswagen gibt es 600 000 hart arbeitende, ehrliche Menschen«, sagte Klaus Mohrs, Oberbürgermeister von Wolfsburg. »Es ist entsetzlich, dass die Beschäftigten dort und eine ganze Stadt leiden müssen, weil ein paar Leute einen Betrug begangen haben.«[20]

22
Schneller, höher, weiter

Während dieses Buch in Druck geht, sind die endgültigen Konsequenzen für Volkswagen noch nicht klar. Vielleicht vergessen die Autokäufer den Skandal in Bälde, die Verkaufszahlen erholen sich, Volkswagen kann den Umfang seiner gesetzlichen Haftung in Europa in Grenzen halten, und die Ermittler in den USA und Europa tragen nicht genügend Beweise zusammen, um irgendein jetziges oder ehemaliges Vorstands- oder Aufsichtsratsmitglied vor Gericht zu bringen. Matthias Müller bleibt Vorstandsvorsitzender, und somit hat Volkswagen genug Zeit, einen Nachfolger aus dem Unternehmen heraus aufzubauen – die schon seit Langem bevorzugte Vorgehensweise. Infolgedessen kann sich der Aktienkurs erholen, und der Reichtum der Familien Porsche und Piëch erlangt wieder seine frühere Größe. Aus Sicht von Volkswagen wäre dies das günstigste Szenario und das, worauf auch das Topmanagement zu setzen scheint.

Doch man kann sich leicht ausmalen, dass die Sache für Volkswagen ein weitaus schlimmeres Ende nimmt. So könnten beispielsweise Klagekampagnen in Europa Volkswagen dazu zwingen, den Besitzern der betroffenen Modelle bescheidene 2000 bis 2200 Euro anzubieten. Das würde sich insgesamt auf 17 Milliarden Euro summieren. Man addiere ein paar Milliarden für die Klagen von Aktionären und Anwaltskosten hinzu und ergänze diese Zahl um zehn Milliarden Euro durch Verkaufseinbrüche infolge des beschädigten Images von VW. Dann könnten die finanziellen Auswirkungen des Skandals inklusive des Vergleichs in den USA leicht auf über 50 Milliarden Dollar steigen. Wenn sich die finanzielle Situation von Volkswagen weiter verschlechtert, werden die Ratingagenturen das Unternehmen noch weiter herabstufen, die Kosten für Fremdkapital steigen und schmälern die Gewinne noch mehr.

Gleichzeitig wird es VW aufgrund der Macht des Betriebsrats nur in eingeschränktem Maß möglich sein, diese Schläge mit Sparmaßnahmen abzufedern. Dieser hat bereits signalisiert, dass er nicht die Absicht hat, für Fehler des Managements Opfer zu bringen. Trotz der Rekordverluste von VW im Jahr 2015 hat er Bonuszahlungen für die Belegschaft in Höhe von 3950 Euro verlangt und auch durchgesetzt. Das lag zwar etwa 2000 Euro unter der Vorjahresprämie, war aber in Anbetracht der Umstände immer noch eine beträchtliche Summe.

Währenddessen nagt die Krise am Fundament des Volkswagen-Erfolgs. Die Dieseltechnologie spielte eine zentrale Rolle beim Aufstieg von Volkswagen zur Vorherrschaft in Europa. Doch jetzt hat der Skandal die Aufmerksamkeit auf die menschlichen Kosten der Dieselabgase gelenkt und die Kluft zwischen den gesetzlichen Emissionsgrenzwerten für Autos und dem, was wirklich aus dem Auspuff kommt, offengelegt. Europäische Regulierungsbehörden sind bereits dabei, Tests auf der Straße zum festen Bestandteil der Abgasprüfungen zu machen, damit zwischen Theorie und Wirklichkeit keine Diskrepanz mehr besteht. Die genaueren Prüfungen werden Autohersteller dazu zwingen, bessere Emissionssysteme einzubauen. Dieselfahrzeuge werden teurer werden, und bei einigen kleineren Modellen wird sich dieser Antrieb als untauglich erweisen. Damit verliert VW einen seiner wichtigsten Wettbewerbsvorteile und wird sich ein neues Alleinstellungsmerkmal suchen müssen. Ironischerweise zeigen unabhängige Tests, dass die neuesten Volkswagen-Diesel zu den saubersten Dieselfahrzeugen auf der Straße zählen. Doch der Schaden ist bereits angerichtet.

Wenn Umsätze und Gewinne einbrechen, wird Volkswagen weniger Geld in neue Technologien wie selbst steuernde oder batteriebetriebene Autos investieren können. In einer Zeit technologischer Umbrüche werden aber sehr wahrscheinlich Forschung und Entwicklung bestimmen, welche Autobauer in den kommenden Jahren florieren und welche gerade mal überleben. Die Möglichkeiten von Volkswagen, diese Herausforderungen zu meistern, werden durch die strafrechtlichen Ermittlungen in Deutschland und den USA nochmals weiter eingeschränkt. Mitglieder des Vorstands und sogar des Aufsichtsrats müssen damit rechnen, von früheren Untergebenen, die mit der Staatsanwaltschaft Prozessabsprachen treffen, der Mittäterschaft angeklagt zu werden. Weitere Spitzenmanager könnten zum Rücktritt gezwungen sein und damit für noch mehr Aufruhr sorgen.

Falls sich die finanzielle Lage von Volkswagen noch weiter verschlechtert, wird schließlich die Solvenz des Unternehmens infrage stehen. Für die deutsche Wirtschaft ist Volkswagen zu wichtig, als dass man den Autobauer in Konkurs gehen lassen könnte. Doch die Subventionsregeln der EU schränken die Möglichkeiten der Bundesregierung ein, Hilfe zu leisten, was dann die schwierige Frage aufwirft, wer eine Rettung zahlen soll. Im schlimmsten Fall würden die Aktienbesitzer in den Ruin getrieben und die Familien Porsche und Piëch die Kontrolle über Volkswagen verlieren. Damit wäre die 80 Jahre alte Verbindung zwischen dem Unternehmen und den Familien Geschichte.

Doch bevor sich die Situation so fatal zuspitzt, kann Volkswagen noch viele Gegenmaßnahmen ergreifen. Immerhin hatte das Unternehmen Ende 2015 beinahe 36 Milliarden Euro auf dem Konto und in kurzfristigen Anlagen verfügbar, also beträchtlich mehr flüssige Mittel als BMW, Daimler oder General Motors. Auch könnte sich Volkswagen durch den Verkauf von Assets wie Lamborghini, Bentley oder der Lkw-Sparten MAN und Scania Geld beschaffen. Oder VW gibt neue Aktien aus und bittet somit Anteilseigner, eine Rettung zu finanzieren.

Wie es ausgeht, hängt in weiten Teilen davon ab, ob Volkswagen die richtigen Schlüsse aus der Abgasaffäre zieht und die notwendigen Veränderungen einleitet, um zu verhindern, dass aus dem Skandal eine existenzielle Bedrohung wird. Wissenschaftler beobachten den Volkswagen-Fall bereits sehr genau, denn er zeigt anschaulich, wie eine dysfunktionale Unternehmenskultur die Existenz selbst der mächtigsten Unternehmen gefährden kann.

Der Druck, Unternehmensziele um jeden Preis zu erreichen, existiert ja nicht nur bei Volkswagen. Praktisch jeder Unternehmensskandal wurzelt zumindest teilweise in unrealistischen Vorgaben, gekoppelt mit drakonischen Konsequenzen für die Mitarbeiter, falls sie diese nicht erfüllen, und immensen Belohnungen für diejenigen, die Spitzenleistungen erbringen. Das Risiko für einen Skandal ist hoch, wenn Topmanager keine klaren Verhaltensstandards formulieren und bei ihren eigenen Handlungen gesellschaftliche Normen missachten.

Ende 2016 gab das US-amerikanische Finanzdienstleistungsunternehmen Wells Fargo ein weiteres Beispiel für dieses Prinzip. Bei Ermittlungen durch den Anwalt der Stadtverwaltung von Los Angeles stellte sich heraus, dass die Mitarbeiter der Verkaufsabteilung von Wells Fargo unter dem enormen Druck, ein unrealistisches Soll zu erreichen, Konten ohne Zustimmung der Kunden eröffnet hatten.[1] Dann zogen sie Gebühren für Kreditkarten und andere Leistungen ein, die nie bestellt worden waren. Als die Kunden sich beschwerten, weigerte sich Wells Fargo, das Geld zurückzuerstatten. Stattdessen hetzten sie nicht zahlungswilligen Kunden Inkassofirmen auf den Hals. Im September 2016 erschien der Vorstandsvorsitzende von Wells Fargo vor einem Ausschuss des Senats. Er erklärte, die Verantwortung für diese unethischen Praktiken zu übernehmen, und entschuldigte sich. Doch danach schob er das unkorrekte Verhalten seinen Angestellten in die Schuhe, von denen mehr als fünftausend entlassen wurden, und bestritt, dass es Folge eines orchestrierten Vorgehens der Bank gewesen sei. »Solche Verkaufspraktiken widersprechen unseren Werten, unserer Ethik, unserer Kultur«, beharrte Stumpf.[2] (Er wurde ein paar Wochen später zum Rücktritt gezwungen, aber durch einen anderen Insider ersetzt. Wie die Zeitschrift *Fortune* berichtete, betrug seine Abfindung 133 Millionen in Form von Aktien, einer nachträglichen Vergütung und von Versorgungsleistungen.[3])

Solche Fälle zeigen, wie eine bestimmte Mischung aus Angst und unrealistischen Erwartungen ansonsten brave Angestellte in Gesetzesbrecher verwandeln kann, während man den Topmanagern erlaubt, ihre Hände in Unschuld zu waschen und zu behaupten, sie hätten von nichts gewusst.

Bei Volkswagen waren die Belohnungen für diejenigen, die technische Lösungen für Probleme fanden, größer als für jene, die auf die rechtlichen Risiken hinwiesen. Es ist bemerkenswert, dass es bei Volkswagen, soweit bekannt, keinen Whistleblower unter den Mitarbeitern gab, bis der Betrug aufgedeckt wurde. So eigenartig es auf Außenstehende wirken mag, aber vielen Beteiligten war nicht bewusst, dass sie etwas moralisch Verwerfliches taten. Ehemaligen Volkswageningenieuren zufolge, die aber anonym bleiben wollten, glaubten viele tatsächlich, sie seien Umwelthelden. Sie machten sich vor, die höheren Stickoxidemissionen von Dieselmotoren seien nun einmal der Preis für eine Reduktion des klimaschädlichen Kohlendioxidausstoßes. Die EU-Politik verstärkte diesen Glauben durch die tatkräftige Förderung von Diesel.

Da Volkswagen keine eigenen Straßentests durchführte, konnten sich die Ingenieure einreden, dass der übermäßige Schadstoffausstoß nicht so schlimm sei. Manche waren von den Daten schockiert, die das Team der West Virginia University und CARB ermittelt hatten und die zeigten, dass die Emissionen den gesetzlichen Grenzwert bis um das 40-Fache überschritten. Zum größten Teil waren die Ingenieure risikoscheue Manager der mittleren Ebene, wie man sie in vielen großen Unternehmen findet. Sie lebten in Wolfsburger Vorstädten wie

Gifhorn in komfortablen Häusern mit gepflegtem Rasen, auf dem Kinderspielzeug verstreut lag – hochgebildete Menschen mit Doktortitel, die Patente anmeldeten, Fachartikel schrieben und bei Branchentagungen Vorträge hielten. Viele machten Überstunden, weil die Terminplanung für Entwicklungen immer extrem eng war. Zwar wurden sie gut bezahlt, aber unterhalb der Spitzenmanagement-Ebene wurde keiner von ihnen wirklich reich. Doch Geld war auch nicht das, was sie antrieb. Im Gegensatz zu Investmentbankern, die toxische hypothekenbesicherte Wertpapiere verkauften oder aufgrund von Insiderinformationen handelten, erhielten die Volkswagenmitarbeiter meist keine großen Bonuszahlungen oder Provisionen. Ihr Ziel war es, ihren Job zu behalten, damit sie ihre Hypotheken abzahlen und ihre Familien ernähren konnten.

Zumindest einige derjenigen, die die Motorensoftware für die Fahrzeuge von Volkswagen, Audi, Porsche und anderen Konzernmarken manipulierten, wussten, dass sie regelwidrig handelten. Doch mangels Kontrolle gab es niemanden, der sie aufhielt oder auf mögliche Konsequenzen ihres Handelns aufmerksam machte. Ingenieure sind darin ausgebildet, technische Probleme zu lösen. Nicht immer haben sie ein Auge darauf, dass sie Kollateralschäden verursachen könnten. Deshalb gibt es Compliance-Abteilungen. Doch bei Volkswagen mangelte es den Mitarbeitern, die dafür Sorge zu tragen hatten, dass sich die Ingenieure regelkonform verhielten, an Fachwissen in der Emissionstechnologie. Und selbst wenn dieses Wissen in der Compliance-Abteilung vorhanden gewesen wäre, hätten sie im Unternehmen nicht genug Macht gehabt, sich durchzusetzen. Das Unternehmen hat eingeräumt, dass die Software keiner Kontrolle einer anderen Abteilung unterlag. Bei Volkswagen hatten Ingenieure das Sagen.

Zudem litt Volkswagen an einer zentralistischen Struktur. Informationen der Mitarbeiter an der Basis wurde wenig Beachtung geschenkt. Wie das Unternehmen zugab, war alle Entscheidungsgewalt im Vorstand gebündelt, die Chefs der einzelnen Sparten hatten zu wenig Autonomie. Winterkorn war stolz auf seine Detailbesessenheit. Obwohl Volkswagen weltweit expandierte, behielt Wolfsburg die Zügel fest in der Hand. Ähnlich wie es Jahre dauerte, bis die Wolfsburger Designer kapierten, dass die Amerikaner größere Becherhalter wollten, verstanden die Manager in Wolfsburg nicht, dass die Spielregeln in den USA andere waren. Dort war der Einbau einer Abschalteinrichtung ein schweres Vergehen, das möglicherweise riesige Strafzahlungen nach sich zog, und kein Bagatelldelikt wie in Europa.

Volkswagens Kurzsichtigkeit war nicht alternativlos. Andere deutsche Autobauer hatten erkannt, dass sie eine internationalere Perspektive entwickeln mussten. BMW und Daimler eröffneten in den 1990er-Jahren Fabriken in den USA, und in ihren Unternehmen wurde Englisch zur Lingua franca. Doch Volkswagen blieb provinziell. Spitzenmanager konnten Englisch oft nur radebrechen. Das einzige nichtdeutsche oder -österreichische Mitglied des neunköpfigen Vorstands war Francisco Javier Garcia Sanz, der fast sein ganzes Leben in Deutschland gearbeitet hatte. Auch gab es im Topmanagement kaum Frauen, und im Vorstand erst 2016.

Letztlich liegt die Verantwortung für den Skandal und die Reaktion von Volkswagen bei den größten Aktionären, den Familien Porsche und Piëch. Sie besitzen die Mehrheit der stimmberechtigten Stammaktien und können die jährliche Hauptversammlung dominieren, allerdings nur wenn das Land Niedersachsen kein Veto einlegt. Ferdinand Piëch, Oberhaupt des einen Familienzweigs, war mehr als zwei Jahrzehnte lang die beherrschende Figur im Management. Er schuf eine Unternehmenskultur, die es zuließ, dass der Dieselbetrug unter der Decke blieb und vor sich hin schwelte.

Die Familien haben auch großen Einfluss auf den Aufsichtsrat. Von den zehn Vertretern der Aktionäre sind vier Mitglieder des Porsche-Piëch-Clans. Und der Aufsichtsratsvorsitzende Hans Dieter Pösch ist der Familie eng verbunden. (Die Clan-Mitglieder sind Louise Kiesling, eine Nichte von Ferdinand Piëch; Hans Michel Piëch, Ferdinands Bruder; Wolfgang Porsche, Ferdinands Cousin und Sprecher der Porsche-Familie; und Ferdinand Oliver Porsche, Wolfgangs Bruder.) Annika Falkengren, eine schwedische Bankerin, ist die einzige Vertreterin von Aktionären im Volkswagen-Aufsichtsrat, die keine persönlichen Beziehungen zu den Familien, zu Niedersachsen oder dem Staatsfonds von Katar unterhält. Die anderen zehn Aufsichtsratsmitglieder sind gemäß deutschem Recht Vertreter der Arbeitnehmer. Es gibt einen Mangel an Stimmen von außen und keinen offensichtlichen Willen zu Reformen. Was für eine Tragödie, wenn, acht Jahrzehnte nachdem die Backsteinmauern des Volkswagenwerks am Ufer des Mittellandkanals für die Serienproduktion von Ferdinand Porsches »Volkswagen« hochgezogen wurden, seine Nachfahren letztlich den Untergang von Volkswagen zu verantworten hätten.

Epilog

Am 26. April 2016 zog sich Dan Carder Anzug und Krawatte an und machte sich auf den Weg zum Lincoln Center in New York. Der Anlass war eine Party für die 100 Leute, die die Zeitschrift *Time* als die einflussreichsten Personen des Jahres gelistet hatte. Zu ihnen gehörten Barack Obama, Wladimir Putin, Papst Franziskus – und Carder. Wegen seiner Arbeit als Leiter des Teams an der West Virginia University, das Volkswagen hatte auffliegen lassen, erlangte er ein Maß an Prominenz, wie sie Autoabgasexperten nicht häufig zuteilwird. Aber Ehre und Ruhm bedeuten nicht unbedingt Reichtum, und Carder sagte, er liege immer noch nachts wach und grüble, wie er genügend Spenden erbetteln und Aufträge einholen könnte, um sein Forschungs- und Testzentrum an der West Virginia University weiterführen zu können.

Carder hoffte auf einen Teil der 15 Milliarden Dollar, zu deren Zahlung sich Volkswagen in einem Vergleich mit den amerikanischen Besitzern von VW-Dieselfahrzeugen sowie mit der US-Regierung und den Regierungen einzelner Bundesstaaten verpflichtet hatte. Vielleicht würde die West Virginia University beauftragt, zu verifizieren, dass Volkswagen sein Versprechen eingelöst hatte und die Emissionen der manipulierten Autos inzwischen geringer waren. Doch bislang hat sich das noch nicht geklärt.

Richter Charles Breyer vom District Court in San Francisco segnete den 15-Milliarden-Dollar-Vergleich formell am 25. Oktober 2016 ab. Die Einigung, die auch eine Entschädigung der Besitzer in Höhe von etwa zehn Milliarden Dollar vorsah, war jedoch nicht perfekt. Die Wut der Käufer hatte sich noch nicht gelegt, und manche meinten, Volkswagen müsse ihre Autos zum ursprünglichen Preis zurückkaufen. »Wir haben uns ihr Werbematerial reingezogen und ihnen das mit dem sauberen Diesel geglaubt, und dann haben wir einen Spitzenpreis für einen 2011er Audi A3 TDI bezahlt«, sagte Mark Dietrich aus San Francisco, der das Fahrzeug 2010 gemeinsam mit seiner Frau gekauft hatte, kurz bevor ihr erstes Kind geboren wurde. »Wir sind zum Narren gehalten worden«, meinte er bei einer Anhörung vor Richter Breyer am 18. Oktober.[1] Die große Mehrheit der Käufer aber hatte bereits ihre Bereitschaft signalisiert, den Vergleich zu akzeptieren. Breyer billigte zwar die gefundenen Kompromisse, erklärte aber, er wolle der unmäßigen Luftverschmutzung so bald wie möglich ein Ende setzen. »Auf den Straßen fahren Autos, die Umweltbestimmungen nicht erfüllen. Und es ist zwingend erforderlich, dass diese Angelegenheit sofort bereinigt wird«, betonte er.[2]

Der durch den Skandal verursachte finanzielle Schaden für Volkswagen nahm immer größere Ausmaße an. Im Dezember 2016 stimmte das Unternehmen einem Vergleich für etwa 80 000 in den USA gemeldete Fahrzeuge der Marken Audi, Porsche und Volkswagen mit 3-Liter-Motoren zu, der das Unternehmen 1,3 Milliarden Dollar kosten würde.[3] Außerdem einigte sich Volkswagen mit etwa 105 000 Käufern in Kanada auf die Zahlung von 2,1 Milliarden kanadische Dollar (1,6 Milliarden Dollar).[4] Wie die Kunden in den USA erhielten die Kanadier eine Entschädigung und die Option auf den Rückkauf ihrer Fahrzeuge durch Volkswagen. Auch die Firma Bosch, die als Zulieferer ebenfalls in den USA vor Gericht stand, schloss einen Vergleich und erklärte sich bereit, 327,5 Millionen Dollar an Fahrzeughalter zu zahlen. Das Unternehmen gestand keinerlei Fehlverhalten ein.[5]

Im Oktober 2016 demonstrierten zwei einflussreiche Mitglieder des sonst häufig zerstrittenen Porsche-Piëch-Clans Einigkeit. In einem Interview mit dem *Spiegel* gelobten Wolfgang Porsche und sein Cousin Hans Michel Piëch, der als das öffentliche Gesicht der Piëch-Familie an die Stelle seines Bruders

Epilog

Ferdinand getreten war, nicht in die Alltagsgeschäfte von Volkswagen einzugreifen. Die beiden Vertreter der Mehrheitsaktionäre sagten, sie würden anders vorgehen als Ferdinand Piëch, der bekannt dafür war, sich überall einzumischen (und laut seinem Bruder immer noch Autos der Konkurrenz kaufte, um sie mit Produkten von Volkswagen zu vergleichen). Wolfgang Porsche und Hans Michel Piëch räumten ein, es sei ein Fehler gewesen, dem Topmanagement für 2015 große Boni zu zahlen, und versprachen, das Vergütungssystem des Konzerns zu reformieren.

Gleichzeitig machten sie aber auch deutlich, dass sie keine generelle Umbesetzung im Topmanagement planten. Porsche und Piëch brachten vielmehr ihr Vertrauen in Hans Dieter Pötsch zum Ausdruck, den Vorsitzenden des Aufsichtsrats, der in der ganzen Zeit, in der die betrügerische Software eingesetzt wurde und dann Manager und Ingenieure von VW deren Existenz zu vertuschen suchten, VW-Finanzvorstand gewesen war – also in einer Periode, als bereits feststand, dass die internen Kontrollen in keiner Weise ausreichten. Und als Volkswagen es versäumte, Anteilseigner über die drohende Gefahr des Abgasskandals zu informieren, war er für die Beziehungen zu den Aktionären verantwortlich. Porsche und Hans Michel Piëch glaubten also weiter an Insider. »[Wir] haben immer gute Erfahrungen gemacht, wenn wir Menschen aus dem Unternehmen in führende Positionen gesetzt haben«, sagte Piëch in einem Interview mit Dietmar Hawranek vom *Spiegel*. »Wir haben großes Vertrauen in Herrn Pötsch.«[6] Ein paar Wochen nach dem Erscheinen des Interviews enthüllte Volkswagen, dass die deutsche Staatsanwaltschaft wegen des Verdachts auf Verheimlichung wichtiger Informationen vor den Aktionären gegen Pötsch ermittelte.[7] Aber er behielt seinen Posten.

Leute hingegen, die von außen kamen, hatten es bei Volkswagen offensichtlich nicht leicht. Ein Beispiel dafür ist Christine Hohmann-Dennhardt, ehemals Richterin am Bundesverfassungsgericht, die Anfang 2016 in den Vorstand geholt worden war, um die unzureichende Compliance-Kontrolle, die wesentlich zu dem Skandal beigetragen hatte, einer Revision zu unterziehen. Am 26. Januar 2017 verkündete Volkswagen, Hohmann-Dennhardt werde aus dem Vorstand ausscheiden. Sie und Volkswagen würden sich aufgrund »unterschiedlicher Auffassungen über Verantwortlichkeiten und die künftigen operativen Arbeitsstrukturen in ihrem Ressort«[8] trennen, hieß es vonseiten des Unternehmens. Für einen Konzern, der angeblich an seiner Unternehmenskultur arbeiten wollte, war dies nicht gerade ein vielversprechendes Zeichen.

Unglaublicherweise ergaben sich 2016 Hinweise dafür, dass bei in den USA verkauften Autos der Marke Audi eine weitere Abschalteinrichtung eingebaut worden war. Es ging um eine Software, die das Automatikgetriebe steuert. Diese Software erkennt, wann sich das Fahrzeug auf dem Rollenprüfstand befindet, und sorgt dann dafür, dass weniger Kohlendioxid ausgestoßen wird, für das es ebenfalls verbindliche Grenzwerte gibt. Dies deutete darauf hin, dass Volkswagen und Audi einen weiteren Abgasbetrug begangen und vertuscht hatten und somit noch mehr Gerichtsverfahren und Ermittlungen auf das Unternehmen zukommen würden. Als Wiederholungstäter musste es damit rechnen, dass Gerichte und Regulierungsbehörden nicht zimperlich mit ihm umgehen würden. Das Unternehmen bestritt jeglichen Betrugsversuch und schrieb die von den Normen abweichenden Werte technischen Problemen zu. »In der Testsituation«, hieß es in einer Stellungnahme von Audi, »können dynamische Schaltprogramme zu falschen Messwerten und nicht reproduzierbaren Ergebnissen führen.«[9]

Der gerichtliche Vergleich bei einem Bundesgericht beendete zwar das Verfahren um die in einer Sammelklage geltend gemachten Ansprüche gegenüber Volkswagen und Audi, doch in 21 amerikanischen Bundesstaaten waren weitere Gerichtsverfahren wegen Verstößen gegen deren Umweltgesetze anhängig.

Epilog

Und am 7. Januar 2017 bewies das FBI, wie ernst es die US-Regierung mit ihrer Ankündigung meinte, Strafanzeige gegen Mitglieder des VW-Managements zu erheben. Die Ermittlungsbehörde verhaftete Oliver Schmidt, den Manager, der eine so wichtige Rolle bei den Auseinandersetzungen mit CARB gespielt hatte, am Miami International Airport. Er wollte gerade in ein Flugzeug nach Deutschland steigen.[10] Aus unerklärlichen Gründen war er nach Florida gereist, wo er mehrere Eigentumswohnungen besaß, obwohl abzusehen war, dass man ihn festnehmen würde, sobald er in den Vereinigten Staaten auftauchte. Offenbar ging er davon aus, dass er nicht verhaftet werden würde, weil er sich freiwillig Befragungen des FBI unterzogen hatte.[11] Schmidt wurde vorgeworfen, an geheimen Verabredungen zur Täuschung der US-Regierung beteiligt gewesen zu sein und gegen den Clean Air Act verstoßen zu haben. Ein Richter verweigerte die Zustimmung zur Freilassung auf Kaution bis zum Prozess mit der Begründung, es bestehe die Gefahr, dass sich der Angeklagte nach Deutschland absetzen würde.[12] Damit wurde zum ersten Mal ein Beteiligter wegen des Skandals hinter Gitter gebracht. Oliver Schmidt war zugleich der erste Angeklagte, der vor einem amerikanischen Gericht seine Sicht der Dinge ausführte. In einem im Februar vorgebrachten Antrag seiner Anwälte, der darauf abzielte, ihn gegen Kaution aus der Haft zu entlassen, inszenierte er sich als kleiner Akteur bei der Verschwörung.[13] Gemäß dem Antrag seines Anwaltsteams, das von dem New Yorker Anwalt David B. Massey geleitet wurde, war Schmidt kein Diesel-Experte. Er tat demzufolge lediglich, was die Experten und die Volkswagen-Anwälte ihm sagten. In dem Antrag heißt es: »Herrn Schmidts Teilnahme an diesen Meetings stützte sich zeitweilig auf interne rechtliche Einschätzung, und aufgrund seiner nicht ausgeprägten technischen Expertise vertraute er den Ausführungen der Diesel-Experten.«[14] Schmidts Argumentation ließ erahnen, welche Strategie die anderen Angeklagten befolgen sollten. Sie würden sich als Rädchen in der Maschine darstellen, die größeren Kräften ausgeliefert waren.

Ein paar Tage später, am 11. Januar, gab Volkswagen jeden Versuch auf, so zu tun, als wäre der Abgasbetrug das Werk einer kleinen Gruppe skrupelloser Ingenieure. Nach wochenlangen Verhandlungen bis in die Nacht zwischen Anwälten der Regierung und Mitgliedern der Rechtsabteilung von Volkswagen verkündete das Justizministerium, dass man einen Vergleich geschlossen habe. Volkswagen werde Bußgeld- und Strafzahlungen in Höhe von 4,3 Milliarden Dollar leisten. Noch bedeutender war, dass sich VW für schuldig im Sinne der Anklagen bekannte. Die Anklagen lauteten auf Absprachen zur Täuschung der Behörden und Verstoß gegen den Clean Air Act, Behinderung der Justiz sowie falsche Angaben gegenüber den Zollbehörden. Die Schuldeingeständnisse von Volkswagen unterscheiden sich in einem wichtigen Punkt von denen der Banken, denen nach der Finanzkrise Fehlverhalten vorgeworfen wurde. Die Banken konnten in der Regel sogenannte Vereinbarungen zur Aussetzung der Strafverfolgung treffen und damit einer Verurteilung entgehen, wenn sie sich an bestimmte Bedingungen hielten. Der VW-Deal kam in den letzten Tagen der Präsidentschaft Barack Obamas zustande. Nachdem praktisch kein Banker der Wall Street nach der Finanzkrise ins Gefängnis gewandert war, erfüllte das Justizministerium schließlich seinen erst ein paar Tage vor dem Ausbruch des Skandals im September 2015 geleisteten Schwur, Unternehmen, die gegen Gesetze verstoßen hätten, zu einem Schuldeingeständnis zu zwingen.

Zu dem Deal mit dem Justizministerium gehörte auch ein 30-seitiges Statement of Facts (Darstellung der Tatsachen), das praktisch ein detailliertes Schuldeingeständnis von VW hinsichtlich der Ereignisse um den Abgasbetrug war und viele der gegen das Unternehmen und seine Manager erhobenen Vorwürfe bestätigte. Darin wurde die technische Sackgasse be-

Epilog

schrieben, die 2006 VW-Manager veranlasste, auf eine Abschalteinrichtung zurückzugreifen. Es wurde dargelegt, dass Leute an der Unternehmensspitze Ingenieure überstimmten, die sich gegen die illegale Software aussprachen; dass die Abschalteinrichtung im Lauf der Jahre verfeinert worden war; dass VW-Manager ein raffiniertes Täuschungsmanöver ausheckten, als die Kontrolleure Verdacht schöpften; und dass sie Beweismaterial vernichteten, als ihnen klar wurde, dass sie auffliegen würden. Das Statement of Facts offenbarte, dass bei VW eine regelrechte kriminelle Verschwörung stattgefunden hatte.[15] Daran beteiligt waren hochrangige Manager, Compliance-Manager, Ingenieure, Experten für Qualitätskontrolle, Software-Spezialisten und hausinterne Anwälte. Volkswagen wurde als ein Unternehmen dargestellt, in dem die Verantwortlichen nur allzu gern bereit waren, gegen Gesetze zu verstoßen, um die ehrgeizigen Unternehmensziele zu erreichen.

Am 11. Januar 2017, dem Tag, an dem Anwälte der Volkswagen AG die Einigung mit dem Justizministerium unterzeichneten, erhob die Staatsanwaltschaft in Michigan Anklage gegen Schmidt und fünf weitere VW-Mitarbeiter, darunter auch Heinz-Jakob Neußer, den früheren Chef der VW-Entwicklungsabteilung, und Bernd Gottweis, den Red Adair der Qualitätskontrolle.[16] Mit Ausnahme von Schmidt hielten sich all diese Manager in Deutschland auf, was bedeutete, dass die US-Behörden den Fall über die Landesgrenzen hinweg verfolgen würden. Der Vergleich deutete darauf hin, dass mit weiteren Anklagen zu rechnen war. Es stand zwar kein gegenwärtiges oder früheres Vorstandsmitglied auf der Liste der Verdächtigen, aber Neußer und Gottweis und andere waren Winterkorn direkt unterstellt. Der Abgasbetrug reichte demnach bis an die Schwelle zum Vorstand.

Winterkorn aber beteuerte weiterhin seine Unschuld und die seines einstigen Mentors Ferdinand Piëch. Als er am 19. Januar vor dem Untersuchungsausschuss des Bundestags in Berlin aussagte, behauptete er beharrlich, den Begriff »Abschalteinrichtung« erstmals im September 2015 gehört zu haben. Winterkorn räumte ein, Piëch Anfang 2015 über den Rückruf der Dieselfahrzeuge in den Vereinigten Staaten informiert zu haben, erklärte aber, er habe dem Vorstandsvorsitzenden nicht den Grund für die Rückrufaktion mitgeteilt, weil er ihn selbst nicht gekannt habe. Winterkorn hielt an der Position fest, die er schon bei seinem Rücktritt eingenommen hatte: Er sei sich keiner Schuld bewusst. Und er sei verblüfft über die Unterstellung, bei Volkswagen herrsche ein Schreckensregime, das die Manager dazu treibe, sich illegaler Mittel zu bedienen. Er sei »ein Mensch, der ein offenes Wort schätzt«.[17]

Kurz darauf gaben die Ermittler bekannt, dass sie Zweifel an Winterkorns Aussage hegten. Am 28. Januar 2017 dehnte die Staatsanwaltschaft Braunschweig ihre Ermittlungen gegen den ehemaligen Vorstandsvorsitzenden wegen des Anfangsverdachts auf Betrug und irreführende Werbung aus. Nachdem sie zahlreiche Zeugen befragt und Dokumente gründlich geprüft hatte, sah die Staatsanwaltschaft Grund zu der Annahme, dass Winterkorn von der illegalen Software und ihrem Zweck früher Kenntnis hatte, als er zugab. Die Ermittlungen gegen VW wurden darüber hinaus von 21 auf 37 Verdächtige ausgeweitet, zum Teil auf der Grundlage von Beweismaterial, das in den vorangegangenen Monaten bei Haus- und Bürodurchsuchungen im Gebiet um Wolfsburg und anderswo beschlagnahmt worden war.[18] Medienberichten zufolge gehörte auch Winterkorns Villa in München dazu.[19] Der aber beteuerte weiterhin seine Unschuld und gab eine Stellungnahme heraus, wonach er zu seiner Aussage in Berlin stehe.

Ferdinand Piëch hatte es fertiggebracht, nahezu unsichtbar zu bleiben, seit der VW-Skandal öffentlich wurde. Im Februar 2016 rückte der Mann, der den Konzern so lange beherrscht hatte, jedoch wieder in den Fokus der Aufmerksamkeit. *Der Spiegel* berichtete, dass Piëch im Dezember 2016 vor der Staats-

Epilog

anwaltschaft Braunschweig ausgesagt habe, er hätte Ende Februar 2015, als er noch Aufsichtsratsvorsitzender war, von einem Abgaswert-Problem in den USA erfahren, und er hätte, wie es weiterhin heißt, diese Information an die Mitglieder des Aufsichtsratspräsidiums weitergegeben, unter anderem also an den niedersächsischen Ministerpräsidenten Stephan Weil und an Wolfgang Porsche. Dem *Spiegel* zufolge hatte Winterkorn Piëch jedoch versichert, dass »ein solches Papier aus den USA« nicht existieren würde.[20]

Sollte Piëchs Aussage der Wahrheit entsprechen, wäre sie hochexplosiv. Das schuldhafte Verhalten der Volkswagen AG wäre weit größer, wenn sich herausstellen würde, dass die Konzernspitze bereits im Februar 2015 über die Manipulation von Abgaswerten unterrichtet war, aber keine angemessenen Schritte unternommen hatte. Volkswagen hatte dem Bericht des *Spiegel* nicht widersprochen; in einer Stellungnahme des Aufsichtsrats wurden Piëchs Vorwürfe jedoch »mit allem Nachdruck« als unwahr zurückgewiesen. Die Kanzlei Jones Day habe Piëchs Darstellung »eingehend und detailliert überprüft«, dabei hätten sich »keine Anhaltspunkte für die Richtigkeit dieser Behauptungen« ergeben.[21] Martin Winterkorn wird sich gemäß einer Mitteilung seines Anwalts Felix Dörr zufolge zu Piëchs Aussage erst äußern, »sobald ihm die Akten der Staatsanwaltschaft Braunschweig zur Einsicht vorgelegen haben«.[22]

Piëchs Motive, andere Aufsichtsratsmitglieder in den Abgasskandal zu verwickeln, blieben obskur. Indem er zugab, über die Emissionsprobleme bereits im Februar 2015 informiert gewesen zu sein, exponierte er sich gewissermaßen selbst. Er hätte von seinem Aussageverweigerungsrecht Gebrauch machen können, um sich nicht selbst zu beschuldigen. Darüber hinaus brachte er sein persönliches Vermögen in Gefahr, denn er ging das Risiko ein, dass Volkswagen deutlich höhere Strafzahlungen bevorstehen könnten. Nicht zum ersten Mal waren seine Beweggründe unklar. Vielleicht ist die Erklärung so einfach, wie der Wirtschaftsjournalist Georg Meck von der *Frankfurter Allgemeinen Zeitung* sie nahelegt: Rache.[23]

Am 3. April 2017 wurde bekannt, dass Ferdinand Piëch die meisten seiner Anteile an der Porsche SE an andere Mitglieder der Familien Porsche und Piëch verkauft hat. Ferdinand Piëch hielt 14,7 Prozent der Stammaktien an der Porsche SE, die wiederum Hauptaktionärin von Volkswagen ist.[24] Dieser Schritt markiert den Rückzug des Patriarchen aus dem VW-Konzern.

Unmittelbar bevor der Audi-Konzern am 15. März 2017 seine Jahreszahlen präsentierte, wurden auf Veranlassung der Staatsanwaltschaft München II mehrere Standorte des Konzerns sowie die Räume der von VW mit internen Prüfungen beauftragten US-Kanzlei Jones Day durchsucht. Die Staatsanwaltschaft erhofft sich weitere Erkenntnisse über Entscheidungsabläufe, den Informationsfluss und den Vertrieb von Audi-Fahrzeugen im Zusammenhang mit der Abgas-Affäre in den USA. In den Fokus der Ermittlungen geriet unter anderem Audi-Chef Rupert Stadler, wenngleich er bislang nicht als Beschuldigter klassifiziert wurde. Diese Durchsuchungsaktion zeigt zugleich, dass der VW-Skandal auch eineinhalb Jahre nach den ersten Meldungen über Betrugsvorwürfe nichts von seiner Brisanz eingebüßt hat.

Ein Rückzug aus dem amerikanischen Automarkt als Konsequenz nach dem Diesel-Debakel steht für Volkswagen nicht zur Debatte. Im Gegenteil, das Unternehmen verdoppelte bereits im Herbst 2016 seinen Einsatz in Amerika und kündigte an, in Chattanooga einen neuen SUV mit sieben Sitzen zu bauen, der den Namen Atlas tragen soll. Volkswagen investierte in dem Werk in Tennessee bereits 900 Millionen Dollar für die Fertigung des neuen Fahrzeugs. Der Atlas wird mit einem 2-Liter-/Vier-Zylinder- oder einem 3,6-Liter-/Sechs-Zylinder-Motor ab Mai 2017 zu haben sein – betrieben mit Benzin. Eine Dieselvariante soll es nicht geben.

Der Aufbau eines Imperiums
Volkswagens Weg zur weltweiten Dominanz

1937 Die NS-Organisation Deutsche Arbeitsfront gründet ein Unternehmen für die Produktion einen »Wagens für das Volk«, kurz Volkswagen. Das bekannte VW-Emblem entwarf Franz Xaver Reimspieß, ein Motorenentwickler im Konstruktionsbüro von Ferdinand Porsche.

1965 Volkswagen kauft von Daimler-Benz die Auto Union GmbH.

1969 Volkswagen fusioniert die Auto Union mit den NSU-Motorenwerken, woraus Audi entsteht.

1986 Volkswagen erwirbt das Unternehmen SEAT, einen staatseigenen spanischen Autobauer, mit dem VW schon zuvor kooperiert hatte.

1991 Nach dem Zusammenbruch der sozialistischen Staaten Osteuropas erwirbt Volkswagen von der Tschechoslowakischen Republik das Unternehmen Škoda Auto. Škoda wird die Low-Budget-Marke des VW-Konzerns.

1998 Mit dem Ziel einer Marktoffensive kauft Volkswagen den britischen Hersteller von Luxuslimousinen Bentley Motors, den italienischen Sportwagenproduzenten Lamborghini und die Luxusmarke Bugatti.

2008 Volkswagen wird Mehrheitseigner beim schwedischen Lkw-Hersteller Scania.

2011 Volkswagen erwirbt die Mehrheit beim deutschen Lkw-Hersteller MAN.

2012 Volkswagen erwirbt Porsche, den Sportwagenbauer, mit dem bereits seit Langem eine Kooperation besteht. Der Zusammenschluss verschafft den Familien Porsche und Piëch die Mehrheit der Stimmrechtsaktien von Volkswagen.

2012 Volkswagen kauft den italienischen Hersteller von Motorrädern Ducati.

2015 Zum ersten Mal verkauft Volkswagen mehr Fahrzeuge als Toyota und wird zum weltweit größten Autobauer.

Die Familien Porsche und Piëch und Volkswagen

(Mitglieder mit dem größten Einfluss auf die Geschichte von Volkswagen)

Ferdinand Porsche (1875–1951) Konstrukteur des Käfer, Gründer des Volkswagenwerks

Louise Piëch (1904–1999) Tochter von Ferdinand Porsche und Aloisia Johanna Kaes, schuf das weltweit größte VW-Händlernetz.

Anton Piëch (1894–1952) Ehemann von Louise, Generaldirektor des Volkswagenwerks während des Zweiten Weltkriegs.

Ferdinand »Ferry« Porsche (1909–1998) Sohn von Ferdinand Porsche und Aloisia Johanna Kaes, machte die Firma Porsche zum Hersteller von Sportwagen.

Ferdinand Piëch (*1937) eines der vier Kinder von Louise und Anton, VW-Vorstandsvorsitzender 1993–2002, Aufsichtsratsvorsitzender 2002–2015.

Ursula Piëch, geborene Plasser (*1956), zweite Ehefrau von Ferdinand, Mitglied des VW-Aufsichtsrats 2012–2015.

Wolfgang Porsche (*1943) eines der vier Kinder von Ferry, Sprecher der Anteilseigner der Familie Porsche, Mitglied des VW-Aufsichtsrats seit 2008.

Danksagung

Dieses Buch gäbe es nicht, hätte nicht John Glusman, Cheflektor von W.W. Norton, die Initiative ergriffen. Wenige Wochen nachdem der Abgasskandal von Volkswagen erstmals Schlagzeilen machte, schlug John mir vor, darüber ein Buch zu schreiben; er ahnte, was für eine gute Story sich hinter diesem Thema verbarg. Danken möchte ich John nicht nur für diese Chance, die er mir bot, sondern auch für seinen klugen Zuspruch, mit dem er mir beim Recherchieren und Schreiben half. Meine Agentin Marly Rusoff kümmerte sich wie gewohnt souverän und gründlich um die geschäftlichen Aspekte des Projekts, stets befeuert von ihrer großen Leidenschaft für das gedruckte Wort.

Dank schulde ich den vielen Menschen, die bereit waren, mir ihre Sicht der Volkswagen-Geschichte darzulegen. Alle, die sich mir anvertraut haben, sind im Text oder in den Anmerkungen angeführt, und jedem Einzelnen möchte ich hiermit danken. Einige meiner Gewährsleute konnte ich jedoch nicht namentlich nennen. Ihnen gebührt mein besonderer Dank, weil sie für die Informationen, die sie mir zur Verfügung stellten, ihre berufliche Stellung und ihren Leumund aufs Spiel setzten. Manfred Grieger von den Volkswagen-Archiven erschloss mir viele nützliche Dokumente, und sein gemeinsam mit Hans Mommsen verfasstes Buch über Volkswagen während der Nazi-Zeit war mir eine unabdingbare Hilfe.

Meine Chefs bei der *New York Times* erlaubten mir, ein ganzes Jahr lang das Thema Volkswagen zum Mittelpunkt meiner Arbeit zu machen, was ohne die unvergleichliche Infrastruktur der *New York Times* nicht möglich gewesen wäre. Danken möchte ich deshalb den Redakteuren, die meine Berichterstattung über Volkswagen betreut haben, allen voran Dean Murphy, Adrienne Carter, Jesse Pesta, Tim Race und Prashant Rao. Ich war keineswegs der einzige Journalist der *New York Times*, der sich mit dem Volkswagen-Skandal beschäftigte. Viele meiner Kollegen verfassten höchst aufschlussreiche Artikel, gaben mir entscheidende Anregungen oder leisteten mir professionellen Beistand. Zu ihnen gehören Danny Hakim, Hiroko Tabuchi, Melissa Eddy, Alison Smale, Graham Bowley, Bill Vlasic und Coral Davenport. Danny verdanke ich auch zahlreiche wertvolle Ratschläge. Ich habe versucht, stets gewissenhaft darauf hinzuweisen, wenn ich mich aus den veröffentlichten Arbeiten anderer bediente, doch sollte ich entgegen meiner Absicht da und dort versäumt haben, ordnungsgemäß meine Quelle zu benennen, so bitte ich um Verzeihung.

Meiner Frau Bettina Stark danke ich für ihre Liebe und ihren emotionalen Zuspruch. Mit ihrem feinen Sinn für Ästhetik half sie mir bei der Auswahl der Fotos für dieses Buch. Und sie sorgte dafür, dass ich beim Schreiben nicht abgelenkt wurde. Unsere Tochter Saskia ist mir ein ständiger Quell der Freude und der Inspiration. Ohne die beiden hätte ich dieses Buch nicht zu Ende gebracht.

Und zu guter Letzt möchte ich meinen Eltern, Zita Lee und John Ewing, danken für das Beispiel an Optimismus und Beharrlichkeit, das sie mir bis zum heutigen Tag geben.

Bildnachweis

Seite 1	oben: Heinrich Hoffmann, Hulton Archive, Getty Images.
	unten: Volkswagen Aktiengesellschaft
Seite 2	oben: Volkswagen Aktiengesellschaft.
	unten: Volkswagen Aktiengesellschaft.
Seite 3	oben: Volkswagen Aktiengesellschaft.
	unten: Historisches Archiv der Porsche AG.
Seite 4–5	oben: Sam Falk, The New York Times Photo Archives 1969.
	unten links: Andreas Rentz, Getty Images.
	unten rechts: Heinrich Hecht, ullstein bild über Getty Images.
Seite 6	oben: David Hecker, DDP, Getty Images.
	Mitte: Sean Gallup, Getty Images Entertainment.
	unten: Fabrice Coffrini, AFP, Getty Images.
Seite 7	oben links: Thomas Kienzle, AFP, Getty Images.
	oben rechts: Carsten Koall, Getty Images News.
	Mitte: John McDougall, AFP, Getty Images.
	unten: Gisela Schober, Getty Images.
Seite 8	oben rechts: Irfan Khan, Getty Images.
	oben links: Taylor Hill, FilmMagic, Getty Images.
	unten: Sean Gallup, Getty Images News.

Anmerkungen

Vorwort zur deutschen Ausgabe

1 ACEA (European Association of Automobile Manufacturers) Pressemitteilung, »New Passenger Car Registrations European Union«, 17. Jan. 2017.

1
Unterwegs

1 »Company History: Benz Patent Motor Car, the first automobile (1885–1886)«, Daimler-Website, https://www.daimler.com/company/tradition/company-history/1885-1886.html

2
Der Enkel

1 Porsche Museum, *Ferdinand Porsche und der Volkswagen*, Stuttgart 2009, S. 13.
2 Otto D. Tolischus, »Nazi Hopes Ride the ›Volksauto‹«, *New York Times*, 16. Okt. 1938, S. 129.
3 Porsche Museum, *Ferdinand Porsche und der Volkswagen*, S. 15.
4 Ebd., S. 19.
5 Ebd., S. 17ff.
6 Ebd., S. 12–19.
7 Ebd., S. 18.
8 Ebd., S. 24.
9 Ebd., S. 41.
10 Ebd., S. 47.
11 Ebd., S. 62.
12 Berthold Huber, »Die historische Verantwortung für VW«, *Frankfurter Allgemeine Zeitung*, 5. März 2008.
13 Ferdinand Piëch, mit Herbert Völker, *Auto.Biographie*, Hamburg 2002, S. 20.
14 Ebd., S. 23.
15 Porsche Museum, *Ferdinand Porsche und der Volkswagen*, S. 91.

16 Ebd.
17 Steven Parissien, *The Life of the Automobile: The Complete History of the Automobile*, New York 2014, S. 122.
18 Porsche Museum, *Ferdinand Porsche und der Volkswagen*, S. 91
19 Ebd., S. 96.
20 Tolischus, »Nazi Hopes Ride«.
21 Markus Lupa, *Volkswagen Chronik: Der Weg zum Global Player*, Wolfsburg 2008, S. 8.
22 Ebd., S. 10.
23 Peter von Bölke, »Der Führer und sein Tüftler«, *Der Spiegel*, 4. Nov. 1996, aufgerufen am 22. Nov. 2015, http://www.spiegel.de/spiegel/print/d-9114600.html
24 Porsche Museum, *Ferdinand Porsche und der Volkswagen*, S. 158.
25 William Manchester, *The Arms of Krupp, 1587–1968*, Boston 1968, S. 441. (Dt.: *Krupp. Chronik einer Familie*, München 1978).
26 Piëch, *Auto.Biographie*, S. 81.
27 Ebd., S. 24.
28 Ebd., S. 9.
29 Ebd., S. 23.
30 Lupa, *Volkswagen Chronik*, S. 10.
31 Piëch, *Auto.Biographie*, S. 10.
32 Ebd., S. 11.
33 Ebd., S. 24.
34 Bölke, »Der Führer und sein Tüftler«.
35 Sara Frenkel, *Überleben in Angst: Vier Juden berichten über ihre Zeit im Volkswagenwerk in den Jahren 1943 bis 1945*, Wolfsburg, S. 66.
36 Bölke, »Der Führer und sein Tüftler«.
37 Hans Mommsen, »Zwangsarbeit im Dritten Reich: Eine Einleitung«, in: *Erinnerungsstätte an die Zwangsarbeit auf dem Gelände des Volkswagenwerks*, Wolfsburg 2014, S. 3.
38 Piëch, *Auto.Biographie*, S. 25.
39 Eighth Air Force Historical Society, »WWII 8th AAF Combat Chronology«, http://www.8thafhs.org/combat1944a.htm
40 Hans Mommsen und Manfred Grieger, *Das Volkswagenwerk und seine Arbeiter im Dritten Reich*, Düsseldorf 1997, S. 927f. und 634.
41 *Erinnerungsstätte an die Zwangsarbeit*, S. 122.
42 Hans Mommsen, »Das Volkswagenwerk und die ›Stunde Null‹: Kontinuität und Diskontinuität«, Website der Ausstellung »Aufbau West, Aufbau Ost« (Berlin: Deutsches Historisches Museum 1997), aufgerufen am 6. Dez. 2015, http://www.dhm.de/archiv/ausstellungen/aufbau_west_ost/katlg14.htm
43 *STO à KdF: Die Erinnerungen des Jean Baudet, 1943–1945*, Wolfsburg 2000.

Anmerkungen

44 Mommsen, »Zwangsarbeit im Dritten Reich«.
45 Mommsen und Grieger, *Das Volkswagenwerk und seine Arbeiter im Dritten Reich*, S. 927.
46 Schreiben von Porsche an Volkswagen, den Streit um die Rechnungsstellung betreffend, 18. Juni 1948, Volkswagen Archive.
47 Opel-Website, http://www.opel.de/opel-erleben/ueber-opel/tradition.html
48 Parissien, *The Life of the Automobile*, S. 183f.
49 Mommsen und Grieger, *Das Volkswagenwerk und seine Arbeiter im Dritten Reich*, S. 940–944.
50 Mommsen und Grieger, *Das Volkswagenwerk und seine Arbeiter im Dritten Reich*, S. 943f.

3
Wiedergeburt

1 Ralf Richter: *Ivan Hirst. Britischer Offizier und Manager des Volkswagenaufbaus*, Wolfsburg 2003, S. 15ff.
2 Ebd., S. 84.
3 Lupa, Volkswagen Chronik, S. 17.
4 Markus Lupa, *Spurwechsel auf britischen Befehl. Der Wandel des Volkswagenwerks zum Marktunternehmen 1945–1949*, Wolfsburg 2010. (*Changing Lanes under British Command: The Transformation of Volkswagen from a Factory into a Commercial Enterprise, 1945–1949*, Wolfsburg 2011, S. 62).
5 Richter, *Ivan Hirst*, S. 111.
6 Lupa, *Volkswagen-Chronik*, S. 15.
7 Richter, *Ivan Hirst*, S. 109.
8 Parissien, *The Life of the Automobile*, S. 183.
9 Protokoll Hauptabteilungsleiter Besprechung, 18. Okt. 1951, Volkswagen-Archive, Wolfsburg.
10 Ebd., 31. Aug. 1951.
11 Mommsen und Grieger, *Das Volkswagenwerk und seine Arbeiter im Dritten Reich*, S. 938f.
12 Ebd., S. 939.
13 Memorandum British Property Control Branch to Volkswagen, July 25, 1949, Volkswagen-Archive.
14 Schreiben von Managern des Volkswagenwerks an das Stuttgarter Finanzgericht, 9. Juni 1948, Volkswagen-Archive.
15 Brief eines Herrn Knott an Ferry Porsche, 1949 (präzises Datum fehlt), Volkswagen-Archive.
16 Eberhard Reuß, »Adolf Rosenberger: Porsches dritter Mann und ein wenig

ruhmreiches Kapitel der Firmengeschichte«, Transkript einer Rundfunksendung auf SWR 2, 12. März 2010, http://www.swr.de/swr2/programm/sendungen/tandem/-/id=10068636/property=download/nid=8986864/tyumep/swr2-tandem-20120906-1005.pdf
17 Brief von Ferry Porsche an Heinrich Nordhoff, 2. Okt. 1953, Volkswagen-Archive.

4
Der Nachkomme

1 Piëch, *Auto.Biographie*, S. 34–37.
2 Ebd., S. 40.
3 Ebd., S. 41–43.
4 Ebd., S. 43.
5 Ebd., S. 42.
6 Ebd., S. 43.
7 Ebd., S. 56.
8 Ebd., S. 59.
9 Ebd., S. 66.
10 Ebd., S. 67.
11 Anton Hunger und Dieter Landenberger, *Das Porsche-Calendarium*, München 2008, S. 78.
12 Ebd., S. 75.
13 Piëch, *Auto.Biographie*, S. 69ff.
14 Ebd., S. 80.
15 Ebd., S. 82.
16 Ebd., S. 26.

5
Vorstandsvorsitzender

1 Markus Lupa, *Volkswagen Chronik*, S. 46.
2 Bob Garfield, »Ad Age Advertising Century: The Top 100 Campaigns«, *Advertising Age*, 29. März 1999, http://adage.com/article/special-report-the-advertising-century/ad-age-advertising-century-top-100-campaigns/140918/
3 Interview mit Carl Hahn, 31. März 2016.
4 Lupa, *Volkswagen Chronik*, S. 60.
5 Ebd., S. 90.
6 Parissien, *The Life of the Automobile*, S. 124.

Anmerkungen

7 Hans Mommsen und Manfred Grieger, *Das Volkswagenwerk und seine Arbeiter im Dritten Reich*, Düsseldorf 1997, S. 939.
8 Anton Hunger und Dieter Landenberger, *Das Porsche-Calendarium*, München 2008, S. 63.
9 Piëch, *Auto.Biographie*, S. 80.
10 »Hearings Set on Automobile Pollution Control«, Environmental Protection Agency press release, 4. März 1971, https://www.epa.gov/history/epa-history-clean-air-act-19701977
11 »Assessment of the Effectiveness of European Air Quality Measures and Policies, Case Study 2: Comparison of the US and EU Air Quality Standards & Planning Requirements«, DG Environment, 4. Oktober 2004, http://ec.europa.eu/environment/archives/cafe/activities/pdf/case_study2.pdf, S. 1.
12 Piëch, *Auto.Biographie*, S. 81.
13 Ebd., S. 86.
14 Ebd., S. 105.
15 Ebd., S. 126.
16 Ebd., S. 123.
17 Oliver Strohbach, »Das große Wettbrennen: Mit dem TDI von Malmö nach Kopenhagen«, *Dialoge.Online* (Audi online-Magazin), http://audi-dialoge.de/magazin/technologie/01-2015/134-das-grosse-wettbrennen
18 Audi-Website, »TDI Chronicle«, http://www.volkswagenag.com/content/vwcorp/info_center/en/themes/2014/08/Light_my_fire/TDI_chronicle.html
19 TDI Club Website, https://www.tdiclub.com/
20 »Audi Betriebsrat Fritz Böhm wird 90 Jahre alt«, http://www.auto-newsblog.de/audi-betriebsrat-fritz-bohm-wird-90-jahre-alt/
21 Piëch, *Auto.Biographie*, S. 135.
22 Ebd., S. 110.
23 Ebd., S. 141.
24 Ebd., S. 142.
25 Lupa, *Volkswagen Chronik*, S. 188.
26 Piëch, *Auto.Biographie*, S. 184–187.
27 Piëch, *Auto.Biographie*, S. 147.
28 Carl H. Hahn, *Meine Jahre mit Volkswagen*, München 2005, S. 289–302.
29 Ebd., S. 154f.
30 Ebd., S. 286.

6
Mit allen erforderlichen Mitteln

1. Piëch, *Auto.Biographie*, S. 156.
2. Nathaniel C. Nash, »Putting Porsche in the Pink,« *New York Times*, 20. Jan. 1996, http://www.nytimes.com/1996/01/20/business/putting-porsche-in-the-pink.html?pagewanted=all
3. Anton Hunger und Dieter Landenberger, *Das Porsche-Calendarium*, München 2008, S. 137.
4. Lupa, *Volkswagen Chronik*, S. 162.
5. Piëch, *Auto.Biographie*, S. 239.
6. Lupa, *Volkswagen Chronik*, S. 153.
7. Hahn, *Meine Jahre mit Volkswagen*, S. 42ff.
8. »Tarifrunde 1993: Vier-Tage-Woche bei Volkswagen«, Wirtschafts- und Sozialwissenschaftliche Institut, http://www.boeckler.de/wsi-tarifarchiv_3267.htm
9. Lupa, *Volkswagen Chronik*, S. 162.
10. Hahn, *Meine Jahre mit Volkswagen*, S. 294.
11. Werner Widuckel, »Paradigmenentwicklung der Mitbestimmung bei Volkswagen«, *Schriften zur Unternehmensgeschichte von Volkswagen*, Wolfsburg 2004, S. 16.
12. »Angst und Mißtrauen: Hat der gefeuerte Audi-Chef versagt – oder sein Vorgänger Ferdinand Piech?«, *Der Spiegel*, http://www.spiegel.de/spiegel/print/d-13684200.html
13. Interview mit David Herman, 19. Okt. 2015.
14. Keith Bradsher, »Former G.M. Executive Indicted on Charges of Taking Secrets«, *New York Times*, 23. Mai 2000, http://www.nytimes.com/2000/05/23/business/former-gm-executive-indicted-on-charges-of-taking-secrets.html?ref=topics
15. Piëch, *Auto.Biographie*, S. 177.
16. Ebd., S. 161.
17. Ebd., S. 172.
18. »Kisten nach Amorebieta«, *Der Spiegel*, 2. Aug. 1993, S. 82–86.
19. General Motors Corp. v. Ignacio Lopez De Arriortua, 948 F. Supp. 670 (E.D. Mich. 1996), 26. Nov. 1996, http://law.justia.com/cases/federal/district-courts/FSupp/948/670/2098385/
20. Piëch, *Auto.Biographie*, S. 168.
21. Ebd., S. 175.
22. Herman-Interview.
23. Robyn Meredith, »VW Agrees to Pay G.M. $100 Million in Espionage Suit«, *New York Times*, 10. Jan. 1997, http://www.nytimes.com/1997/01/10/business/vw-agrees-to-pay-gm-100-million-in-espionage-suit.html

Anmerkungen

24 Ebd.
25 Diana T. Kurylko und James R. Crate, »The Lopez Affair«, *Automotive News Europe*, 20. Feb. 2006, http://europe.autonews.com/article/20060220/ANE/60310010/the-lopez-affair
26 Emma Daly, »Court Fight in G.M. Spy Case«, *New York Times*, 22. Mai 2001, http://www.nytimes.com/2001/05/22/business/court-fight-in-gm-spy-case.html?ref=topics
27 Michael H. Moffett und William Youngdahl, *Jose Ignacio Lopez de Arriortua*, Case #: A02-98-0003, Thunderbird School of Global Management, Arizona State University, Glendale, AZ, 1998, http://caseseries.thunderbird.edu/case/jose-ignacio-lopez-de-arriortua
28 Piëch, *Auto.Biographie*, S. 196.
29 Consolidated Registrations by Manufacturer, European Automobile Manufacturers Association, 2016, http://www.acea.be/statistics/article/consolidated-registrations-by-manufacturer
30 Herman-Interview.

7
Gesetzeshüter

1 Interview mit Leo Breton, 4. Juni 2016.
2 US-Justizministerium, »U.S. Announces $45 Million Clean Air Settlement with GM« (Pressemitteilung), 30. Nov. 1995, https://www.justice.gov/archive/opa/pr/Pre_96/November95/596.txt.html
3 Ebd.
4 E-Mail von Leo Breton, 23. Juni 2016.
5 Die EPA reagierte nicht auf die mehrmals vorgetragene Bitte um einen Kommentar zu Bretons Schilderung der Ereignisse. Bitten um Interviews mit Vertretern der Behörde wurden abgelehnt.
6 Leo Breton, »ROVER: U.S. Environmental Protection Agency's Real-time On-Road Vehicle Emissions Reporter«, Präsentation auf dem 8th Integer Emissions Summit & DEF Forum USA, Chicago, 29. Okt. 2015.
7 »Ford Motor Company Clean Air Act Settlement« (Pressemitteilung der EPA), https://www.epa.gov/enforcement/ford-motor-company-clean-air-act-settlement. Siehe auch United States of America v. Ford Motor Co., Consent Decree, 4. Juni 1998, veröffentlicht auf https://www.epa.gov/sites/production/files/documents/fordmotor-cd.pdf
8 Leo Breton, schriftliche Aufzeichnungen, die er dem Autor zur Verfügung gestellt hat, Juni 2016.
9 Consent decree, United States of America v. Cummins Engine Co. Inc., Uni-

ted States District Court for the District of Columbia, 1998 (ohne präzise Datumsangabe), https://www.epa.gov/sites/production/files/2013-09/documents/cumminscd.pdf.

10 Environmental Protection Agency, »DOJ, EPA Announce One Billion Dollar Settlement with Diesel Engine Industry for Clean Air Violations« (Pressemitteilung), 22. Okt. 1998, https://yosemite.epa.gov/opa/admpress.nsf/b1ab9f-485b098972852562e7004dc686/93e9e651adeed6b7852566a60069ad2e?OpenDocument

11 E-Mail von Leo Breton, 27. April 2016.

12 United States Patent Number 6,470,732; Leo Alphonse Gerard Breton (inventor), *Real-time exhaust gas modular flowmeter and emissions reporting system for mobile apparatus*, 29. Okt. 2002.

13 U.S. House of Representatives Committee on Commerce, »Bliley Statement on EPA Diesel Rule Says, ›EPA Enforcement Is All Show and No Go‹« (Pressemitteilung), 17. Mai 2000.

14 Peter Whoriskey, »The EPA Closed the Lab That Might Have Caught VW Years Ago« *Washington Post*, 5. Okt. 2015, https://www.washingtonpost.com/business/economy/the-epa-closed-the-lab-that-might-have-caught-vw-years-ago/2015/10/05/03487752-67b5-11e5-9223-70cb36460919_story.html

15 European Automobile Manufacturers Association, »Share of Diesel in New Passenger Cars«, http://www.acea.be/statistics/tag/category/share-of-diesel-in-new-passenger-cars

16 Per Kågeson, »Cycle Beating and the EU Test Cycle for Cars«, European Federation for Transport and Environment, Nov. 1988, http://www.transportenvironment.org/sites/te/files/media/T&E%2098-3_0.pdf, S. 2.

17 Interview mit Dan Carder, 24. Mai 2016.

18 Interview mit Greg Thompson, 24. Mai 2016.

19 »WVU's Dan Carder among Time's 100 Most Influential People in the World« (Pressemitteilung der West Virginia University), 21. April 2016, http://wvutoday.wvu.edu/n/2016/04/21/wvu-s-dan-carder-among-time-s-100-most-influential-people-in-the-world

20 Dan Carder, E-Mail an den Autor, 12. Juli 2016.

21 Gregory J. Thompson, Daniel K. Carder, Nigel N. Clark und Mridul Gautam, »Summary of In-use NOx Emissions from Heavy-Duty Diesel Engines«, *Journal of Commercial Vehicles* 117 (2009), S. 162–184.

Anmerkungen

8
Geht nicht, gibt's nicht

1   Lupa, *Volkswagen Chronik*, S. 218–222.
2   Piëch, *Auto.Biographie*, S. 224.
3   Lupa, *Volkswagen Chronik*, S. 220–223.
4   Nicholas Schmidle, »The Digital Dirt«, *New Yorker*, 22. Feb. 2016.
5   Piëch, *Auto.Biographie*, S. 224.
6   Ebd., S. 233.
7   Ray Hutton, »Inside Château Bugatti: Piëch's Million-Euro Supercar Inches Carefully Closer to Reality«, *Road and Track*, Mai 2005, abrufbar unter http://www.caranddriver.com/features/inside-chateau-bugatti
8   Lupa, *Volkswagen Chronik*, S. 227.
9   Piëch, *Auto.Biographie*, S. 265.
10 »A Car Factory in the Centre of Town«, Volkswagen Website, aufgerufen am 27. Feb. 2016, https://www.glaesernemanufaktur.de/en/idea
11 Peter Robinson, »Volkswagen Phaeton 4MOTION W-12: A People's Car for People with Princely Incomes«, *Car and Driver*, Sept. 2002.
12 Matthias Kriegel, »Produktionsende des VW Phaeton: Nicht mal der Papst konnte ihn retten«, *Spiegel Online*, 10. März 2016, http://www.spiegel.de/auto/aktuell/vw-phaeton-selbst-der-papst-konnte-ihn-nicht-retten-a-1078294.html
13 Volkswagen AG, *Annual Report 1999*, S. 96f.
14 Paul A. Eisenstein, »Just Following Orders? Who Was Really Responsible for VW's Emissions Cheating?«, *The Detroit Bureau*, 8. Okt. 2015, http://www.thedetroitbureau.com/2015/10/just-following-orders-who-was-really-responsible-for-vws-emissions-cheating
15 Telefoninterview mit Bob Lutz, 14. März 2016. Lutz erzählte die Geschichte auch bei einem Interview mit *Autoline* am 13. November 2015, http://www.autoline.tv/journal/?p=40331. Siehe auch Bob Lutz, »One Man Established the Culture That Led to VW's Emissions Scandal«, *Road and Track*, 4. November 2015, http://www.roadandtrack.com/car-culture/a27197/bob-lutz-vw-diesel-fiasco/.
16 Interview mit Bob Lutz, 14. März 2016.
17 Gespräch mit Matthias Prinz am Rande einer Gerichtsanhörung in Stuttgart am 18. März 2016.
18 Jack Ewing, »As Boardroom Struggle Ends, Volkswagen Looks to the Future«, *New York Times*, 26. April 2015, http://www.nytimes.com/2015/04/27/business/international/as-boardroom-struggle-ends-volkswagen-looks-to-the-future.html
19 E-Mail von Walter Groth, 12. Dez. 2015.

20 E-Mails von Walter Groth, 12. Dez. 2015 und 15. April 2016.
21 Interview mit Arndt Ellinghorst, Nov. 2015.
22 Ebd.
23 David Woodruff, »Volkswagen's Hard-driving Boss, Ferdinand Piech Is Obsessed with Making Volkswagen into a Global Powerhouse«, BusinessWeek, 5. Oktober 1996, http://www.businessweek.com/1998/40/b3598015.htm
24 Volkswagen AG, Geschäftsbericht 2002, S. 1f.
25 Toyota Motor Corporation, Form 20-F (Annual Report, fiscal year ending March 31, 2003), Securities and Exchange Commission, Washington, DC, 1, 69, http://www.sec.gov/Archives/edgar/data/1094517/000119312503027032/d20f.htm#toc10753_22
26 Jack Ewing, »Can Porsche Shine at Volkswagen?«, New York Times, 28. Aug. 2010.
27 Der Autor war bei dem Abendessen 2008 anwesend und saß an Wiedekings Tisch.
28 Angebotsunterlage Pflichtangebot der Dr. Ing. h.c. F. Porsche Aktiengesellschaft an die Aktionäre der Volkswagen Aktiengesellschaft, 26. April 2007, S. 24, http://www.bafin.de/SharedDocs/Downloads/DE/Angebotsunterlage/porsche.pdf?__blob=publicationFile
29 Piëch, Auto.Biographie, S. 282.
30 Henning Krogh, »Gros der Anteilseigner ist zufrieden mit der Ära Piëch«, Automobilwoche, 16. April 2002, http://www.automobilwoche.de/article/20020416/NACHRICHTEN/204160702/gros-der-anteilseigner-ist-zufrieden-mit-der-ara-piech-vw-hauptversammlung-ohne-eklat
31 Piëch, Auto.Biographie, S. 285f.
32 Ebd., S. 286.

9
Arbeitsbeziehungen

1 Bundesagentur für Arbeit, »Dauer des Anspruchs«, aufgerufen am 21. Mai 2016, https://www.arbeitsagentur.de/web/content/DE/BuergerinnenUndBuerger/Arbeitslosigkeit/Arbeitslosengeld/DauerdesAnspruchs/Detail/index.htm?dfContentId=L6019022DSTBAI485667
2 Stacey Dooley, »Stacey Dooley at K5 Relax«, BBC Three, 21. Okt. 2013, https://www.youtube.com/watch?v=vm6o_2chMgI
3 »Lustreisen und ein Lamborghini«, Süddeutsche Zeitung, 21. Sept. 2010, http://www.sueddeutsche.de/wirtschaft/vw-korruptionsaffaere-lustreisen-und-ein-lamborghini-1.1003074
4 Landgericht Braunschweig, Urteil vom 25. Jan. 2007 (KLs 48/061).

Anmerkungen

5 »Gebauer, wo bleiben die Weiber?«, *Die Welt,* 20. Juni 2015, http://www.welt.de/print/die_welt/wirtschaft/article142799194/Gebauer-wo-bleiben-die-Weiber.html
6 Peter Hartz, persönliche Erklärung zu seinem Rücktrittsangebot, im Wortlaut abgedruckt im *Handelsblatt,* 8. Juli 2005, http://www.handelsblatt.com/unternehmen/industrie/im-wortlaut-dokumentation-erlaerung-von-peter-hartz/2523644.html
7 »Pischetsrieder kündigt konzernweites Ombudsmann-System an KPMG legt dem Aufsichtsrat schriftlichen Bericht vor«, 11.11.2005 http://www.presseportal.de/pm/9260/748294
8 Ferdinand Piëch, Zeugenvernehmung, Landeskriminalamt Niedersachsen, Dezernat 36, 29. März 2006. Die Anwälte von Herrn Piëch haben auf wiederholte Bitte um Stellungnahme nicht reagiert.
9 »VW-Affäre: Ex-Betriebsratschef Volkert vorzeitig entlassen«, *Spiegel Online,* 2. Sept. 2011, http://www.spiegel.de/wirtschaft/unternehmen/vw-affaere-ex-betriebsratschef-volkert-vorzeitig-entlassen-a-784073.html
10 »Common Rail Injection: Advanced Technology for Diesel Engines«, Bosch Auto Parts Website, http://de.bosch-automotive.com/en/parts_and_accessories/motor_and_sytems/diesel/common_rail_injection/common_rail_diesel_motorsys_parts
11 Jack Ewing, »Volkswagen Not Alone in Flouting Pollution Limits«, *New York Times,* 9. Juni 2016, http://www.nytimes.com/2016/06/10/business/international/volkswagen-not-alone-in-flouting-pollution-limits.html?ref=topics
12 Mark Landler, »VW's Chief, under Fire, Fights Back«, *New York Times,* 8. März 2006, http://www.nytimes.com/2006/03/08/automobiles/08volkswagen.html?pagewanted=print&_r=0
13 Ebd.

10
Der Betrug

1 »Offensive 2018«, *Der Spiegel,* 12. Nov. 2007, http://www.spiegel.de/spiegel/print/d-53621814.html
2 »Auf den Punkt: BlueMotion-Offensive«, Volkswagen-Website, 11. Sept. 2007, http://www.volkswagenag.com/content/vwcorp/info_center/de/news/2007/09/to_the_point_bluemotion_offensive.html
3 Interview mit einem VW-Ingenieur, der von der internen Debatte Kenntnis hatte, aber auf Anonymität bestand.
4 Vicente Franco, Francisco Posada Sánchez, John German und Peter Mock,

»Real-World Exhaust Emissions from Modern Diesel Cars«, International Council on Clean Transportation, Okt. 2014, S. 7.
5 Richard Milne, »VW Did Approach DaimlerChrysler over Stake«, *Financial Times*, 30. Sept. 2005, https://next.ft.com/content/039a41c8-31a5-11da-9c7f-00000e2511c8
6 Volkswagen of America, »Self Study Program 826803 2.0 Liter TDI Common RailvBIN5 ULEV Engine« (Servicehandbuch), 2008, S. 24.
7 Interview mit Walter Groth, 2. Mai 2016.
8 Nicola Clark und Melissa Eddy, mit Berichten von Jack Ewing und Bill Vlasic, »Volkswagen's Chief in the Vortex of the Storm«, *New York Times*, 22. Sept. 2015, http://www.nytimes.com/2015/09/23/business/international/volkswagens-chief-in-thevortex-of-the-storm.html?_r=0
9 Joann Muller, »How Volkswagen Will Rule the World«, *Forbes*, 6. Mai 2013, http://www.forbes.com/sites/joannmuller/2013/04/17/volkswagensmission-to-dominate-global-auto-industry-gets-noticeably-harder/#120161821 ab6
10 Göhmann Rechtsanwälte, In Sachen TILP Rechtsanwälte gegen Volkswagen Aktiengesellschaft (Erwiderung der Kanzlei von Volkswagen auf die Klage im Namen von Anteilseignern), 29. Feb. 2016, S. 46.
11 In re: Volkswagen »Clean Diesel« Marketing, Sales Practices, and Products Liability Litigation, Amended Consolidated Consumer Class Action Complaint, as filed in U.S. District Court, Northern District of California, San Francisco Division, 2. Sept. 2016, S. 152.
12 Die Schilderungen des Autors, diese entscheidende Sitzung betreffend, beruhen auf Interviews mit verschiedenen Quellen, die die Diskussion aus erster Hand kennen, sowie mit Personen, die Dokumente gesehen haben, die bei dieser Sitzung präsentiert wurden. Die Sitzung und Krebs' Beteiligung daran wird auch in einer Dokumentarsendung und einem Artikel des Norddeutschen Rundfunks geschildert: »VW: Zeugenaussagen belasten früheren Leiter der Motorenentwicklung – vorerst keine Beweise gegen damalige Vorstände«, 25. April 2016. Andere Quellen betreffen die Sammelklage in den USA, In re: Volkswagen »Clean Diesel«, Amended Consumer Class Action Complaint, eingereicht am 2. Sept. 2016, S. 152f., in der Dokumente zitiert werden, die den Anwälten der Kläger, nicht aber der Öffentlichkeit zugänglich sind, ebenso wie die Klage des California State Teachers' Retirement System et al. v. Volkswagen AG, eingereicht am Landgericht Braunschweig am 20. Juni 2016, S. 40, Paragraf 52, in dem ein Volkswagen-Mitarbeiter zitiert wird, der mit deutschen Ermittlern zusammenarbeitet.
13 Die PowerPoint-Präsentation wurde dem Autor von drei Personen geschildert, die sie gesehen haben.
14 In re: Volkswagen »Clean Diesel«, S. 153.

Anmerkungen 379

15   United States of America v. Volkswagen, Plea Agreement, Statement of Facts, January 11, 2017, Exhibit 2–14. (In dem Dokument wird Krebs nicht namentlich genannt, aber das Zitat wird dem Vorsitzenden der VW-Motorenentwicklung zugeschrieben, also der Position, die Krebs damals innehatte.)
16   VW Franchise Dealer Amended and Consolidated Class Action Complaint, 32.
17   Göhmann Rechtsanwälte, In Sachen TILP Rechtsanwälte gegen Volkswagen Aktiengesellschaft, S. 50.
18   »Volkswagen to Pay $120,000 to settle complaint by EPA«, *The Wall Street Journal*, 13. März 1974, archiviert vom Center for Auto Safety, http://www.autosafety.org/wpcontent/uploads/import/VW%20Defeat%20Device%20%24120%2C00%20fine%203-12-74%20Pr.pdf
19   United States of America v. Volkswagen of America, Consent Decree, United States District Court for the District of Columbia, case 1:05-cv-01193-GK.
20   Lawsuit filed by State of New York, and the New York State Department of Environmental Conservation, by Eric T. Schneiderman, Attorney General of the State of New York v. Volkswagen Aktiengesellschaft d/b/a Volkswagen Group and/or Volkswagen AG; Audi AG; Volkswagen Group of America, Inc.; Dr. Ing. H.C. F. Porsche AG d/b/a, Porsche AG; and Porsche Cars North America, Inc., 19. Juli 2016, abgerufen von https://consumermediallc.files.wordpress.com/2016/07/new-yorkvw-complaint-7-19.pdf, S. 21f.
21   State of New York v. Volkswagen et. al., S. 21f. ebenso wie in der Klage Maryland Department of the Environment v. Volkswagen Aktiengesellschaft d/b/a Volkswagen Group and/or Volkswagen AG; Audi AG; Volkswagen Group of America, Inc.; Dr. Ing. h.c. F. Porsche AG d/b/a Porsche AG; and Porsche Cars North America, Inc., 19. Juli 2016, S. 26f. Commonwealth of Massachusetts, v. Volkswagen AG; Audi AG; Volkswagen Group of America, Inc.; Dr. Ing. H.C. F. Porsche AG, d/b/a Porsche AG; and Porsche Cars North America, Inc., 22. Das *Handelsblatt* berichtete von der Existenz der Akustikfunktion bei Audi (siehe »VW-Schummelsoftware kommt von Audi«, *Handelsblatt*, 19. April 2016, http://www.handelsblatt.com/my/unternehmen/industrie/codename-accoustic-mode-vw-schummelsoftware-kommt-von-audi/13471058.html), auch wenn es in dem Artikel heißt, dass die Vorrichtung nicht verwendet wurde, bevor VW sie zu installieren begann.
22   »The Brain of Diesel Injection: New Bosch EDC17 Engine Management System« (Pressemitteilung von Bosch), Feb. 2006.
23   In re: Volkswagen »Clean Diesel« Marketing, Sales Practices, and Products Liability Litigation, Defendants Volkswagen AG et al. Motion to Dismiss the Consolidated Securities Class Action Complaint; Memorandum of Law in Support Thereof, 28. (In seiner Erwiderung auf die Klage von Anteilseignern verwies Volkswagen auf Boschs Rolle als Produzent des Softwarecodes zur

Bekräftigung der Behauptung, Winterkorn habe von der Abschalteinrichtung nichts gewusst.)

24 In re: Volkswagen »Clean Diesel« Consolidated Consumer Class Action Complaint, S. 145–152.

25 Der Text von Boschs Schreiben an Volkswagen mit dem Ersuchen um Haftungsausschluss wird wörtlich in einer Klageschrift zitiert, die am 3. Januar 2017 beim Landgericht Braunschweig durch die Kanzlei Hausfeld Rechtsanwälte im Namen eines anonymen VW-Besitzers eingereicht wurde, S. 10ff. Auf die Existenz eines Haftungsausschlusses für Bosch wurde auch in einer Zeugenaussage vor dem Europäischen Parlament hingewiesen. Siehe: Committee of Inquiry into Emission Measurements in the Automotive Sector (EMIS), Hearing of representatives of Robert BOSCH GmbH, 15. September 2016, S. 15. https://polcms.secure.europarl.europa.eu/cmsdata/upload/161c 2028-a174-4776- a20b-5507d4fdb51c/CRE_EMIS_15%2009% 202016_EN_ redacted.pdf (Ein Vertreter von Bosch verweigerte die Antwort auf die Frage eines Parlamentsabgeordneten und erklärte, ihm sei von einer Ausschlussklausel nichts bekannt.)

26 Text wie zitiert in der Hausfeld-Klage gegen Volkswagen, S. 10.

27 Ebd., S. 155.

28 Jack Ewing, »VW Says Emissions Cheating Was Not a One-time Error«, *New York Times*, 10. Dez. 2015, http://www.nytimes.com/2015/12/11/business/international/vw-emissions-scandal.html

29 State of New York v. Volkswagen AG, S. 30. Die relevante Passage in der New Yorker Klage lautet in Gänze: »Er [Johnson] verwies auf ein früheres Verfahren, bei dem Hersteller von Schwerlastmotoren überführt wurden, ›zyklustäuschende Strategien [mit Timern] verwendet zu haben, die eine Veränderung des Einspritzzeitpunktes herbeiführten, sobald sich der Motor für einen bestimmten Zeitraum in einem Modus befand‹, was als ›klarer Verstoß gegen den Geist der Emissionsregeln und des Testverfahrens zur Zertifizierung gewertet wurde‹«. Dies wird auch in der Klage Maryland Department of the Environment v. Volkswagen AG et al., S. 35f., und in der Klage Commonwealth of Massachusetts v. Volkswagen AG et al., S. 28f., zitiert.

30 New York v. Volkswagen, S. 31; Maryland v. Volkswagen, S. 36f; Massachusetts v. Volkswagen, S. 29f. Laut diesen Klagen schrieb Kata: »Im Zusammenhang mit der Einführung künftiger Dieselprodukte gab es kürzlich beträchtliche Diskussionen hinsichtlich der Identifizierung von Auxiliary Emission Control Devices (AECDs) [Hilfsvorrichtungen zur Emissionssteuerung] ... Das Interesse der Behörden an der Identifizierung von AECDs richtet sich darauf, ob eine dieser Vorrichtungen als Abschalteinrichtung betrachtet werden kann.« Laut den Klageschriften schrieb Kata auch: »Die EPA diskutiert auch über die Möglichkeit des Vorhandenseins einer Abschalteinrich-

Anmerkungen

tungs-Strategie für den Fall, dass die Wahl eines Herstellers für eine bestimmte grundlegende Konstruktionsstrategie nicht denselben Grad an Emissionssteuerung sowohl beim [Emissionstestzyklus] als auch beim Nicht-Emissionstestzyklus erbringt, verglichen mit anderen in der Industrie verfügbaren Systemen.«

31 Johnson und Kata lehnten meine Bitten um eine Stellungnahme ab.
32 State of New York v. Volkswagen AG, S. 32, Maryland v. Volkswagen, S. 37; Massachusetts v. Volkswagen, S. 30. Der in den Klagen zitierte Text lautet: »Die Position von VW hinsichtlich des ›normalen Fahrzeugbetriebs‹ lautet, dass die Verfahren des Emissionstests für Leichtfahrzeuge den normalen Fahrbetrieb durch Kundenhand abbildet. Der [CARB-Vertreter] Duc Nguyen erwartet, dass die Systeme zur Emissionssteuerung auch unter Bedingungen außerhalb der Emissionstests in Betrieb sind. Volkswagen stimmt dem zu.« Laut Alberto Ayala, stellvertretender Leiter des California Air Resources Board, wurde Volkswagen »mehrfach« darauf hingewiesen, dass Emissionssysteme auch außerhalb des Labors funktionieren müssen (E-Mail von Ayala, 31. Dez. 2016).
33 Danny Hakim und Jack Ewing, »VW Executive Had a Pivotal Role as Car Maker Struggled with Emissions«, New York Times, 21. Dez. 2015, http://www.nytimes.com/2015/12/22/business/international/vw-executive-had-a-pivotalrole-as-car-maker-struggled-with-emissions.html
34 »Dr. Wolfgang Hatz talks at German Tecday about CARB and CAFEE,« DrivingTheNation.com, abgerufen von https://www.youtube.com/watch?v=zThmune955g
35 Mark Stevens, »VW, Audi Will End Joint US Diesel Campaign with D/C«, Automotive News Europe, 8. Aug. 2007, http://www.autonews.com/article/20070808/ANE01/70808010/vw-audi-will-end-jointus-diesel-campaign-with-d/c
36 Volkswagen Plea Agreement, Exhibit 2–15. In der sogenannten »Verständigung im Strafverfahren« (plea agreement) räumt Volkswagen ein, dass Fahrzeuge mit 3-Liter-Dieselmotoren mit Abschalteinrichtungen ausgestattet waren, die den Verbrauch der AdBlue-Dieselabgasflüssigkeit senkten. Siehe auch: State of New York vs. Volkswagen AG et al. (Klage eingereicht durch den New Yorker Generalstaatsanwalt Eric T. Schneiderman), 19. Juli 2016, S. 24. Siehe auch: In re: Volkswagen »Clean Diesel« Marketing, Sales Practices, and Products Liability Litigation, Partial Consent Decree with U.S. government, December 20, 2016, https://www.epa.gov/sites/production/files/2016-12/documents/30literpartialconsentdecree.pdf. Im partiellen Anerkennungsurteil räumt Audi ein, dass Fahrzeuge mit 3-Liter-Motoren der Modelljahre 2009 bis 2015 Abschalteinrichtungen hatten. Volkswagen hat im Namen von Audi in einen Vergleich, die 3-Liter-Motoren betreffend, in Höhe von einer

Milliarde eingewilligt. Bei Konstruktionsentscheidungen gibt es eine Vorlaufzeit von drei bis vier Jahren, bis die Fahrzeuge auf den Markt kommen, sodass es logisch wäre, dass 2006 getroffene Entscheidungen auf Fahrzeuge des Modelljahrs 2009 angewendet wurden, die Ende 2008 auf den Markt kamen.
37 Ebd.
38 Ebd., S. 24f.
39 Martin Winterkorn, aus seinem Plenarvortrag auf dem 29. Internationalen Wiener Motorensymposium am 25. April 2008, in *MTZextra*, S. 16.

11
Die Porsches und die Piëchs

1 Der Autor gehört zu den Gescholtenen.
2 Volkswagen AG, *Annual Report 2004*, S. 38 https://ddd.uab.cat/pub/infanu/146223/iaVOLKSWAGENa2004ieng.pdf
3 Anton Hunger und Dieter Landenberger, *Das Porsche Calendarium 1931–2008*, München/Zürich 2008, S. 168
4 Wendelin Wiedekings Aussage vor dem Stuttgarter Landgericht am 22. Oktober 2015, S. 1, vgl. *Handelsblatt online*, 29. Okt. 2015, http://tinyurl.com/h8gotpx
5 Ebd., S. 10.
6 Dietmar H. Lamparter, »Macht ist ihm wichtiger als Geld: Warum sich VW-Aufsichtsrat Ferdinand Piëch gegen Porsche und damit gegen die eigene Familie stellt«, *Die Zeit*, 18. Sept. 2008, http://www.zeit.de/2008/39/Piëch-Porsche
7 Ebd.
8 EU-Kommission, Pressemitteilung Nr. 74/07, Urteil des Gerichtshofs in der Rechtssache C-112/05, Kommission der Europäischen Gemeinschaften/Bundesrepublik Deutschland, *Das Volkswagengesetz beschränkt den freien Kapitalverkehr*, 23. Okt. 2007, http://www.eu-info.de/eugh/VW-Gesetz-nichtig/
9 Wiedeking, Aussage vor dem Stuttgarter Landgericht, S. 14.
10 Ebd., S. 15–16.
11 Porsche SE, *Geschäftsbericht 2007–2008*, S. 18.
12 Transkript der Zeugenaussage vor dem Stuttgarter Landgericht am 15. Sept. 2016 (nicht öffentlich zugänglich).
13 U.S. Court of Appeals for the Second Circuit, Parkcentral Global Hub Limited, et al. v. Porsche Automobile Holdings SE, F/K/A Dr. Ing. H.C. F. Porsche AG, Wendelin Wiedeking, Holger P. Härter, 15. Aug. 2014.
14 Aus der Anklage der Stuttgarter Staatsanwaltschaft gegen Wendelin Wiedeking und Holger Härter (nicht öffentlich zugänglich).

Anmerkungen

15 Transkript des Schlussplädoyers von Heiko Wagenpfeil, Stuttgarter Staatsanwalt, im Prozess gegen Wendelin Wiedeking und Holger Härter, 18. Feb. 2016 (nicht öffentlich zugänglich).

16 Porsche Automobil Holding SE, »Porsche strebt Beherrschungsvertrag an, Volkswagenanteil auf 42,6 Prozent aufgestockt.« (Presseerklärung vom 26. Oktober 2008) https://www.porsche-se.com/pho/de/press/newsarchive2008/?pool=pho&id=2008-10-26&lang=de

17 Carter Dougherty, »Town Mourns Typical Businessman Who Took Atypical Risks«, *New York Times*, 12. Januar 2009, http://www.nytimes.com/2009/01/13/business/worldbusiness/13merckle.html?_r=0

18 »Wendelin Wiedeking: Tränen beim Abschied«, *Süddeutsche Zeitung*, 17. Mai 2010, http://www.sueddeutsche.de/wirtschaft/wendelin-wiedeking-traenen-beim-abschied-1.168179

19 Interview mit Richard W. Painter am 2. Feb. 2016.

20 Anne Kvam und Ola Peter Krohn Gjessing, Norges Bank Investment Management, Brief an Ferdinand Piëch und die Mitglieder des Aufsichtsrats der Volkswagen AG, 7. Oktober 2009, http://www.nbim.no/globalassets/documents/news/2009/2009-10-07_nbim_letter_volkswagen.pdf. (deutsche Auszüge: http://www.focus.de/finanzen/boerse/aktien/porsche-uebernahme-norwegen-greift-vw-patriarch-Piëch -an_aid_442890.html und http://www.spiegel.de/wirtschaft/unternehmen/porsche-uebernahme-durch-vw-grossaktionaer-attackiert-Piëch -a-653859.html)

12
Sauberer Diesel

1 In re: Volkswagen »Clean Diesel« Marketing, Sales Practices, and Products Liability Litigation, Amended Consolidated Consumer Class Action Complaint, U.S. District Court, Northern District of California, San Francisco Division, 16. Aug. 2016, S. 166–182.

2 E-Mail von Cynthia Mackey, 9. Nov. 2015.

3 In re: Volkswagen »Clean Diesel«, S. 6–125.

4 Ebd., S. 49.

5 Ebd., S. 34.

6 Ebd., S. 175.

7 Interview mit Tony German, 21. Sept. 2015.

8 John Holusha, »Volkswagen to Shut U.S. Plant«, *New York Times*, 21. Nov. 1987, http://www.nytimes.com/1987/11/21/business/volkswagen-to-shut-us-plant.html

9 Jack Ewing, »Investing in America: Volkswagen Rolls the Dice on Tennessee«,

BusinessWeek, auch auf *Spiegel Online*, 11. Dez. 2008, http://www.spiegel.de/international/business/investing-in-america-volkswagen-rolls-the-dice-on-tennessee-a-595770.html

10 Erklärung Martin Winterkorns, U.S. Judicial Panel on Multidistrict Litigation, In re: Volkswagen »Clean Diesel« Marketing, Sales Practices, and Products Liability Litigation, MDL No. 2672, Document 1707-1, eingereicht am 1. Aug. 2016.

11 Volkswagen PowerPoint-Präsentation, »TDI: U.S. Market Success«, März 2015.

12 VW Franchise Dealer Amended and Consolidated Class Action Complaint, Case No. 02672-CRB (JSC), 30. Sept. 2016, S. 69.

13 »Volkswagen Inaugurates New Plant at Chattanooga/U.S.« (Volkswagen Pressemitteilung), 24. Mai 2011, http://www.prnewswire.com/news-releases/volkswagen-inaugurates-new-plant-in-chattanooga-tennessee-122513618.html

14 Volkswagen AG, *Geschäftsbericht 2009* (Online-Version), http://geschaeftsbericht2009.volkswagenag.com/strategie.html?cat=n

15 Verhaltensgrundsätze des Volkswagenkonzerns, http://www.volkswagen-karriere.de/content/medialib/vwd4/de_vw_karriere/pdf/verhaltensgrundsaetze-des-volkswagenkonzerns/_jcr_content/renditions/rendition.file/02_verhaltensgrundsaetze-des-volkswagen-konzerns.pdf

16 Interview mit David Bach, 17. Juni 2016.

17 In re: Volkswagen »Clean Diesel« Marketing, Sales Practices, and Products Liability Litigation, Partial Consent Decree, 20. Dez. 2016, 3.

18 Volkswagen Plea Agreement, Exhibit 2–18, 2–19. Siehe auch: United States v. Richard Dorenkamp, Heinz-Jakob Neusser et al., Second Superseding Indictment, 11. Jan. 2017, 19–21.

19 Heinz-Jakob Neußer, Jörn Kahrstedt, Richard Dorenkamp und Hanno Jelden, »Die Euro-6-Motoren des modularen Dieselbaukastens von Volkswagen« *MTZ — Motortechnische Zeitschrift*, Juni 2016, S. 447, https://www.springerprofessional.de/die-euro-6-motoren-des-modularen-dieselbaukastens-von-volkswagen/6107548

20 Interview mit Bob Lutz, 14. März 2016.

21 Jack Ewing und Graham Bowley, »The Engineering of Volkswagen's Aggressive Ambition«, *New York Times*, 13. Dez. 2015.

22 »IAA 2011 Hyundai New Generation i30 and Martin Winterkorn«, YouTube, 15. Sept. 2011, https://www.youtube.com/watch?v=YpPNVSQmR5c

23 Mark Christian Schneider, »Die Piëchs bei der VW-Party: Szenen einer fast normalen Ehe«, *Handelsblatt*, 1. Okt. 2010, http://www.handelsblatt.com/unternehmen/industrie/die-piechsbei-der-vw-party-szenen-einer-fast-normalen-ehe-seite-2/3552522-2.html

24 Audi-Präsentation, abrufbar bei *Handelsblatt online*, http://www.handels-

Anmerkungen

blatt.com/images/auszug-aus-einer-audipraesentation/12353470/4-format-Original.png
25 In re: Volkswagen »Clean Diesel«, Partial Consent Decree with U.S. government, 30. Sept. 2016, 2–3; Partial Consent Decree with U.S. government, 20. Dez. 2016, 3., https://www.epa.gov/enforcement/30l-second-partial-and-20l-partial-andamended-consent-decree
26 In re: Volkswagen »Clean Diesel«, Consolidated Consumer Class Action Complaint, 2. Sept. 2016, S. 156.

13
Gesetzeshüter II

1 EPA, »Nitrogen Dioxide (NO_2) Pollution«, abrufbar unter https://www.epa.gov/no2-pollution
2 Environmental Protection Agency (EPA), »Integrated Science Assessment for Oxides of Nitrogen–Health Criteria«, Jan. 2016, S. lxxxvii, 1–6 bis 1–36.
3 EPA, »Integrated Science Assessment«.
4 EPA, »Ozone Basics«, abrufbar unter https://www.epa.gov/ozone-pollution/ozone-basics#effects
5 National Aeronautics and Space Administration, Goddard Institute for Space Studies, »Tango in the Atmosphere: Ozone and Climate Change«, abrufbar unter http://www.giss.nasa.gov/research/features/200402_tango/
6 EPA, »Overview of Greenhouse Gases«, abrufbar unter https://www.epa.gov/ghgemissions/overview-greenhouse-gases#nitrous-oxide
7 EPA, »Integrated Science Assessment«, 1–7 und 1–48.
8 European Commission Impact Assessment, »Communication from the Commission to the Council, the European Parliament, the European Economic and Social Committee and the Committee of the Regions – A Clean Air Programme for Europe«, 2013, S. 10, 105.
9 Axel Friedrich, Volkhard Möcker und Karl G. Tempel, *Was sie schon immer über Luftreinhaltung wissen wollten*, Stuttgart/Berlin/Köln/Mainz 1983.
10 Umweltbundesamt, »Sachstandspapier: Erhöhte NOx-Emissionen von EURO 2-Lkw«, abrufbar unter https://www.umweltbundesamt.de/sites/default/files/medien/publikation/long/3590.pdf
11 Dirk Vincken, »»Axel Friedrich: Schadstoff-Ritter in der Abstellkammer«, *Stern*, 7. Dez. 2007, abrufbar unter http://www.stern.de/auto/service/axel-friedrich-schadstoff-ritter-in-der-abstellkammer-3221498.html
12 Interview mit Axel Friedrich in Berlin, 13. April 2016.
13 Statistisches Bundesamt, »Wichtigstes deutsches Exportgut 2015: Kraftfahr-

zeuge«, abrufbar unter https://www.destatis.de/DE/ZahlenFakten/GesamtwirtschaftUmwelt/Aussenhandel/Handelswaren/Aktuell.html
14 Verband der Autoindustrie, »Zahlen und Daten«, abrufbar unter https://www.vda.de/de/services/zahlen-und-daten/zahlen-und-daten-uebersicht.html
15 Matthias Wissmann, Verband der Automobilindustrie, Brief an Bundeskanzlerin Angela Merkel, 8. Mai 2013; zu finden unter https://www.greenpeace.de/sites/www.greenpeace.de/files/publications/20130508-vda-brief-merkel.pdf
16 Florian Harms, »Politiker-Gehälteraffäre: Auch Sigmar Gabriel stand geschäftlich in Beziehung zu VW«, *Der Spiegel*, 3. Feb. 2005, abrufbar unter http://www.spiegel.de/politik/deutschland/politiker-gehaelteraffaere-auch-sigmar-gabriel-stand-geschaeftlich-in-beziehung-zu-vw-a-340083.html
17 Matthias Wissmann, Verband der Automobilindustrie, Brief an Bundeskanzlerin Angela Merkel, 8. Mai 2013, a.a.O.
18 Interview mit John German, 2. Sept. 2016.

14
On the road

1 Interview mit Hemanth Kappanna am 30. Juni 2016.
2 Interview mit Dan Carder am 30. Juni 2016.
3 »History of Air Resources Board«, CARB-Website, http://www.arb.ca.gov/knowzone/history.htm
4 American Lung Association, »Most Polluted Cities«, Website, http://www.lung.org/our-initiatives/healthy-air/sota/city-rankings/most-polluted-cities.html
5 Interview mit Alberto Ayala, 10. Okt. 2015.
6 »Alberto Ayala Deputy Executive Officer California Air Resources Board«, CARB-Website, https://www.arb.ca.gov/html/org/eo-bios/bios/alberto-ayala.htm
7 »History of Air Resources Board«.
8 Interview mit Dan Carder am 24. Mai 2016.
9 Interview mit Marc Besch, Morgantown, West Virginia, 24. Mai 2016.
10 Arvind Thiruvengadam, Research Assistant Professor, West Virginia University, Lebenslauf.
11 Interview mit Gregory J. Thompson, Morgantown, West Virginia, 24. Mai 2016.
12 Gregory J. Thompson, Daniel K. Carder, Marc C. Besch, Arvind Thiruvengadam und Hemanth K. Kappanna, »In-Use Emissions Testing of Light-Duty Diesel Vehicles in the United States«, Center for Alternative Fuels, Engines &

Emissions, Department of Mechanical & Aerospace Engineering, West Virginia University, 15. Mai 2014.
13 DEF ist in den USA der Handelsname von AdBlue.
14 Interview mit John German, 2. Sept. 2016.
15 State of New York v. Volkswagen AG et al. (Klage eingereicht vom New Yorker Generalstaatsanwalt Eric T. Schneiderman), 19. Juli 2016, https://consumermediallc.files.wordpress.com/2016/07/new-york-vw-complaint-7-19.pdf, S. 36. Siehe auch: State of Maryland v. Volkswagen, S. 43; Commonwealth of Massachusetts v. Volkswagen, S. 34.

15
Enthüllung

1 Erklärung von Martin Winterkorn, eingereicht als Beweisstück für Winterkorns Antrag auf Abweisung der Consolidated Securities Sammelklage, 1. August 2016.
2 State of New York v. Volkswagen AG et al. (Klage eingereicht durch den New Yorker Generalstaatsanwalt Eric T. Schneiderman), 19. Juli 2016, https://consumermediallc.files.wordpress.com/2016/07/new-york-vwcomplaint-7-19.pdf, S. 36.
3 Begleitschreiben von Frank Tuch, Leiter der Qualitätssicherung im Konzern, an Martin Winterkorn, 23. Mai 2014, eingereicht als Beweisstück für Winterkorns Antrag auf Abweisung der Consolidated Securities Sammelklage, 1. Aug. 2016. Der von Gottweis verfasste Bericht wird im Folgenden als »Gottweis-Memo« bezeichnet.
4 Bernd Gottweis, »Notiz an Herrn Tuch«, 23. Mai 2014 (Memo an Frank Tuch, Leiter der Qualitätskontrolle bei VW, der das Memo am 23. Mai 2014 an Winterkorn weiterleitete).
5 In re: Volkswagen »Clean Diesel«, Motion to Dismiss the Consolidated Securities Class Action Complaint, 1. Aug. 2016, S. 32.
6 In Re: Volkswagen »Clean Diesel«, Amended Consolidated Consumer Class Action Complaint, 2. Sept. 2016, S. 164f; http://www.wsj.com/articles/volkswagen-robert-bosch-met-in-2014-to-discuss-emissions-software-suit-says-1473370004 (bezieht sich auf «Tagesordnung«); https://www.ft.com/content/6e0ec870-798e-11e6-97ae-647294649b28 (bezieht sich auf »Notizen zur Sitzung im Mai 2014«).
7 Jack Ewing, »VW Presentation in '06 Showed How to Foil Emissions Tests«, *New York Times,* 26. April 2016, http://www.nytimes.com/2016/04/27/business/international/vw-presentation-in-06-showed-how-to-foil-emissions-tests.html. Die Information in dem Artikel stützt sich auf die Angaben von

zwei Personen, die an Sitzungen teilnahmen, auf denen die Vorschläge diskutiert wurden, aber auf Anonymität bestanden.
8   Kayhan Özgenc und Jan Wehmeyer, »Skandal-Akte VW: Die ganze Wahrheit über den Abgas-Betrug«, *Bild am Sonntag*, 14. Feb. 2016. Der Autor hat die Dokumente geprüft, auf denen der *Bild*-Artikel basiert.
9   Göhmann Rechtsanwälte, In Sachen TILP Rechtsanwälte gegen Volkswagen Aktiengesellschaft, S. 56f. Der Autor hat auch VW-interne Dokumente aus der fraglichen Zeit geprüft.
10 United States v. Oliver Schmidt, Criminal Complaint, Affidavit by Ian M. Dinsmore, Special Agent des FBI, 30. Dez. 2016, S. 11f.
11 State of New York v. Volkswagen AG, S. 39. Auch: State of Maryland v. Volkswagen, S. 47; Commonwealth of Massachusetts v. Volkswagen, S. 37. Die geänderte Formulierung im Antrag auf Zulassung wurde von Alberto Ayala, dem stellvertretenden Leiter von CARB, bestätigt (E-Mail von Ayala, 5. Jan. 2017).
12 State of New York v. Volkswagen AG, S. 39f; State of Maryland v. Volkswagen, S. 47; Commonwealth of Massachusetts v. Volkswagen, S. 37. Siehe auch: Göhmann Rechtsanwälte, In Sachen TILP Rechtsanwälte gegen Volkswagen Aktiengesellschaft, S. 49, ein im Namen von Volkswagen vorgelegtes Dokument zur Erwiderung auf eine von Anteilseignern eingereichte Klage in Deutschland. Darin steht, dass ein Zweck der Vorrichtung darin bestand, den Verbrauch der Harnstofflösung zu reduzieren.
13 Gottweis-Memo. Volkswagen sei niemals in der Lage, eine technische Lösung für die Fahrzeuge mit der illegalen Software zu finden, die alle diese Fahrzeuge in Konflikt mit den geltenden US-Regeln brachte.
14 Interview mit Stanley Young, Sprecher von CARB, 5. Juli 2016.
15 Basierend auf den Beobachtungen des Autors während eines Besuchs der Büros und Labore am 11. Okt. 2016.
16 State of New York v. Volkswagen AG, S. 42.
17 Volkswagen of America Rückruf-Anzeige, April 2015, wiedergegeben in: In re: Volkswagen »Clean Diesel«, Volkswagen-Branded Franchise Dealer Amended and Consolidated Class Action Complaint, 30. September 2016, S. 50. (Die Rückruf-Anzeige wird in der Klage angeführt.)
18 Schreiben von CARB an die Volkswagen AG, Audi AG und an Volkswagen of America Re: Admission of Defeat Device and California Air Resources Board requests, 18. Sept. 2015. https://www.arb.ca.gov/newsrel/in_use_compliance_letter.pdf. In dem Schreiben wird rückwirkend die Genehmigung für den Rückruf widerrufen, basierend auf der Schlussfolgerung von CARB, dass der Rückruf das Abgasproblem nicht beheben würde.
19 Ebd., S. 41ff.
20 Volkswagen of America Rückruf-Anzeige, April 2015.

Anmerkungen

21 Göhmann Rechtsanwälte, In Sachen TILP Rechtsanwälte gegen Volkswagen Aktiengesellschaft (Erwiderung der anwaltlichen Vertretung von Volkswagen auf die von Anteilseignern eingereichte Klage), 29. Feb. 2016, S. 53.
22 United States of America v. James Robert Liang, S. 6.
23 Bei der Rückrufaktion wurden Funktionsweisen hinzugefügt, die dem Fahrzeug ermöglichten, im umweltfreundlichen Modus zu laufen, wenn sich die Räder bewegten, nicht aber das Lenkrad, wie es während eines Labortests auf dem Rollenprüfstand der Fall ist. E-Mail des Softwareexperten Felix Domke, der den VW-Motorcomputer vor und nach dem Rückruf untersuchte, 20. April 2016. Über seine Schlussfolgerungen wurde in deutschen Medien berichtet, z.B. http://www.ndr.de/der_ndr/presse/mitteilungen/Der-zweite-Betrug- VW-Mitarbeiter-erweiterten-illegale-Abschaltvorrichtung-offenbar-noch- 2015, pressemeldungndr16946.html.
24 E-Mail des Softwareexperten Felix Domke, der den VW-Motorcomputer vor und nach dem Rückruf untersuchte, 20. April 2016.
25 State of New York v. Volkswagen AG, S. 43f; State of Maryland v. Volkswagen, S. 53; Commonwealth of Massachusetts v. Volkswagen, S. 41. E-Mail von Alberto Ayala, 3. Jan. 2017.
26 E-Mail von Alberto Ayala, 3. Jan. 2017.
27 Ebd., S. 44f.
28 State of New York v. Volkswagen AG, S. 45; State of Maryland v. Volkswagen, S. 55; Commonwealth of Massachusetts v. Volkswagen, S. 42. Siehe auch: United States of America v. James Robert Liang, Anklageschrift der Grand Jury, 1. Juni 2016, 21. Die Äußerung des deutschen Ingenieurs wird in der Anklageschrift übersetzt mit: »Wir brauchen eine Geschichte für die Situation!« Nachzulesen in: Aruna Viswanatha und Mike Spector, »VW Emissions Cheating Ran Deep and Wide, State Alleges«, *Wall Street Journal,* 19. Juli 2016.
29 In re: Volkswagen »Clean Diesel«, Volkswagen-Branded Franchise Dealer complaint, S. 34f.
30 State of New York v. Volkswagen AG, S. 46.

16
Piëchs Abgang

1 Dietmar Hawranek, »Aufsichtsräte attackieren VW-Boss ›Ich bin auf Distanz zu Winterkorn‹«, *Spiegel Online,* 10. April 2015.
2 Stefan Anker, »Ferdinand Piëch attackiert Porsche-Chef Wiedeking«, *Die Welt,* 17. Nov. 2011, https://www.welt.de/wirtschaft/article3723072/Ferdinand-Piech-attackiert-Porsche-Chef-Wiedeking.html

3 Volkswagen Konzernbetriebsrat, Erklärung von Bernd Osterloh, 10. April 2015.
4 Volkswagen AG, *Half-Yearly Financial Report January–June 2015*, S. 21.
5 »Piëch sprach Winterkorn im März 2015 auf Abgasermittlung an«, *Bild*, 28. Aug. 2016.
6 David Böcking, »Piëch vs. Winterkorn: Zukunft im Zeichen der Guillotine«, *Spiegel Online*, 13. April 2015, http://www.spiegel.de/wirtschaft/unternehmen/ferdinand-piech-vs-martin-winterkorn-was-wird-aus-vw-a-1028296.html
7 Markus Voss, »Erstaunliches Comeback: Der Alte ist zurück! Wie viel Piëch steckt jetzt wieder in Volkswagen?«, *FOCUS-Online*, 28. Sept. 2015, http://www.focus.de/finanzen/boerse/aktien/gut-getimtes-comeback-der-alte-ist-zurueck-wieviel-piech-steckt-jetzt-wieder-in-volkswagen_id_4977616.html
8 Jack Ewing, »Volkswagen's Chairman, Ferdinand Piëch, Is Ousted in Power Struggle«, *New York Times*, 25. April 2015, http://www.nytimes.com/2015/04/26/business/international/volkswagens-chairmanferdinand-piech-is-ousted-in-power-struggle.html
9 European Automobile Manufacturers Association, »New Passenger Car Registrations in the European Union«, 16. Juni 2015, http://www.acea.be/uploads/press_releases_files/20150616_PRPC_1505_FINAL.pdf

17
Geständnis

1 State of New York v. Volkswagen AG et al. (Klage eingereicht vom New Yorker Generalstaatsanwalt Eric T. Schneiderman), 19. Juli 2016, https://consumermediallc.files.wordpress.com/2016/07/new-york-vw-complaint-7-19.pdf, S. 45f.
2 United States of America v. James Rober Liang, Anklageschrift der Grand Jury, S. 21.
3 State of New York v. Volkswagen AG, S. 46, State of Maryland v. Volkswagen, S. 57; Commonwealth of Massachusetts v. Volkswagen, S. 44.
4 In re: Volkswagen »Clean Diesel« Marketing, Antrag der Verteidigung auf Ablehnung, S. 37. Bei seiner Aussage vor dem Kongress erklärte Horn, man habe ihn im Frühjahr 2014 über »einen möglichen Verstoß gegen die Emissionsvorschriften« unterrichtet, ihm aber versichert, die Ingenieure arbeiteten mit den Behörden an der Lösung des Problems. Siehe auch Aussage von Michael Horn, Präsident und Vorsitzender von Volkswagen Group of America Inc. vor dem Unterausschuss für Beaufsichtigung und Ermittlungen des Kongressausschusses für Energie und Handel, 8. Okt. 2015.

Anmerkungen

5 »Notiz an Herrn Tuch, Q2 2015 TREAD Meeting am 21.07.2015« (internes Volkswagen-Memo).
6 Göhmann Rechtsanwälte, In Sachen TILP Rechtsanwälte gegen Volkswagen Aktiengesellschaft, S. 63.
7 Ebd.
8 Ebd., S. 55.
9 Kirkland & Ellis LLP, Memo an Volkswagen, »Re: Emissions Control and Onboard Diagnostics Compliance Issues—Regulatory Overview«, 6. Aug. 2015.
10 Göhmann Rechtsanwälte, In Sachen TILP Rechtsanwälte gegen Volkswagen Aktiengesellschaft, S. 7f.
11 United States of America; California Air Resources vs. Hyundai Motor Company; Hyundai Motor America; Kia Motors Corporation; Kia Motors America; Hyundai America Technical Center, Inc., Anerkenntnisurteil, 3. Nov. 2014, S. 4. (hier im Orig. »P«)
12 United States of America v. James Robert Liang, Anklageschrift der Grand Jury, S. 2f.
13 United States of America v. James Robert Liang, Verständigung im Strafverfahren.
14 United States of America v. James Robert Liang, Verständigung im Strafverfahren, S. 6f.
15 State of New York v. Volkswagen AG, S. 47.
16 Interview mit Alberto Ayala, 10. Okt. 2016.
17 Ebd.
18 E-Mail von Alberto Ayala, 17. Okt. 2016.
19 State of New York v. Volkswagen AG, S. 48f.
20 Göhmann Rechtsanwälte, In Sachen TILP Rechtsanwälte gegen Volkswagen Aktiengesellschaft, S. 58.
21 Interview mit Ayala, 10. Okt. 2016.
22 Volkswagen Plea Agreement, Exhibit 2–24.
23 Volkswagen Plea Agreement, Exhibit 2–29, 2–30.
24 Ebd.
25 Göhmann Rechtsanwälte, In Sachen TILP Rechtsanwälte gegen Volkswagen Aktiengesellschaft, S. 7. Siehe auch Stuart Johnson, E-Mail an Cornelius Renken (firmeneigener Anwalt von Volkswagen), re: EPA Notice of Enforcement, 19. Jan. 2016.
26 Interview mit Ayala, 10. Okt. 2016.
27 Ebd.
28 Memo an Martin Winterkorn von W. Zimmermann, 4. Sept. 2015.
29 Alison Smale und Jack Ewing, »Ex-Chief of V.W., Testifying in Germany, Stands His Ground on Emissions Deception«, *New York Times*, 19. Jan. 2017.

18
Das Imperium

1. Der Autor war bei der Veranstaltung anwesend und zeichnete das Geschehen auf. Abrufbar sind einzelne Teile der Schau unter YouTube; beispielsweise zu Winterkorn: https://www.youtube.com/watch?v=vDpgBmTZH2Q
2. »Porsche-Chef Müller im Interview: Hybrid – Die neue Porsche-Strategie?«, *Auto, Motor und Sport*, 14. Sept. 2015, http://www.auto-motor-und-sport.de/news/porsche-chef-mueller-interview-hybridstrategie-9968044.html
3. Interview mit Mary Nichols, Vorsitzende von CARB, 10. Okt. 2016; siehe http://www.pevcollaborative.org/membership
4. Carsten Isensee, Vorstandsressort Finanzen der Volkswagen Group China, »China: The Second Home Market of the Volkswagen Group«, Fotostrecke, Hong Kong, 24./25. Nov. 2014, http://www.volkswagenag.com/content/vw-corp/info_center/en/talks_and_presentations/2015/01/China_Pres.bin.html/binarystorageitem/file/2014-11-24+HSBC+Roadshow.pdf
5. Volkswagen Pressemitteilung, »Marke Volkswagen Pkw verkauft 4,35 Millionen Fahrzeuge per September«, 16. Okt. 2015; http://www.volkswagenag.com/content/vwcorp/info_center/de/news/2015/10/Aak_VW_Brand.html
6. »EPA Pressemitteilung, 18. Sept. 2015, https://www.epa.gov/newsreleases/epa-california-notify-volkswagen-clean-air-act-violations-carmaker-allegedly-used
7. Telefon-Interview mit Elizabeth Humstone, 17. Okt. 2015.
8. In einer Präsentation vom März 2015 mit dem Titel »TDI: U.S. Market Success« behauptete Volkswagen, die realen Verbrauchswerte seien besser als die von der EPA angegebenen – unter Berufung auf Consumer Reports und einen Auto-Blogger, der geschrieben hatte, er sei mit seinem Passat auf 50 Meilen pro Gallone gekommen.
9. Interview mit Elizabeth Humstone, 17. Okt. 2015.
10. Francisco Posada Sanchez, Anup Bandivadekar und John German, »Estimated Cost of Emission Reduction Technologies for Light-Duty Vehicles«, International Council on Clean Transportation, März 2012, http://www.theicct.org/sites/default/files/publications/ICCT_LDVcostsreport_2012.pdf, S. 60–64.
11. Interview mit Dan Carder, 24. Mai 2016.

19
Nachwirkungen

1. Interview mit Matthias Wissmann, 13. April 2016.
2. »Ad-hoc: Volkswagen AG informiert« (Pressemitteilung), 22. September 2015, https://www.volkswagenag.com/en/news/2015/9/Ad_hoc_US.html

Anmerkungen

3 Volkswagen AG, »Statement by Prof. Dr. Winterkorn«, 23. Sept. 2015, http://media.vw.com/release/1070/
4 Volkswagen AG, »The Volkswagen Group Is Restructuring: Supervisory Board Passes Resolutions for New Organization«, 25. Sept. 2015, http://www.volkswagenag.com/content/vwcorp/info_center/en/news/2015/09/organization.html
5 »Das aufregende Leben des neuen VW-Chefs«, *Bunte*, 5. Okt. 2015.
6 »Porsche-Chef Matthias Müller: Wir haben Verantwortung«, *Süddeutsche Zeitung*, 5. Sept. 2015, http://www.sueddeutsche.de/wirtschaft/porsche-chef-matthias-mueller-wir-haben-verantwortung-1.2635475
7 Matthias Müller, Rede vor Volkswagen-Managern in Leipzig, 15. Okt. 2015.
8 Michael Horn, Aussage vor dem Unterausschuss für Aufsicht und Ermittlungen des Kongress-Ausschusses für Energie und Handel, 8. Okt. 2015.
9 Matthias Müller, Interview mit der *Frankfurter Allgemeinen Zeitung*, 6. Okt. 2015.
10 »Erklärung des Präsidiums des Aufsichtsrats der Volkswagen AG zur Sitzung am 30. September 2015« (Pressemitteilung), 1. Okt. 2015, http://www.volkswagenag.com/content/vwcorp/info_center/de/news/2015/10/AR.html
11 United States Environmental Protection Agency, Notice of Violation, 2. Nov. 2105, https://www.epa.gov/sites/production/files/2015-10/documents/vw-nov-caa-09-18-15.pdf
12 »Volkswagen of America Reports November Sales« (VW-Pressemitteilung), http://media.vw.com/doc/1684/volkswagen_of_america_reports_november_sales-november_2015_sales_release-1950388522565dbe450fe08.pdf
13 E-Mail von Elizabeth Humstone, 9. Nov. 2015.
14 Matthias Müller, Telefonkonferenz mit Analysten und Journalisten, 28. Okt. 2015.
15 »Fitch Downgrades Volkswagen to ›BBB+‹; Outlook Negative«, *Fitch Ratings*, 9. Nov. 2015, https://www.fitchratings.com/site/pr/993669
16 Moody's Investors Service, »Credit Opinion: Volkswagen Bank GmbH«, 1. März 2016, https://www.moodys.com/research/Moodys-concludes-review-on-European-captive-autofinance-institutions--PR_262157
17 Interview mit Mark Winnett, 19. Jan. 2016.
18 Frank Fiedler, Bereichsleiter für Finanzen und Rechnungswesen der Volkswagen Financial Services, Antwort auf schriftlich gestellte Fragen des Autors, 22. Jan. 2016.
19 Jack Ewing und Jad Mouawad, »VW Cuts Its R.&D. Budget in Face of Costly Emissions Scandal«, *New York Times*, 20. Nov. 2015, http://www.nytimes.com/2015/11/21/business/international/volkswagen-emissions-scandal.html
20 »Gläserne Manufaktur wird neu ausgerichtet: Schaufenster für Elektromobilität und Digitalisierung entsteht« (VW-Pressemitteilung), 18. März 2016, https://

www.volkswagen-media-services.com/detailpage/-/detail/Glserne-Manufaktur-wird-neu-ausgerichtetSchaufenster-fr-Elektromobilitt-und-Digitalisierung-entsteht/view/3297765/7a5bbec13158edd433c6630f5ac445da?p_p_auth=dbJ9ifiy

21 »Volkswagen Making Good Progress with Its Investigation, Technical Solutions, and Group Realignment« (VW-Pressemitteilung), 10. Dez. 2015, http://www.volkswagenag.com/content/vwcorp/info_center/en/news/2015/12/VW_PK.html

20
Recht und Gerechtigkeit

1 Sally Quillan Yates, »Individual Accountability for Corporate Wrongdoing«, memo to assistant attorneys general and the director of the Federal Bureau of Investigation, 9. Sept. 2015, https://www.justice.gov/dag/file/769036/download
2 United States of America vs. Volkswagen AG, U.S. District Court for the Eastern District of Michigan, 4. Jan. 2016, S. 18.
3 U.S. Judicial Panel on Multidistrict Litigation, In re: Volkswagen »Clean Diesel« Marketing, Sales Practices, and Products Liability Litigation, MDL No. 2672, Transfer Order, 8. Dez. 2015, S. 1.
4 E-Mail-Austausch mit Felix Domke, Feb. bis Juni 2016.
5 Daniel Lange und Felix Domke, »The Exhaust Emissions Scandal (›Dieselgate‹)«, Chaos Communication Congress, 27. Dez. 2015, https://www.youtube.com/watch?v=xZSU1FPDiao
6 Interview mit Daniel Lange, 16. Feb. 2016.
7 »Matthias Müller: ›The USA Is and Remains a Core Market for the Volkswagen Group‹« (Volkswagen-Pressemitteilung), 11. Jan. 2016, http://media.vw.com/release/1129/
8 Sonari Glinton, »›We Didn't Lie‹, Volkswagen CEO Says of Emissions Scandal«, National Public Radio Website, 11. Jan. 2016, http://www.npr.org/sections/thetwo-way/2016/01/11/462682378/we-didnt-lie-volkswagen-ceo-says-of-emissions-scandal
9 Ebd.
10 Danny Hakim und Jack Ewing, »VW Refuses to Give American States Documents in Emissions Inquiries«, *New York Times,* 8. Jan. 2016, http://www.nytimes.com/2016/01/09/business/vw-refuses-to-give-us-states-documents-in-emissions-inquiries.html
11 Parkcentral Global Hub Limited et al. vs. Porsche Automobile Holdings SE, f/k/a Dr. Ing. H.C. F. Porsche AG, Wendelin Wiedeking, Holger P. Härter, U.S. Court of Appeals for the Second Circuit, 15. Aug. 2014.

Anmerkungen

12 Volkswagen AG, »Dr. rer. pol. h.c. Francisco Javier Garcia Sanz Member of the Board of Management of Volkswagen AG, with responsibility for ›Procurement‹« (curriculum vitae), Dez. 2015, https://www.volkswagenag.com/en/group/senior-management.html
13 British House of Commons, Transport Select Committee, »Oral evidence: Volkswagen Group emissions violations, HC 495«, 25. Jan. 2016, http://data.parliament.uk/writtenevidence/committeeevidence.svc/evidencedocument/transport-committee/volkswagen-group-emissions-violations/oral/27791.html
14 Kate Galbraith, »Volkswagen Case Gives Judge, Onetime Aspiring Actor, Role of a Lifetime«, *New York Times*, 19. April 2016, https://www.nytimes.com/2016/04/20/business/volkswagen-california-judge-charles-breyer.html
15 Reporter's Transcript of Case Management Conference, In re: Volkswagen »Clean Diesel« Marketing, Sales Practices, and Products Liability Litigation, U.S. District Court, Northern District of California, 21. Jan. 2016, S. 30.
16 Jack Ewing und Hiroko Tabuchi, »Behind Volkswagen Settlement, Speed and Compromise«, *New York Times*, 15. Juli 2016, https://www.nytimes.com/2016/07/16/business/international/behind-volkswagen-settlement-speed-and-compromise.html
17 Interview mit Robert Giuffra, 27. Juni 2016.
18 Interview mit Mary Nichols, 10. Okt. 2016.
19 Transcript of proceedings, In re: Volkswagen »Clean Diesel« Marketing, Sales Practices, and Products Liability Litigation, U.S. District Court, Northern District of California, 21. April 2016, S. 8.
20 Ebd., S. 8f.
21 »Frequently Asked Questions for Beneficiaries to the Volkswagen Mitigation Trust Agreement«, EPA news release, Juli 2016, https://www.epa.gov/enforcement/faqs-beneficiaries-vw-mitigation-trust-agreement
22 »Porsche ex-finance chief fined for credit fraud«, Deutsche Welle, 4. Juni 2013. http://www.dw.com/en/porsche-ex-finance-chief-fined-for-credit-fraud/a-16857544?
23 »Geldstrafe für Ex-Porsche-Finanzchef«, *Frankfurter Allgemeine Zeitung*, Website, 4. Juni 2014. http://www.faz.net/aktuell/wirtschaft/kreditbetrug-geldstrafe-fuer-ex-porschefinanzchef-12208349.html
24 Im Februar 2016 wurde die Maple Bank von der Bundesanstalt für Finanzdienstleistungsaufsicht im Rahmen von Ermittlungen wegen Steuerhinterziehung und Geldwäsche geschlossen. Die fraglichen Transaktionen hatten nichts mit Porsche zu tun. Siehe »BaFin Orders Moratorium on Maple Bank GmbH«, Federal Financial Supervisory Authority (BaFin), Pressemitteilung, 8. Feb. 2016, http://www.bafin.de/SharedDocs/Veroeffentlichungen/EN/Meldung/2015/meldung_160207_maple_en.html

25 Der Autor war bei der Verhandlung am 18. März 2016 anwesend.
26 Stephan Aust, Interview mit Ferdinand Piëch, Vox Television, ausgestrahlt am 17. Juli 2012, https://www.youtube.com/watch?v=O3Tw779LfHM
27 Volkswagen AG, »Christine Hohmann-Dennhardt« (Curriculum Vitae), http://www.stuttgarter-nachrichten.de/inhalt.christine-hohmann-dennhardt-daimler-vorstandsfrau-wechselt-zu-vw-page1.edb04e24-820d-40c0-89a4-c1584d53dbf7.html
28 Jack Ewing, »VW Shareholders Vent: ›They Have Been Rewarded for Failure‹«, *New York Times*, 22. Juni 2016, https://www.nytimes.com/2016/06/23/business/international/volkswagen-shareholder-meeting.html
29 »Matthias Müller: We have Launched the Biggest Change Process in Volkswagen's History« (Volkswagen-Pressemitteilung), 22. Juni 2016, https://www.volkswagen-media-services.com/en/detailpage/-/detail/Matthias-Mller-We-have-launched-the-biggest-change-process-in-Volkswagens-history/view/3710903/7a5bbec13158edd433c6630f5ac445da?p_p_auth=NcZ61zbL
30 Ewing, »VW Shareholders Vent«.
31 Interview mit Jürgen Franz, 5. Aug. 2016.
32 Jack Ewing, »In the U.S., VW Owners Get Cash. In Europe, They Get Plastic Tubes«, *New York Times*, 15. Aug. 2016, http://www.nytimes.com/2016/08/16/business/international/vw-volkswagen-europe-us-lawsuit-settlement.html
33 Ionut Ungureanu, »Volkswagen Fined $13.2 Million by Brazil's Environmental Agency over Amarok Emissions«, *autoevolution*, 15. Nov. 2015, http://www.autoevolution.com/news/volkswagen-fined-18-million-by-brazils-environmental-agency-overamarok-emissions-101967.html
34 Choe Sang-Hunaug, »South Korea Bans Volkswagen from Selling 80 Models in Country«, *New York Times*, 2. Aug. 2016, https://www.nytimes.com/2016/08/03/business/international/south-korea-volkswagen-emissions.html
35 Christopher Adams, »Motorists Decry Canada's ›Powerless‹ Response to Volkswagen Scandal as US Nears Settlement«, *National Observer*, 19. Aug. 2016, http://www.nationalobserver.com/2016/08/19/news/motorists-decry-canadas-powerless-response-volkswagen-scandal-us-nears-settlement
36 State of New York v. Volkswagen AG et al., Maryland Department of the Environment v. Volkswagen AG et al., Commonwealth of Massachusetts v. Volkswagen AG et al.
37 Ebd., S. 24.
38 Ebd., S. 68.
39 United States v. James Robert Liang, grand jury indictment, U.S. District Court, Eastern District of Michigan, Southern Division, 1. Juni 2016.
40 James Robert Liang, plea agreement, U.S. District Court, Eastern District of Michigan, Southern Division, 31. August 2016.
41 Jack Ewing, »Hedge Fund Manager Found and Jailed in Fraud«, *New York*

Anmerkungen

Times, 10. März 2013, http://www.nytimes.com/2013/03/11/business/global/hedge-fund-manager-found-and-jailed-in-fraud.html

42 Interview mit dem Justizminister des Staates Vermont William Sorrell, 14. Sept. 2016.

21
Die Strafe

1 Neo Magazin Royale mit Jan Böhmermann, »Offizielle Drohung der Vereinigten Staaten von Amerika an das Autoland Deutschland«, ZDFneo, https://www.youtube.com/watch?v=oMkLrHPYmWw
2 Weltbank, »Energy use (kg of oil equivalent per capita),« http://data.worldbank.org/indicator/EG.USE.PCAP.KG.OE
3 US-Justizministerium, U.S. Attorney Southern District of New York, »General Motors Company–Deferred Prosecution Agreement«, 17. Sept. 2015.
4 Danielle Ivory und Bill Vlasic, »$900 Million Penalty for G.M.'s Deadly Defect Leaves Many Cold«, *New York Times*, 17. Sept. 2015, https://www.nytimes.com/2015/09/18/business/gm-to-pay-us-900-million-over-ignition-switch-flaw.html?_r=0
5 General Motors Co., U.S Securities and Exchange Commission Form 10-K, 2015, S. 20.
6 Bundesministerium für Verkehr und digitale Infrastruktur, »Bericht der Untersuchungskommission ›Volkswagen‹«, April 2016, S. 90f.
7 Britisches Verkehrsministerium, »Vehicle Emissions Testing Programme«, April 2016, S. 22.
8 Lifang Hou, Kai Zhang, Moira A. Luthin und Andrea A. Baccarelli, »Public Health Impact and Economic Costs of Volkswagen's Lack of Compliance with the United States' Emission Standards«, *International Journal of Environmental Research and Public Health* 13, Nr. 9 (2016), S. 891.
9 E-Mail von Stanley Young, CARB, 17. Okt. 2016.
10 Jennifer Chu, »Study: Volkswagen's Emissions Cheat to Cause 60 Premature Deaths in U.S.«, MIT news office, 28. Okt. 2015, http://news.mit.edu/2015/volkswagen-emissions-cheat-cause-60-premature-deaths-1029
11 John German, International Council on Clean Transportation, »Volkswagen's defeat device scandal«, Präsentation bei der Konferenz »Transportation Economics, Energy and the Environment« an der University of Michigan 30. Okt. 2015, S. 12.
12 Rachel Muncrief, John German und Joe Schultz, »Defeat Devices under the U.S. and EU Passenger Vehicle Emissions Testing Regulations«, International Council on Clean Transportation, März 2016, S. 4f.

13   Bericht der Untersuchungskommission »Volkswagen«, S. 90.
14   Interview mit John German, 2. Sept. 2016.
15   Schriftliche Stellungnahme der Vorstandsvorsitzenden von General Motors, Mary Barra, vor dem Ausschuss des Repräsentantenhauses für Energie und Wirtschaft und dem Unterausschuss für Überwachung und Ermittlungen, »The GM Ignition Switch Recall: Why Did It Take So Long?«, 1. April 2014, http://media.gm.com/media/us/en/gm/news.detail.html/content/Pages/news/us/en/2014/mar/0331-barra-written-testimony.html
16   US-Justizministerium, »General Motors Company – Deferred Prosecution Agreement«, 4.
17   Interview mit Mary Nichols, 10. Okt. 2016.
18   Graham Dietz und Nicole Gillespie, »Rebuilding Trust: How Siemens Atoned for Its Sins«, *The Guardian*, 26. März 2012, https://www.theguardian.com/sustainable-business/recovering-business-trust-siemens
19   US-Justizministerium, »Transcript of Press Conference Announcing Siemens AG and Three Subsidiaries Plead Guilty to Foreign Corrupt Practices Act Violations«, 15. Dez. 2008, https://www.justice.gov/archive/opa/pr/2008/December/08-opa-1112.html
20   Interview mit Klaus Mohrs, 27. April 2016.

22
Schneller, höher, weiter

1   Aussage von Michael N. Feuer, Los Angeles City Attorney, vor dem U.S. Senate Committee on Banking Housing and Urban Affairs, 20. Sept. 2016, http://www.banking.senate.gov/public/_cache/files/e5c17a33-d8b0-4e07-8913-a7aaa1ea334c/506BE968E3DBC0673D2DB0B731F45E61.092016-feuer-testimony.pdf
2   Aussage von John Stumpf, Vorstandsvorsitzender von Wells Fargo & Co., vor dem U.S. Senate Committee on Banking, Housing and Urban Affairs, 20. Sept. 2016, http://www.banking.senate.gov/public/_cache/files/18312ce0-5590-4677-b1ab-981b03d1cbbb/3B18AA6E3A96E50C446E2F601B854CF1.092016-stumpf-testimony.pdf
3   Lucinda Shen, »Here's How Much Wells Fargo CEO John Stumpf Is Getting to Leave the Bank«, *Fortune*, 13. Okt. 2016, http://fortune.com/2016/10/13/wells-fargo-ceo-john-stumpfs-career-ends-with-133-million-payday/

Anmerkungen

Epilog

1. In re: Volkswagen »Clean Diesel« Marketing, Sales Practices, and Products Liability Litigation, Transkript des Verfahrens, 18. Okt. 2016, S. 34.
2. Ebd., S. 105.
3. Keith Laing, »VW agrees to spend $1B fix or buy back 3-liter diesels«, *Detroit News*, 20. Dez. 2016, http://www.detroitnews.com/story/business/autos/foreign/vw-emissions-scandal/2016/12/20/vw-deal/95664236/
4. Greg Keenan, »Volkswagen Canada strikes $2.1-billion deal with drivers in emissions scandal«, *Globe and Mail*, 19. Dez. 2016, http://www.theglobeandmail.com/reporton-business/vw-canada-settles-with-drivers-over-diesel-emissions-scandal/article33361734/
5. Robert Bosch GmbH, Pressemitteilung, »Bosch reaches settlement agreement for diesel vehicles in the US«, http://www.bosch-presse.de/pressportal/de/en/bosch-reaches-settlement-agreement-for-diesel-vehicles-in-the-u-s-87936.html, aufgerufen am 1. Feb. 2017/15. Februar 2017. Siehe auch David Shepardson, »Bosch expected to settle U.S. Volkswagen diesel claims for $300 million: source«, Reuters, 19. Dez. 2016.
6. Dietmar Hawranek und Armin Mahler, *Spiegel*-Interview »Wir sind anders«, *Der Spiegel* Nr. 43, 22.10.2016, S. 68–73. »We Will Do Everything to Bring VW Back«, Interview mit Wolfgang Porsche und Hans Michel Piëch, *Spiegel Online*, 26. Okt. 2016, http://www.spiegel.de/international/germany/vw-and-dieselgate-wolfgang-porscheand-hans-michel-piech-a-1117984.html
7. Jack Ewing, »Volkswagen Emissions Scandal Inquiry Widens to Top Levels«, *New York Times*, 6. Nov. 2016, http://www.nytimes.com/2016/11/07/business/inquiry-in-emissionsscandal-widens-to-volkswagens-top-levels.html; »Bosch reaches agreement in principle for diesel vehicles in the US.« Siehe auch David Shepardson, »Bosch expected to settle U.S. Volkswagen diesel claims for $300 million: source«, Reuters, 19. Dez. 2016.
8. Volkswagen AG Pressemitteilung, »Dr. Christine Hohmann-Dennhardt scheidet im gegenseitigen Einvernehmen aus Volkswagen Konzernvorstand aus – Hiltrud Werner zur Nachfolgerin ernannt«, https://www.volkswagen-media-services.com/detailpage/-/detail/Dr-Christine-Hohmann-Dennhardt-scheidet-im-gegenseitigen-Einvernehmen-aus-Volkswagen-Konzernvorstand-aus--Hiltrud-Werner-zur-Nachfolgerin-ernannt/view/4494642/7a5bbec13158edd433c6630f5ac445da?p_p_auth=07utgAOH
9. Jack Ewing, New Type of Emissions Cheating Software May Lurk in Audis«, *New York Times*, 12. Nov. 2016, http://www.nytimes.com/2016/11/13/business/volkswagen-audi-newemissions-cheating.html
10. Jack Ewing, Adam Goldman und Hiroko Tabuchi, »Volkswagen Executive's Trip to U.S. Allowed F.B.I. to Pounce«, *New York Times*, 9. Jan. 2017.

11 United States of America vs. Oliver Schmidt, Defendant Oliver Schmidt's Motion for Revocation of the Magistrate Judge's Detention Order, United States District Court Eastern District of Michigan, 24. Feb. 2017, S. 1.
12 Keith Laing, »Judge denies bail request from VW exec«, *Detroit News*, 12. Jan. 2017.
13 United States of America vs. Oliver Schmidt, Defendant Oliver Schmidt's Motion for Revocation of the Magistrate Judge's Detention Order, United States District Court Eastern District of Michigan, 24. Feb. 2017, S. 6–9
14 Ebd., S. 8.
15 Volkswagen Plea Agreement, S. 2-1-2-30.
16 United States v. Richard Dorenkamp, Heinz-Jakob Neusser, Jens Hadler, Bernd Gottweis, Oliver Schmidt, and Jürgen Peter, Second Superseding Indictment, 11. Jan. 2017.
17 http://www.spiegel.de/wirtschaft/unternehmen/martin-winterkorn-vor-dem-vw-untersuchungsausschuss-ein-mann-kein-wort-a-1130733.html
18 Staatsanwaltschaft Braunschweig, Pressemitteilung, »Zahl der Beschuldigten steigt«, 27. Jan. 2018.
19 M. Manske und W. Haentjes, »WEGEN BETRUGSVERDACHT Razzia in Winterkorn-Villa!«, *Bild*, 27. Jan. 2017.
20 Piëch belastet Winterkorn vor Staatsanwaltschaft«, *Der Spiegel*, 3. Feb. 2017, http://www.spiegel.de/wirtschaft/unternehmen/volkswagen-ferdinand-piech-belastet-martin-winterkorn-vor-staatsanwaltschaft-a-1133024.html
21 Stellungnahme des Aufsichtsrats der Volkswagen AG vom 8. Feb. 2017, https://www.volkswagenag.com/de/news/2017/02/Stellungnahme_Aufsichtsrat.html
22 Stellungnahme von Winterkorns Anwalt Felix Dörr, *Süddeutsche Zeitung*, 3. Feb. 2017, http://www.sueddeutsche.de/news/wirtschaft/auto-vw-betriebsrat-fuer-strengere-bonusziele-dpa.urn-newsml-dpa-com-20090101-170203-99-146617
23 Georg Meck, »Piëchs Rache«, *Frankfurter Allgemeine Zeitung*, 12. Feb. 2017, http://www.faz.net/aktuell/wirtschaft/vw-abgasskandal/diesel-skandal-bei-vw-piechs-rache-14873334.html
24 Porsche SE: »Mögliche Veränderung der Aktionärsstruktur«. Stuttgart, 17. März 2017, https://www.google.de/?gfe_rd=cr&ei=BiWkWNznE4nZ8Aen0IGQCA&gws_rd=ssl#q=Porsche+%2B+%E2%80%9CM%C3%B6gliche+Ver%C3%A4nderung+der+Aktion%C3%A4rsstruktur%E2%80%9D&*